रज़ा
पुस्तक माला

भारत का स्वराज्य और महात्मा गाँधी

गाँधी-विमर्श

रज़ा फ़ाउण्डेशन | THE RAZA FOUNDATION

भारत का स्वराज्य और महात्मा गाँधी

बनवारी

राजकमल प्रकाशन

रज़ा पुस्तक माला : **जीवनी**
प्रधान सम्पादक : अशोक वाजपेयी | सम्पादक : पीयूष दईया
राजकमल प्रकाशन प्रा.लि. और रज़ा फ़ाउण्डेशन का सह-प्रकाशन

ISBN : 978-93-88183-72-7

मूल्य : ₹399

पहला संस्करण : 2018
पहली आवृत्ति : 2022

प्रकाशक : राजकमल प्रकाशन प्रा. लि.
1-बी, नेताजी सुभाष मार्ग, दरियागंज
नई दिल्ली-110 002

शाखाएँ : अशोक राजपथ, साइंस कॉलेज के सामने, पटना-800 006
पहली मंजिल, दरबारी बिल्डिंग, महात्मा गांधी मार्ग, प्रयागराज-211 001
1, अनमोल सोराबजी संतुक लेन, धोबी तलाव, मरीन लाइंस, मुम्बई-400 002

वेबसाइट : www.rajkamalprakashan.com
ई-मेल : info@rajkamalprakashan.com

मुद्रक : राजकमल प्रकाशन प्रा. लि.
नई दिल्ली-110 002

BHARAT KA SWARAJYA AUR MAHTMA GANDHI
by Banwari

आमुख

कलाओं में भारतीय आधुनिकता के एक मूर्धन्य सैयद हैदर रज़ा एक अथक और अनोखे चित्रकार तो थे ही उनकी अन्य कलाओं में भी गहरी दिलचस्पी थी। विशेषत: कविता और विचार में। वे हिन्दी को अपनी मातृभाषा मानते थे और हालाँकि उनका फ्रेंच और अँग्रेज़ी का ज्ञान और उन पर अधिकार गहरा था, वे, फ्रांस में साठ वर्ष बिताने के बाद भी, हिन्दी में रमे रहे। यह आकस्मिक नहीं है कि अपने कला-जीवन के उत्तरार्द्ध में उनके सभी चित्रों के शीर्षक हिन्दी में होते थे। वे संसार के श्रेष्ठ चित्रकारों में, २०-२१वीं सदियों में, शायद अकेले हैं जिन्होंने अपने सौ से अधिक चित्रों में देवनागरी में संस्कृत, हिन्दी और उर्दू कविता में पंक्तियाँ अंकित कीं। बरसों तक मैं जब उनके साथ कुछ समय पेरिस में बिताने जाता था तो उनके इसरार पर अपने साथ नवप्रकाशित हिन्दी कविता की पुस्तकें ले जाता था : उनके पुस्तक-संग्रह में, जो अब दिल्ली स्थित रज़ा अभिलेखागार का एक हिस्सा है, हिन्दी कविता का एक बड़ा संग्रह शामिल था।

रज़ा की एक चिन्ता यह भी थी कि हिन्दी में कई विषयों में अच्छी पुस्तकों की कमी है। विशेषत: कलाओं और विचार आदि को लेकर। वे चाहते थे कि हमें कुछ पहल करना चाहिये। २०१६ में साढ़े चौरानवे वर्ष की आयु में उनकी मृत्यु के बाद रज़ा फ़ाउण्डेशन ने उनकी इच्छा का सम्मान करते हुए हिन्दी में कुछ नये क़िस्म की पुस्तकें प्रकाशित करने की पहल *रज़ा पुस्तक माला* के रूप में की है, जिनमें कुछ अप्राप्य पूर्व प्रकाशित पुस्तकों का पुनर्प्रकाशन भी शामिल है। उनमें गांधी, संस्कृति-

चिन्तन, संवाद, भारतीय भाषाओं से विशेषत: कला-चिन्तन के हिन्दी अनुवाद, कविता आदि की पुस्तकें शामिल की जा रही हैं। सभी पुस्तकों पर रज़ा साहब और उनके समकालीन मित्र चित्रकारों आदि की प्रतिकृतियाँ आवरणों पर होंगी।

रज़ा के लिए गाँधी सम्भवत: सबसे प्रेरणादायी विभूति थे। ८ वर्ष की कच्ची उम्र में मण्डला में गाँधी जी को पहली बार देखने का उन पर इतना गहरा प्रभाव पड़ा था कि १९४८ में अपने भाइयों-बहनों और पहली पत्नी के साथ पाकिस्तान नहीं गये थे और अपने वतन—भारत में—ही बने रहे। उन्होंने अपने जीवन का लगभग दो तिहाई हिस्सा फ्रांस में बिताया पर अपनी भारतीय नागरिकता कभी नहीं छोड़ी, न ही फ्रेंच नागरिकता स्वीकार की। अपनी कला के अन्तिम चरण में उन्होंने गाँधी से प्रेरित चित्रों की एक शृंखला भी बनायी।

रज़ा पुस्तक माला के अन्तर्गत हम गाँधी से सम्बन्धित महत्त्वपूर्ण सामग्री प्रस्तुत करने के लिए प्रतिबद्ध हैं। जल्दी ही गाँधी का १५० वां वर्ष शुरू होने जा रहा है। हमारी कोशिश यह भी है कि इस पुस्तक माला में गाँधी पर और उनकी विचार-दृष्टि से प्रेरित नयी सामग्री भी प्रकाशित हो। इसी सिलसिले में विचारक बनवारी द्वारा लिखित यह पुस्तक प्रकाशित हो रही है। गाँधी किसी रूढ़ि से बँधे नहीं थे और उन पर विचार भी, उनकी अवधारणाओं और उनके आलोक में इतिहास तथा संस्कृति पर विचार भी किसी एक लीक पर नहीं चल सकता। अपने कठिन और उलझाऊ समय में हम आश्वस्त हैं कि यह पुस्तक गाँधी-विचार को नये ढंग से उद्‌बुद्ध करेगी। रज़ा की इच्छा थी कि गाँधी, विचार के निरन्तर विपन्न होते जा रहे परिसर में, एक महत्त्वपूर्ण और उत्तेजक उपस्थिति बने रहें।

अशोक वाजपेयी
अगस्त २०१८, नयी दिल्ली

दो शब्द

अपने समाज और अपनी सभ्यता में गौरव की भावना मुझे अपने पारिवारिक संस्कार के रूप में मिली थी। अपने माता-पिता के त्याग, शील और विवेक से मैंने वे आरम्भिक संस्कार ग्रहण किये थे, जिन्होंने बाद में मेरे राजनैतिक विचारों को मर्यादित करने में काफ़ी भूमिका निभायी। अपने स्कूली दिनों में मेरा सम्पर्क जिन लोगों से हुआ, उन्होंने मुझे राम मनोहर लोहिया का साहित्य पढ़ने को दिया। उसका मुझ पर काफ़ी प्रभाव पड़ा। लेकिन बहुत से प्रश्न भी खड़े हुए। उस समय सबसे महत्त्वपूर्ण प्रश्न मुझे यह लगता था कि हम पराधीन क्यों हुए। अधिकांश लोगों के विचारों में इसका समाधान यह कहकर किया गया था कि हमारे समाज और सभ्यता में कुछ कमियाँ थीं। उन्हें समय पर दूर नहीं किया गया और हम पराजित हो गये। अपने माता-पिता से मुझे अपने समाज की जो झलक मिली थी, उससे इस मान्यता का कोई मेल नहीं था। इसलिए राम मनोहर लोहिया की वैचारिक तीक्ष्णता ने मुझे प्रभावित अवश्य किया, पर अधिक दिन तक मेरा मन समाजवादी विचारों में नहीं रमा।

अपने पिता से मैंने महात्मा गांधी के बारे में सुना था। लोहिया भी उनके प्रति बहुत श्रद्धा रखते थे। इसलिए विश्वविद्यालय की शिक्षा के दौरान मैंने गांधी जी को पढ़ना आरम्भ किया। उनका मूल साहित्य भी मैंने पढ़ा और अन्य लोगों ने उनके बारे में जो लिखा, वह भी मैंने पढ़ा। उसमें भारतीय समाज और सभ्यता की वही झलक थी, जो मुझे अपने परिवार से मिली थी। लेकिन फिर भी ऐसे बहुत से सभ्यतागत प्रश्न थे, जो शान्त नहीं हुए थे। मैंने पहले अर्थशास्त्र की पढ़ाई की थी, फिर दर्शन की। कुछ समय

तक मैंने दिल्ली विश्वविद्यालय के एक कॉलेज में दर्शन-शास्त्र पढ़ाया भी। लेकिन तब तक गांधी जी में श्रद्धा रखते हुए भी मैं उन सब प्रश्नों का उत्तर नहीं ढूँढ़ सका था, जो भारत के अतीत, वर्तमान और भविष्य से सम्बन्धित थे।

यह दृष्टि मुझे भारत और यूरोप के गम्भीर अध्येता श्री धर्मपाल जी से मिलने के बाद प्राप्त हुई। उन्होंने मुझे गांधी जी को समझने की एक नयी दृष्टि दी, भारत को भी और दुनिया को भी। उसके बाद मैंने गांधी जी को फिर से पढ़ा। मैंने पाया कि गांधी जी में यूरोप के बारे में और भारत के बारे में बहुत गहरी समझ थी। उन्हें इतिहास की गति-नियति का भी गहरा अहसास था। वैसी समझ किसी और व्यक्ति में मुझे नहीं दिखी। यह मेरे भारत और पूरी दुनिया को फिर से समझने की शुरुआत थी। उसके कुछ समय बाद मुझे लगा कि गांधी जी की राजनीतिक जीवनी लिखनी चाहिए। उसी क्रम में यह पुस्तक लिखनी प्रारम्भ हुई। अब उसे काफ़ी समय बीत चुका है, यह पुस्तक मैंने स्वान्त:सुखाय ही लिखी थी, इसलिए उसे छपवाने में बहुत रुचि नहीं ली। मेरी जिज्ञासाओं का कोई अन्त नहीं है और उन्हें शान्त करने में ही मेरा समय बीतता रहा है। इस पुस्तक को परिपूर्ण रूप देने के लिए मुझे यथास्थान सभी सन्दर्भों का उल्लेख करना चाहिए था। लेकिन उसका समय ही नहीं मिला।

संक्षेप में यह पुस्तक महात्मा गांधी की भारतीय सभ्यता की दृष्टि से लिखी गयी एक राजनीतिक जीवनी है। उसके साथ ही साथ यह हमारे स्वाधीनता आन्दोलन का वृत्तान्त भी है। उसकी सामग्री मैंने सम्पूर्ण गांधी वाङ्मय, प्रकाशन विभाग, भारत सरकार द्वारा प्रकाशित जे. बी. कृपलानी की पुस्तक महात्मा गांधी : जीवन और विचार, बी. आर. नन्दा की महात्मा गांधी एक जीवनी तथा अन्य बिखरे हुए स्रोतों से ली है। मैंने भरसक इस बात की सावधानी बरती है कि पुस्तक में दिये गये तथ्य सही हों। पुस्तक में विचार और विश्लेषण मेरा अपना है। उसकी त्रुटियों के लिए मैं ही उत्तरदायी हूँ। इस पुस्तक की सामग्री को व्यवस्थित करने में और उसमें उल्लिखित विचारों को मर्यादित करने में मेरी पत्नी ज्योत्स्ना का काफ़ी योगदान रहा है। मेरे मित्रों श्री एम. डी. श्रीनिवास, श्री जितेन्द्र बजाज, श्री पुषराज और श्री शशिभूषण ने पाण्डुलिपि देखी थी और अपने बहुमूल्य सुझाव दिए थे। मैं उनका ऋणी हूँ। इस पुस्तक को व्यवस्थित करने और

उसके टंकण आदि में चरखी दादरी के श्री ब्रह्मानन्द का जो सहयोग मुझे मिला, उसके लिए मैं उनका अत्यन्त आभारी हूँ। रज़ा फ़ाउण्डेशन ने इसे छापने का निर्णय लिया और वह राजकमल प्रकाशन द्वारा प्रकाशित हो रही है, इसके लिए मैं उनका कृतज्ञ हूँ। श्री पीयूष दईया ने इसमें बहुत परिश्रम किया है, मैं उनका आभारी हूँ।

बनवारी

आषाढ़ शुक्ल प्रतिपदा,
विक्रम संवत्, २०७४

विपत्तिकाल

दिल्ली में ईस्वी सन् १२०६ में विदेशी शासन की नींव पड़ने के ६६३ वर्ष बाद १८६९ में महात्मा गाँधी का जन्म हुआ था। भारत के लिए सात शताब्दियों लम्बा यह समय एक तरह से विपत्तिकाल था। आम तौर पर इसे भारत के हिन्दू राजाओं की हार और तुर्क, अफ़गान और पठानों की विजय और फिर अँग्रेज़ों के राज के रूप में देखा गया है। महात्मा गाँधी के लिए शासन के विदेशी हाथों में चले जाने का अपने आप में कोई महत्त्व नहीं था। काल क्रम में राजवंश उभरते हैं और अपनी आन्तरिक ऊर्जा चुक जाने के बाद कालकवलित हो जाते हैं। राजाओं की हार से किसी जाति की वीरता या उसकी सभ्यता की श्रेष्ठता पर उँगली नहीं उठायी जा सकती। इतिहास में सामान्यत: बर्बर लड़ाकों ने ही स्थापित सभ्यताओं को ध्वस्त किया है। इसके असंख्य वृत्तान्त इतिहास में देखे जा सकते हैं। इसलिये महात्मा गाँधी के मन पर इस बात का कोई बोझ नहीं दिखायी देता कि भारत के राजा इस कालावधि में भारतीय स्वतन्त्रता की रक्षा नहीं कर पाये। दूसरों की तरह महात्मा गाँधी ने इससे यह निष्कर्ष नहीं निकाला कि भारतीय समाज में वीरता नहीं रह गयी थी अथवा भारतीय सभ्यता में ऐसी कोई अन्तर्निहित कमज़ोरी थी कि वे विदेशी हमलावरों के सामने परास्त हो गये। इसके विपरीत उन्हें भारतीय सभ्यता की आन्तरिक शक्ति और श्रेष्ठता में पूरा विश्वास था और समाज की उसी आन्तरिक शक्ति को जगाकर वे भारतीय समाज की स्वाधीनता और उसका गौरव लौटाना चाहते थे।

अँग्रेज़ इतिहासकारों ने और फिर उनके अनुकरण पर लिखे गये भारतीय

इतिहासविदों के लेखन ने पूरे समाज में एक तरह की हीनता पैदा कर दी है। अधिकांश इतिहासकारों ने यह सिद्ध करने का प्रयत्न किया है कि भारतीय समाज सैनिक कौशल और विज्ञान व तकनीक के मामले में पिछड़ा हुआ था और विदेशी शासन के दौरान, विशेषकर मुग़लों और अँग्रेज़ों ने, शासन व्यवस्था में सुधार करके तथा उत्पादन की नयी तकनीकों का समावेश करके भारतीय समाज को गतिशीलता प्रदान की। यह सब दावे भारतीय समाज की और उसकी सभ्यता की नगण्य जानकारी के आधार पर ही किये गये हैं। यह सही है कि इस दौर में दुनिया में युद्ध कौशल और उत्पादन तकनीक सम्बन्धी कुछ नये आविष्कार हुए थे। युद्ध में गोला-बारूद तथा तोपों का उपयोग नया था। इसी तरह ब्रिटेन से शुरू हुई औद्योगिक क्रान्ति ने बहुत सी नयी तकनीकों को जन्म दिया था। लेकिन ऐसा इतिहास में सदा होता आया है। जैसे-जैसे जीवन का विस्तार होता है, उत्पादन की नयी-नयी तकनीकें विकसित होती रहती हैं। ब्रिटेन की औद्योगिक क्रान्ति से पहले भारत ज्ञान-विज्ञान के क्षेत्र में दुनिया की अग्रणी सभ्यता ही था।

यह भी ध्यान रखना चाहिए कि भारत का यह विपत्तिकाल उसके एक सुदीर्घ उत्कर्ष काल के बाद आया था। भारत के उस प्राचीन इतिहास को छोड़ भी दें जिसका गौरवशाली वर्णन पुराणों का विषय रहा है। यूरोपीय इतिहासविद् जिसे इतिहास-काल मानते हैं उसमें भी भारत की उपलब्धियाँ असाधारण ही थीं। जीवन के सभी क्षेत्रों में जिस तरह की सर्वांगीण उन्नति भारत में हुई वैसी और कहीं नहीं हुई। उसकी एक साधारण सी झलक उस साहित्य में देखी जा सकती है जो इस दौर में लिखा गया। साहित्य का काम जीवन के विविध क्षेत्रों की उन्नति का ब्यौरा देना नहीं है, लेकिन ज्ञान-विज्ञान की दिशाओं और उसके विपुल साहित्य से यह अनुमान तो लगाया ही जा सकता है कि समाज कितनी उन्नत अवस्था में था। वेद ही नहीं, वेदों की व्याख्या के लिए रचा गया वेदांग साहित्य हमारे ज्ञान-विज्ञान के उत्कर्ष की हामी भरने के लिए पर्याप्त है। शिक्षा, निरुक्त, व्याकरण, छन्द, ज्योतिष और श्रौत, गृह और धर्म सूत्रों से विपुल साहित्य दुनिया के और किस समाज को प्राप्त था। यास्क और पाणिनि जैसी प्रतिभाएँ और किस समाज में जन्मी थीं। जैमिनि, कणाद, गौतम और कपिलमुनि जैसे दार्शनिक अन्यत्र दुर्लभ थे। रामायण और महाभारत जैसे

ग्रन्थ क्या कहीं और लिखे जा सकते थे?

क्या किसी और सभ्यता ने अपने आरम्भिक काल में ही अयोध्या, काशी और मथुरा जैसे नगर बसाये हैं? शौर्य, ज्ञान और सम्पन्नता की साधना के लिए बनायी गयी इन तीन पुरियों का भारतीयों के लिए इतना महत्त्व रहा है कि वे विश्व में जहाँ भी गये उन्होंने अयोध्या, काशी और मथुरा के नाम पर नगर बसाये। अयोध्या को एक धर्म राज्य के रूप में बसाया गया जो बल और नीति दोनों में इतना श्रेष्ठ है कि उससे युद्ध नहीं किया जा सकता। वह अयोध्य है इसलिए अयोध्या है। काशी अर्थात् प्रकाशित करने वाली—इसलिए आरम्भ से ही काशी आत्मज्ञान का स्थान मानी जाती रही है। प्राचीन काल तो छोड़िए अँग्रेज़ी राज के दौरान भी ऐसा कोई वायसराय नहीं था जो काशी के पण्डितों से मिलकर अपने आप को धन्य ना समझता रहा हो। मथुरा मूल रूप में मधुरा है जो भौतिक जीवन की सम्पन्नता का आदर्श रही है। दुनिया के किस समाज ने सत्य, बल और वैभव की साधना के केन्द्रीयभूत ऐसे नगरों का निर्माण किया है।

अपने ज्ञान और जीवन के इसी वैभव को लेकर भारत के लोग सुदूर देशों में पहुँचे और अजेय राज्य स्थापित किये। बिना किसी मारकाट के केवल अपने कौशल और सभ्यतागत श्रेष्ठता के बल पर उन्होंने पूर्व में कोरिया-वियतनाम से लगाकर मध्य एशिया तक हिन्दू राज्य स्थापित किये थे। दक्षिण-पूर्व एशिया में प्राचीन मन्दिर ही नहीं उन्नत परम्पराएँ भी इसकी साक्षी हैं। अफ़गानिस्तान से लगाकर मध्य एशिया तक भगवान बुद्ध के विशाल विग्रहों का वैभव इस्लाम के उदय तक भारतीय संस्कृति के विस्तार की कथा कहता था। इस्लाम की मतान्धता के कारण अरबों ने मध्य एशिया में फैली भगवान बुद्ध की मूर्तियों को तोड़ते हुए बुत-शिकन कहलाना आरम्भ किया था। अरबों के व्यापारिक बेड़ों के उदय से पहले समुद्रों पर भारतीय व्यापारिक बेड़ों का राज था। बौद्ध और जैन साहित्य सुदूर क्षेत्रों तक जाने वाले इन सार्थवाहों की कथाओं से और बन्दरगाहों के ब्यौरों से भरे पड़े हैं। दुनिया के इतने बड़े क्षेत्र पर कोई डेढ़ सहस्राब्दि तक किसी और सभ्यता का इतना गहरा प्रभाव नहीं रहा होगा। सिकन्दर को मौर्य सम्राटों की वीरता और सैन्य शक्ति के वर्णन सुनकर भारतीय सीमा प्रान्तों से ही उलटे पाँव लौटना पड़ा हो, लेकिन जाने से पहले वह अरस्तू को भेंट करने के लिए भारतीय शास्त्रों की विपुल राशि ले जाना

नहीं भूला। अरस्तू की अकादेमी मुख्यत: इन्हीं ग्रन्थों से बनी थी।

सार्वजनिक जीवन के जिन ऊँचे आदर्शों की स्थापना भारतीय समाज ने की थी वह भी अन्यत्र दुर्लभ है। राजा को कैसा धर्मशील होना चाहिए इसका सम्राट हर्ष जैसा ऊँचा उदाहरण और कहाँ मिलेगा। इसका वर्णन चीनी यात्री ह्वेनत्सांग ने किया है। सम्राट हर्ष हर पाँच वर्ष में एक बार प्रयाग जाकर मासपर्यन्त चलने वाला सत्र यज्ञ करते थे और उस समय अपना सर्वस्व दान कर देते थे। गंगा स्नान के बाद वे अपनी बहन से माँगे हुए वस्त्र लेकर ही निकलते थे। भारत में मन्दिरों, श्रेष्ठियों आदि के लिए यह आदर्श आचरण माना जाता था कि वे हर पाँच साल में एक बार अपना सर्वस्व दान कर दें। समाज से प्राप्त धन को फिर से समाज को दे देने का इससे सरल और इससे ऊँचा तरीक़ा और क्या हो सकता है? भारत के किसानों का तो पूरा जीवन ही यज्ञमय था। वे अपनी उपज में से समाज की सारी व्यवस्थाओं के लिए तो विभाग करते ही थे, पशुओं और पक्षियों के लिए भी पर्याप्त भोजन या अन्न सदा निकालते रहे हैं। भारत के लोगों का पूरा जीवन ही ईशावास्य उपनिषद् के ईशावास्य मन्त्र पर आधारित था जिसमें कहा गया है कि यह सारा जगत ही ईश से व्याप्त है। इसलिए जगत के अन्य सभी प्राणियों का भाग छोड़कर ही तू ग्रहण कर। दूसरों के भाग का लोभ मत कर। यह अकारण नहीं है कि अपनी दक्षिण यात्रा के दौरान गाँधीजी ने कहा कि अगर भारत के सभी शास्त्र नष्ट हो जायें और केवल यह मन्त्र बचा रहे तो भी भारतीय इस मन्त्र के आधार पर अपनी सभ्यता रच लेंगे।

अक्सर यह प्रश्न उठाया जाता है कि अगर भारत की यह गौरव गाथा सही होती तो क्या भारत इतनी आसानी से विदेशी हमलावरों के सामने परास्त हो गया होता? अथवा क्या भारतीय, ज्ञान और बल से, सम्पन्न रहे होते तो पराधीनता का दौर इतना लम्बा खिंचा होता। यह प्रश्न अँग्रेज़ी में जिस तरह से भारतीय इतिहास को लिखा और पढ़ाया गया है, उसी से पैदा होते हैं। अँग्रेज़ी इतिहासकारों का उद्देश्य भारतीय मनोबल को गिराकर अँग्रेज़ी राज को टिकाये रखना था। पर उनके अनुकरण पर भारतीय इतिहासकारों ने भी लगभग वैसी ही बातें दोहराई हैं। भारतीयों के शौर्य को कम करके आँका गया है जबकि विदेशी शासकों को बहुत अधिक गौरव मण्डित किया गया है। इसका कारण अँग्रेज़ी शिक्षा का स्वरूप है जो दुनिया में

यूरोपीय जाति को ज्ञान, विज्ञान और सभ्यता में सबसे आगे रखती है और भारत समेत दुनिया की बाक़ी सभी सभ्यताओं को पिछड़ी और निस्तेज। अँग्रेज़ी शिक्षा से मुक्ति पाये बिना यह हीन दृष्टि छोड़ना सम्भव नहीं है। चीन या जापान की शिक्षा अँग्रेज़ी में नहीं है, इसलिए उनके इतिहास की ऐसी त्रुटिपूर्ण व्याख्या नहीं हो सकती।

इसमें सन्देह नहीं कि भारत के लिए विदेशी आधिपत्य का यह लम्बा काल विपत्तिकाल था। लेकिन इस काल में भारत के लोगों ने दूसरों की सहज अधीनता स्वीकार कर ली हो ऐसा नहीं है। भारत पर पहले भी आक्रमण होते रहे हैं। भारत ही नहीं दुनिया भर में आक्रमणकारी आँधी की तरह आये हैं और सभ्यताएँ चौपट करके चले गये हैं। रोम साम्राज्य के अवसान में हूण हमलावरों की बड़ी भूमिका थी। अतीला के नेतृत्व में हूणों ने अनेक रोमन शहरों को ध्वस्त कर दिया था। हूणों ने भारत पर भी आक्रमण किया था, लेकिन पराजित होकर वे कहाँ लुप्त हो गये, अभी तक इतिहासकार खोज नहीं पाये हैं। लेकिन इस्लाम के साथ एक नया ही काल आरम्भ हुआ था। इस्लामी हमलावर केवल जीत और लूट से सन्तुष्ट नहीं थे। वे मूर्तिभंजक होने के साथ-साथ मतान्ध भी थे और इस्लाम न मानने वालों का अस्तिव ही उन्हें असहनीय था। फिर भी भारत के पश्चिमी भाग में भारतीय सभ्यता के प्रभाव को नष्ट करने में भले उन्हें सफलता मिल गयी हो, भारत में उन्हें इतनी आसानी से विजय नहीं मिली। इस्लाम के उदय के साथ ही अरब हमलावरों ने भारत पर आक्रमण आरम्भ कर दिये थे। लेकिन सिंध को छोड़कर उन्हें कहीं कोई सफलता नहीं मिली। मोहम्मद बिन कासिम ने सिंध से आगे बढ़ने की कोशिश की तो ललितादित्य और यशोवर्मन के हाथों पराजित होकर उसे वापिस लौटना पड़ा। अरब खलीफ़ाओं के भेजे एक नौसैनिक बेड़े को काठियावाड़ के सैंधव राजपूतों ने खदेड़ दिया था। अरबों ने जहाँ मिस्र से मध्य एशिया तक एक विशाल क्षेत्र को रौंद डाला था, भारत में पैर टिकाने तक की जगह नहीं मिली।

मुस्लिम आक्रमणकारियों को सिंध से आगे क़दम बढ़ाने में ३०० साल लग गये। उन्हें पहली सफलता तुर्क हमलों के दौरान मिली जो आज के मंगोलिया की घाटियों से निकलकर मध्य एशिया होते हुए अफ़गानिस्तान तक आ पहुँचे थे और जिन्होंने अरबों को उनके घर में पछाड़ दिया था। भारत में आक्रमण करके लूट मचाने में पहली सफलता महमूद गजनवी

को मिली। ईस्वी सन् १००१ में उसने गांधार के हिन्दू राजा आनन्दपाल को हराकर भारत की ओर आगे बढ़ने का अपना रास्ता प्रशस्त किया। उत्तर भारत के राजाओं ने उसे रोकने की कोशिश की पर रोक नहीं पाये। उसने सोमनाथ, नगरकोट, थाणेश्वर, कालिंजर और मथुरा आदि के अत्यन्त पवित्र मन्दिरों को ध्वस्त किया, मन्दिरों की अतुल सम्पत्ति लूटी और एक बड़ी सेना खड़ी कर ली। वह हर साल लूटपाट मचाने के लिए भारत पर चढ़ाई करता था। १०३० में उसकी बीमारी से मृत्यु हो गयी। उसके बाद भारत में विजय अभियान को सफल बनाने में मुस्लिम हमलावरों को पौने दो सौ साल लग गये। ११९१ में हारने के बाद ११९२ में मोहम्मद गोरी पृथ्वीराज चौहान को हराने में सफल हो गया और पृथ्वीराज ने जिस तरह दया दिखाते हुए मोहम्मद गोरी को छोड़ था, मोहम्मद गोरी ने वैसा नहीं किया। गौर ले जाकर बन्दी पृथ्वीराज चौहान की हत्या कर दी गयी। लेकिन अपने बाद के एक विजय अभियान से लौटते हुए मोहम्मद गोरी को पंजाब के खोखर जाटों ने घेरकर मार दिया।

मोहम्मद गोरी की मृत्यु के बाद उसका कोई उत्तराधिकारी न होने के कारण उसके ग़ुलामों ने उसके साम्राज्य को आपस में बाँट लिया। भारत के दो भागों में से एक दिल्ली कुतुबुद्दीन ऐबक के हिस्से में आया और बंगाल खिलजियों के। यहीं से भारत में विदेशी शासन की नींव पड़ी। दिल्ली के मुस्लिम राजाओं को भी अधिक सफलता तब मिली जब दिल्ली पर खिलजी वंश का शासन हुआ। उसकी क्रूरता के क़िस्से उसकी वीरता के क़िस्सों से बढ़े-चढ़े हैं। लेकिन कुछ दिन बाद दिल्ली के सुलतानों की फ़ौज़ में भर्ती हुए अफ़गान मुसलमानों ने अपने लिए जगह बनानी आरम्भ कर दी। दिल्ली के सुलतान कितने कमज़ोर थे इसका अन्दाज़ इस बात से लगाया जा सकता है कि जब १३९८ में तैमूर ने दिल्ली आकर नागरिकों का क़त्लेआम कर दिया था तो दिल्ली के शासक हाथ बाँधे खड़े रहे थे। तैमूर की लूट से प्रेरित होकर बाबर ने, जिसे उज्बेकिस्तान में फरगाना से पलायन करना पड़ा था, भारत की ओर आँखें गड़ाईं। बाबर, अपने आप को चंगेज ख़ाँ और तैमूर दोनों का वंशज मानता था। उसने पानीपत की पहली लड़ाई में दिल्ली के सुलतान इब्राहिम शाह लोदी को हराया पर उसे वास्तविक सफलता अजमेर के राणा संग्राम सिंह को हराकर मिली। बाबर संग्राम सिंह से अपने तोपखाने के कारण ही जीत पाया था। १५३० में

बाबर की मृत्यु हो गयी और हुमायूँ गद्दी पर बैठा। लेकिन हुमायूँ को अफ़गान शेरशाह सूरी ने हराकर निष्कासित होने के लिए मजबूर कर दिया और वह शेरशाह सूरी की मृत्यु के बाद ही वापिस लौटा।

इस बीच शेरशाह सूरी के बेटे ने रिवाड़ी के हेमचन्द्र को अपना सलाहकार बनाया था जो आदिलशाह के सत्तारूढ़ होने पर उसका प्रधानमन्त्री और सेनापति हो गया। अफ़गान विद्रोहियों को दबाते हुए बंगाल तक अपनी निरापद विजय यात्रा के बाद वह दिल्ली लौटा। आदिलशाह बंगाल अभियान में मारा गया। दिल्ली को जीतकर हेमचन्द्र ने अपने आप को सम्राट घोषित किया और वैदिक रीति से अपना राजतिलक करवाकर अपने आप को विक्रमादित्य घोषित कर दिया। दिल्ली के फ़ौज़दार के आग्रह पर अकबर सिंध से फ़ौज़ लेकर आया और पानीपत की दूसरी लड़ाई में आँख में अचानक एक तीर लग जाने के कारण हेमचन्द्र जीतते-जीतते हार गया। उसके बाद ही डेढ़ सौ साल तक दिल्ली में निरापद मुग़ल शासन रहा, वह भी इसलिए कि अकबर ने राजपूत राजाओं की चुनौती भाँपकर उनसे सन्धि करना और उन्हें अपने साथ लिए रहना अपनी नीति बना लिया था।

यहाँ यह भी याद कर लेना चाहिए कि उत्तरी चीन से चली तुर्कों और मंगोलों की आँधी ने विश्व के दूसरे भागों में क्या किया। तुर्क कबीलों ने मध्य एशिया से निकलकर बैजंतिया पर कब्ज़ा किया और रोमन चर्च को पीछे धकेल दिया। उनका उस्मानी साम्राज्य अरबों की शक्ति क्षीण करके खड़ा हुआ था और अरबों के साम्राज्य से कहीं अधिक प्रभावशाली था। तुर्कों पर अरब अंकुश नहीं लगा पाये और तुर्की साम्राज्य की समाप्ति यूरोपियनों की शक्ति के उदय होने के बाद ही हुई। इसी तरह उन्हीं घाटियों से जो मंगोल कबीले आँधी की तरह निकले तो उन्होंने यूरोप से लगाकर चीन तक एक बड़े भू-भाग को रौंद डाला। बातूख़ाँ के नेतृत्व में आक्रमण करने वाले मंगोलों ने समूचे रूस को और बाल्कन देशों को जीत लिया था। अगर चंगेज ख़ाँ की मृत्यु के कारण उसे वापस न बुला लिया गया होता तो इतिहासकारों की आशंका है कि उसने पूरा यूरोप ही रौंद डाला होता। रूस पर मंगोलों का कोई २५० वर्ष तक नियन्त्रण रहा और चीन भी अपने तमाम वैभव और सैनिक शक्ति के बावजूद ९० साल तक मंगोलों की क्रूरता से मुक्त नहीं हो पाया। इसके मुक़ाबले भारत की स्थिति कुछ बेहतर ही रही क्योंकि मुग़ल शासक उतनी क्रूरता नहीं दिखा पाये।

भारत में मुग़लों के अकबर से लगाकर औरंगज़ेब तक के १५० वर्षों को भी निरापद नहीं कहा जा सकता। ऐसी कोई अवधि नहीं थी जिसमें मुग़ल शासकों को कहीं न कहीं से चुनौती न मिलती रही हो। उन्होंने किसानों का लगान बढ़ाकर और दूसरे करों के जरिये अपना राजस्व बढ़ा लिया था और क़रीब पाँच लाख सैनिकों की फ़ौज़ जुटा ली थी। कोई भारतीय राजा किसानों की लूट के उन जैसे तरीक़े नहीं अपना सकता था और इसलिए उनकी सैन्य मशीनरी से होड़ नहीं कर सकता था। मुग़ल काल में ही वीरता और रणनीतिक कौशल का एक नया इतिहास लिखते हुए शिवाजी का उदय हुआ और उन्होंने जिस मराठा राज्य की नींव डाली वह औरंगज़ेब की मृत्यु के बाद मुग़लों से कहीं बड़ी शक्ति बन गया था। लेकिन शिवाजी को भी अपने सैनिकों का ख़र्च न उठा पाने के कारण एक बार अपनी सेना अकबर के सहयोगी राजा मानसिंह की छत्रछाया में रखनी पड़ी थी। इस सबके बावजूद जैसे ही औरंगज़ेब ने अपने उर्दू क्षेत्र से बाहर पैर फैलाने की कोशिश की उसे एक के बाद दूसरे युद्ध में उतरना पड़ा। औरंगज़ेब का सारा राज्य-काल लड़ाइयों में बीता और उसका परिणाम मुग़ल शासन का विस्तार नहीं उसका अवसान था। औरंगज़ेब के बाद दिल्ली की क्या हालत थी इसका अनुमान इसी बात से लगाया जा सकता है कि भरतपुर के जाटों को भी उसे लूटने में कोई कठिनाई नहीं हुई। वीरता में सूरजमल उस समय के दिल्ली के मुस्लिम शासकों से ऊँचा ही था। सिख भी अपनी विजय की कहानी लिख रहे थे।

दक्षिण में देवगिरी के यादव, वारंगल के काकातीय, मदुरै के पांड्य और कंपिली के हिन्दू राजाओं को अलाउद्दीन खिलजी और मुहम्मद बिन तुग़लक के हाथों पराजित होना पड़ा था। इस चुनौती का सामना करने के लिए ही श्रृंगेरी मठ के शंकराचार्य विद्यारण्य स्वामी के मार्गदर्शन में विजयनगर साम्राज्य का उदय हुआ था। अपने शौर्य, राजनैतिक कौशल और नीति के बल पर विजयनगर के राजाओं ने पूरे दक्षिण को लगभग ३०० वर्षों तक सुरक्षित रखा। १५६५ में तालिकोटा की लड़ाई में दक्षिण के सुलतानों की मिली-जुली सेना के हाथों हार के बाद ही विजयनगर का अवसान आरम्भ हुआ। फिर भी १६४६ तक उनकी उपस्थिति बनी रही। विजयनगर राज्य की उपलब्धि यही नहीं थी कि वे दक्षिण के भारतीय समाज की मुस्लिम आक्रान्ताओं से रक्षा कर पाये बल्कि यह भी थी कि उन्होंने दक्षिण में एक

धर्म राज्य स्थापित किया। महाराजा हर्ष और महाराजा भोज की ही तरह विजयनगर राज्य भी अपनी प्रजा के धर्म की रक्षा में सदा सन्नद्ध रहा। यही भूमिका १७५० में त्रावणकोर के राजा मार्तण्ड वर्मा ने निभायी। उन्होंने अपना सारा राज्य तिरुअनन्तपुरम के प्रसिद्ध मन्दिर के अधिष्ठाता देवता पद्मनाभस्वामी को समर्पित कर दिया था और उन्होंने और उनके उत्तराधिकारियों ने पद्मनाभदास कहलाना पसन्द किया। त्रावणकोर राज्य हैदरअली और टीपू सुलतान के आक्रमणों के दौरान किये गये भीषण अत्याचारों से सन्तप्त हज़ारों ब्राह्मणों और नायरों की शरणस्थली बन गया था। टीपू सुलतान ने घोषणा की थी कि मालाबार के सभी नायर परिवारों को मौत के घाट उतार दिया जाय क्योंकि वह नायरों की योद्धा जाति को समाप्त करके अपने लिए कोई चुनौती बाक़ी नहीं छोड़ना चाहता था। त्रावणकोर के राजाओं की वीरता के कारण टीपू सुलतान की उन पर चढ़ाई करने की हिम्मत नहीं हुई। त्रावणकोर राज्य ने केरल के तटीय क्षेत्रों से डच सेनाओं को भी दूर खदेड़ दिया था।

यह बात याद रखी जानी चाहिए कि पराधीनता की इस लम्बी अवधि में पूरा देश विदेशी शासन में कभी नहीं रहा; बीच-बीच में ऐसा समय आता था जब विदेशी शासकों का राज्य देश के बहुत बड़े हिस्से पर हो जाता था। लेकिन भारतीय समाज अपनी भीतरी शक्ति के बल पर नये-नये राजवंश पैदा करता रहा फिर भी सतत् चलने वाले युद्धों के कारण देश के लोगों पर युद्ध का बोझ बहुत बढ़ गया, उनके साधन युद्ध की भेंट चढ़ने लगे और सार्वजनिक जीवन निराशा और खिन्नता से भर गया। यह सही है कि सभी मुस्लिम राजा एक ही कड़ी के अंग नहीं थे। उत्तर में अफ़गानों और पठानों को तुर्कों और मुग़लों के मुक़ाबले देशी माना जाने लगा था। गुजरात के सुलतान या दक्षिण के सुलतान भी अपनी स्वतन्त्रता घोषित करते रहते थे और स्थानीय शक्तियों से मेल बैठाकर चलने की कोशिश करते थे। बहरहाल १८वीं शताब्दी तक पहुँचते-पहुँचते विदेशी और भारतीय शक्तियाँ अपनी ऊर्जा खो बैठी थीं। यही समय ब्रिटिश ईस्ट इण्डिया कम्पनी के लिए अनुकूल सिद्ध हुआ और भारत में अँग्रेज़ी राज्य की नींव पड़ गयी।

भारत में यूरोपीय उपस्थिति १४९८ में वास्कोडिगामा के केरल तट पर पहुँचने से ही शुरू हो गयी थी। यूरोप-अरब संघर्ष ने भारत से आयात

किये जाने वाले मसालों और दूसरी उपयोगी वस्तुओं के यूरोप पहुँचने का रास्ता बन्द कर दिया था। भारत से व्यापार शुरू करने की कोशिश में पुर्तगाल, डच, ब्रिटिश और फ्रांस की व्यापारिक कम्पनियाँ आगे आयीं। १६०० के आसपास ब्रिटेन के बड़े व्यापारियों ने ब्रिटिश ईस्ट इण्डिया कम्पनी बनायी और ब्रिटिश सरकार से अनुमति और संरक्षण प्राप्त करके भारत की तरफ़ कूच कर दिया। भारत के व्यापार से कम्पनी को अकूत लाभ हुआ और उसकी फ़ैक्टरियों की संख्या बढ़ती चली गयी। इन फ़ैक्टरियों की और व्यापार की रक्षा के लिए रखी फ़ौज़ बढ़ती चली गयी और स्थानीय झगड़ों में उन्होंने दिलचस्पी लेना शुरू कर दिया। भारी व्यापारिक मुनाफ़ों के कारण ब्रिटेन के राजनैतिक प्रतिष्ठान में भी उनकी पैठ हो गयी। १७५७ में पलासी की लड़ाई में मिली विजय ने उन्हें सीधे सत्ता का दावेदार बना दिया। १८५७ तक आते-आते उन्होंने मुस्लिम साम्राज्य को समाप्त करके भारत में ब्रिटिश साम्राज्य स्थापित कर दिया। १८५७ की क्रान्ति के बाद ब्रिटेन ने भारत के शासन की बागडोर सीधे अपने हाथ में ले ली। ब्रिटिश ईस्ट इण्डिया कम्पनी को पलासी की जीत के बाद के १०० सालों में भी कोई कम संघर्ष नहीं करना पड़ा। उन्हें मराठों, मैसूर राज्य और सिखों की गम्भीर चुनौती का सामना करना पड़ा। प्रतिद्वन्द्वी राजनैतिक शक्तियों के बीच अँग्रेज़ों ने किसी से सन्धि की, किसी से संघर्ष। चतुराई और कुटिलता से वे एक-एक क़दम आगे बढ़ाते गये। ब्रिटेन एक नयी उभरती हुई औद्योगिक शक्ति बन रहा था। इसका आत्मविश्वास तो भारत के ब्रिटिश तन्त्र का सहायक था ही, बढ़ती हुई अमीरी के साथ-साथ नयी संस्थाएँ गढ़ने और अपनी जातीय श्रेष्ठता का एहसास करवाने का अहंकार और बौद्धिक कुशलता उनमें आ गयी थी। ब्रिटेन से शुरू हुई औद्योगिक क्रान्ति यूरोप और अमेरिका का कायाकल्प कर रही थी। भारत ही क्या उस समय दुनिया की किसी जाति में उनका विजय-रथ रोकने की क्षमता नहीं थी। यूरोपीय जाति एक नयी औद्योगिक सभ्यता रचने में लगी थी। भारत के सामने यह सभ्यता अधिक बड़ी चुनौती थी क्योंकि उसकी अधिकांश मान्यताएँ भारतीय सभ्यतागत धारणाओं के ठीक उलट थीं।

महात्मा गाँधी को कभी विदेशी शासन के इतिहास ने व्यथित नहीं किया। उनकी दिलचस्पी राजाओं से अधिक भारतीय समाज में थी। वे आसानी

से यह बात समझ सके कि विदेशी शासन के अत्याचारों से भी अधिक महत्त्वपूर्ण यह बात है कि विदेशी शासन ने राज और समाज के बीच के सम्बन्ध को उलट दिया है। भारत में राजा सदा प्रजा का सेवक रहा है। उसकी सेवाओं के बदले उसे प्रजा अपनी आय का एक भाग सौंपती रही है। समाज में किसान, कारीगरों और व्यापारियों की आय समाज के सभी कार्यों के लिए धर्मानुरूप बँटती रही है। राजा का भाग किसान की उपज में छटा था, अकाल के दिनों में दसवाँ और युद्ध के समय चौथा। पहले मुसलमानों ने और फिर अँग्रेज़ों ने किसान की उपज का सामान्यत: आधा और युद्ध के बहाने ६० या ७० प्रतिशत हड़पना आरम्भ कर दिया। इससे खेती लाभदायक नहीं रही और किसान अपनी आय से सार्वजनिक व्यवस्थाओं के लिए जो भाग निकालते थे वह सम्भव नहीं रहा। इससे भी अधिक घातक बात यह थी कि किसान अपनी ज़मीन का मालिक नहीं रहा। विदेशी शासकों ने राजा को सेवक से स्वामी बना दिया और उसे यह अधिकार हो गया कि किसान अगर अनुचित लगान न दे पायें तो ज़बरन उनकी ज़मीन ले ली जाय।

भारत में मुस्लिम शासक वही कर रहे थे जो उन्होंने अपने यहाँ किया था, हालाँकि भारत के लिए उनके तौर-तरीक़े अकल्पनीय और बर्बर थे। अरब जिहाद की आक्रामकता के सहारे एक तरफ़ मिस्र तथा दूसरे अफ्रीकी देशों में फैले, दूसरी तरफ़ उन्होंने मध्य एशिया के कबीलाई इलाक़ों में अपना विस्तार किया। इस साम्राज्य को सँभालने के लिए कहीं अधिक राजस्व की आवश्यकता थी। अधिक राजस्व की आवश्यकता ने एक नये प्रभु वर्ग को पैदा किया जो राज्य के लिए लोगों से राजस्व उगाहने में कोई उदारता नहीं बरतता था। तुर्कों के शासन में पहुँचने पर राजस्व की ज़रूरत और बढ़ गयी और उसे उगाहने के तरीक़े अधिक उत्पीड़क हो गये। किसानों का दर्जा गिरा और प्रभु वर्ग की शक्ति बढ़ी। लगातार होते युद्ध ने पराजित लोगों को दास बनाये जाने की प्रथा के कारण ग़ुलामों की संख्या बहुत बढ़ा दी। फिर भी इस्लाम ने धार्मिक बिरादरी का जो नया भाव पैदा किया था उसके कारण इस्लाम मानने वाले तो किसी तरह निभा भी पाये, इस्लाम न मानने वाले धर्मियों का दर्जा और नीचा हो गया। उन्हें जीवन का अधिकार भी नहीं रहा जहाँ उन्हें मारा नहीं जा सकता था वहाँ उन पर जजिया लगाकर उन्हें अपनी अधीनता में रखा गया।

लेकिन यूरोप में जो हो रहा था वह तो और भी भयानक था। ग्रीक-रोमन काल से ही यूरोप में पूरा समाज तीन जातियों में बँटा था। सम्प्रभु जातियाँ जिसमें पुरोहित और राजन्य वर्ग आता था, उन्हें पूरे अधिकार थे। लड़ाई के लिए इस वर्ग के बाहर से सैनिकों की आवश्यकता पड़ती थी जिन्हें उनसे कुछ कम अधिकार प्राप्त थे। लेकिन तीसरी जाति में आने वाले किसानों और कामगरों को तो दासों की श्रेणी में ही रखा गया। इसका सीधा सा अर्थ यह है कि आबादी का अधिक बड़ा हिस्सा दासों की श्रेणी में रखा गया था। पाँचवीं शताब्दी में प्लेग से आधी आबादी समाप्त हो गयी। उसके बाद ऐसे क़ानून बना दिये गये कि कोई खेतिहर अपने मालिक के खेत को छोड़कर नहीं जा सकता था। यूरोप में इन भू-दासों के अलावा स्वतन्त्र किसानों की संख्या नगण्य ही थी। ११वीं शताब्दी में ब्रिटेन में स्वतन्त्र किसानों की संख्या केवल दस प्रतिशत थी।

१४वीं शताब्दी के मध्य में फिर प्लेग फैला और यूरोप की आबादी फिर आधी रह गयी। खेतिहर मज़दूरों की कमी, भू-स्वामियों की निरंकुशता और चर्च के नियन्त्रण के कारण आम लोगों की हालत कितनी बदतर होगी इसका अनुमान लगाया जा सकता है। मज़दूरों की कमी ने नये आविष्कारों को जन्म दिया और धीरे-धीरे मशीनीकरण का रास्ता साफ़ होने लगा। लेकिन चर्च नये वैज्ञानिक दावों से ख़ुश नहीं थी और पोप ने वैज्ञानिक साहित्य पर पाबन्दी लगा दी। ब्रिटेन प्रोटेस्टेंट होने के कारण इन प्रतिबन्धों से कुछ मुक्त रहा। अमेरिका की खोज और उसके साधनों पर नियन्त्रण तथा भारत विजय ने ब्रिटेन समेत पूरे यूरोप के लिए सम्पन्नता का नया रास्ता खोल दिया। इस सबसे १७८० में औद्योगिक क्रान्ति शुरू हुई पर उसका ठीक प्रभाव १८३० के आसपास ही महसूस हुआ। इस सब ने उस लोकतान्त्रिक दौर को शुरू किया जो आज यूरोपीय सभ्यता की सबसे प्रमुख विशेषता बताया जा रहा है। चर्च और भू-सामन्तों के नियन्त्रण से मुक्ति ने साधारण लोगों को जो स्वतन्त्रता दी वह उसे इन्द्रियसुखवाद और स्वच्छन्दता की तरफ़ ले गयी। नैतिक जीवन मुख्यत: हमारे सामाजिक दायित्वों पर निर्भर होता है। जब हम अपने भोग को मर्यादित रखते हुए अपने सुख का दूसरों के हित में त्याग करते हैं तो हम एक नैतिक जीवन जी रहे होते हैं। यूरोप के सामन्ती दौर में आश्रित भू-दासों के प्रति अपने दायित्वों के कारण और ईश्वर के प्रति निष्ठा के कारण नैतिक व्यवहार की

जो क्षीण सी गुंजाइश रही होगी वह भी अब समाप्त हो गयी। विज्ञान ने यह तार्किक विश्वास दिया कि हमारा ब्रह्माण्ड कुछ प्राकृतिक नियमों पर टिका है, किसी दैवी विधि पर नहीं। प्रौद्योगिकी ने भोग की भरपूर सामग्री जुटा दी। इस सब ने यूरोपीय व्यक्ति की आत्म छवि बदल दी। अब वह अपने आप को एक नैतिक मनुष्य की जगह स्वच्छन्द सुखों का भोग करने में समर्थ मनुष्य के रूप में देखने लगा। इस तरह अपनी स्वतन्त्रता का उपभोग उसने आत्मोन्नयन की बजाय पतन की ओर जाने में किया। इसका अर्थ यह नहीं है कि यूरोपीय जाति में कोई नैतिक आचरण नहीं बचा। सभी मनुष्यों को अपने अन्त:विवेक से अच्छे और बुरे का जो ज्ञान सहज ही रहता है वह रहा। राज्य ने उसके भौतिक जीवन को अनुशासित करने और चर्च ने उसमें दैवी अस्तित्व के प्रति क्षीण सी ही सही पर निष्ठा बनाये रखने में सहायता की। लेकिन यूरोपीय लोगों ने अपना सार्वजनिक जीवन तार्किक धारणाओं और सुखवादी मान्यता पर ही संगठित किया। उसके सभी शास्त्र ऐसी ही धारणाओं पर बनाये गये और टिके हुए हैं।

दरअसल, यह दौर १६५० के आसपास फ्रांस में आरम्भ हुआ जहाँ पुरानी नियन्त्रणकारी व्यवस्था सबसे कठोर थी। उदारवादी विचारों का यह दौर क्यों और कैसे आरम्भ हुआ यह समझना कठिन है। क्योंकि इतिहास जितनी बातों को दर्ज करता है उससे कहीं अधिक बातों को अनदेखा कर देता है। यह वह दौर था जब यूरोप के लोग अपनी दुनिया से बाहर निकल रहे थे और दूसरी सभ्यताओं को भी देख रहे थे। इसके अलावा अमेरिकी महाद्वीप की खोज ने यूरोप में आशा का एक नया भाव पैदा किया था। ब्रिटेन अगर प्राकृतिक विज्ञान में अगुवाई कर रहा था तो फ्रांस सामाजिक विचारों का अगुवा सिद्ध हुआ। पेरिस नयी बौद्धिक गतिविधियों का केन्द्र बन गया और व्यक्ति की स्वतन्त्रता और समानता के क्रान्तिकारी विचार रखे जाने लगे। राजा, कुलीन वर्ग और चर्च सभी को भौतिक जीवन की सभी कठिनाइयों का कारण बताया जाने लगा। उनके नियन्त्रण से मुक्त होने की इच्छा ज़ोर पकड़ने लगी। इस तार्किक आवेश में यह स्थापना की गयी कि सम्प्रभुता राज्य या चर्च में नहीं बल्कि व्यक्ति में है। वह अपनी इच्छा से चलने के लिए स्वतन्त्र है। लेकिन व्यक्तिगत स्वतन्त्रता से सार्वजनिक जीवन ख़तरे में पड़ सकता है। इसलिए स्वतन्त्रता और बराबरी की धारणा के साथ बन्धुत्व की धारणा जोड़ी गयी ताकि लोग एक समाज

के रूप में रह सकें। समाजवादी विचारकों ने स्वतन्त्रता की बजाय अवसर की समानता और बन्धुत्व पर ज़ोर दिया। इस वैचारिक संघर्ष ने १७८९-९९ की फ्रांसीसी क्रान्ति को जन्म दिया। इस क्रान्ति ने राजनैतिक ढाँचे में क्रान्तिकारी परिवर्तन का रास्ता प्रशस्त किया। नागरिक अधिकारों को मान्यता दिलवाई और गणराज्यों का रास्ता खोल दिया। धीरे-धीरे यह विचार यूरोप के सभी देशों और अमेरिका में फैल गये।

इन क्रान्तिकारी विचारों के बावजूद सब स्त्री-पुरुषों की स्वतन्त्रता को वास्तविकता बनने में १००-१५० वर्ष लग गये। यह स्वाभाविक ही था क्योंकि वे व्यवस्थाएँ एक झटके में बदली हुई दिखती हैं, पर वास्तव में बदलाव उतनी तेज़ी से नहीं होते। यूरोप और अमेरिका ने जैसे-जैसे अपने नागरिकों पर नियन्त्रण कुछ ढीला किया वैसे-वैसे दुनिया के दूसरे हिस्सों में उनका नियन्त्रण बढ़ता गया। यूरोपीय लोगों ने अपने क्षेत्र से बाहर निकलकर दुनिया के दूसरे क्षेत्रों पर नियन्त्रण किया और औपनिवेशीकरण का एक नया दौर शुरू हुआ। अब तक यूरोपीय सत्ता प्रतिष्ठान अपने ही समाज के औपनिवेशीकरण पर टिका था, अब उसने अपने क्षेत्र से बाहर उपनिवेश ढूँढ़ लिए। इतना ही नहीं जो काम अब तक अपनी ही अधिकांश आबादी को ग़ुलामी में रख कर लिया जाता था वह अब मशीनों से लिया जाने लगा। ग़ुलामों की जगह मशीनों ने ले ली। लेकिन मशीनीकरण का एक और भी घातक प्रभाव हुआ। अब तक उत्पादन के काम में जो खेतीहर और कारीगर लगे रहते थे वे अपने में उसका कौशल पैदा करते थे और वह कौशल उनमें योग्यता और क्षमता बनाये रखता था। उत्पादन का कौशल उत्पादन की सही विधि को आत्मसात् करने और उसमें देशकाल के अनुरूप सुधार करते जाने पर निर्भर करता है। यह कौशल ही उसे भौतिक और आध्यात्मिक उन्नति की ओर ले जा सकता है। मशीनीकरण ने यह सम्भावना भी समाप्त कर दी। उत्पादन का कौशल तार्किक निरूपण में सक्षम लोगों में सीमित हो गया। अब उत्पादन की विधि तार्किक निरूपण की चीज़ हो गयी जिससे मशीन बनायी जा सकें और देशकाल की सीमाओं को लाँघकर उत्पादन किया जा सके। उत्पादन अब आवश्यकता से जुड़ा हुआ नहीं रहा, बल्कि उत्पादन के आधार पर आवश्यकताओं का निर्माण किया जाने लगा।

इस तरह हम देख सकते हैं कि यूरोप के साधारण नागरिक कुएँ से

निकलकर खाई में गिर गये। पहले वे अपने प्रभुवर्ग की सम्पन्नता बनाये रखने के लिए उत्पादन करते थे, ग़रीबी में रहते थे, जीवन की अनेक कठिनाइयों से जूझते थे, फिर भी प्राकृतिक जीवन के निकट थे। उन नियन्त्रणकारी परिस्थितियों में भी वे अपने उत्पादन कौशल के बल पर कुछ हद तक अपना सामर्थ्य, मनुष्य होने की अपनी योग्यता बचाये हुए थे। उन्होंने अपने आप को बन्धनों से मुक्त करने का संघर्ष किया तो उसकी परिणति एक ऐसी व्यवस्था में हुई जिसमें उनके पास उपभोग के लिए पहले से अधिक है, वे सीधे किसी के नियन्त्रण में नहीं हैं, पर वे एक औद्योगिक तन्त्र का पुर्जा मात्र हैं। वे एक मशीनी प्रक्रिया में दिये गये निर्देश के अनुसार जुटे रहते हैं और बौद्धिक रूप से निष्क्रिय बनकर अपना कौशल खोते जा रहे हैं। यह सही है कि सदियों से अर्जित कौशल और प्राकृतिक जीवन की समझ एकाध पीढ़ी में ही समाप्त नहीं की जा सकती। लेकिन यूरोप के जो लोग १००-२०० वर्ष पहले बहुत ऊर्जावान और प्रतिभाशाली दिखायी देते थे वे अब मन्द दिखायी देने लगे हैं। बेचारे अमेरिकी राष्ट्रपति बराक ओबामा को बार-बार कहना पड़ रहा है कि अमेरिकी छात्र अपनी योग्यता और लगन बढ़ायें वरना भारत और चीन के प्रतिभा सम्पन्न लोग उन्हें पीछे छोड़कर आगे निकल जायेंगे।

महात्मा गाँधी यूरोपीय सभ्यता की इसी दिशा से सबसे अधिक चिन्तित थे। उन्हें निश्चय था कि यह दिशा यूरोपीय मनुष्य को उसकी मनुष्यता से गिराने वाली होगी। इसलिए इतने कड़े शब्दों में गाँधीजी ने पश्चिमी सभ्यता से चेताने के लिए कहा कि वह शैतानी है, घोर कलयुगी है। महात्मा गाँधी जानते थे कि यूरोपीय लोग जो कर रहे हैं वह अपने स्वभाव के अनुसार ही कर रहे हैं। इसलिए उन्हें अपनी इस दिशा में मौलिक दोष दिखायी देगा तो वे उसे सुधार लेंगे। लेकिन अगर हम उनके अनुकरण पर अपने यहाँ उनके जैसी सभ्यता बनायेंगे तो उसके दोष उजागर होने पर उसे सुधार नहीं पायेंगे क्योंकि उसमें सुधार वही कर सकता है जो उसकी गति नियति को समझता हो, जिसने उसे रचा हो। हम तो मात्र नक़ल करने वाले होंगे इसलिए उसके पाप तले दब जायेंगे। महात्मा गाँधी मानते थे कि मनुष्य की बजाय मशीन पर ध्यान देने वाली सभ्यता हमें कभी आत्मोन्नयन की तरफ़ नहीं ले जा सकती। मनुष्य की मनुष्यता इसी में है कि उसमें हर परिस्थिति में अपना धर्म, उचित-अनुचित व्यवहार समझने की शक्ति बनी

रहे। यह शक्ति बनाये रखने के लिए उसे अपनी मर्यादा बाँधनी पड़ती है। वह अपने कौशल को बनाये रखे और मशीन का केवल उतना ही उपयोग करे जितना उसके कौशल को अधिक फलदायी बनाने के लिए आवश्यक है। पूरी तरह मशीन पर निर्भर रहने का मतलब है अपनी विवेक–बुद्धि को निष्क्रिय कर देना।

यूरोप की आज की सभ्यता को निकट से देखने पर यह बात सहज ही समझ में आ सकती है कि पिछले २०० वर्ष में कछुए की गति से क़दम बढ़ाते हुए जो स्वतन्त्रता आम लोगों को दी गयी है वह वास्तविक नहीं बल्कि औपचारिक है। अभी भी पहले की तरह सम्प्रभुता राज्य और चर्च दोनों में है। अपने विवेक से चलने की पूरी छूट किसी को नहीं है क्योंकि आम लोगों की छवि तो राज्य की भाषा में अपने हित को न समझने वाले एक उच्छृंखल व्यक्ति की ही है और चर्च की भाषा में वर्जित फल खाने के कारण स्वर्ग से पतित हुए मानव जोड़े की। उसे नियन्त्रित रखने के लिए एक बाहरी प्रतिष्ठान चाहे वह राज्य हो या फिर चर्च की आवश्यकता है। इसीलिए क़ानून बनाने का अधिकार केवल राज्य को है और बाक़ी सब लोग उसके अनुसार चलने के लिए अभिशप्त हैं। नैतिक और धार्मिक आचरण की व्याख्या करने का अधिकार चर्च के पास है। आम लोगों को नियन्त्रित रखने के लिए पहले प्रभु वर्ग का दास बनाये रखना ज़रूरी था, अब भोगों का दास बनाये रखना आवश्यक है। यूरोप में यह कहा जाता था कि आधुनिक जीवन जीने के लिए जो औद्योगिक सामग्री आवश्यक है उसे जुटाने में ही व्यक्ति का सारा जीवन लग जाता है, किसी उपद्रव के लिए उसके पास समय ही नहीं बचता। यूरोपीय समाजों ने लोगों को भोग की सामग्री उपलब्ध करवाने की क्षमता किन तरीक़ों से प्राप्त की है यह बात किसी से छिपी नहीं है। अगर कल सर्वसाधारण को मौजूदा जीवन स्तर देने में वह सक्षम न रहे तो अपने लोगों की आज़ादी छीनने में यूरोपीय प्रभु वर्ग को जरा भी समय नहीं लगेगा। यूरोप का प्रभु वर्ग अपने से इतर किसी के जीवन को अपरिहार्य नहीं मानता। भारतीय सभ्यता से उसका दूर–दूर तक कोई साम्य नहीं है जहाँ मनुष्य का जीवन ही नहीं पशु–पक्षियों का जीवन भी उतना ही रक्षणीय माना गया है और इसके साथ ही प्राकृतिक सन्तुलन बनाये रखने पर हमेशा ज़ोर दिया गया है।

महात्मा गाँधी पश्चिमी सभ्यता की इन्हीं दिशाओं को देख और समझकर

भारत के लोगों को उससे दूर रखना चाहते थे। वे देख रहे थे कि भारत में राजा और प्रजा के सम्बन्ध को उलट कर विदेशी शासकों ने भारतीय समाज को अपनी सभ्यता से काट दिया है। भारत में जहाँ धर्म को ही सम्प्रभु माना जाता रहा है या देवता में सम्प्रभुता देखी जाती रही है वहाँ राज्य को सम्प्रभु बना दिया गया। किसानों को अपनी ज़मीन पर अविच्छेद्य अधिकार नहीं रहा इसके बाद उसे इतनी दरिद्रता में उतार दिया गया कि वह अपने धार्मिक जीवन में समर्थ न रह सके। सुदीर्घकाल से सब मनुष्यों और पशु–पक्षियों के भरण–पोषण की जो व्यवस्था चली आ रही थी वह चौपट कर दी। सार्वजनिक जीवन का आधार स्वराज्य नहीं रहने दिया। भारत के लोग जो अपने तन्त्र में स्थित रहते आये थे, परतन्त्र में धकेल दिये गये।

गाँधीजी इस बात से त्रस्त नहीं थे कि हमारे शासक विजातीय हैं। वे इस बात से त्रस्त थे कि सभ्यता का हमारे यहाँ जो अर्थ रहा है उसे भुलाकर एक नयी सभ्यता हम पर थोपी जा रही है। असल में वे पश्चिमी सभ्यता को सभ्यता कहने के लिए भी तैयार नहीं थे। महात्मा गाँधी के अनुसार सभ्यता तो नीति पर ही खड़ी हो सकती है। जब कि उन्हें यह साफ़ दिख रहा था कि तथाकथित पश्चिमी सभ्यता अनीति पर खड़ी है। उनका मानना था कि वस्तुओं का अनियन्त्रित उत्पादन और अनियन्त्रित उपभोग सभ्यता नहीं हो सकता। सभ्यता शिक्षित होकर अनुचित तरीक़े से पैसा कमाने में भी नहीं है। सभ्यता अपने अन्त:विवेक को जागृत करके न्यायपूर्ण आचरण करने में है और अपनी आवश्यकताओं को मर्यादित रखकर अन्य सबके प्रति अपने दायित्वों का निर्वाह करने में है। दक्षिण अफ्रीका के प्रवास के दौरान वे ईसामसीह और भगवान बुद्ध की तुलना करते हुए अपने आप को यह कहने से नहीं रोक पाते के ईसामसीह की दया केवल मनुष्यों तक सीमित है जबकि भगवान बुद्ध की दया प्राणी मात्र के लिए है। इसलिए वे ज़ोर देकर कहते हैं कि भारत को पश्चिमी सभ्यता से कुछ सीखने की आवश्यकता नहीं है।

यहाँ यह बात भी ध्यान देने योग्य है कि गाँधीजी को अँग्रेज़ी राज की कठोरता जितनी खटकती है उतनी मुस्लिम शासन की कठोरता नहीं खटकती। हिन्द स्वराज्य में हिन्दू–मुस्लिम एकता के पक्ष में तर्क देते हुए वे मुस्लिम आक्रमणकारियों द्वारा की गयी नृशंस हत्याओं पर टिप्पणी करते हैं। वे

कहते हैं कि मुस्लिम आक्रमणकारियों ने नृशंसतापूर्वक हत्याएँ कीं, पर मरने के साथ ही मरने वालों की मुक्ति हो गयी, उनका दुख विलीन हो गया। पर अँग्रेज़ों ने तो लोगों को जीते जी मरण जैसी स्थिति में डाल दिया है। इसलिए मुसलमानों के अत्याचार से अँग्रेज़ों का अत्याचार अधिक नाशकारी है। महात्मा गाँधी मानते हैं कि मनुष्य के मनुष्य बने रहने के लिए उसमें सत्य हो, शौर्य हो, कौशल हो, दया हो, त्याग और संयम हो। अँग्रेज़ों ने किस तरह भारत के लोगों के इन गुणों की हानि की है इसका एक महत्त्वपूर्ण उदाहरण गाँधीजी ने दिया। उनसे पूछा गया कि आख़िर हिन्दू इतने कायर क्यों हैं। उन्होंने उत्तर दिया कि अँग्रेज़ों ने १८५७ की क्रान्ति के विफल हो जाने के बाद भारतीय नागरिकों के हथियार रखवा लिए थे। भारतीय नागरिकों को उन्हें निशस्त्र कर दिया गया था। इस निशस्त्र किये जाने ने ही उन्हें कायर बना दिया है क्योंकि उनके शौर्य प्रकट करने की कोई सम्भावना नहीं रही। अन्यत्र भी गाँधीजी ने कहा है कि भारत के लोग शस्त्र चलाना भूल गये हैं, मारना भूल गये हैं, इसलिए मरना भी नहीं जानते। गाँधीजी जिस अहिंसा की बात करते हैं वह वीरों की अहिंसा है। इस अहिंसा की साधना के लिए वीर होना आवश्यक है। वीर बनने के लिए यह आवश्यक है कि आप शस्त्र चलाना जानते हों पर उसे अपरिहार्य न होने तक चलायें नहीं। इसी तर्क के आधार पर गाँधीजी विश्वयुद्ध के दौरान अँग्रेज़ी फ़ौज़ की सहायता करने के पक्ष में दलील देते रहे।

ऐसा नहीं है कि गाँधीजी देश को ब्रिटिश शासन से मुक्ति दिलवाने के लिए उतावले न रहे हों। वे १९१५ में दक्षिण अफ्रीका से भारत आये और स्वाधीनता संग्राम में कूद पड़े। अपनी तमिलनाडु की यात्रा के दौरान उन आरम्भिक वर्षों में भी अनेक बार उन्होंने लोगों का आह्वान करते हुए कहा कि उन्हें फ्रांस की क्रान्ति की तरह अन्यायी सत्ता को उखाड़ फेंकना चाहिए। लेकिन वे यह भी दोहराते रहे कि केवल शासकों का परिवर्तन काफ़ी नहीं है; अगर अँग्रेज़ों के जाने के बावजूद उनकी बनायी व्यवस्था बनी रहती है तो इस सत्ता परिवर्तन का कोई लाभ नहीं होने वाला। उन्होंने भारत आकर स्वाधीनता संग्राम की कमान अपने हाथ में लेने से पहले १९०९ में हिन्द स्वराज्य में ही यह स्पष्ट कर दिया था कि उनका लक्ष्य इण्डिपेंडेंस नहीं है, स्वराज्य है। उन्हें केवल अँग्रेज़ों के शासन से मुक्ति नहीं चाहिए, अँग्रेज़ों के द्वारा बनायी गयी व्यवस्था से और अँग्रेज़ी सभ्यता

से भी मुक्ति चाहिए। भारत को अँग्रेज़ों जैसी शिक्षा और उनके जैसे राजनैतिक विचार नहीं चाहिए। भारत के लोगों का स्वराज्य चाहिए जो भारत के प्राचीन आदर्शों और भारतीय लोगों द्वारा काम में लायी जाती रही सार्वजनिक व्यवस्थाओं में निहित है।

महात्मा गाँधी के राजनैतिक जीवन के दौरान यूरोप और अमेरिका में अनेक उदारवादी और क्रान्तिकारी विचारधाराएँ प्रचलित थीं। महात्मा गाँधी के अपने अनेक राजनैतिक सहयोगी उन राजनैतिक विचारधाराओं से प्रभावित थे। वे प्रत्यक्ष और अप्रत्यक्ष रूप से गाँधीजी को इन विचारधाराओं का अध्ययन करने के लिए कहते रहते थे। उनके कुछ सहयोगी, विशेषकर मार्क्सवाद के बारे में उनकी राय जानना चाहते थे। अपने एक जेल प्रवास के दौरान उन्होंने एक सहयोगी के कहने पर विधिवत् कार्ल मार्क्स का दास कैपिटल और कुछ दूसरा साहित्य पढ़ा। लेकिन वे दास कैपिटल से जरा भी प्रभावित नहीं हुए। उन्होंने कहा कि मार्क्स को मानव स्वभाव की ठीक समझ नहीं है। अगर उनके पास समय होता तो वे दास कैपिटल से बेहतर ग्रन्थ लिख देते। बाद में मार्क्सवाद के बराबरी के आदर्श की बात करते हुए उन्होंने *हरिजन* में २०.०२.१९३७ को लिखा,

> पूँजीपतियों द्वारा पूँजी के दुरुपयोग की बात लोगों के ध्यान में आयी, तब समाजवाद का जन्म हुआ यह ख़्याल ग़लत है। जैसा कि मैंने पहले भी प्रतिपादित किया है समाजवाद, और उसी हद तक साम्यवाद भी ईशोपनिषद् के पहले श्लोक में स्पष्ट रूप से मिल जाता है। हाँ, यह बात सही है कि जब कुछ सुधारकों ने हृदय परिवर्तन की क्रिया द्वारा अपना आदर्श सिद्ध करने की प्रणाली में विश्वास खो दिया तब जिसे वैज्ञानिक समाजवाद कहा जाता है उसकी पद्धति ढूँढ़ी गयी। मैं उसी समस्या को हल करने में लगा हूँ, जो वैज्ञानिक समाजवाद के सामने है।

महात्मा गाँधी की इच्छा विनोबा भावे ने पूरी कर दिखायी। भारत की स्वतन्त्रता के समय नक्सलवादी सक्रिय थे और उनके उद्देश्य से सहानुभूति रखने वाले लोग भी उनके तरीक़ों से सहमत नहीं थे। भारतीय संविधान लागू होने के साल भर बाद ही १९५१ में वह अवसर आया जब विनोबा भावे गाँधीजी के तरीक़े को सही सिद्ध कर सके। वे आन्ध्र प्रदेश के नलगोंडा ज़िले के पोचमपल्ली गाँव में थे और यह गाँव नक्सली गतिविधियों का केन्द्र माना जाता था। सात सौ परिवारों वाले इस गाँव में दो-तिहाई

भूमिहीन थे। हरिजन बस्ती में नक्सलियों का विशेष प्रभाव था। विनोबा भावे हरिजन बस्ती में गये और उनसे उनकी समस्याएँ पूछीं। उन्होंने कहा कि अगर उन्हें ८० एकड़ खेती की ज़मीन मिल जाय तो वे अपना गुज़ारा कर सकेंगे। सभा में उपस्थित उसी गाँव के एक भू-स्वामी रामचन्द्र रेड्डी ने खड़े होकर कहा कि वे अपनी १०० एकड़ भूमि हरिजनों को देने के लिए तैयार हैं। शाम की प्रार्थना सभा में उन्होंने फिर यह बात दोहराई तो विनोबा भावे को उसकी गम्भीरता अनुभव हुई। यही भू-दान आन्दोलन का आरम्भ था। विनोबा भावे भू-दान यज्ञ के लिए तेरह वर्ष तक पैदल पूरे देश में घूमते रहे और लोगों का हृदय परिवर्तन करते हुए उन्होंने कोई ५० लाख एकड़ भूमि दान में ली और उसे भूमिहीनों में वितरित कर दिया गया। विश्व में कहीं और इस तरह का दृष्टान्त नहीं मिल सकता।

१९४२ के भारत छोड़ो आन्दोलन के बाद जब यह लगभग निश्चित हो गया था कि अँग्रेज़ भारत छोड़कर चले जायेंगे, महात्मा गाँधी से भारत की भविष्य की व्यवस्था के बारे में पूछा जाने लगा था। महात्मा गाँधी ने संसदीय प्रणाली के बारे में हिन्द स्वराज्य में बहुत कठोर टिप्पणियाँ की थीं और वे जीवनपर्यन्त उन टिप्पणियों पर कायम रहे। लेकिन उस समय देश में लोकतन्त्रीय प्रणाली के पक्ष में इतना अधिक माहौल था कि गाँधीजी को कहना पड़ा कि वे फ़िलहाल संसदीय प्रणाली को लागू किये जाने का विरोध नहीं करेंगे। लेकिन वे चाहते हैं कि संसद पंचायत जैसी संस्था हो जिसमें सभी जातियों की उपस्थिति हो और वह जातियों की महापंचायत जैसी हो। लेकिन संविधान के मूल प्रारूप को तैयार करते समय किसी को पंचायतों की याद ही नहीं आयी। संविधान सभा में बहस के समय जब यह कहा गया कि संविधान के प्रारूप में कुछ भी भारतीय नहीं है तो पुछल्ले के तौर पर पंचायतों को जोड़ दिया गया। बाद में जो पंचायती राज संस्थाएँ लागू की गयी हैं वे पुरानी पंचायतों की छाया भी नहीं हैं। वे एक तरह से चुनी हुई नौकरशाही हैं जो सरकार द्वारा दिये गये वित्तीय अनुदानों को सरकार के ही निर्देशानुसार ख़र्च करके तथाकथित विकास के काम में लगी हैं। गाँधीजी इस तरह की पंचायतों से कभी सन्तुष्ट नहीं हो सकते थे।

महात्मा गाँधी चाहते थे कि देश की राजनैतिक व्यवस्था ऐसी हो जिसमें लोग अपना आर्थिक, सामाजिक और राजनैतिक जीवन स्वयं अपनी

इच्छा और योग्यता से और अपनी मान्यताओं के अनुसार रच रहे हों। इसका कारण यह है कि गाँधीजी के लिए अधिक महत्त्वपूर्ण यह था कि लोग अपनी व्यवस्था स्वयं बनायें और चलायें जैसा कि भारत में सदा से होता आया था। विदेशी शासकों ने इस स्वराज्य में गतिरोध पैदा कर दिया। उससे भी बड़ी समस्या यह हुई कि अँग्रेज़ी पढ़े-लिखे लोगों में स्वराज्य और उसकी संस्थाओं के बारे में कोई समझ नहीं रही। वे जब भी सोचते हैं लोगों पर ऊपर से थोपी गयी एक प्रणाली के बारे में ही सोचते हैं। उनके लिए प्रणाली अधिक महत्त्वपूर्ण है जबकि गाँधीजी के लिए भारत के लोग और उनकी मान्यताएँ अधिक महत्त्वपूर्ण थे। वैसे भी गाँधीजी को सरकार की भूमिका सीमित ही दिखायी देती थी। स्वतन्त्रता मिलने के बाद उन्होंने कहा था कि काँग्रेस को सत्ता की दौड़ में नहीं पड़ना चाहिए। काँग्रेस को भंग कर दिया जाना चाहिए। उसे लोक सेवा संघ में परिवर्तित हो जाना चाहिए ताकि वह अपनी व्यवस्थाएँ ख़ुद बनाने में लोगों की सहायता कर सके। सरकार चलाने के बारे में समाजवादी ही अधिक सोचते और बोलते रहे हैं, इसलिए सरकार की बागडोर उन्हीं के हवाले कर देनी चाहिए। उन्होंने यह मत भी व्यक्त किया था कि सरकार चलाने में समाजवादी नेता आचार्य नरेन्द्र देव अधिक उपयोगी हो सकते हैं।

बनवारी

क्रम

साधना

महात्मा गाँधी गुजरात के काठियावाड़ क्षेत्र में पैदा हुए थे जो अँग्रेज़ों की अधीनता में होने के बावजूद स्थानीय प्रशासन के मामले में काफ़ी हद तक स्वतन्त्र था। गुजरात लगभग तीन सौ देशी रियासतों में बँटा था जिनमें अधिकांश अत्यन्त छोटी रियासतें थीं। समुद्री व्यापार से मिली सम्पन्नता मुस्लिम और अँग्रेज़ शासन के दौरान थोड़े हाथों में सिमट गयी थी। गुजरात पर इस पूरी अवधि में विदेशी आक्रमण तो लगातार होते रहे थे। लेकिन धुर पश्चिम में होने के कारण वह बाहरी शासन में कम ही रहा था। छठी शताब्दी में सिंध पर नियन्त्रण के बाद अरब हमलावरों ने उसके वल्लभी राज्य को तहस-नहस कर दिया था। लेकिन अरब वहाँ पैर नहीं टिका पाये। प्रभाष क्षेत्र में स्थित सोमनाथ मन्दिर पर ही अनेक बार आक्रमण हुए। १०२४ में महमूद गजनवी ने चढ़ाई करके उसे ध्वस्त कर दिया और अकूत सम्पत्ति लूट ले गया। लेकिन जल्दी ही महाराजा भोज ने उसे फिर से बनवा दिया। १२९६ में अलाउद्दीन खिलजी ने फिर उस पर चढ़ाई की और तोड़ डाला। पर राजा महिपालदेव ने फिर उसे निर्मित करवा दिया। १३७५ में सुलतान मुज़फ़्फ़रशाह ने, फिर १४५१ में महमूद बेगदा ने और १७०१ में औरंगज़ेब ने आक्रमण करके तुड़वा दिया। वह फिर-फिर बनाया जाता रहा। वह भारतीयों की श्रद्धा और आत्मसम्मान से इतना जुड़ा था कि तोड़े जाने के बाद कोई न कोई राजा उसे फिर से बनवाने के लिए आगे आ जाता था। अन्तिम बार १९४७ में केन्द्रीय मन्त्रिमण्डल के निर्णय से भारत सरकार ने उसका पुनर्निर्माण करवाया। इसका श्रेय वल्लभभाई पटेल को जाता है।

गुजरात पर महमूद गजनवी के बाद बड़ा आक्रमण अलाउद्दीन खिलजी ने

१२९७-१३०० में किया। लेकिन १४वीं शताब्दी में राजपूत मुस्लिम शासक ज़फ़रख़ाँ मुज़फ़्फ़र ने अपने आपको दिल्ली सल्तनत से स्वतन्त्र कर लिया। १५७६ में अकबर ने गुजरात पर आक्रमण करके उसे मुग़ल साम्राज्य में मिलाया। लेकिन मुग़ल शासन इतना कमज़ोर था कि थोड़े ही दिनों बाद सेना के ख़र्च का इन्तज़ाम करने के लिए शिवाजी ने गुजरात के प्रमुख बन्दरगाह सूरत को लूट लिया। १८वीं शताब्दी तक मराठों का पूर्वी और मध्य गुजरात पर शासन हो गया था। काठियावाड़ और कच्छ छोटी-छोटी रियासतों में बँट गये थे। मराठों से गुजरात को अँग्रेज़ों ने जीता। बड़ौदा की गायकवाड़ रियासत एक सन्धि के अन्तर्गत लगभग स्वतन्त्र बनी रही। बाक़ी रजवाड़े बम्बई प्रेजीडेंसी की निगरानी में आ गये। फिर भी वे अपना स्थानीय शासन चलाने के लिए काफ़ी हद तक स्वतन्त्र थे। इस तरह गुजरात आर्थिक दुर्दशा का शिकार ज़रूर हुआ, पर अपना आत्म-सम्मान बचाये रख पाया। बड़ौदा राज्य की तो बहुत प्रतिष्ठा थी। गुजरात में इन रियासतों को राजस्थान कहा जाता था। इन्हीं में से एक पोरबन्दर में महात्मा गाँधी का जन्म हुआ था। पोरबन्दर नगर का दूसरा नाम सुदामापुरी था।

महात्मा गाँधी के पुरखे जाति से बनिये और व्यवसाय से पंसारी थे। महात्मा गाँधी के परदादा हरजीवन गाँधी ने १७७७ में पोरबन्दर में आकर एक मकान ख़रीदा और वहीं बस गये। उन्होंने छोटा-मोटा व्यापार शुरू किया। धीरे-धीरे उस परिवार की प्रतिष्ठा इतनी बढ़ गयी कि हरजीवन गाँधी के बेटे उत्तमचन्द की योग्यता से प्रभावित होकर वहाँ के राणा खीमाजी ने उन्हें अपनी रियासत का दीवान बना दिया। उत्तमचन्द गाँधी अच्छे प्रशासक सिद्ध हुए। जब वे दीवान बने थे तो पोरबन्दर रियासत कर्ज़ में डूबी हुई थी और प्रशासन अस्त-व्यस्त था। उत्तमचन्द ने अच्छा प्रबन्ध किया, रियासत का सारा कर्ज़ समाप्त हो गया। लेकिन खीमाजी युवावस्था में ही दिवंगत हो गये। महारानी ने शासन सँभाला। लेकिन अपनी बांदियों का आदेश न मानने पर राजकोष के छोटे लेकिन ईमानदार कर्मचारी से महारानी इतनी बिगड़ी कि जब दीवान उत्तमचन्द ने उसका पक्ष लेकर उसे अपने घर में शरण दी तो उन्होंने दीवान के घर को तोप से उड़वाने का आदेश दे दिया। अँग्रेज़ पोलिटिकल एजेंट के हस्तक्षेप के बाद दीवान के घर का घेरा उठा। इस घटना के बाद उत्तमचन्द ने पोरबन्दर

छोड़ दिया और जूनागढ़ में अपने पैतृक स्थान चले गये। वहाँ के नवाब ने उनका अच्छा सत्कार किया। लेकिन उत्तमचन्द ने उन्हें बाएँ हाथ से सलाम किया और कहा कि उनका दायाँ हाथ तो सब कुछ होने के बावजूद अभी भी पोरबन्दर राज्य को ही अपना स्वामी मानता है। महारानी के बाद जब राणा विक्रमजीत सिंह पोरबन्दर की गद्दी पर बैठे तो उन्होंने फिर से उत्तमचन्द को अपना दीवान बनाना चाहा लेकिन वह राजी नहीं हुए। इस पर उन्होंने २५ वर्ष के उनके सुपुत्र कर्मचन्द गाँधी को दीवान बना दिया। वह भी अपने पिता की ही तरह सच्चे और निडर दीवान सिद्ध हुए। लेकिन किसी बात पर उनका राजा भी उनसे अप्रसन्न हो गया तो वे दीवान का पद अपने भाई तुलसीदास को सौंपकर स्वयं राजकोट आ गये और राजकोट रियासत के दीवान हो गये। वहाँ भी उन्होंने अपना साहस दिखाया। ब्रिटिश सरकार के असिस्टेंट पोलिटिकल एजेंट ने राजकोट के महाराजा से दुर्व्यवहार किया तो कर्मचन्द ने उसे बुरी तरह फटकार दिया। इस पर वे गिरफ़्तार कर लिए गये। पर उन्होंने माफ़ी माँगने से इनकार कर दिया। रियासत के एक दीवान की इस निडरता ने अँग्रेज़ अधिकारी को भौचक्का कर दिया। उसने मामले को रफ़ा-दफ़ा करना ही उचित समझा।

कर्मचन्द गाँधी ने स्कूली शिक्षा जरा भी नहीं पायी थी। लेकिन सांस्कारिक कुशलता के बारे में वे बहुत बढ़े-चढ़े थे। गाँधी परिवार की पिछली पीढ़ी के लोगों की भी यही स्थिति थी। किसी औपचारिक शिक्षा के बिना दीवान का पद सँभालने की योग्यता गाँधी परिवार के सभी सदस्यों में प्रचुर थी, इसका परिचय वे दे चुके थे। इसी से गाँधीजी ने शिक्षा सम्बन्धी अपनी धारणाएँ बनायी होंगी। उनके परिवार की वास्तविक पूँजी उनकी सच्चाई, सादगी, व्यवहारकुशलता, निष्ठा और स्वाभिमान था। अपने पूर्वजों के इन सब गुणों को गाँधीजी ने विरासत में पाया था। इन सभी गुणों को वे जीवन भर शिक्षा से अधिक महत्त्व देते रहे और अपने बेटों को भी उन्होंने यही सीख देने का प्रयत्न किया। अपने पिता के बारे में उन्होंने लिखा है, "वे अपने भाई-बन्धुओं को प्यार करने वाले, सत्यवादी, वीर और उदार थे।" धन जोड़ने में उन्होंने जरा भी रुचि नहीं ली। यहाँ तक कि अपने परिवार के लिए कोई जायदाद भी नहीं खड़ी की। लेकिन यह इस परिवार की ही विशेषता नहीं थी, भारत के लोगों का सामान्य गुण था। गाँधी परिवार के इस वर्णन से परम्परागत भारतीय समाज की कुछ झलक

मिल जाती है। पंसारी के व्यवसाय से आगे बढ़कर बनिया जाति का एक व्यक्ति रियासत का दीवान हो गया और फिर यह पद अगली पीढ़ी तक उनके ही परिवार में रहा, यह बात कम महत्त्वपूर्ण नहीं है। महात्मा गाँधी ने रुचि ली होती तो सम्भवतः वे भी दीवान बन गये होते।

भारत के लोगों के इन सद्गुणों की प्रतिष्ठा मुख्यतः उनकी धार्मिक शिक्षा के कारण हुई थी। भारत में धर्म के ज्ञान के लिए भी साधारण गृहस्थों को किसी औपचारिक शिक्षा की आवश्यकता नहीं थी। उसकी आवश्यकता केवल पण्डित होने के लिए थी और वैदिक, जैन व बौद्ध सभी धाराओं में इसके लिए बड़ी सघन शिक्षा दी जाती थी। वह शिक्षा जितनी विशद् थी, जितने दार्शनिक और आध्यात्मिक विषयों को छूती थी उसकी कोई तुलना नहीं हो सकती। लेकिन सामान्य लोग मन्दिरों में होने वाले कथा प्रवचनों से, भागवत या रामचरितमानस जैसे ग्रन्थों के वाचन से, गुणीजनों के बीच होने वाली धार्मिक चर्चा से, विस्तृत कथा साहित्य से सहज ही गूढ़ से गूढ़ धार्मिक विषयों का ज्ञान प्राप्त कर लेते थे। भारत का ग़रीब से ग़रीब किसान भजनों और सन्तों की वाणी से नीति और धर्म की जितनी शिक्षा ले लेता था वह दुनिया में कहीं और दिखायी नहीं देता। गाँधी तो अपने समाज की इसी विशेषता की रक्षा चाहते थे। विदेशी शासन से और यूरोपीय शिक्षा और सभ्यता से उसमें जो क्षति हो रही थी उसी को वे सबसे बड़ा ख़तरा मानते थे।

अपने पिता कर्मचन्द गाँधी के बारे में महात्मा गाँधी ने लिखा है कि वे औपचारिक धार्मिक क्रियाओं में कम ही विश्वास करते थे। लेकिन घर में रामायण या महाभारत जैसे ग्रन्थों का पारायण होता था। गाँधी परिवार वैष्णव था पर घर में जैन मुनियों तथा पारसी और मुस्लिम सन्तों से धर्म के तत्त्व पर प्रायः चर्चाएँ होती ही रहती थीं। लेकिन महात्मा गाँधी की माँ का जीवन व्रत और उपवासों का एक अन्तहीन सिलसिला ही था। अपनी इस आस्था के बल पर ही उन्होंने अपने दुर्बल शरीर को टिका रखा था। वह धर्म ग्रन्थों में पारंगत नहीं थीं। पढ़ी-लिखी भी विशेष नहीं थीं। अटक-अटक कर कुछ गुजराती पढ़ लेती थीं। धर्म सम्बन्धी सारा ज्ञान उन्होंने घर पर, कथा वार्ता या सत्संगों से प्राप्त किया था। महात्मा गाँधी की माँ पुतलीबाई का यह तपस्यामय जीवन हिन्दू परिवारों की धर्मपरायण महिलाओं का सामान्य जीवन था। परिवार के शील की रक्षा करना,

गृहस्थी की ऊँच-नीच को धीरजपूर्वक झेलते रहना और परिवार के कल्याण की कामना करते हुए व्रत-उपवास करना मुख्यत: स्त्रियों की जीवन साधना थी। किसानी में पुरुष के साथ कन्धे से कन्धा मिलाकर श्रम करने वाली महिलाएँ भी वर्ष भर के प्रमुख व्रत-उपवास रख लेती थीं। इससे परिवार के भीतर धर्म और ईश्वर में निष्ठा का वातावरण बना रहता था। महात्मा गाँधी ने स्वीकार किया था,

"जो भी धार्मिकता आप मुझमें देखते हैं, वह मैंने माँ से पायी।"

दीवान कर्मचन्द की एक-एक करके तीन पत्नियों की मृत्यु हो गयी। उसके बाद उन्होंने अपने से बीस वर्ष छोटी पुतली बाई से विवाह किया। इनसे उनके तीन पुत्र हुए जिनमें मोहनदास सबसे छोटे थे। पोरबन्दर के दीवान होते हुए भी कर्मचन्द अपने पाँचों भाइयों के साथ एक तिमंज़िले पैतृक मकान में रहते थे। उन्हें नीचे की मंज़िल पर एक हिस्सा मिला था। उसमें दो कमरे, एक छोटा रसोईघर और एक बरामदा था। जब मोहनदास सात वर्ष के हुए तो उनके माता-पिता राजकोट आ गये जहाँ कर्मचन्द दीवान थे। पुतलीबाई की रनिवास में बहुत प्रतिष्ठा थी और राजपरिवार उनसे मैत्रीपूर्वक व्यवहार करता था। लेकिन उन्हें अपने परिवार में लगे रहना ही अच्छा लगता था। कभी कोई बीमार पड़ता तो उसकी तीमारदारी में वे रात-दिन एक कर देतीं। परिवार का यह स्नेह और परिवार के प्रति समर्पण ही समाज और उसके भीतर सामाजिक सम्बन्धों में गहरी निष्ठा में प्रकट होता था। परिवार में बन्धुत्व के जिस भाव को पल्लवित और पोषित किया जाता था वह ही उत्तरोत्तर बढ़कर गाँव, जाति, क्षेत्र तक विस्तृत हो जाता था। यही वसुधैव कुटुम्बकम् की भावना का आधार भी था। १३ वर्ष की आयु में महात्मा गाँधी का पोरबन्दर के एक व्यापारी गोकलदास मकनजी की पुत्री कस्तूरबा से विवाह हो गया था। असुरक्षा के उस युग में बाल विवाह एक आम बात हो गयी थी। लेकिन सामान्यतया बालिका वधू के लिए विवाह का मतलब एक बड़े परिवार से निकल कर दूसरे बड़े परिवार में जाना ही होता था। गाँधीजी ने बाद में बाल विवाह के विरुद्ध अपना अभिमत रखा था।

बचपन में महात्मा गाँधी झिझक से भरे हुए, शर्मीले, लेकिन सत्यवादी और निष्ठावान थे। माता-पिता में उन्हें गहरी श्रद्धा थी और स्कूली पढ़ाई के बाद वे अपने पिता की सेवा में जुट जाते थे। पढ़ाई-लिखाई में गाँधी

मन्द नहीं थे, पर संकोची थे। उनके स्वभाव में आरम्भ में जो झिझक और संकोच था वह उनकी अन्तर्मुखता के कारण था। उन्हें जितनी चिन्ता अपनी सत्यवादिता और अपने आत्म-गौरव की रहती थी, किसी और चीज़ की नहीं रहती थी। परिवार के एक सुहृद मित्र के सुझाव पर उन्हें क़ानून की पढ़ाई पढ़ने के लिए लन्दन भेजना तय हुआ। तब तक उनके पिता की मृत्यु हो चुकी थी और उनकी पढ़ाई का भार उनके बड़े भाई को वहन करना था जो आर्थिक तंगी के बावजूद उन्होंने किया। राजकोट के स्कूल में और घर में महात्मा गाँधी काठियावाड़ी पोशाक पहनते थे। लन्दन जाने वाले पानी के जहाज़ पर और बाद में लन्दन में उन्हें अँग्रेज़ी पोशाक पहननी पड़ी। बाद में उन्होंने लिखा कि अँग्रेज़ी पोशाक उन्हें असुविधाजनक और भौंडी लगती थी। जैसे-जैसे उन्हें चुनौतियाँ मिलीं उनकी अन्तर्मुखता कम होती चली गयी। लन्दन में उनकी सबसे बड़ी समस्या शाकाहार थी। सबने उन्हें डराया था कि समुद्री यात्रा और उसके बाद लन्दन में मांस खाए बिना काम नहीं चलेगा। लेकिन एक जैन मुनि के सामने अपनी माँ के कहने पर उन्होंने वचन दिया था कि वे मांस, मदिरा और स्त्री-संग से दूर रहेंगे। इसलिए मांस वे छू भी नहीं सकते थे। अन्त में उन्हें एक शाकाहारी रेस्तरां मिला और वे वहाँ के शाकाहरी आन्दोलन में कूद पड़े। उन्होंने शाकाहार सम्बन्धी साहित्य पढ़ा। वेजवाटर में, जहाँ वे कुछ दिन रहे थे उन्होंने शाकाहारी क्लब की स्थापना की। उस समय के प्रसिद्ध शाकाहारी सर एडविन आरनोल्ड से सम्पर्क किया। वेजिटेरियन पत्रिका में नौ लेख लिखे। शाकाहार का प्रचार करने वाले सम्मेलनों में गये। इससे स्पष्ट है कि उनके स्वभाव का संकोच सामर्थ्य की कमी के कारण नहीं था। उन्हें अपनी क्षमता में किसी तरह का अविश्वास नहीं था। लेकिन अपने मन में उन्होंने शायद अपने लिए इतना बड़ा पैमाना रखा था कि यह आशंका उनमें झिझक पैदा कर देती थी कि कहीं वे अपने पैमाने पर खरे न उतर पाये तो क्या होगा।

लेकिन अपने सार्वजनिक जीवन में किसी उद्देश्य से बड़े से बड़े व्यक्ति से मिलने में भी उन्हें कभी कोई झिझक अनुभव नहीं हुई। आत्म-सम्मान की भावना तो उन्हें उत्तराधिकार में ही मिली थी और अपने आत्म-सम्मान के बारे में इसलिए वे सदा सतर्क रहते थे। अपने सम्मान के बारे में ही नहीं, सभी भारतीयों के सम्मान के बारे में, इसी कारण दक्षिण अफ्रीका में

वे इतनी बड़ी लड़ाई लड़ सके। लन्दन में क़ानून की पढ़ाई के दौरान उन्होंने लन्दन विश्वविद्यालय से मैट्रिक की परीक्षा पास करने का भी निर्णय लिया जिसमें एक विषय लैटिन भाषा का था। पहली बार में वे उसे पास नहीं कर पाये लेकिन दूसरी बार में उन्होंने उसे पास कर लिया। उस समय लन्दन की क़ानून की पढ़ाई सरल थी। लोग कुंजी पढ़कर पास हो जाते थे। लेकिन उन्होंने यह छोटा रास्ता नहीं चुना, यह उनके स्वभाव में ही नहीं था। उन्होंने लेटिन भाषा में पूरा रोमन लॉ पढ़ा। ब्रुम के कॉमन लॉ का पूरी मेहनत से अध्ययन किया। स्नेल की पुस्तक "इक्विटी" पढ़ी। ट्यूडर की पुस्तक "लीडिंग केसेज" पढ़ी। विलियम तथा एडवर्ड की रीयल प्रापर्टी पढ़ी। इससे समझा जा सकता है कि वे अध्यवसायी थे और अपने हर काम को गम्भीरतापूर्वक लेते थे।

तीन साल बाद भारत लौटकर महात्मा गाँधी ने वकालत करने की कोशिश की। पर अदालत में बहस करने का विश्वास नहीं जुटा पाये। सौभाग्य से दक्षिण अफ्रीका के एक मुक़दमे में सहायता करने का प्रस्ताव मिला और वे पानी का जहाज़ पकड़कर डरबन चल पड़े। डरबन में उनके मुवक्किल अब्दुल्ला सेठ उन्हें अदालत दिखाने ले गये। यूरोपीय मजिस्ट्रेट ने पगड़ी उतारने का आदेश दिया। इसे अपमान समझकर उन्होंने इनकार कर दिया और अदालत से बाहर चले आये। स्थानीय समाचार-पत्रों में मजिस्ट्रेट के दुर्व्यवहार के बारे में ज़ोरदार पत्र लिखे। प्रिटोरिया जाने के लिए रेलगाड़ी में पहले दर्जे का टिकट लेकर बैठे। गाड़ी मैरित्सबर्ग पहुँची तो उन्हें पहले दर्जे से निचले दर्जे में जाने को कहा गया, क्योंकि रंगभेद के चलते दूसरी जाति के लोगों को यूरोपियनों के साथ नहीं बैठने दिया जाता था। महात्मा गाँधी ने इनकार किया तो उन्हें धक्के मारकर गाड़ी से उतार दिया गया। रात भर ठिठुरते स्टेशन में पड़े रहे। अगले दिन चार्ल्सटाउन पहुँचे जिसके बाद उन्हें घोड़ागाड़ी से स्टेंडटन जाना था। यहाँ भी रंगभेदी दुर्व्यवहार झेलना पड़ा। जोहानिसबर्ग में ग्रांड होटल ने किसी ग़ैर-यूरोपीय को ठहराने से मना कर दिया। पाँच दिन की इस कष्टदायी यात्रा के बाद प्रिटोरिया पहुँचे। प्रिटोरिया पहुँचकर भारतीयों की एक सभा बुलायी। रंगभेद को न सहने का आह्वान किया और एक संगठन बनाने का सुझाव दिया। पोलिटिकल एजेंट से मिलकर भारतीयों की कठिनाइयाँ बतायीं। २४ साल की आयु में लम्बे समय से रंगभेद सहते आ रहे भारतीय समाज को

आनन–फानन में संगठित करके रंगभेद के विरुद्ध संघर्ष में उतार देना कोई साधारण काम नहीं था। लेकिन ऐसा लगता है जैसे वे किसी दिव्य प्रयोजन से वहाँ पहुँचे हों और दैव ने उनके कार्य की दिशा पहले से ही तय कर रखी हो। फिर भी उनका पुरुषार्थ कम नहीं था। प्रिटोरिया आने के कुछ ही दिन में वहाँ का ऐसा कोई भारतीय परिवार नहीं था जिसे वे व्यक्तिगत रूप से न जान गये हों। वहाँ बम्बई के मुस्लिम व्यापारी थे, उनके हिन्दू और पारसी क्लर्क थे और गिरमिटिया मज़दूर तथा दक्षिण अफ्रीका में ही पैदा हुए भारतीय ईसाई थे। इस पूरे भारतीय समाज को उन्होंने ही पहली बार एक सूत्र में बाँधा था। दक्षिण अफ्रीका वे अब्दुल्ला सेठ के मुक़दमे के सिलसिले में आये थे। पर उनकी इच्छा आपसी सुलह–सफ़ाई से उनका मुक़दमा समाप्त करवाना और उनमें समझौता करवा देना था। लम्बी कोशिश के बाद वे इसमें सफल हुए, पंच समझौता अब्दुल्ला सेठ के पक्ष में गया। जो कठिनाइयाँ आयीं उन्हें दोनों ने साथ बैठकर सुलझा लिया।

यह काम निपटाकर उन्हें भारत लौटना था। अब्दुल्ला सेठ ने उनके लिए विदाई भोज का आयोजन किया। वहीं एक अख़बार में उन्होंने यह समाचार पढ़ा कि नेटाल की सरकार भारतीयों का मताधिकार समाप्त करने के लिए क़ानून बनाने जा रही है। उन्होंने सबको इस क़ानून के ख़तरों से अवगत करवाया और उपस्थित लोगों के आग्रह पर भारतीय समाज की लड़ाई लड़ने के लिए वे एक महीने के लिए वहाँ रुक गये। नेटाल विधान परिषद् को बिल के विरुद्ध एक ज्ञापन भेजा, तर्क दिया कि प्रसिद्ध यूरोपीय इतिहासकारों ने माना है कि यूरोप की लोकतन्त्रीय संस्थाएँ भारत की पूर्ववर्ती नगर परिषदों से प्रेरणा लेकर बनी हैं। अख़बारों में लिखा, दस हज़ार हस्ताक्षर वाली अर्जी उपनिवेश मन्त्री को भेजी और उसकी प्रतियाँ छपवाकर अख़बारों में दीं। महीना बीतने पर उन्हें लगा कि लड़ाई लम्बी है, अधिक रुकना पड़ेगा। सबके आग्रह पर रुक गये, लेकिन अपने ख़र्च के लिए लोगों से चन्दा लेना उन्हें स्वीकार नहीं हुआ। सार्वजनिक काम पैसा लेकर नहीं किया जाना चाहिए, यह धर्म है। अन्त में बीस व्यापारियों ने उन्हें अपने मुक़दमे देने का वचन दिया और इस तरह उनके रहने की सम्मानजनक व्यवस्था हो गयी। लेकिन उन्होंने दक्षिण अफ्रीका की लड़ाई के लिए जो नेटाल इण्डियन काँग्रेस बनवायी थी उसके कामकाज के लिए

पैसे की आवश्यकता थी। उसके लिए चन्दा जुटाने के काम में वे जी–जान से लग गये। एक बार किसी कस्बे के व्यापारी के यहाँ वे इसलिए सारी रात भूखे बैठे रहे कि वह नेटाल काँग्रेस का चन्दा बढ़ा नहीं रहा था। सबेरे वह तीन की जगह छः पौण्ड देने के लिए राजी हो गया और गाँधीजी प्रसन्नतापूर्वक वहाँ से चले आये। नेटाल काँग्रेस का उन्होंने पाई–पाई का हिसाब रखना आरम्भ कर दिया था। उन दिनों भारत में काँग्रेस साल में एक बार राष्ट्रीय सम्मेलन के समय सक्रिय होती थी। नेताओं के गर्मागर्म भाषण होते थे और फिर साल भर तक काँग्रेस का नाम भी सुनायी नहीं पड़ता था। महात्मा गाँधी की बनायी नेटाल काँग्रेस एक दिन भी चुप्पी साधे बैठी दिखायी नहीं देती थी।

वे भारतीयों को केवल आन्दोलन के लिए तैयार नहीं कर रहे थे। वे उन्हें अपने व्यापार तथा कामकाज में ईमानदारी बरतने के लिए भी तैयार करते रहते थे। उनकी वकालत भी अच्छी चल निकली थी। पर वे कोई झूठा मुक़दमा अपने हाथ में नहीं लेते थे। उन्होंने भारतीय लोगों के रहन–सहन को सुधारने की कोशिश भी शुरू कर दी थी। उनके व्यवहार से भारतीयों के बारे में वहाँ के बहुत से लोगों और अख़बारों की भी राय बदली। कैपटाउन अख़बार ने लिखा, "भारतीय जहाँ भी जाता है, काफ़ी अच्छा और उपयोगी काम करता है। किसी भी तरह की सरकार हो वह उसके नियम–क़ानून का पूरा पायबन्द रहता है। बहुत थोड़े में वह अपना काम चला लेता है और स्वभाव से भी परिश्रमी होता है। लेकिन उसकी यह अच्छाइयाँ ही उसकी दुश्मन बन जाती हैं। मेहनत–मज़दूरी के जिस क्षेत्र में भी वह प्रवेश करता है, दूसरों की ईर्ष्या का कारण हो जाता है।" लायंस कर्टिस ने भी एक बार गाँधीजी से कहा था कि यूरोपवासियों को कुपित करने वाली असली बात भारतीयों के सद्‌गुण हैं, उनके दुर्गुण नहीं, और उन पर राजनैतिक अत्याचार भी उनके सद्‌गुणों के कारण ही हुए हैं।

महात्मा गाँधी १८९६ में अपने परिवार को दक्षिण अफ्रीका लिवा ले जाने के लिए भारत आये। दक्षिण अफ्रीका के प्रवासी भारतीयों की समस्या पर लोकमत तैयार करने के लिए देशव्यापी दौरा करने का निश्चय किया। सबसे पहले बम्बई में फ़िरोज़शाह मेहता से मिले। उन्होंने इस विषय पर एक सभा रखी। फिर वे गोखले और तिलक से मिले। गाँधीजी के आग्रह पर दोनों पहली बार एक मंच पर आने के लिए तैयार हुए। गाँधीजी ने

प्रवासी भारतीयों की समस्या पर एक पुस्तिका लिखी और उसे छापकर देश के समाचार-पत्रों और गण्यमान्य व्यक्तियों को भिजवाया। देश में अँग्रेज़ी राज से छूटने की अकुलाहट और छोटी से छोटी बात जानने की जिज्ञासा थी। इसलिए मद्रास में गाँधीजी की पुस्तिका हाथोंहाथ बिक गयी। अख़बारों ने सहयोग दिया, उनके साक्षात्कार छपे और दक्षिण अफ्रीका के भारतीयों के संघर्ष के समाचार छपे। लेकिन रायटर ने इसकी जो ख़बर दक्षिण अफ्रीका भेजी उससे वहाँ के गोरे भड़क उठे। उन्हें लगा कि गाँधी भारत में उन्हें बदनाम कर रहे हैं।

महात्मा गाँधी को दक्षिण अफ्रीका में इस बार और भी बुरे वक़्त से गुज़रना पड़ा। भारत से दो जहाज़ एक साथ डरबन रवाना हुए थे। कहा गया कि गाँधी भारत से बड़ी संख्या में लोग दक्षिण अफ्रीका ला रहे हैं। जहाज़ न उतरने देने की ख़ूब कोशिशें की गयीं। उसे तेईस दिन तक क्वारंटीन में रखा गया। फिर महात्मा गाँधी से कहा गया कि वे रात के अँधेरे में चुपके से डरबन के अपने गंतव्य स्थान पर जायें। लेकिन महात्मा गाँधी के गोरे मित्र वकील लाटन उनसे मिलने आये और कहा कि रात में चोरों की तरह जाना ठीक नहीं है। उनकी प्रतिष्ठा के प्रतिकूल है। गाँधी जहाज़ से उतरे और पैदल रुस्तमजी के घर की ओर चल दिये। रास्ते में उन्हें पहचान लिया गया, भीड़ इकट्ठी हुई, उन पर सड़े अण्डों और कंकड़ों की बरसात हुई, फिर लात मारी गयी और वे अचेत से होने लगे। तभी वहाँ के पुलिस सुपरिंटेंडेंट की पत्नी की निगाह उन पर पड़ी और वह आकर ढाल बनकर खड़ी हो गयी। पुलिस आयी और उसके संरक्षण में वे रुस्तम जी के घर पहुँचे। पर भीड़ ने घर को भी घेर लिया। पुलिस सुपरिंटेंडेंट ने भीड़ को उलझाए रखा और उन्हें पिछले दरवाज़े से निकाल दिया। इस घटना की ख़बर लगने पर उपनिवेश मन्त्री ने डरबन प्रशासन से अपराधियों को सज़ा देने के लिए कहा पर गाँधी रिपोर्ट लिखवाने के लिए तैयार नहीं हुए। उन्होंने कहा कि वे लोग ग़लत प्रचार के शिकार हुए हैं। अगले दिन स्थानीय अख़बार में उनका इण्टरव्यू छपा और यह जानकर कि भारत में उन्होंने वही कहा था जो वे दक्षिण अफ्रीका में कह और लिख रहे थे, वातावरण शान्त हुआ। गाँधीजी के इस संयम और उदारता ने भारतीयों में उनके प्रति और अधिक श्रद्धा पैदा की और गोरों में उनकी प्रतिष्ठा बढ़ी।

महात्मा गाँधी का अगला क़दम दक्षिण अफ्रीका में बसे भारतीय समुदाय

की प्रतिष्ठा बढ़ाना था। इसका अवसर भी उन्हें कुछ ही समय बाद मिल गया। जब दक्षिण अफ्रीका पर नियन्त्रण के लिए १८९९ में अँग्रेज़ों और बोअरों के बीच युद्ध छिड़ा तो गाँधीजी ने भारतीय समुदाय से कहा कि इस संकट की घड़ी में उन्हें अँग्रेज़ों की मदद करनी चाहिए। भारतीय अँग्रेज़ और बोअर दोनों से ही त्रस्त रहते थे और लड़ाई में मदद के इच्छुक नहीं थे। शुरू में इस प्रस्ताव पर अँग्रेज़ों ने भी कोई उत्साह नहीं दिखाया। पर टुगेला नदी के किनारे अँग्रेज़ फ़ौजें पिटने लगीं तो गाँधीजी को भारतीयों की एक एम्बुलेंस टुकड़ी बनाने की अनुमति मिली। भारतीय समुदाय को समझाकर गाँधीजी ने यह टुकड़ी खड़ी की जिसमें ११०० व्यक्ति थे। इसे मोर्चे पर भेजा गया। टुकड़ी का काम तोप-बन्दूक की मार की सीमा से बाहर घायल सिपाहियों को उठाना और पैदल ढोकर पच्चीस मील दूर छावनी के अस्पताल में पहुँचाना था। कई मौक़ों पर उन्हें मार की हद में जाकर भी घायलों को उठाना पड़ा। महात्मा गाँधी इस टुकड़ी का नेतृत्व कर रहे थे। लड़ाई के बाद जनरल बुल्लर ने इस टुकड़ी के काम की बहुत प्रशंसा की और उसके ३७ मुखियाओं को युद्ध के तमगे दिये गये। अख़बारों में भी उनके काम की प्रशंसा हुई। उन्हें साम्राज्य के पुत्र तक कहा गया। गाँधीजी को उनमें से कई गोरों ने व्यक्तिगत रूप से धन्यवाद दिया जो १८९७ में डरबन में उन पर जानलेवा आक्रमण का नेतृत्व कर रहे थे।

इस उपलब्धि के बाद गाँधीजी को लगा कि अब दक्षिण अफ्रीका में उनका काम समाप्त हो गया है। उन्होंने भारतीय समुदाय से भारत वापस लौटने की अनुमति माँगी। उन्हें इस शर्त पर वापिस जाने देने का फ़ैसला हुआ कि अगर साल भर के भीतर उनकी ज़रूरत पड़ी तो उन्हें फिर दक्षिण अफ्रीका आना पड़ेगा। महात्मा गाँधी १९०१ के अन्त में भारत लौटे। उस समय कलकत्ता में काँग्रेस का अधिवेशन हो रहा था। वे कलकत्ता अधिवेशन समाप्त होने के बाद एक महीने तक गोपालकृष्ण गोखले के साथ रहे। गोखले की बड़ी इच्छा थी कि गाँधीजी बम्बई में बस जायें और वकालत करते हुए भारतीय राष्ट्रीय काँग्रेस के काम में उनकी मदद करें। इसलिए गाँधी जी राजकोट से कुछ ही दिनों में वकालत करने बम्बई चले आये। शांताक्रुज में एक बंगला किराये पर लिया और वकालत भी अच्छी जमा ली। लेकिन तभी दक्षिण अफ्रीका से उनके लिए एक तार आ गया। इंग्लैण्ड के उपनिवेश मन्त्री श्री चैम्बरलेन दक्षिण अफ्रीका के दौरे पर आ

रहे थे। वहाँ के प्रवासी भारतीय उनके सामने ठीक से अपनी शिकायतें-समस्याएँ रख सकें इसके लिए गाँधीजी की आवश्यकता थी। बोअर युद्ध समाप्त होने के बाद ब्रिटिश सरकार ने दक्षिण अफ्रीका के कायदे-क़ानूनों की जाँच पड़ताल के लिए एक समिति बिठाई थी ताकि वहाँ के नागरिकों को वही अधिकार प्राप्त हों जो महारानी विक्टोरिया की प्रजा होने के नाते उन्हें प्राप्त होने चाहिए। लेकिन समिति ने महारानी विक्टोरिया की प्रजा का अर्थ गोरी प्रजा लिया और इस कारण भारतीयों के अधिकारों में सुधार होने की बजाय उन पर कई ऐसे क़ानून थोप दिये गये जो पहले केवल बोअर क्षेत्र में लागू थे और रंगभेद पर आधारित थे।

महात्मा गाँधी १९०२ के दिसम्बर मास में डरबन पहुँचे। गाँधीजी के नेतृत्व में नेटाल के भारतीयों का एक प्रतिनिधि मण्डल चेंबरलेन से मिला। उन्होंने प्रतिनिधिमण्डल की बात सुनने के बाद कहा कि दक्षिण अफ्रीका कालोनी होने के कारण अपने घरेलू मामलों में स्वायत्त है। इसलिए भारतीय समुदाय को स्थानीय प्रशासन से ही बात करनी चाहिए। इस स्थिति ने गाँधीजी का संकट बढ़ा दिया। वे भारतीय समुदाय को अधर में छोड़कर नहीं जा सकते थे। उन्हें वहीं रुकने का निर्णय करना पड़ा। १८९३ में गाँधीजी एक वर्ष के लिए दक्षिण अफ्रीका आये थे और उन्हें आठ वर्ष तक रुकना पड़ा। १९०२ में छः महीने के लिए दक्षिण अफ्रीका आये थे लेकिन भारत लौटने में उन्हें १२ साल लग गये। इस अवधि में वे भारतीयों के संग्राम में पूरी तरह उतर चुके थे। दक्षिण अफ्रीका का संघर्ष उस बड़े संघर्ष का पूर्वाभ्यास बन चुका था जो उन्हें भारत लौटकर छेड़ना था। यह संघर्ष कोई साधारण संघर्ष नहीं था। दक्षिण अफ्रीकी प्रशासन कहीं अधिक निर्मम था और दक्षिण अफ्रीका के भारतीय सरल थे और राजनीति में कोरे। प्रशासन नये-नये क़ानून बनाकर उनके जीवन और सम्पत्ति को ख़तरे में डाल रहा था। गाँधीजी को इसी लड़ाई में तपकर भारतीय स्वतन्त्रता संग्राम की बड़ी लड़ाई के लिए खरा सोना बनना था। इस लड़ाई से उन्होंने वह नैतिक और आध्यात्मिक शक्ति प्राप्त की जो आगे चलकर राष्ट्रीय संग्राम की पूँजी बनी।

अन्याय से लड़ने का भारतीयों का एक चिर-परिचित तरीक़ा रहा है। वे आत्म-संयम बरतते हुए अन्याय करने वाले व्यक्ति पर अपनी निर्भरता समाप्त कर देते हैं। गाँधीजी ने अपने जीवन को इसी रूप में ढालना

आरम्भ कर दिया। अब उनके पास साधनों की कोई कमी नहीं थी। जब वे दक्षिण अफ्रीका आये थे तो उनकी आय तीन सौ पौण्ड वार्षिक थी। लेकिन धीरे-धीरे उनकी आय बढ़कर पाँच हज़ार पौण्ड वार्षिक तक पहुँच गयी। यह भी तब जब वे उसी मुवक्किल का मुक़दमा लड़ना स्वीकार करते थे जिसका पक्ष सच्चा होता था। अगर मुक़दमा लड़ते हुए भी उन्हें इस बात का पता चल जाता कि मुवक्किल का पक्ष झूठा है तो वे मुक़दमा लड़ने से इनकार कर देते थे। उन्होंने मेहनताना मार जाने वाले किसी मुवक्किल को अदालत में नहीं घसीटा। यह मान लिया कि आदमी को परखने में उनसे ग़लती हुई थी। गाँधीजी अपनी ग़लती को छिपाने के लिए अदालत का इस्तेमाल करना बहुत बुरा समझते थे। वे मानते थे कि ग़लती स्वीकार करके उसका प्रायश्चित्त कर लेना चाहिए। डरबन के प्रसिद्ध व्यापारी रुस्तमजी उनके अच्छे मित्र थे। एक बार वे चुंगी चोरी में पकड़े गये। गाँधीजी ने उन्हें सलाह दी कि वे उस चुंगी चोरी को ही नहीं, अब तक की सारी चुंगी चोरियों को स्वीकार कर लें और उसका ज़ुर्माना चुकाएँ। अन्ततः रुस्तमजी ने उनकी सलाह मानी और इस घटना की पूरी कहानी लिखकर, मढ़वाकर अपने दफ़्तर में टँगवा दी ताकि उनके उत्तराधिकारी भी इससे सीख लें और कभी चोरी न करें।

गाँधीजी ने आत्मनिर्भर होने के लिए अपने अधिकांश काम स्वयं करना आरम्भ कर दिया था। उन्होंने अपने कपड़े धोबी से धुलवाने की बजाय स्वयं धोने आरम्भ कर दिये थे। वे पहली बार कॉलर पर कलफ इतना अधिक लगा बैठे कि अदालत में पहुँचे तो उनके कॉलर से मांडी झड़ रही थी और उनकी ख़ूब हँसी हुई। इसी तरह जब एक गोरे नाई ने उनके बाल बनाने से इनकार कर दिया तो उन्होंने अपने बाल ख़ुद काटना शुरू किया। भले उन्हें शुरू में बेतरतीब कटे बालों से हँसी का पात्र बनना पड़ा हो। किताबों से उन्होंने प्रसव करवाने की दाई की कुशलता सीखकर अपने अन्तिम बच्चे के जन्म के समय प्रसव सम्बन्धी सारे काम ख़ुद किये। एक धर्मादा अस्पताल में जाकर उन्होंने बाकायदा कम्पाउण्डरी का प्रशिक्षण लिया और वहाँ बसे ग़रीब गिरमिटिया मज़दूरों की सेवा आरम्भ कर दी।

अपने देशवासियों की सुख-सुविधा ही नहीं, उनके स्वाभिमान की भी उनको बहुत चिन्ता थी। इसका अनुमान इस बात से लगाया जा सकता है कि उन्होंने अपने बच्चों को गोरों के स्कूल में पढ़ने भेजने से इसलिए रोक

दिया कि वहाँ दूसरे भारतीय परिवारों के बच्चों को रंगभेद के कारण प्रवेश नहीं दिया जाता था। वे अपने बच्चों को स्वयं पढ़ाने लगे। जोहानिसबर्ग में घर से दफ़्तर तक की दस मील की दूरी वे पैदल ही तय करते थे। उसी समय वे बच्चों को साथ ले लेते और बातचीत में जितना पढ़ाया जा सकता है, उतना पढ़ाते। कभी कोई मुवक्किल उस यात्रा में साथ हो लेता तो वह पढ़ाई भी छूट जाती। कस्तूरबा बच्चों की पढ़ाई-लिखाई की इस अनदेखी से दुखी होती। बच्चों में भी असन्तोष रहता। लेकिन गाँधीजी अपने बच्चों को गोरों के स्कूल में भेजने के लिए तैयार नहीं हुए। वैसे भी गाँधीजी मानते थे कि अक्षर ज्ञान से अधिक महत्त्वपूर्ण सोचने-समझने का कौशल और नैतिक आचरण की शिक्षा है। उन्होंने अपने पुरखों में यही कौशल देखा था। उसी से गाँधी परिवार ने ऊँची प्रतिष्ठा प्राप्त की थी।

उनका अगला क़दम फीनिक्स आश्रम की स्थापना करना था। गाँधीजी ने लिखा है कि इसकी प्रेरणा उन्हें १९०४ में रेलयात्रा के दौरान अपने पत्रकार मित्र श्री पोलक द्वारा दी गयी रस्किन की पुस्तक "अन्टू दिस लास्ट" पढ़ने से मिली। पर अपनी आत्मकथा में उन्होंने यह भी लिखा है कि "जो चीज़ मुझमें गहराई से भरी हुई थी उसका स्पष्ट प्रतिबिम्ब मुझे रस्किन के इस ग्रन्थ रतन में दिखायी दिया।" डरबन में गाँधीजी का अख़बार इण्डियन ओपीनियन श्री अल्बर्ट वेस्ट की प्रैस में छपता था और वही इसके प्रबन्धक भी थे। गाँधीजी ने प्रेस को खेतों में ले जाने की योजना बनायी जहाँ किसानी करके अख़बार में काम करने वाले लोग अपने पसीने की कमाई से अपना जीवन यापन कर सकें। उन्होंने डरबन से १३ मील दूर फीनिक्स स्टेशन के ढाई मील के फ़ासले पर गन्ने के खेतों के बीच एक हज़ार पौण्ड में सौ एकड़ ज़मीन ख़रीदी। फीनिक्स आश्रम में स्थानान्तरित होने वालों में अल्बर्ट वेस्ट और पोलक के अलावा गाँधीजी के चचेरे भाई और भतीजे भी थे जो उनके साथ दक्षिण अफ्रीका आये थे। इण्डियन ओपीनियन फीनिक्स से निकलने लगा। गाँधीजी की कुटिया फीनिक्स बस्ती के जीवन की धुरी बन गयी। हर रविवार को सारे आश्रमवासी उनके कमरे में प्रार्थना करने के लिए इकट्ठा होते थे। गीता और बाईबल का पाठ किया जाता। गुजराती भजन और ईसाइयों की प्रार्थना गायी जाती।

फीनिक्स आश्रम गाँधीजी ने स्वावलम्बन की ओर क़दम बढ़ाने के लिए बनवाया था। पर उनके दायित्व इतने अधिक थे कि वे अधिक समय

फीनिक्स में टिककर रह नहीं सके और उन्हें अपनी वकालत तथा दूसरे सामाजिक कामों के लिए जोहानिसबर्ग लौटना पड़ा। फीनिक्स आश्रम का दायित्व मुख्य रूप से मगनदास गाँधी ने सँभाला। असल में महात्मा गाँधी ने दक्षिण अफ्रीका लौटते हुए अपने भाई ख़ुशालदास से अपने काम में सहायता के लिए उनके दो पुत्रों मगनदास और छगनदास को माँग लिया था। मगनदास महात्मा गाँधी के प्रति इतने समर्पित, उनके विचारों को आत्मसात् करके कार्यरूप देने वाले और कर्मठ निकले कि महात्मा गाँधी मानते थे कि वे उनके साथ न रहे होते तो महात्मा गाँधी वह सब न कर पाये होते जो उन्होंने आगे चलकर किया। मगनदास गाँधी की मृत्यु पर उन्हें श्रद्धांजलि देते हुए महात्मा गाँधी ने उन्हें अपना गुरु तक कह दिया था। इस तरह गाँधीजी ख़ुद ही नहीं तपस्या कर रहे थे, अपने परिवार से ही तपस्या नहीं करवा रहे थे, उन्होंने अपने कुटुम्बियों को भी इस यज्ञ में डाल रखा था। फीनिक्स आश्रम के नियम महात्मा गाँधी के बनाये हुए थे लेकिन उन पर अमल मगनदास गाँधी ने करवाया। सुबह चार बजे प्रार्थना के नियम को आँधी, पानी, बर्फ़ीली ठण्ड किसी भी दशा में टूटने नहीं दिया। रोज़ आठ घण्टे के शारीरिक श्रम का नियम उनके भरोसे ही चल सका। स्त्रियों के काम की अधिकता की चिन्ता हुई तो उन्होंने बर्तन माँजने और कपड़े धोने में भी उनकी मदद की। इस सबके बावजूद स्वावलम्बन नहीं निभ पाया। फिर भी उसकी कोशिश चलती रही। जूलू युद्ध में स्वयंसेवक टुकड़ी का नेतृत्व करते हुए गाँधीजी को ब्रह्मचर्य व्रत लेने की सूझी। फीनिक्स लौटकर इसकी चर्चा उन्होंने आश्रमवासियों से की। अनेक व्रत लेने के लिए सहमत हुए, कुछ ने निभाया भी। गाँधीजी ने लिखा है कि १९०० से ही यथासम्भव वे ब्रह्मचर्य का पालन करने का प्रयत्न कर रहे थे। लेकिन एक व्रत के रूप में उसे उन्होंने १९०६ में ही लिया।

ब्रह्मचर्य का पालन आसान नहीं था। महात्मा गाँधी ने शरीर साधने के लिए व्रत-उपवास आरम्भ किये। एकादशी व्रत रखना आरम्भ किया। जन्माष्टमी आदि व्रत भी रखे जाने लगे। उनके परिवार में पहले कोई न कोई श्रावण महीने में प्रदोष व्रत रखता था। उसे याद करके गाँधीजी ने भी श्रावण माह में प्रदोष व्रत रखना शुरू किया। प्रायश्चित्तस्वरूप अन्न छोड़ने की घटनायें भी होती रहती थीं। पहले उपवास के समय वे केवल अन्न नहीं लेते थे।

फिर फल भी लेना छोड़ दिया। रायचन्द भाई से पता चला कि दूध इन्द्रिय विकार पैदा करने वाली वस्तु है तो सामान्य दिनों में दूध भी छोड़ दिया। फिर कुछ समय के लिए अन्न भी छोड़ दिया और फलाहार किया। बिना सिकी मूँगफली, केले, खजूर, नीबू और जैतून के तेल पर रहे। आहार सम्बन्धी और अधिक प्रयोग उन्होंने टॉलस्टाय फार्म में किये। बीमार कस्तूरबा का शीघ्र स्वास्थ्य लाभ करवाने के लिए नमक छुड़वाना था तो उन्होंने कस्तूरबा का उलाहना सुनकर ख़ुद नमक खाना छोड़ दिया और फिर दस वर्ष तक नमक नहीं खाया। यह गाँधीजी के व्यक्तित्व का ही प्रभाव था कि उनके अपने परिवार के लोग ही नहीं, उनके गोरे यहूदी साथी पोलक और कालनबाग भी इन सब प्रयोगों में उनके साथ रहे। बाद में गाँधीजी ने लिखा,

> आज मैं देख रहा हूँ कि ब्रह्मचर्य का व्रत लेने तक की मेरे जीवन की सभी मुख्य घटनायें मुझे छिपे तौर पर उसी के लिए तैयार कर रही थीं। सत्याग्रह शब्द की उत्पत्ति के पहले उस वस्तु की उत्पत्ति हुई।

महात्मा गाँधी अपने शरीर को तपा रहे थे और अपने मन को कठिन परिस्थितियों में भी धैर्य न छोड़ने और बड़े से बड़ा अन्याय सहते हुए मन की समता को न खोने के लिए तैयार कर रहे थे। जूलू विद्रोह के समय उन्होंने देख लिया था कि दक्षिण अफ्रीकी सरकार का हृदय परिवर्तन करना आसान नहीं है। बोअर युद्ध की तरह जूलू विद्रोह के समय भी उन्होंने गवर्नर को पत्र लिखकर कहा था कि आवश्यकता हो तो घायलों की सेवा–सुश्रूषा करने वाले हिन्दुस्तानियों की एक टुकड़ी खड़ी की जाय। उन्हें तुरन्त स्वीकृतिसूचक पत्र मिल गया। उन्होंने जोहानिसबर्ग का अपना मकान छोड़ दिया, कस्तूरबा को फीनिक्स आश्रम भेज दिया और स्वयं चौबीस लोगों का एक स्वयंसेवक दल लेकर मोर्चे पर पहुँच गये। वहाँ पहुँचकर उन्होंने देखा कि वहाँ विद्रोह जैसी कोई चीज़ नहीं है। कोई विरोध करता हुआ भी नज़र नहीं आता था। हुआ यह था कि एक जूलू सरदार ने जूलू लोगों पर लगाया गया नया कर न देने की उन्हें सलाह दी थी और कर की ज़बरन वसूली के लिए गये एक सार्जेंट को मार दिया था। इसे विद्रोह माना गया और उनके दमन के लिए सेना भेज दी गयी। सवेरे–सवेरे सेना गाँव में जाकर जैसे पटाखे फोड़ रही हो, इस तरह बन्दूक चलाती थी।

महात्मा गाँधी की टुकड़ी के जिम्मे जूलू घायलों की सेवा-सुश्रूषा का जिम्मा आया क्योंकि कोई गोरा यह काम करने के लिए तैयार नहीं था। गाँधीजी ने उल्लेख किया है कि सेना में बहुत से गोरे स्वयंसेवक थे। कर्नल वायली प्रसिद्ध वकील थे, कर्नल स्पार्क्स कसाईखाने के मशहूर मालिक थे। गोरे नहीं चाहते थे कि गाँधीजी की टुकड़ी जूलू घायलों की सेवा-सुश्रूषा करे। गाँधीजी फिर भी धैर्यपूर्वक अपने काम में जुटे रहे। गाँधीजी जिन जूलू घायलों की सेवा-सुश्रूषा में लगे थे वे किसी लड़ाई में घायल नहीं हुए थे। इनमें से एक हिस्सा उन क़ैदियों का था जो शक में पकड़े गये थे। जनरल ने उन्हें कोड़े लगाने की सज़ा दी थी। इन कोड़ों की मार से जो घाव पैदा हुए थे वे समुचित देखभाल के अभाव में पक गये थे। दूसरा हिस्सा उन जुलूओं का था जो मित्र माने जाते थे। उन्हें सिपाहियों ने भूल से घायल कर दिया था, हालाँकि उन्होंने मित्रतासूचक चिह्न धारण कर रखे थे। अगर इन सबकी मरहम-पट्टी न की गयी होती तो घाव सड़ने के कारण वे मर जाते। गाँधीजी ने लिखा है कि उन्होंने यह सब अनुभव कड़वे घूँट की तरह पी लिया।

शीघ्र ही इसी तरह की कठोरता भारतीय समुदाय के साथ अपनायी जाने वाली थी। नेटाल के जिन लोगों ने अपनी खानों और गन्ने के खेतों में काम करने के लिए गिरमिटिया बनाकर भारतीय लोगों को नेटाल बुलाया था वही अब उनसे ईर्ष्या करने लगे थे, क्योंकि गिरमिट की अवधि समाप्त होने पर उन्होंने स्वतन्त्र किसान और व्यापारी होकर सफल जीवन जीना शुरू कर दिया था। ट्रांसवाल में तो गोरे ईर्ष्या तक ही सीमित नहीं रहे, उन्होंने भारतीयों के विरुद्ध षड्यन्त्र करना शुरू कर दिया। उन्होंने कहना शुरू किया कि वे चोरी-छिपे आकर ट्रांसवाल को अपनी आबादी से भर देना चाहते हैं। ब्रिटिश उच्चायुक्त ने इस आरोप की जाँच के लिए एक समिति गठित कर दी। उसके प्रतिवेदन से स्पष्ट हो गया कि बोअर युद्ध शुरू होने पर जो भारतीय ट्रांसवाल से चले गये थे, युद्ध समाप्त हो जाने पर उनके लौटने के बावजूद ट्रांसवाल में भारतीयों की कुल संख्या १८९९ ही थी। गाँधीजी उनके आरोप को असत्य जानते हुए भी बहुत से गोरों की नासमझ आशंका को समाप्त करने के लिए इस बात के लिए भी तैयार हो गये कि नये गिरमिटिया मज़दूरों के आने पर रोक लगा दी जाय। लेकिन उन पढ़े-लिखे भारतीयों को सीमित मात्रा में आने दिया जाय जिनकी यहाँ

के व्यापारियों को क्लर्की और मुनीमी जैसे कामों के लिए आवश्यकता रहती थी। व्यापार के लिए लाइसेंस, ज़मीन की मिल्कियत और निवास के अधिकार पर भी गाँधीजी बीच का रास्ता अपनाने के लिए तैयार थे बशर्ते कि जो नियम बनें वे गोरों और भारतीयों पर समान रूप से लागू हों। वे अफ्रीका स्थित ब्रिटिश आयुक्त से यह भी कह चुके थे कि भारतीयों को राजनैतिक सत्ता नहीं चाहिए, इसलिए वे फ़िलहाल मताधिकार की माँग नहीं कर रहे। वे केवल इतना चाहते थे कि भारतीय ब्रिटिश साम्राज्य की दूसरी प्रजाओं के समान शान्ति और आत्म-सम्मान से रह सकें। लेकिन जैसा कि ट्रांसवाल के जनरल स्मट्स ने घोषित किया,

> कितनी भी कठिनाइयाँ क्यों न आयें, हम इसे गोरों का देश बनाकर रहेंगे और इस मामले में अपने निश्चय से रंचमात्र भी नहीं डिगेंगे।

ट्रांसवाल में भारतीयों की अतिशय वृद्धि रोकने के नाम पर २२ अगस्त, १९०६ को ट्रांसवाल गजट में भारतीय पंजीकरण विधेयक का मसविदा छपा। उसके अनुसार ट्रांसवाल में रहने वाले हर स्त्री-पुरुष और आठ वर्ष या इससे अधिक की आयु के बच्चों के लिए पंजीकरण करवाना और इसका पत्रक लेना अनिवार्य कर दिया जाना था। पंजीकरण के समय सारी उंगलियों और अंगूठों के चिह्न लिए जाने थे। छोटे बच्चों की उँगलियों के चिह्न दिलवाने का दायित्व उनके परिवार पर डाल दिया गया था। अगर माँ-बाप इस दायित्व को पूरा न कर पायें तो सोलह वर्ष की आयु का होने पर उसे स्वयं यह दायित्व पूरा करना था। पंजीकरण पत्रक को कहीं भी और कभी भी दिखाने को कहा जा सकता था। इसकी जाँच करने के लिए पुलिस किसी के घर में भी घुस सकती थी। पंजीकरण पत्रक न होने पर ज़ुर्माना, जेल या देश-निकाला, कोई भी सज़ा दी जा सकती थी। भारतीय समुदाय ने इस पंजीकरण पत्रक को 'कुत्ते के गले का पट्टा' नाम दिया था। इस अपमानजनक क़ानून के मसविदे से महात्मा गाँधी सन्न रह गये। उन्होंने नेटाल और ट्रांसवाल में पिछले १२ वर्ष में भारतीयों को अधिकार दिलवाने के लिए जो कुछ भी किया था उस पर पानी फिर गया। उन्होंने भारतीय समुदाय से कहा कि अगर यह क़ानून बन गया और भारतीय समुदाय ने इसे स्वीकार कर लिया तो—"इस देश में उनकी हस्ती ही मिट जायेगी।" इस क़ानून के आगे सर झुकाने की अपेक्षा भारतीयों का मर-मिटना बेहतर है।

११ सितम्बर १९०६ को जोहानिसबर्ग की एम्पायर नाट्यशाला में एक सभा की गयी। सभा भवन भारतीयों से ठसाठस भरा हुआ था। गाँधीजी ने सभा के लिए जो प्रस्ताव तैयार किया था उसका भाव यह था कि भारतीय पंजीकरण क़ानून के सामने कभी सर नहीं झुकाएँगे। भारतीय समुदाय इस क़ानून से इतना उत्तेजित था कि एक वक्ता ने मंच से कहा कि

> मैं ख़ुदा की कसम खाकर कहता हूँ कि हरगिज इस क़ानून के तावे में न होऊँगा।

इस वाक्य ने सभा में जोश पैदा कर दिया और महात्मा गाँधी को भी आगे का रास्ता दिखा दिया। महात्मा गाँधी ने अपने भाषण में कहा,

> मुझ जैसों के लिए तो एक ही रास्ता होगा—मर मिटना, पर इस क़ानून के आगे सिर न झुकाना।

उन्होंने सभा में उपस्थित लोगों को चेता दिया कि हो सकता है क़ानून का विरोध करते हुए उन्हें जेल जाना पड़े, भूख-प्यास सहनी पड़े, उन पर कोड़े पड़ें, ज़ुर्माना हो और कुर्की में माल-असबाब नीलाम हो जाय। यह भी हो सकता है कि उन्हें अपने प्राणों से हाथ धोने पड़े। इसलिए यह सब परिणाम सोचकर ही प्रतिज्ञा की जानी चाहिए। अन्त तक डटे रहने की शक्ति न हो तो प्रतिज्ञा न की जाय। लेकिन सभा में इतना जोश था कि सभा के अन्त में सबने खड़े होकर और हाथ उठाकर ईश्वर को साक्षी करते हुए प्रतिज्ञा की कि यह क़ानून बना तो वे उसके सामने किसी भी हालत में अपना सर नहीं झुकाएँगे।

यही दक्षिण अफ्रीका में सत्याग्रह का जन्म था जो बाद में भारत के राष्ट्रीय आन्दोलन का मुख्य अस्त्र बन गया था। अब तक गाँधीजी अपने विरोध को अहिंसक रखते आये थे और उनका आग्रह था कि अपने विरोधी के बारे में भी सहृदय होकर ही सोचना चाहिए। लेकिन अहिंसक रहते हुए सत्य पर डटे रहने की और उसके लिए आवश्यकता पड़े तो मर मिटने की विधि नयी थी। उसे कोई नाम दिया जाना चाहिए ऐसा गाँधीजी को लगा। आरम्भ में इसे उन्होंने पैसिव रेसिसटेंस कहा पर यह न केवल अँग्रेज़ी का शब्द था बल्कि एक यूरोपीय तरीक़ा था। महात्मा गाँधी की विधि से उसका कोई मेल नहीं था। महात्मा गाँधी ने अपनी आत्मकथा में लिखा है,

> जब गोरों की एक सभा में मैंने देखा कि पैसिव रेसिसटेंस का संकुचित अर्थ किया जाता है, उसे कमज़ोर का ही हथियार माना जाता है, उसमें द्वेष हो सकता है और उसका अन्तिम स्वरूप हिंसा में प्रकट हो सकता है, तब मुझे उसका विरोध करना पड़ा और हिन्दुस्तानियों की लड़ाई का सच्चा स्वरूप समझाना पड़ा। तब हिन्दुस्तानियों के लिए अपनी लड़ाई का परिचय देने के लिए नये शब्द की योजना करना आवश्यक हो गया।

भारत में राजा का, राजकीय सत्ता का या किसी और सत्ता का आवश्यकता पड़ने पर विरोध करने की पुरानी परम्परा रही है। लोग अन्यायी आदेश न मानकर उसका परिणाम भुगतने के लिए तैयार रहते थे। कई बार लोग गाँव या देश छोड़कर चले जाते थे। अनेक बार कारीगर या सेवा प्रदान करने वाली जातियाँ भी अपना विरोध प्रकट करने के लिए गाँव छोड़कर चले जाने की धमकी देती थीं या चली जाती थीं। इस विधि के स्थानीय नाम रहे होंगे। महात्मा गाँधी को विरोध की इस विधि का कोई उचित नाम नहीं सूझ रहा था। इसलिए उन्होंने इण्डियन ओपिनियन में नाम सुझाने की प्रतियोगिता रखी और सबसे अच्छे नाम के लिए पुरस्कार घोषित किया। इस प्रतियोगिता में सुझाये गये शब्दों में से गाँधीजी को सबसे ग्राह्य मगनलाल गाँधी का सदाग्रह लगा जिसे बोलने में आसान बनाने के लिए गाँधीजी ने सत्याग्रह कर दिया।

भारतीय समुदाय ने पंजीयन विधेयक का एक होकर और दृढ़ता से विरोध किया। इसके बावजूद ट्रांसवाल की विधान परिषद् ने उसे पास कर दिया। उसमें से केवल स्त्रियों से सम्बन्ध रखने वाला अंश निकाल दिया गया था। इस क़ानून को ब्रिटिश सरकार की मंजूरी भी मिल गयी और १ जुलाई, १९०७ से वह लागू कर दिया गया। समय बीतने के साथ लोग कुछ ढीले पड़ते दिखे तो महात्मा गाँधी ने एक बार फिर सबसे प्रतिज्ञा दोहरवाई ताकि जिन लोगों का मन कमज़ोर हो गया हो वे उस प्रतिज्ञा से मुक्त हो जायें। इण्डियन ओपिनियन ने इस सत्याग्रह के समय बहुत काम दिया। सरकार ने अनेक शहरों में पंजीयन कार्यालय खोल दिये थे। उनके बहिष्कार का निश्चय हुआ। सब जगह पोस्टर लगाये गये जिनमें लिखा था—"राजा की भक्ति से भी बड़ी होती है परमेश्वर की भक्ति। भारतीयो! आज़ाद हो जाओ।" गाँधीजी ने सभी पंजीयन कार्यालयों पर घेरा डालने की योजना बनायी। इस काम के लिए स्वयंसेवक भर्ती किये गये।

स्वयंसेवकों में अधिकांश युवा वर्ग के थे। उन्हें कहा गया था कि वे पंजीयन करवाने आने वाले भारतीयों को विनम्रतापूर्वक समझा-बुझाकर लौटा दें। किसी के साथ ज़बरदस्ती न करें। जो पंजीयन करवाने के लिए अड़ जाय उससे दुर्व्यवहार न करें और उसे पंजीयन करवाने दें। अगर पुलिस पकड़े तो ख़ुशी-ख़ुशी गिरफ़्तार हो जायें। इन कार्यकर्ताओं को कोई ज़बरदस्ती करने की नौबत ही नहीं आयी। जनमत का दबाव इतना ज़्यादा था कि लोग पंजीयन करवाने नहीं गये। पंजीयन कर्मचारियों से मिलकर चोरी-छिपे पंजीयन करवाने की कुछ घटनायें हुईं। पर पंजीयन की तिथि बढ़ाने के बावजूद ३० नवम्बर, १९०७ तक केवल ५११ भारतीयों ने पंजीयन करवाया था।

ट्रांसवाल प्रशासन ने इस आन्दोलन का दमन करने के लिए २८ दिसम्बर, १९०७ को गाँधीजी और उनके २६ प्रमुख साथियों को जोहानिसबर्ग की अदालत का एक सम्मन भिजवाया जिसमें कहा गया था कि उन्होंने क़ानून के अनुसार पंजीयन नहीं करवाया है इसलिए उन्हें देश-निकाला क्यों न दे दिया जाय? मुक़दमा चला, गाँधीजी ने पैरवी करते हुए कहा कि इस काले क़ानून को मानने के लिए वे अपने आप को बाध्य नहीं पाते और क़ानून के उल्लंघन की सज़ा भुगतने को तैयार हैं। अन्त में अदालत ने गाँधीजी और उनके साथियों को दो महीने की सादी सज़ा दी। सरकार ने सोचा था कि नेताओं को जेल भेजकर वे साधारण लोगों को डरा सकेंगे। लेकिन गाँधीजी के जेल भेजे जाते ही लोगों में जेल जाने की होड़ सी लग गयी। किसी को जेल या सज़ा का डर ही नहीं रहा जोहानिसबर्ग की जेल में मुश्किल से ५० क़ैदियों को रखने की व्यवस्था थी, पर गिरफ़्तार किये गये सत्याग्रहियों की संख्या ही बढ़कर १५५ तक पहुँच गयी। इसका सरकार पर असर पड़ा। जनरल स्मट्स ने अपना संदेश देकर अँग्रेज़ी दैनिक ट्रांसवाल लीडर के श्री कार्टराइट को जेल में गाँधीजी से मिलने भेजा। कार्टराइट भारतीयों का पक्ष लेने वाले एक उदारमना व्यक्ति थे। वे जनरल स्मट्स की ओर से समझौते का एक प्रारूप लेकर गये थे। जनरल स्मटस ने सुझाया था कि अगर भारतीय स्वेच्छा से पंजीयन करवा लें तो सरकार क़ानून रद्द कर देगी। दो दिन बाद उन्होंने गाँधीजी को सीधे जेल से अपने दफ़्तर में मिलने के लिए बुलवा लिया। उन्होंने गाँधीजी से कहा कि गोरे लोग इस क़ानून के लिए दबाव बनाये हुए हैं। पर अगर भारतीय

स्वेच्छा से पंजीयन का पत्रक ले लें तो सरकार क़ानून रद्द कर देगी। गाँधीजी ने कुछ संशोधन सुझाये जिन्हें जनरल स्मट्स ने मान लिया। गाँधीजी ने जनरल स्मट्स को सदाशय मानकर समझौते के लिए हामी भर दी और उन्हें उसी समय मुक्त कर दिया गया। उनके साथियों को भी अगले दिन छोड़ दिया गया।

जोहानिसबर्ग पहुँचकर जनरल स्मट्स के साथ हुए अनौपचारिक समझौते पर विचार करने के लिए गाँधीजी ने भारतीयों की एक बैठक बुलायी। समझौते की बात सुनकर लोग भड़क उठे। उन्होंने गाँधीजी की भी ख़ूब आलोचना की। उनसे पूछा गया कि कहीं वे अँग्रेज़ों के हाथों में खेल तो नहीं रहे। अगर जनरल स्मट्स सच्चे होते तो वे पहले अपने क़ानून रद्द करते और उसके बाद भारतीयों से स्वेच्छया पंजीयन की आशा रखते। अगर बिना क़ानून रद्द करवाये भारतीय समुदाय स्वेच्छा से पंजीयन करवाना शुरू कर दे और उसके बाद जनरल स्मट्स अपने वायदे से मुकर जायें तो क्या होगा? इस सभा में एक क्रोधी पठान ने गाँधीजी पर यह आरोप भी मढ़ दिया कि उन्होंने स्मट्स से १५ हज़ार पौण्ड लेकर कौम से गद्दारी की है। लेकिन गाँधीजी ने सब लोगों को समझाया और कहा कि अगर जनरल स्मट्स अपने वचन से मुकरे तो भारतीय फिर सत्याग्रह शुरू कर देंगे। इसके साथ ही उन्होंने घोषणा कर दी कि वे १० फ़रवरी, १९०८ को पंजीयन करवाने जायेंगे। जब वे नियत दिन पंजीयन दफ़्तर जाने के लिए घर से निकले तो वान ब्रांडिस स्ट्रीट में पठान मीर आलम और उनके कुछ साथियों ने गाँधीजी पर लाठियों से हमला कर दिया। हे राम कहते हुए वे बेहोश होकर गिर पड़े। गाँधीजी पर पड़ने वाले कुछ वार उनके साथियों ने अपने ऊपर झेल लिए थे वर्ना उस दिन गाँधीजी शायद जीवित ही न बचते। लहूलुहान गाँधीजी को लोग पास की दुकान में उठा ले गये। होश में आते ही उन्होंने पूछा कि मीर आलम कहाँ है। यह पता चलने पर कि उसे साथियों के साथ गिरफ़्तार कर लिया गया है, गाँधीजी ने कहा उसे छोड़ देना चाहिए। अन्ततः समझौते के आलोचकों की शंका ही सही साबित हुई। बोअर जनरल स्मट्स ने विश्वासघात किया। वह अपने वचन से फिर गया और उसने क़ानून रद्द करने से इनकार कर दिया। सिर्फ़ इतना किया गया कि स्वेच्छा से पंजीयन करवाने की बात भी क़ानून में जोड़ दी गयी।

महात्मा गाँधी जनरल स्मट्स के इस विश्वासघात से बहुत आहत हुए।

उन्होंने घोषणा की कि स्वेच्छा से किये गये पंजीयन के पत्रकों की होली जलाई जायेगी। विरोध का यह तरीक़ा और भी प्रभावकारी सिद्ध हुआ और जेल से छूट के आये मीर आलम ने अपने पंजीयन के पत्रक को भी जलाने के लिए सौंप दिया। इस बीच ट्रांसवाल की विधान परिषद् ने एमीग्रेंटस रेस्ट्रिक्शन एक्ट और पारित कर दिया जिसका उद्देश्य भारतीयों की नयी बस्ती पर रोक लगाना और उन्हें ट्रांसवाल में दाख़िल होने से रोकना था। निर्णय हुआ कि इस क़ानून का भी विरोध किया जायेगा और विरोध करते हुए जेल जाया जायेगा। १९०८ के अगस्त माह में नेटाल के कुछ प्रमुख नागरिकों ने ट्रांसवाल की सीमा को पार किया। वे पंजीकरण क़ानून का विरोध करने के लिए आये थे। उन्हें गिरफ़्तार करके जेल में डाल दिया गया। अक्टूबर महीने में महात्मा गाँधी भी सत्याग्रह करके जेल चले गये। उनका मनोबल गिराने के लिए पहली रात उन्हें ख़तरनाक अपराधियों के साथ रखा गया जो देखने से ही हत्यारे, दुष्ट और लम्पट मालूम पड़ते थे। अपने मन को शान्त रखने के लिए गाँधी जी सारी रात गीता के श्लोक बोलते रहे। सवेरे सात बजे उन्हें क़ैदियों की एक गैंग के साथ कर दिया जाता था जो दिन भर कुदाली से पथरीली ज़मीन की ख़ुदाई किया करती थी। इस गैंग का मुखिया बहुत निर्दयी था। ख़ुदाई करते-करते क़ैदियों की कमर दोहरी हो जाती, हाथों में छाले पड़ जाते, कुछ मूर्छित भी हो गये। पर गाँधीजी डटे रहते थे और अपने साथियों की हिम्मत बढ़ाते रहते थे। जेल के कड़े प्रतिबन्धों को गाँधीजी ने अपने संयमपूर्ण जीवन के अनुकूल मान लिया था। जेल में रहते हुए कष्ट सहकर उनमें इस्पात सी दृढ़ता आ गयी थी और इसे वे अपनी उपलब्धि ही मानते थे।

सरकार ने सत्याग्रह आन्दोलन को कुचलने के लिए सब तरीक़े इस्तेमाल कर लिए। लोगों को जेल भेजा, उन पर भारी-भारी जुर्माने भी किये। यहाँ तक कि कुछ को देश-निकाला तक दे दिया। पर वे आन्दोलन को कुचल नहीं सके। लड़ाई लम्बी होती जा रही थी और भारतीय समाज पर इस लम्बी लड़ाई के कारण थकावट के चिह्न नज़र आने लगे थे। विशेषकर सम्पन्न भारतीय कुछ ऊबने से लगे थे। कई व्यापारियों को भारी नुकसान उठाना पड़ा था और वे आन्दोलन से अलग हो गये थे। जेल जाने वाले लोगों की संख्या भी घटने लगी थी। थोड़े से चुने हुए पक्के लोग ही जेल से छूटते और फिर गिरफ़्तारी के लिए पहुँच जाते। ऐसे सत्याग्रहियों के

परिवारों के भरण–पोषण का जिम्मा सत्याग्रह मण्डल का था। लेकिन उसके पास भी पैसा समाप्त होने लगा था। १९०६ में आन्दोलन शुरू होने के बाद गाँधीजी की वकालत लगभग समाप्त सी हो गयी थी। उनके पास जो कुछ भी जमा–पूँजी थी वह भी आन्दोलन की भेंट चढ़ चुकी थी। इन परिस्थितियों में गाँधीजी ने सत्याग्रहियों के परिवारों को किसी सहकारी खेत पर बसाने का निश्चय किया। एक विकल्प डरबन की फीनिक्स बस्ती हो सकता था। लेकिन जोहानिसबर्ग से रेल के द्वारा वहाँ पहुँचने में ३० घण्टे लगते।

इन कठिन परिस्थितियों में महात्मा गाँधी के एक यहूदी मित्र कैलेनबैक काम आये। उन्होंने जोहानिसबर्ग से २१ मील दूर ११०० एकड़ ज़मीन ख़रीदी और उसे सत्याग्रहियों को बसाने के लिए गाँधीजी को सौंप दिया। इस ज़मीन में एक हज़ार के क़रीब फल वाले पेड़ लगे हुए थे। जो भी माल–मसाला और मज़दूर मिल सके उनकी मदद से टिन की चद्दरों से एक छोटी सी बस्ती खड़ी कर दी गयी। यहाँ अलग अलग समय ५० से ७५ तक लोग रहे। रहने वालों में हिन्दू, मुसलमान, पारसी, ईसाई सभी थे। सबकी एक ही शाकाहारी रसोई बनती थी। थोड़े में गुज़ारा करना पड़ता था। सबको मेहनत करनी पड़ती थी। बस्ती को स्वावलम्बी बनाने की हर कोशिश की गयी। कैलेनबैक की निगरानी में एक कारखाना भी शुरू किया गया। वे ईसाई साधुओं के मठ से चप्पल बनाना सीख आये थे। उन्होंने गाँधीजी को भी यह हुनर सिखा दिया था। किसी को काम से शहर जाना पड़ता था तो वह जोहानिसबर्ग तक की यात्रा पैदल ही तय करता था। गाँधीजी ख़ुद ४० साल की उम्र के होने के बावजूद रोज़ ४०–४२ मील पैदल चल लेते थे। एक बार तो वे ५५ मील चलकर भी थके नहीं थे। इस बस्ती का नाम टालस्टाय फार्म रखा गया था। गाँधीजी ने यहाँ प्राकृतिक उपचार शुरू किया। टालस्टाय फार्म में कभी किसी डाक्टर को बुलाने की आवश्यकता नहीं पड़ी। वहाँ रहने वाले लोग स्वेच्छा से त्याग और ग़रीबी का जीवन जी रहे थे। महात्मा गाँधी की उपस्थिति के कारण सबमें उत्साह बना रहता था और वे हर कठिनाई को ख़ुशी–ख़ुशी झेल जाते थे।

गाँधीजी ने बाद में लिखा कि अगर टालस्टाय फार्म न होता तो चार साल तक चले सत्याग्रह का निभना असम्भव हो गया होता। वहाँ जेल जाने

वाले सत्याग्रहियों के परिवारों को तो आश्रय मिला ही हुआ था। उससे बढ़कर वह सत्याग्रहियों की छावनी जैसा हो गया था। सत्याग्रही जेल जाते, छूटकर आते और फिर जेल चले जाते। इससे सत्याग्रह का सिलसिला बना रहता। इन मुट्ठीभर लोगों की त्याग और तपस्या ने भारतीय समाज को अनुप्राणित और उद्वेलित किये रखा। गाँधी जी के लिए तो यह शारीरिक, मानसिक और सामाजिक सभी स्तरों पर तपस्या ही थी। इस तपस्या ने उनकी आन्तरिक शक्ति को बढ़ाया था और उन्हें बड़ी से बड़ी मुश्किल में अविचलित बने रहने की क्षमता दी थी। गाँधीजी ने सन्तोषपूर्वक यह भी देखा कि अपने तपस्यापूर्ण जीवन का उदाहरण रखकर वे अपने साथ के अधिकांश लोगों को लगभग वैसा ही जीवन जीने की ओर प्रवृत्त कर सकते हैं। इससे मनुष्य की अच्छाई में और सदाचरण की शक्ति में उनका विश्वास बढ़ा।

यहाँ यह भी याद रखना चाहिए कि गाँधीजी ने फीनिक्स आश्रम और टालस्टाय फार्म के लिए नाम भले ऐसे चुने हों जो यूरोपियन लोगों को परिचित से लगें, पर उनका आदर्श भारत का पुराना आश्रम जीवन ही था। उन्होंने इन दोनों जगहों के नियम ईसाई मठों के अनुकरण पर नहीं बनाये थे बल्कि भारत के आश्रम जीवन के अनुकरण पर ही बनाये थे। गाँधीजी ने अपनी तात्कालिक प्रेरणा के तौर पर रस्किन और टालस्टाय आदि का उल्लेख अवश्य किया है। लेकिन साथ ही यह भी बता दिया है कि उनसे उन्होंने नयी बात नहीं सीखी, केवल उन विचारों और मान्यताओं का समर्थन ही पाया जो उनके भीतर पहले से ही गहरे पैठे हुए थे। ईसाई टालस्टाय की कुछ मान्यताओं से तो उन्होंने अपना गम्भीर मतभेद भी जताया था। उनके यह आश्रम अपने सक्रिय सामूहिक जीवन, स्वावलम्बन, सभी जीवों के प्रति दया की भावना और अहिंसापूर्ण व्यवहार के कारण औरों से अलग थे। इसी तरह के आश्रम भारत के स्वतन्त्रता संग्राम में उनके सत्याग्रह का आधार बने। यह आश्रम इस रूप में सत्याग्रह की छावनी थे कि वहाँ सत्याग्रहियों को ऐसे तपस्यापूर्ण जीवन में ढाला जाता था कि उनका सिर सत्य के अतिरिक्त किसी के सामने न झुके। राजशक्ति की हिंसा का मुक़ाबला वे सत्यशील मन की अहिंसक शक्ति से कर रहे थे।

अपने आश्रमों में तो गाँधीजी सत्याग्रहियों को तैयार कर रहे थे। लेकिन

सत्याग्रह की सफलता के लिए यह भी आवश्यक था कि वे अपने विरोधी में न्याय भावना जगायें। इसके लिए यह आवश्यक था कि वे अपने घोर शत्रु से भी अपना सम्पर्क और सम्बन्ध बनाये रखें और उनसे मिलने वाली निराशा के कारण अपने मन की समता न खोएँ। यही वजह है कि अँग्रेज़ शासकों से मिली तमाम निराशाओं के बावजूद उन्होंने अँग्रेज़ों पर विश्वास करना नहीं छोड़ा। अपनी आत्मकथा में अपने स्वभाव की इस विशेषता का श्रेय उन्होंने अहिंसा, ब्रह्मचर्य, अपरिग्रह आदि की साधना को दिया है। अपनी आत्मकथा में उन्होंने लिखा है,

> मेरे जीवन में ऐसी घटनायें घटती ही रही हैं, जिनके कारण मैं अनेक धर्मावलम्बियों के और अनेक जातियों के गाढ़ परिचय में आ सका हूँ। इन सबके अनुभवों के आधार पर यह कहा जा सकता है कि मैंने अपने और पराये, देशी और विदेशी, गोरे और काले, हिन्दू और मुसलमान अथवा ईसाई, पारसी या यहूदी के बीच कोई भेद नहीं किया। मैं कह सकता हूँ कि मेरा हृदय ऐसे भेद को पहचान ही नहीं सका। अपने सम्बन्ध में मैं इस चीज़ को गुण नहीं मानता, क्योंकि जिस प्रकार अहिंसा, ब्रह्मचर्य, अपरिग्रह आदि यमों की सिद्धि का प्रयत्न करने का और उस प्रयत्न के अब तक चलने का मुझे पूरा भान है, उसी प्रकार मुझे याद नहीं पड़ता कि ऐसे अभेद की सिद्धि करने का मैंने विशेष प्रयत्न किया हो।

सबके साथ एक जैसा व्यवहार करने में कई बार काफ़ी मुश्किल आती थी। इसका उल्लेख करते हुए उन्होंने अपनी आत्मकथा में लिखा है,

> जिस प्रकार मैं हिन्दुस्तानी मुहर्रिरों और दूसरों को घर में अपने कुटुम्बियों की तरह रखता था उसी प्रकार मैं अँग्रेज़ों को भी रखने लगा। मेरा यह व्यवहार मेरे साथ रहने वाले सब लोगों को अनुकूल न था। पर मैंने हठपूर्वक उन्हें अपने घर रखा था। कह नहीं सकता कि सबको रखने में मैंने हमेशा बुद्धिमानी ही की थी। कुछ सम्बन्धों के कड़वे अनुभव भी प्राप्त हुए थे। किन्तु ऐसे अनुभव तो देशी विदेशी दोनों के सम्बन्ध में हुए। कड़वे अनुभवों के लिए मुझे पश्चात्ताप नहीं हुआ। कड़वे अनुभवों के होते हुए और यह जानते हुए भी कि मित्रों को असुविधा होती है और कष्ट उठाना पड़ता है, मैंने अपनी आदत नहीं बदली और मित्रों ने उसे उदारतापूर्वक सहन किया है। नये-नये मनुष्यों के साथ के सम्बन्ध जब मित्रों के लिए दुखद सिद्ध हुए हैं तब उनका दोष दिखाने में मैं हिचकिचाया

> नहीं हूँ। मेरी अपनी यह मान्यता है कि आस्तिक मनुष्य में, जो अपने में विद्यमान ईश्वर को सबमें देखना चाहते हैं, सबके साथ अलिप्त होकर रहने की शक्ति आनी चाहिए और ऐसी शक्ति तभी विकसित की जा सकती है, जब जहाँ-जहाँ अनखोजे अवसर आयें, वहाँ-वहाँ उनसे दूर न भागकर नये-नये सम्पर्क स्थापित किये जायें और वैसा करते हुए भी राग-द्वेष से दूर रहा जाय।

गाँधीजी के सम्बन्ध उनके काम और उनकी सामाजिकता के कारण अनेक अँग्रेज़ अधिकारियों से, पादरियों या अपने धर्म के प्रति उत्साही ईसाइयों से और सहकर्मी अँग्रेज़ वकीलों और जजों से बन गये थे। इन सम्बन्धों के निबाहने में अनेक अड़चनें आती थीं। उदाहरण के लिए, उनके अनेक ईसाई मित्र उन्हें धर्म परिवर्तन करके ईसाई बनाने में लगे रहे। जब उन्हें असफलता दिखी तो कुछ तिक्त भी हुए। इसी तरह अँग्रेज़ अधिकारियों से सम्पर्क और सम्बन्ध उन्होंने हमेशा बनाये रखा। कई बार इन सम्बन्धों के कारण उनके कई काम बने भी। उनकी आत्मकथा में वर्णित एक प्रसंग दृष्टव्य है,

> एशियाई अधिकारियों का बड़े से बड़ा थाना जोहानिसबर्ग में था। मैं यह देख रहा था कि उस थाने में हिन्दुस्तानी, चीनी आदि लोगों का रक्षण नहीं बल्कि भक्षण होता है। मेरे पास रोज़ शिकायतें आतीं—'हक़दार दाख़िल नहीं हो सकते और बिना हक़ वाले सौ सौ पाउण्ड देकर चले आ रहे हैं। इसका इलाज आप नहीं करेंगे तो कौन करेगा?' मेरी भी यही भावना थी। यदि यह सड़ान्ध दूर न हो तो मेरा ट्रांसवाल में बसना व्यर्थ माना जायेगा। मैं प्रमाण जुटाने लगा। जब मेरे पास प्रमाणों का अच्छा सा संग्रह हो गया, तो मैं पुलिस कमिश्नर के पास पहुँचा। मुझे लगा कि उसमें दया और न्याय की वृत्ति है। मेरी बात को बिल्कुल अनसुनी करने के बदले उसने मुझे धीरज से सुना और प्रमाण उपस्थित करने के लिए कहा। गवाहों के बयान उसने स्वयं ही लिए। उसे विश्वास हो गया। पर जिस तरह मैं जानता था, उसी तरह वह भी जानता था कि दक्षिण अफ्रीका में गोरे पंचों द्वारा गोरे अपराधियों को दण्ड मिलना कठिन है। उसने कहा, 'फिर भी हम प्रयत्न तो करें ही। ऐसे अपराधी ज्यूरी द्वारा छोड़ दिये जायेंगे, इस डर से उन्हें न पकड़वाना भी उचित नहीं है। इसलिए मैं तो उन्हें पकड़वाऊँगा। आपको मैं इतना विश्वास दिलाता हूँ कि अपनी मेहनत में कोई कसर नहीं रखूँगा।' मुझे तो विश्वास था ही।

> दूसरे अधिकारियों पर भी मुझे सन्देह तो था, पर उनके विरुद्ध मेरे पास कमज़ोर प्रमाण थे। दो के बारे में कोई सन्देह नहीं था। अतएव दो के नाम वारंट निकले। मेरा आना-जाना छिपा रह ही नहीं सकता था। कई लोग देखते थे कि मैं प्राय: प्रतिदिन पुलिस कमिश्नर के यहाँ जाता हूँ। इन दो अधिकारियों के छोटे-बड़े जासूस तो थे ही। वे मेरे दफ़्तर पर निगरानी रखते और मेरे आने-जाने की ख़बरें उन अधिकारियों को पहुँचाते थे। यहाँ मुझे यह कहना चाहिए कि उक्त अधिकारियों का अत्याचार इतना ज़्यादा था कि उन्हें ज़्यादा जासूस नहीं मिलते थे। यदि हिन्दुस्तानियों और चीनियों की मुझे मदद न होती तो ये अधिकारी पकड़े ही न जाते। इन दो में से एक अधिकारी भागा। पुलिस कमिश्नर ने बाहर का वारंट निकालकर उसे पकड़वा मँगाया। मुक़दमा चला। प्रमाण भी मजबूत थे और एक के तो भागने का प्रमाण भी ज्यूरी के पास पहुँच चुका था। फिर भी दोनों छूट गये। मुझे बड़ी निराशा हुई। पुलिस कमिश्नर को भी दुख हुआ। वकालत से मुझे अरुचि हो गयी। बुद्धि का उपयोग अपराध को छुपाने में होता देखकर मुझे बुद्धि ही अप्रिय लगने लगी। पर दोनों अधिकारियों का अपराध इतना प्रसिद्ध हो गया था कि उनके छूट जाने पर भी सरकार उन्हें रख नहीं सकी। दोनों बर्खास्त हो गये।

महात्मा गाँधी को अँग्रेज़ों के इस तरह के अनुभव सदा हुए। उन्हें सरल और उदार अँग्रेज़ सदा ही मिलते रहे, पर अँग्रेज़ शासन की कठोरता और निर्ममता का भी उन्हें सदा परिचय मिलता रहा। इससे उनमें यूरोपीय स्वभाव के बारे में एक निश्चित धारणा ज़रूर बनी और यूरोपीय सभ्यता के प्रति उनका तिरस्कार बढ़ता गया। पर अँग्रेज़ों से सामान्य व्यवहार में उन्होंने कभी अपना धैर्य, अपनी विनय और यथासम्भव विश्वास बनाये रखने की विशेषता नहीं छोड़ी।

अपने समाज को एकजुट रखने और अपने विरोधी से सम्पर्क और सम्बन्ध बनाये रखने के अलावा जिस उपाय ने दक्षिण अफ़्रीका के आन्दोलन में उनकी सहायता की वह था इण्डियन ओपिनियन का प्रकाशन। अख़बारों का महत्त्व उन्हें बैरिस्टरी की पढ़ाई के समय लन्दन प्रवास में ही समझ में आ गया होगा जब वेजीटेरियन पत्रिका में नौ लेखों की शृंखला लिखकर वे अपने काफ़ी सम्पर्क बनाने में सफल हो गये थे। दक्षिण अफ़्रीका में और बीच-बीच में अपनी भारत यात्राओं के दौरान वे अख़बारों का ख़ूब उपयोग करते रहे। उनमें सम्पादक के नाम पत्र लिखकर या अपना साक्षात्कार

छपवाकर उन्होंने अपनी बात रखी और उन्हें सदा इसका लाभ मिला। इसलिए इण्डियन ओपिनियन प्रकाशित करने की योजना को कार्यरूप देने में उन्हें अधिक सोचना नहीं पड़ा। अपनी आत्मकथा में इण्डियन ओपिनियन के प्रकाशन का उल्लेख करते हुए उन्होंने लिखा है,

> श्री मदनजीत ने इण्डियन ओपिनियन निकालने का विचार किया। उन्होंने मेरी सलाह और सहायता माँगी। छापाखाना तो वे चला ही रहे थे। अख़बार निकालने के विचार से मैं सहमत हुआ। सन् १९०४ में इस अख़बार का जन्म हुआ। मनसुखलाल नाजर इसके सम्पादक बने। पर सम्पादक का सच्चा बोझ तो मुझ पर ही आ पड़ा। मेरे भाग्य में हमेशा दूर से ही अख़बार की व्यवस्था सँभालने का योग रहा है। मनसुखलाल नाजर सम्पादक का काम न कर सकें, ऐसी कोई बात नहीं थी। उन्होंने देश में कई अख़बारों के लिए लेख लिखे थे, पर दक्षिण अफ्रीका के अटपटे प्रश्नों पर मेरे रहते उन्होंने स्वतन्त्र लेख लिखने की हिम्मत नहीं की। उन्हें मेरी विवेक शक्ति पर अत्यधिक विश्वास था। अतएव जिन-जिन विषयों पर कुछ लिखना ज़रूरी होता, उन पर लिखकर भेजने का बोझ वे मुझ पर डाल देते थे।
>
> यह अख़बार साप्ताहिक था, जैसा कि आज भी है। आरम्भ में तो यह गुजराती, हिन्दी, तमिल और अँग्रेज़ी में निकलता था। पर मैंने देखा कि तमिल और हिन्दी विभाग नाममात्र के थे। मुझे लगा कि उनके द्वारा समाज की कोई सेवा नहीं होती। उन विभागों को रखने में मुझे असत्य का आभास हुआ। अतएव उन्हें बन्द करके मैंने शान्ति प्राप्त की। मैंने यह कल्पना नहीं की थी कि इस अख़बार में मुझे कुछ अपने पैसे लगाने पड़ेंगे। लेकिन कम ही समय में मैंने देखा कि अगर मैं पैसे न दूँ तो अख़बार चल ही नहीं सकता। मैं अख़बार का सम्पादक नहीं था। फिर भी हिन्दुस्तानी और गोरे दोनों यह जानने लग गये थे कि उनके लेखों के लिए मैं ही जिम्मेदार था। अख़बार न निकलता तो भी कोई हानि न होती। पर निकालने के बाद उसके बन्द होने से हिन्दुस्तानियों की बदनामी होगी और समाज को हानि पहुँचेगी, ऐसा मुझे प्रतीत हुआ। मैं उसमें पैसे उड़ेलता गया और कहा जा सकता है कि आख़िर ऐसा भी समय आया जब मेरी पूरी बचत उसी पर ख़र्च हो जाती थी। मुझे ऐसे समय की याद है जब मुझे हर महीने ७५ पाउण्ड भेजने पड़ते थे।

फिर उन्होंने समाचार-पत्र की शक्ति का अपना आकलन देते हुए लिखा है—

इण्डियन ओपिनियन के पहले महीने के कामकाज से ही मैं इस परिणाम पर पहुँच गया था कि समाचार-पत्र सेवाभाव से ही चलाने चाहिए। समाचार-पत्र एक ज़बरदस्त शक्ति है, किन्तु जिस प्रकार निरंकुश पानी का प्रवाह गाँव के गाँव डुबो देता है और फसल को नष्ट कर देता है, उसी प्रकार क़लम का निरंकुश प्रवाह भी नाश की सृष्टि करता है। यदि ऐसा अंकुश बाहर से आता है तो वह निरंकुशता से भी अधिक विषैला सिद्ध होता है। अंकुश तो अन्दर का ही लाभदायक सिद्ध हो सकता है। यदि यह विचारधारा सच हो तो दुनिया के कितने समाचार-पत्र इस कसौटी पर खरे उतर सकते हैं? लेकिन निकम्मों को बन्द कौन करे? कौन किसे निकम्मा समझे? उपयोगी और निकम्मे दोनों साथ-साथ ही चलते रहेंगे। उनमें से मनुष्य को अपना चुनाव करना होगा।

स्पष्ट है कि इण्डियन ओपिनियन निकालने में महात्मा गाँधी की अपनी काफ़ी शक्ति लगती थी। उन्होंने बताया है कि जेल जाने को छोड़कर ऐसा कभी नहीं हुआ कि इण्डियन ओपिनियन के अंक में उनका लिखा कुछ न कुछ न छपा हो। उन्होंने यह भी स्वीकार किया है कि १९०६ और १९१३ के सत्याग्रह में इण्डियन ओपिनियन की बहुत महत्त्वपूर्ण भूमिका रही थी। अगर यह अख़बार न रहा होता तो सत्याग्रह को इतना प्रभावशाली बनाना आसान न रहा होता। अपने इन्हीं प्रयोगों को उन्होंने बाद में भारत में दोहराया।

उन्हें अपने इन सब कामों में केवल दक्षिण अफ्रीकी प्रशासन से मिली कठिनाइयों को ही नहीं झेलना पड़ा। उनके अपने साथ काम करने वालों के चारित्रिक पतन या आश्रम जीवन की ऐसी ही घटनायें कम उद्वेलित करने वाली नहीं थीं। ऐसी एक घटना का उल्लेख करते हुए उन्होंने अपनी आत्मकथा में लिखा है,

टालस्टाय आश्रम में बचे हुए आश्रमवासियों को फीनिक्स छोड़कर मैं जोहानिसबर्ग गया। वहाँ कुछ ही दिन रहा था कि मेरे पास दो व्यक्तियों के भयंकर पतन के समाचार पहुँचे। सत्याग्रह की महान लड़ाई में कहीं भी निष्फलता जैसी दिखायी पड़ती, तो उससे मुझे कोई आघात न पहुँचता था। पर इस घटना ने मुझ पर वज्र सा प्रहार किया। मैं तिलमिला उठा। मैंने उसी दिन फीनिक्स की गाड़ी पकड़ी। मिस्टर कैलेनबैक ने मेरे साथ चलने का आग्रह किया। वे मेरी दयाजनक स्थिति को समझ चुके थे। मुझे अकेले जाने देने की उन्होंने साफ़ मनाही कर दी। पतन के

> समाचार मुझे उन्हीं के द्वारा मिले थे। रास्ते में मैंने अपना धर्म समझ लिया, अथवा यों कहें कि समझ लिया, ऐसा मानकर मैंने अनुभव किया कि अपनी निगरानी में रहने वालों के पतन के लिए अभिभावक अथवा शिक्षक न्यूनाधिक अंश में जिम्मेदार है। इस घटना में मुझे अपनी जिम्मेदारी ज़रूर जान पड़ी। मेरी पत्नी ने मुझे सावधान तो कर ही दिया था, किन्तु मेरे स्वभाव से विश्वासी होने के कारण मैंने पत्नी की चेतावनी पर ध्यान नहीं दिया था। साथ ही मुझे यह भी लगा कि इस पतन के लिए मैं प्रायश्चित्त करूँगा तो ही ये पतित मेरा दुख समझ सकेंगे और उससे उन्हें अपने दोषों का भान होगा तथा उसकी गम्भीरता का कुछ अन्दाज़ बैठेगा। अतएव, मैंने सात दिनों के उपवास और साढ़े चार महीने के एकाशन का व्रत लिया। मिस्टर कैलेनबैक ने मुझे रोकने का प्रयत्न किया, पर वह निष्फल रहे। आख़िर उन्होंने प्रायश्चित्त के औचित्य को माना और ख़ुद ने भी मेरे साथ व्रत रखने का आग्रह किया। मैं उनके निर्मल प्रेम को रोक नहीं सका। इस निश्चय के बाद मैं तुरन्त ही हल्का हो गया, शान्त हुआ, दोषियों के प्रति मेरे मन में क्रोध न रहा, उनके लिए मन में दया ही रही। यों ट्रेन में ही मन को हल्का करके मैं फीनिक्स पहुँचा। पूछताछ करके जो अधिक जानकारी लेनी थी सो ले ली। यद्यपि मेरे उपवास से सबको कष्ट हुआ, लेकिन उसके कारण वातावरण शुद्ध बना। सबको पाप करने की भयंकरता का बोध हुआ।

महात्मा गाँधी की व्यक्तिगत तपस्या का स्वरूप क्या था इसके बारे में भी कुछ और अधिक विस्तार से विश्लेषण की आवश्यकता है। गाँधीजी ने अपने बारे में जब भी कुछ कहा है, अतिशय विनम्रता ही दिखायी है। अपने निर्णयों, संकल्पों और व्यवहार की उन्होंने तात्कालिक घटनाओं और परिस्थितियों के सन्दर्भ में ही व्याख्या की है। फिर भी वास्तविकता केवल उतनी ही नहीं है जितनी दिखायी देती है। एक बार भगवान बुद्ध ने अपने शिष्य आनन्द से कहा कि उन्होंने अब तक जो कहा है वे उससे बहुत अधिक जानते हैं। उन्होंने जो कहा है वह पेड़ से झरे हुए पत्तों के समान है। वे जो जानते हैं वह पेड़ पर लदे हुए पत्तों के समान है। यही बात गाँधीजी के बारे में भी कही जा सकती है। उनकी सामाजिक सक्रियता तो लन्दन में बैरिस्टरी की पढ़ाई पढ़ते हुए ही आरम्भ हो गयी थी। शाकाहार आन्दोलन में उन्होंने बढ़-चढ़कर भाग लिया था। उन युवा समूहों के भी सम्पर्क में आये थे जो भारत में ब्रिटिश राज के विरोधी थे। लेकिन वास्तव में उनका राजनैतिक जीवन दक्षिण अफ्रीका से ही आरम्भ हुआ। उनके इस

राजनैतिक जीवन का आधार प्रचलित राजनैतिक विचार नहीं थे, बल्कि सभ्यतागत धारणाएँ थीं।

दक्षिण अफ्रीका में अपने राजनैतिक जीवन के आरम्भ में ही उन्होंने सत्य और अहिंसा पर इतना ज़ोर देना आरम्भ कर दिया था कि इसकी प्रेरणा उनका स्वभाव या संस्कार नहीं मानी जा सकती। यह याद रखना चाहिए कि लन्दन प्रवास से ही उनके सम्पर्क में आने वाले सभी ईसाई उन पर धर्म परिवर्तन के लिए दबाव डालने लगे थे। यह दबाव भी इतना अधिक था, उनके हितचिन्तक ईसाई परिवारों से लगाकर क्वेकर समूहों तक, कि १९-२० साल का कोई भी युवक इस दबाव के सामने झुक जाता। उन सब लोगों से कोई धार्मिक तर्क-वितर्क किये बिना ही वे इन दबावों को यह कहकर निष्फल करते रहे कि जब तक उन्हें अपने अन्दर से धर्म बदलने की इच्छा नहीं लगती वे ऐसा कुछ नहीं कर सकते। लेकिन दक्षिण अफ्रीका में तो केवल ईसाई ही नहीं उनके मुस्लिम हित-चिन्तक भी उन्हें धर्म परिवर्तन के लिए राजी करने में लगे थे। इन सब को उत्तर देने के लिए ही उन्होंने व्यवस्थित होकर धार्मिक साहित्य पढ़ना आरम्भ किया था। जैन रायचन्द भाई इस काम में उनके पथ-प्रदर्शक बने। जो लोग शैव, वैष्णव, जैन और बौद्ध आदि सम्प्रदायों को एक दूसरे से बिल्कुल अलग धर्म के रूप में दिखाते रहते हैं उन्हें यह बात समझ में नहीं आती कि इन सभी सम्प्रदायों की दार्शनिक मान्यताएँ और आचार एक जैसे हैं। भारत में उन्हें धर्म के एक मार्ग के रूप में ही जाना जाता है, अलग धर्म के रूप में नहीं। इसलिए रायचन्द भाई से कोई जैन धर्म की शिक्षा नहीं मिल रही थी, बल्कि धर्ममात्र की अर्थात् सनातन धर्म की शिक्षा मिल रही थी। हालाँकि उनका अपना अध्ययन केवल रायचन्द भाई के परामर्श तक सीमित नहीं था।

अपने इसी अध्ययन के दौरान उन्हें योगमार्ग पर आगे बढ़ने के लिए आवश्यक माने गये पाँच यमों अर्थात् महाव्रतों का पता चला। सत्य, अहिंसा, अस्तेय, अपरिग्रह और ब्रह्मचर्य, इन पाँच महाव्रतों में से चार तो उन्हें सहज ही सिद्ध थे। उन्होंने बाद में इन पाँचों महाव्रतों की अपनी साधना का उल्लेख करते हुए कहा है कि सत्य तो उन्हें स्वभाव से ही सिद्ध था। जैसा कि धर्मराज युधिष्ठिर ने एक बार कहा था कि सत्य बोलने के लिए उन्हें प्रयत्न नहीं करना पड़ता, वह उनका स्वभाव है। इसी तरह

बचपन के कुसंगति के भटकाव को छोड़कर जिसमें उन्हें एक कुटिल मित्र ने चोरी–छिपे मांस खिलाया था और उन्हें घर में खाने के समय माँ से झूठ बोलना पड़ा था कि उन्हें भूख नहीं है, उन्होंने कभी असत्य नहीं बोला। लेकिन एक यम के रूप में सत्य का अर्थ सच बोलना ही नहीं है बल्कि निरन्तर उस परम सत्ता का स्मरण रखते हुए आचरण करना है। इस अर्थ में भी गाँधीजी ने सत्य को सिद्ध कर लिया था। जब एक बार एक ईसाई प्रश्नकर्ता ने उनसे पूछा कि क्या उन्होंने ईश्वर को देखा है तो उनका उत्तर था कि वे हर समय ईश्वर को वैसे ही देखते हैं जैसे उस समय उसको देख रहे हैं। परमेश्वर में यह अटूट श्रद्धा ही उन्हें नैतिक आचरण की ओर ले जाती थी। अस्तेय भी उन्हें स्वभाव से ही सिद्ध था। बचपन में कुसंगत के प्रभाव में बीड़ी पीने के लिए की गयी चोरी का प्रायश्चित्त उन्होंने अपने पिता के सामने ख़ुद जाकर अपनी चोरी स्वीकार करके कर लिया था। उनके जीवन में फिर कभी ऐसा प्रसंग नहीं आया। लेकिन अस्तेय का अर्थ भी केवल चोरी न करना नहीं है। जैसा कि ईशावास्य उपनिषद् के दूसरे मन्त्र में कहा गया है अस्तेय का वास्तविक अर्थ यह है कि ईश से व्याप्त इस जगत् में दूसरों का भाग छोड़कर ही ग्रहण करना चाहिए। गाँधीजी ने जीवन भर किसी और का भाग नहीं लिया बल्कि अपना भाग ही दूसरों के लिए छोड़ते रहे। अपरिग्रह भी उनके स्वभाव में ही था। लन्दन में अँग्रेज़ों जैसा व्यवहार करने की योग्यता उनमें है, यह दिखाने के लिए तीन महीने उन्होंने क़ीमती और फ़ैशनेबल चीज़ों का संग्रह करने की कोशिश की थी। इसके अतिरिक्त वस्तुओं का संग्रह करने में उनकी कभी कोई रुचि नहीं रही। उनके स्वभाव में जो अपरिग्रह वृत्ति थी उसकी एक झलक उनके पहले जीवनी लेखक जोहानिसबर्ग के बैपटिस्ट मतावलम्बी पादरी जोसेफ जे.डोक की लिखी पुस्तक एम.के. गाँधी के इस ब्यौरे में देखी जा सकती है,

> जहाँ तक मैं जान सका हूँ, रुपये पैसे का उसे जरा भी लोभ नहीं है। इस बात को लेकर इसके देशवासी इससे बहुत असन्तुष्ट हैं और उनकी शिकायत है कि वह कुछ भी नहीं लेता। उनका कहना है कि अपने प्रतिनिधि के रूप में इंग्लैण्ड जाने के लिए उन्होंने इसे जो पैसा दिया था उसे वह बिना ख़र्च किये ही लौटा लाया। नेटाल में उन्होंने इसे भेंटस्वरूप जो वस्तुएँ दी थीं, उन्हें इसने आन्दोलन के सार्वजनिक कोष में जमा कर दिया। इसे ग़रीबी पसन्द है और वह ग़रीब ही रहना चाहता है।

अपरिग्रह को लेकर सबसे मार्मिक प्रसंग तो वह है जब भेंट में कस्तूरबा को मिले स्वर्ण आभूषणों को गाँधीजी ने दक्षिण अफ्रीका की राजनैतिक लड़ाई के लिए बनाये गये सार्वजनिक कोष में लगभग ज़बरदस्ती जमा करवा दिया था। कस्तूरबा का कहना था कि भले ही गाँधीजी को कुछ न चाहिए पर उन्हें तो आभूषण की ज़रूरत है, अपने लिए न सही पर अपनी बहुओं के लिए अवश्य। लेकिन गाँधीजी ने अपने बेटों से यह कहलवाकर उन्हें निरुत्तर कर दिया कि उन्हें आभूषणों की कोई इच्छा नहीं है। रुआँसी कस्तूरबा को वे आभूषण देने पड़े थे।

अहिंसा और ब्रह्मचर्य ही केवल ऐसे दो महाव्रत थे जिनके लिए गाँधीजी को प्रयत्न करने की आवश्यकता थी। इनमें भी अहिंसा में उनकी काफ़ी हद तक सहज प्रवृत्ति थी। फिर भी कभी-कभी उन्हें क्रोध आ जाता था। अपने क्रोध पर भी उन्होंने प्रयासपूर्वक नियन्त्रण किया। लेकिन अहिंसा की उनकी व्याख्या प्राणीमात्र के प्रति निर्वैर की भावना थी। अपने बड़े से बड़े विरोधी के प्रति भी सद्भाव बनाये रखना, हिंसक से हिंसक जीव के प्रति भी अहिंसक बने रहना और कठिन से कठिन परिस्थिति में भी बदले की भावना न आने देना उनकी अहिंसा के लक्षण थे। फीनिक्स आश्रम और टालस्टाय फार्म दोनों जगह अत्यन्त ज़हरीले साँपों का उपद्रव होता रहता था। एक बार टालस्टाय फार्म में उनके एक सहयोगी ने घबराकर एक ज़हरीले साँप को मार भी दिया था। लेकिन पुराणों से कथाएँ सुनाकर उन्होंने उनका और सब आश्रमवासियों का मन जीत लिया था तथा उन्हें निर्भय बने रहने के लिए प्रेरित किया था। दोनों आश्रमों में ज़हरीले साँप प्रकट होते रहे पर किसी ने उनको मारने की कोशिश नहीं की। इसी तरह जीवन भर वे अपने विरोधियों के प्रति सद्भाव से भरे हुए दिखायी देते रहे। इस तरह व्रत के रूप में धारण करने के लिए तो केवल ब्रह्मचर्य ही था। उन्होंने स्वीकार किया है कि जीवन के आरम्भिक दौर में उनमें कामेच्छा प्रबल थी। १३ वर्ष की आयु में उनका विवाह हो गया था। पहले लन्दन प्रवास और फिर दक्षिण अफ्रीका चले जाने के कारण कस्तूरबा के साथ रहने का उन्हें कम ही अवसर मिला। फिर भी कामेच्छा पर विजय पाने में उन्हें कुछ समय लगा। उन्होंने कहा है कि १९०० में अर्थात् ३१ वर्ष की आयु में उन्होंने अपनी पत्नी से सीमित सहवास करने का अभ्यास आरम्भ कर दिया था। १९०६ में तो

उन्होंने ब्रह्मचर्य का व्रत ही ले लिया। लेकिन यह केवल कायिक ब्रह्मचर्य ही था। वे तो मानते थे कि ब्रह्मचर्य का सही आशय मन में कोई विकार न आने देना है और उसके लिए वे सदा प्रयत्नशील रहे। इस तरह हम देख सकते हैं कि १९०६ में सत्याग्रह शुरू करने से पहले वे पाँचों महाव्रतों को उस हद तक सिद्ध कर चुके थे, जिस हद तक सामाजिक जीवन में पड़ा कोई व्यक्ति सिद्ध कर सकता है।

योग सूत्रों में वर्णित यह पाँचों यम सदाचार को निर्धारित करने वाले साधारण नियम नहीं हैं। वे भारतीय सभ्यता का आधार रहे हैं। अपने सार्वजनिक जीवन को व्यवस्थित और अनुशासित करने के लिए हम जो नियम बनाते हैं उनका मूल ऐसा होना चाहिए जो देशकाल से ऊपर हो। देशकाल के अनुसार तो नियम बनाये जाते हैं, पर नियमों का जो मूल स्रोत है, मूल आधार है वह अगर सदा रहने वाला, शाश्वत महत्त्व का नहीं होगा तो नियमों में कोई स्थिरता नहीं रहेगी। यह पाँचों यम ऐसे ही शाश्वत सिद्धान्त हैं जिनसे सभी कालों में उस काल के अनुरूप नियम बनाये जा सकते हैं। पश्चिमी सभ्यता के पास ऐसा कोई आधार नहीं है। इसलिए पश्चिमी सभ्यता अपनी अधोगति को रोक नहीं पाती। जहाँ सारे नियम केवल व्यावहारिक ज़रूरतों को देखकर ही बनाये जाते हों वहाँ नियम बनाने की शक्ति को रखने वाला वर्ग अपने स्वार्थ को सामने रखने से बाज नहीं आयेगा। यही कारण है कि पश्चिमी सभ्यता किन्हीं शाश्वत आदर्शों को समर्पित नहीं हो पाती, वह बलशाली मनुष्यों को अपना स्वार्थ साधने से रोक नहीं पाती, वह केवल अपने लोगों के स्वार्थों का समाहार करने वाली व्यवस्था बनाने की कोशिश करती है। भारतीय सभ्यता स्वार्थों के समाहार के लिए नहीं, आचरण की शुद्धि के लिए नियम बनाती है। इसलिए वह मनुष्य को उन्नयन की ओर ले जाती है। उसे आत्मबल प्रदान करती है। यह आत्मबल ही गाँधीजी के सत्याग्रह का आधार बना था। वे मानते थे कि आत्मबल से बड़ी से बड़ी हिंसक शक्ति को परास्त किया जा सकता है। उनके आश्रम जीवन का लक्ष्य यही आत्मबल पाना था।

महात्मा गाँधी यह मानते थे कि तपस्या से, चित्तशुद्धि से मनुष्य परमेश्वर की अनुकम्पा प्राप्त कर लेता है। उसका अपना जो भी पुरुषार्थ दिखायी देता है वह केवल परमेश्वर की इच्छा ही है। अनेक बार पाँचों यमों की व्याख्या करते हुए उन्होंने कहा कि वास्तव में सत्य ही अन्य यमों में

निरूपित हुआ है। सत्य का अर्थ है परमेश्वर के प्रति समर्पण और अगर आप परमेश्वर के प्रति समर्पित हो जायें तो अहिंसा, अस्तेय, अपरिग्रह और ब्रह्मचर्य स्वतः ही सिद्ध हो जाता है। आगे एक बार उन्होंने लिखा,

> शंकराचार्य के 'प्रातः स्मरामि' हृदिसंस्फुरदात्मश्रवम्' आदि श्लोक में जो कुछ है उसके पूरे अर्थ का एक भी भारतीय को साक्षात्कार हो जाय तो हिन्दुस्तान पर चढ़ाई करने वाली बलवान से बलवान सेना को हरा देने के लिए वह अकेला ही काफ़ी होगा।

यह निःश्रेयस का मार्ग है, मोक्ष की साधना का मार्ग है और गाँधीजी अपने सामाजिक-राजनैतिक जीवन के आरम्भ से ही इस मार्ग पर चलते दिखायी देते हैं। वे यह बात जानते हैं, अथवा कहते हैं या नहीं कहते, यह सब प्रश्न अनावश्यक हैं। वे जो कर रहे हैं उसे कोई निःश्रेयस का साधक ही कर सकता है, मोक्षकामी ही कर सकता है।

लेकिन उनमें जितनी उत्कट इच्छा अपने मोक्ष की है उतनी ही चिन्ता भारत की मुक्ति की भी है। उनके लिए इन दोनों में कोई अन्तर नहीं है। भारत की मुक्ति वे केवल ब्रिटिश शासन से नहीं चाहते थे। वे चाहते थे कि भारत के लोग ब्रिटिश शासन के दौरान यूरोपीय सभ्यता के अपने ऊपर पड़े प्रभावों को पोंछ डालें। भाषा के संयम और अपने स्वभाव की अतिशय शिष्टता के कारण ब्रिटिश साम्राज्य के बारे में उन्होंने कभी-कभी कहा है कि वे उसे कल्याणकारी मानते हैं। उनके इस कथन के शाब्दिक अर्थ को लेना उचित नहीं होगा। वे जब तक अपने आप को ब्रिटिश शासन की प्रजा समझते हुए उसके अन्यायपूर्ण क़ानूनों का विरोध करते रहे, उन्होंने उसके लिए वैसी भाषा का प्रयोग नहीं किया जो सरकार को उखाड़ फेंकने का इच्छुक करेगा। वे एक-एक क़दम उठाते हुए आगे बढ़ने के हामी थे और उनका लक्ष्य भारत के लोगों को उनकी अपनी सभ्यता के धर्मशील जीवन में लौटा लाना था। यह विदेशी शासन की समाप्ति से बड़ा लक्ष्य था और ऐसा लक्ष्य था जिससे ब्रिटिश शासन अपने आप समाप्त हो जाता। लेकिन वे इतने व्यावहारिक भी थे कि यह जानते कि ब्रिटिश शासन के रहते यह बड़ा लक्ष्य पाना आसान नहीं है। वैसे भी वह समय यूरोपीय सभ्यता के उत्कर्ष का था और उसने दुनियाभर के महत्त्वाकांक्षी लोगों की आँखें चौंधिया दी थीं। इसलिए भारत के लोगों की स्वराज्य की भावना ग्रहण करने और तदनुरूप अपने सदा से चले आये पंचायती जीवन को अपनाने

से पहले ही उन्हें ब्रिटिश साम्राज्य से पूर्ण स्वराज्य की माँग करनी पड़ी और १९४२ में 'अँग्रेज़ों भारत छोड़ो' का नारा लगाना पड़ा।

लेकिन उनकी निष्ठा सदा स्वराज्य के भारतीय आदर्श में रही और वे कहते रहे कि ब्रिटिश शासन से मुक्ति या इण्डिपेंडेंस छोटा लक्ष्य है। बड़े लक्ष्य को सामने रखने पर छोटा लक्ष्य तो अपने आप मिल ही जायेगा। स्वराज्य की दिशा में पहला क़दम आत्मानुशासन है और दूसरा अन्याय का अहिंसक प्रतिकार, यह बात सिद्ध करने के लिए ही दक्षिण अफ्रीका में उनके जीवन का हर क्षण व्यतीत हो रहा था। लेकिन स्वराज्य का आग्रह कोई उनका व्यक्तिगत आग्रह नहीं था, बल्कि सदा से वह भारत के लोगों के जीवन का मूल मन्त्र रहा है और इसी के आधार पर उन्होंने अपने यहाँ दुनिया की सबसे विलक्षण सभ्यता खड़ी की है, यह बात वे ज़ोर देकर कहना चाहते थे। इसलिए यह लड़ाई भारतीय सभ्यता और यूरोपीय असभ्यता की लड़ाई थी। इस बात को कहने के लिए वे उतावले हो रहे थे। इसलिए दक्षिण अफ्रीका में अपना सत्याग्रह आन्दोलन आरम्भ होने के थोड़े ही समय बाद उन्होंने *हिन्द स्वराज* लिखा और अपनी यह घोषणा कर दी। यह बात ध्यान देने की है कि *हिन्द स्वराज* लिखते हुए वे दक्षिण अफ्रीका के भारतीयों के संघर्ष में ही फँसे थे। भारत में राजनैतिक रूप से जागरूक लोग उनके नाम से परिचित हो गये थे। लेकिन उस समय कोई यह सोच नहीं सकता था कि निकट भविष्य में ही राष्ट्रीय स्वाधीनता आन्दोलन की कमान उनके हाथ में चली जायेगी। *हिन्द स्वराज* लिखने के ६ वर्ष बाद तक वे दक्षिण अफ्रीका की लड़ाई में ही उलझे रहे। पर उनका ध्यान भारत की ओर लगा हुआ था और शायद वे यह भी जानते थे कि भारत के संग्राम की कमान उन्हें अपने हाथ में लेनी है। *हिन्द स्वराज* एक तरह से इसी बात की घोषणा करने के लिए लिखा गया था।

हिन्द स्वराज्य

दक्षिण अफ्रीका उन दिनों ब्रिटिश साम्राज्य की एक कॉलोनी था और उसका शासन रंगभेदी पूर्वग्रहों से ग्रस्त कठोर लोगों के हाथ में था। यह स्वाभाविक ही था कि स्थानीय शासकों के अन्याय के ख़िलाफ़ ब्रिटिश शासकों से शिकायत की जाय और उदार अँग्रेज़ों का समर्थन हासिल करते हुए ब्रिटिश सरकार पर दक्षिण अफ्रीकी शासकों की नकेल खींचने के लिए दबाव डाला जाय। इस उद्देश्य से महात्मा गाँधी इस बीच दो बार लन्दन गये। पहली बार १९०६ में और दूसरी बार १९०९ में जब वे लगातार चार महीने वहाँ रहे। इस अवधि में अँग्रेज़ शासकों को तो उन्होंने निकट से देखा ही, दक्षिण अफ्रीकी कालोनी के घरेलू मामलों में स्वायत्त होने का तर्क देकर पल्ला झाड़ लेने की उनकी नीति से कुछ निराश भी हुए, लेकिन साथ ही साथ वे लन्दन में रह रहे भारतीयों से मिले जो अधिकांशत: उग्र और अराजक विचारों के समर्थक थे और हिंसक तरीक़े अपनाकर ब्रिटिश शासन को उखाड़ फेंकने का सपना देख रहे थे। ऐसे लोगों में प्रमुख पण्डित श्यामजी कृष्णवर्मा थे जिन्होंने युवा भारतीयों के मिल–बैठने और विचार विनिमय के लिए इण्डिया हाउस की स्थापना की थी। विजयादशमी को आयोजित एक सभा की अध्यक्षता करने के लिए उन्हें इण्डिया हाउस आमन्त्रित किया गया था। इस सभा में वीर सावरकर भी एक वक्ता थे जिनकी १८५७ के स्वतन्त्रता संग्राम पर मराठी में लिखी पुस्तक का उसी वर्ष अँग्रेज़ी अनुवाद प्रकाशित हुआ था। इसके अलावा गाँधीजी उग्रपन्थी माने जाने वाले विपिनचन्द्र पाल से भी मिले थे। इन सब की ओर इंगित करते हुए गाँधीजी ने *हिन्द स्वराज* के १९१० में छपे अँग्रेज़ी संस्करण की भूमिका में कहा है,

> लन्दन में हर एक ज्ञात भारतीय अराजकतावादी के सम्पर्क में आया। मैं उनकी वीरता से तो प्रभावित हुआ, पर उनका जोश मुझे ग़लत दिशा में भटका हुआ दिखायी दिया। मैंने अनुभव किया कि भारत की समस्याओं का हल हिंसा से सम्भव नहीं है। और स्वराज्य के लिए भारतीय सभ्यता को एक अलग तरह का और ऊँचा अस्त्र चाहिए। दक्षिण अफ्रीका का सत्याग्रह अभी शैशव अवस्था में ही है, मुश्किल से दो वर्ष पुराना, पर वह इतना विकसित हो गया है कि मैं उसके बारे में थोड़े आत्मविश्वास से लिख सका हूँ।

महात्मा गाँधी ने लन्दन से लौटते हुए किल्डोनन कैसल नाम के पानी के जहाज़ में १३-२२ नवम्बर १९०९ के बीच *हिन्द स्वराज* लिखा। उसे अँग्रेज़ी के बजाय गुजराती में लिखा और वह भी बोलचाल की गुजराती में ताकि शब्दों के चयन में वही भाव और तुर्शी हो जो उनके मन में है। इसे दो क़िस्तों में इण्डियन ओपिनियन में छापा गया और उसकी भूमिका में गाँधीजी ने कहा कि जब उनसे नहीं रहा गया तब उन्होंने इसे लिखा। इसे लिखने की उतावली उनमें निश्चय ही थी क्योंकि लिखते-लिखते जब उनका दायाँ हाथ थक जाता था तो वे बायें हाथ से लिखने लगते थे। लेकिन यह उतावली किसी तात्कालिक प्रयोजन से नहीं थी। *हिन्द स्वराज* के लिखने में लन्दन प्रवास के दौरान अराजकतावादियों से हुए तर्क-वितर्क की कुछ भूमिका हो सकती है। पर *हिन्द स्वराज* का मूल विषय केवल अहिंसा या सत्याग्रह की स्थापना नहीं है। वह दरअसल भारतीय सभ्यता की श्रेष्ठता का उद्घोष है। *हिन्द स्वराज* के अँग्रेज़ी अनुवाद की भूमिका में एक तरह से *हिन्द स्वराज* का सार बताते हुए वे कहते हैं,

> लेकिन मुझे यह बात बिना लाग-लपेट के स्वीकार कर लेनी चाहिए कि मुझे ब्रिटिश साम्राज्य के टिके रहने की उतनी चिन्ता नहीं है जितनी भारत की प्राचीन सभ्यता के टिके रहने की है जो मेरी दृष्टि में संसार में अब तक उत्पन्न हुई सर्वश्रेष्ठ सभ्यता है। भारत में ब्रिटिश शासन के बने रहने का अर्थ आधुनिक सभ्यता, जो शैतान के राज्य के समान है, का भारतीय सभ्यता, जो प्रेम के राज्य के समान है, से संघर्ष है। एक युद्ध का देवता है और दूसरा प्रेम का देवता। मेरे देशवासी आधुनिक सभ्यता की बुराइयों को अँग्रेज़ों पर डाल दे रहे हैं, इसलिए उनको लगता है कि अँग्रेज़ बुरे हैं, वह सभ्यता नहीं जिसके कि वे प्रतिनिधि हैं। इसलिए मेरे देशवासी मानते हैं कि उन्हें आधुनिक सभ्यता अपना लेनी चाहिए और अँग्रेज़ों को

> निकाल बाहर करने के लिए हिंसक तरीक़े अपना लेने चाहिए। *हिन्द स्वराज* यह दिखाने के लिए लिखा गया है कि वे एक आत्मघाती नीति अपना रहे हैं और यह कि अगर वे अपनी गौरवमयी सभ्यता में लौट जायें तो या तो उसको अपनाकर अँग्रेज़ भारतीय हो जायेंगे अथवा भारत पर उनका नियन्त्रण समाप्त हो जायेगा।

इसी तरह की बात उन्होंने नेटाल से १९१४ में प्रकाशित *हिन्द स्वराज* के दूसरे गुजराती संस्करण की भूमिका में कही है,

> मैं आज की यूरोपीय सभ्यता का शत्रु हूँ और उससे कोई समझौता नहीं कर सकता। मैंने अपने विचारों को *हिन्द स्वराज* में प्रकट करने की कोशिश की है और दिखाया है कि हमारे दुर्भाग्य के लिए ब्रिटिश नहीं हम स्वयं उत्तरदायी हैं जिन्होंने आधुनिक सभ्यता के सामने समर्पण कर दिया है। भारत तो इसी क्षण स्वतन्त्र हो सकता है अगर हम आधुनिक सभ्यता की ओर से अपनी पीठ फेर लें और अपनी प्राचीन जीवन पद्धति में लौट जायें जो कि ऊँचे नैतिक सिद्धान्तों पर आधारित है। *हिन्द स्वराज* को समझने की कुंजी यह धारणा है कि भौतिक सुखों की जगह हमें नैतिक जीवन को अपनाना चाहिए। इस जीवन शैली में काले या गोरे किसी मनुष्य के विरुद्ध किसी भी तरह की हिंसा के लिए कोई स्थान नहीं है।

हम देख सकते हैं कि ठीक उस समय जब यूरोपीय सभ्यता अपने उत्कर्ष पर थी, वह विज्ञान और प्रौद्योगिकी में की गयी प्रगति के द्वारा भौतिक सुख–सुविधाओं का अम्बार लगा रही थी, युद्ध की सामग्री में हुई अभूतपूर्व वृद्धि के बल पर साम्राज्यवादी सत्ताओं को उभार रही थी, नैतिक व्यवस्थाओं को नष्ट करके उनके ऊपर एक हृदयहीन तार्किक तन्त्र खड़ा कर रही थी, एक तरह की दैवी प्रेरणा से भरा हुआ एक व्यक्ति उसे ललकारता हुआ प्रकट हुआ और उसने कुछ वैसा ही भगीरथ प्रयत्न आरम्भ किया जिसे प्राचीन काल में धर्मचक्र प्रवर्तन कहा गया होता। महात्मा गाँधी ने *हिन्द स्वराज* में कहा कि यह धर्म और अधर्म की लड़ाई है। भारतीय सभ्यता धर्म पर टिकी हुई है और यूरोपीय सभ्यता, जो अपना प्रभाव बढ़ाती जा रही है, अधर्म पर टिकी हुई है। गाँधी जी इस उल्टे घूम रहे काल के चक्के की दिशा बदलकर उसे सीधे घुमाना चाहते थे। एक भारतीय होने के नाते इसे वे अपना ऐतिहासिक दायित्व समझते थे और उन्होंने संकल्प किया था कि अपने इस दायित्व को पूरा करने के लिए वे अपना सारा जीवन

लगा देंगे। अपना यह संकल्प उन्होंने *हिन्द स्वराज* के अन्त में इन शब्दों में घोषित किया था—

> यह स्वराज्य पाने के लिए यह देह अर्पित है, इसकी मेरा मन साक्षी भरता है।

गाँधीजी ने यह संकल्प वाक्य लेते हुए देवताओं को साक्षी नहीं बनाया अपने मन को साक्षी बनाया क्योंकि इसे वे पुरुषार्थ साध्य मानते थे।

उस समय यूरोपीय सभ्यता का दबाव सभी देश और समाज अनुभव कर रहे थे। उन्हें भी अपनी सभ्यता के मानदण्डों पर यूरोपीय सभ्यता खरी उतरती दिखायी नहीं दे रही थी और इसलिए वे भी यूरोपीय सभ्यता के श्रेष्ठ होने के दावे को नकारते दिखायी दे रहे थे। अरब लोगों ने क्रूसेड के दिनों में ही ईसाई यूरोप के बारे में अपनी एक राय बना ली थी। वे ईसाई यूरोप को अपना शत्रु मानते थे। जैसे-जैसे जीवन को अनियन्त्रित भोग की ओर मोड़ने वाली आधुनिक यूरोपीय जीवन शैली सामने आयी वैसे-वैसे इस्लाम को मानने वालों को वह पतित दिखायी देने लगी। उन्हें कुरान और हदीस की व्यवस्थाएँ यूरोप के राजनैतिक और सामाजिक विचारों से श्रेष्ठ दिखायी देती रही हैं और इस्लाम पर आधारित जीवन जीने के लिए वे उन भौतिक सुखों को छोड़ने के लिए भी तैयार दिखायी देते हैं जो यूरोपीय विज्ञान और प्रौद्योगिकी ने उपलब्ध करवाये हैं। लेकिन उनकी नैतिक जीवन की व्याख्या मोहम्मद साहिब के वचनों से बँधी है। वह सत्य और अहिंसा जैसे सार्वभौमिक सिद्धान्तों पर आधारित नहीं है। इसलिए उनका सारा पुरुषार्थ निषेधात्मक होकर रह गया है।

जापान ने १९वीं शताब्दी में यूरोपीय लोगों से संघर्ष और सम्पर्क के बाद यह निष्कर्ष निकाला कि उनकी युद्ध सामग्री में और इस तरह उनके विज्ञान और प्रौद्योगिकी में तो देवत्व दिखायी देता है, पर उनकी राजनैतिक और सामाजिक दृष्टि राक्षसी है। जापान ने संकल्प किया कि वह उनके विज्ञान और प्रौद्योगिकी को आत्मसात् करके उनसे आगे निकलने का प्रयत्न करेगा लेकिन उनकी राजनैतिक और सामाजिक दृष्टि से अपनी सभ्यता को दूर ही रखेगा। फूकुगावा यूकिचि के इस निरूपण पर जापान आज भी स्थिर है और वह अपनी सामाजिक और राजनैतिक व्यवस्थाओं को अपनी ही दृष्टि और नियमों के सहारे चला रहा है। चीन ने अभी यूरोपीय सभ्यता के बारे में कोई वैचारिक टिप्पणी नहीं की क्योंकि चेयरमैन

माओ के नेतृत्व में उसने यूरोप में ही पैदा हुई मार्क्सवादी विचारधारा को अपनाकर अपने यहाँ साम्यवादी शासन लागू किया। लेकिन इस सबके बावजूद वह पहले की ही तरह आज भी यह मानता है कि चीन देवलोक और बर्बर जातियों के बीच बसा मध्यवर्ती राज्य है जिसे देवताओं की कृपा प्राप्त है। चीन यूरोप–अमेरिकी प्रभाव में वृद्धि को बर्बर जातियों के प्रभाव में वृद्धि जैसा ही मानता है और अपने देश को फिर से न्यायपूर्ण और वैभवशाली मध्यवर्ती राज्य बनाने के लिए कृतसंकल्प दिखायी देता है।

लेकिन गाँधीजी के विचारों में जो स्पष्टता दिखायी देती है उनके समय के दुनिया के और किसी महापुरुष में दिखायी नहीं देती। इसका कारण है गाँधीजी के विचारों का उतना ही स्पष्ट आधार। गाँधीजी के विचार एक अत्यन्त समृद्ध भारतीय चिन्तन परम्परा पर टिके हुए हैं जिसने जीवन के मूलभूत प्रश्नों पर सबसे पहले और सबसे अधिक सारगर्भित रूप में सोचा और एक ऐसा विशाल साहित्य रचा जो सीधे–साधे किसान से लगाकर बड़े से बड़े पण्डित की जिज्ञासाओं को शान्त कर सके। इस विचारमंथन के साथ–साथ ही भारत ने एक ऐसी समृद्ध सभ्यता खड़ी की जिसने जीवन के सभी क्षेत्रों में उन्नति करते हुए भी जीवन के नैतिक आदर्शों को नहीं छोड़ा। गाँधीजी जानते थे कि कालक्रम में हर सभ्यता के बल और पुरुषार्थ में उतार–चढ़ाव आते रहते हैं। लेकिन भारत की सभ्यता न केवल सनातन है बल्कि वह सनातन होते हुए ही आधुनिक भी है। अपनी सभ्यता में लौटने के लिए भारतीयों को किसी प्राचीन काल में नहीं लौटना पड़ेगा क्योंकि अपनी समृद्ध परम्परा और नैतिक आदर्शों पर खड़ी सामाजिक राजनैतिक संस्थाओं के सहारे वह कभी भी एक आधुनिक स्वरूप ग्रहण करने में समर्थ है, इसके लिए उसे किसी भी यूरोपीय बैसाखी की आवश्यकता नहीं है। इसी लिए उन्होंने ज़ोर देकर कहा कि भारत को यूरोप से कुछ सीखने की आवश्यकता नहीं है। बाद में उन्होंने यह ज़रूर जोड़ा कि भारत को अपनी खिड़कियाँ हमेशा खुली रखनी चाहिए, लेकिन अपने दरवाज़े नहीं ताकि हम खुली आँख से अपनी सभ्यता के बाहर देख सकें और, अच्छे प्रभावों को ग्रहण करते रहें पर दरवाज़ा खोलकर हम किसी दूसरी सभ्यता को अपने ऊपर आरोपित न होने दें।

हिन्द स्वराज को पढ़ते हुए यह साफ़ दिखायी देता है कि वह एक युद्ध–

घोष है। गाँधीजी अपने आप को यूरोपीय सभ्यता का शत्रु बताते हैं और कहते हैं कि उनका लक्ष्य भारतीयों को यूरोपीय सभ्यता से दूर करना है। लेकिन उनकी आँख अर्जुन की तरह भारत में ब्रिटिश शासन पर टिकी हुई है। अपने आप को भारत में बनाये रखने के लिए ब्रिटिश शासन अपनी जो उपलब्धियाँ गिनवाता है गाँधीजी ने सीधे उन्हीं पर प्रहार किया है और घोषित किया है कि भारत को उनमे से किसी चीज़ की आवश्यकता नहीं है। गाँधीजी के लिए ब्रिटिश शासन यूरोपीय सभ्यता का प्रतिनिधि है और उसे विदा करने का सबसे आसान तरीक़ा है यूरोपीय सभ्यता के पतनकारी स्वरूप को पहचानकर उससे पीठ फेर लेना। उनकी इस लड़ाई के मूलमन्त्र हैं असहयोग और सत्याग्रह। महाभारत से पहले जिस तरह इन्द्र से दैवी अस्त्र प्राप्त करने के लिए अर्जुन तपस्या करता है वैसे ही वे दक्षिण अफ्रीका में तपस्यारत हैं और जैसे ही उन्हें अपने असहयोग और सत्याग्रह रूप दैवी अस्त्र मिल जाते हैं वे युद्ध की घोषणा के लिए उतावले हो उठते हैं। इस उतावली के कारण उन्हें *हिन्द स्वराज* में यूरोपीय सभ्यता या भारतीय सभ्यता का विस्तृत निरूपण करने की फुर्सत नहीं है। वे केवल सूत्र वाक्यों से ही अपना काम चलाते हैं—यूरोपीय सभ्यता हिंसा पर टिकी है, अनीति पर आधारित है, मशीनों के माध्यम से मनुष्य को कौशलविहीन कर देना चाहती है, उसके व्यावसायिक और राजनैतिक जीवन का आधार नैतिक नहीं है। *हिन्द स्वराज* को लिखने के लिए महात्मा गाँधी ने कार्ल मार्क्स की तरह निबन्ध शैली को नहीं चुना। उन्होंने उपनिषदों की संवादशैली को चुना। निबन्धशैली में विषय का निरूपण तार्किक पद्धति से होता है। संवाद शैली में आप सूत्र रूप में अनेक बातें कह सकते हैं। ऐसा नहीं है कि सूत्र रूप में कही गयी बात के पीछे कोई विचार मंथन नहीं होता, विषय का कोई तार्किक अवगाहन नहीं होता। फिर भी यह सब तुरन्त देने की आवश्यकता नहीं होती। सूत्र ग्रन्थों पर भाष्य लिखे जा सकते हैं, टीका की जा सकती है, निबन्ध रचे जा सकते हैं। सूत्र का विस्तार होता रहता है, किसी तार्किक निरूपण की तरह अपने निबन्धन में वह सीमित नहीं हो जाता। *हिन्द स्वराज* की एक-एक टिप्पणी पर अनेक पुस्तकें लिखी जा सकती हैं। लेकिन स्वयं गाँधीजी को यह घोषित करना पर्याप्त लगता है कि यूरोपीय सभ्यता के पापाचार से बचो। यह अपने आप में ब्रिटिश शासन के विरुद्ध युद्ध की घोषणा है क्योंकि ब्रिटिश शासन इसी पापाचार पर टिका हुआ है।

हिन्द स्वराज में उन्हें जिस तरह यूरोपीय सभ्यता का विस्तृत निरूपण करने की फ़ुर्सत नहीं है उसी तरह भारतीय सभ्यता का विस्तृत निरूपण करने की भी फ़ुर्सत नहीं है। इसका एक बड़ा कारण यह है कि लम्बे विदेशी शासन ने भारतीय सभ्यता के व्यावहारिक स्वरूप को पढ़े-लिखे लोगों की स्मृति में कुछ धुँधला कर दिया है। अँग्रेज़ी शिक्षा तो भारतीय सभ्यता के निषेध पर ही आधारित रही है। पर गाँधीजी मानते हैं कि शास्त्र नित्य है, वह कभी नष्ट नहीं होता। योगशास्त्र लुप्त हुआ तो पतंजलि ने उसे फिर प्राप्त कर लिया। इसी तरह भारतीय सभ्यता का शास्त्र फिर से प्राप्त कर लिया जायेगा। सबसे पहले उसकी बाधा समाप्त करनी आवश्यक है। यह बाधा है यूरोपीय सभ्यता की चकाचौंध। महात्मा गाँधी ने *हिन्द स्वराज* दरअसल इस चकाचौंध को मिटाने के लिए ही लिखा है। उन्हें साधारण भारतीयों से बहुत आशाएँ हैं। उन्हें लगता है कि अँग्रेज़ी पढ़े-लिखे लोग तो यूरोपीय सभ्यता की चौंध में आ गये हैं। लेकिन साधारण भारतीय तो उससे बचे ही हुए हैं। उन्हीं को जगाकर असहयोग और सत्याग्रह को सफल बनाया जा सकता है। *हिन्द स्वराज* में हिन्द ग़ुलामी से कैसे छूटे यह बताते हुए वे कहते हैं कि जो पश्चिमी शिक्षा पा गये हैं और उसके पाश में आ गये हैं वही ग़ुलाम हैं। सारा देश ग़ुलाम नहीं है। अगर हम अँग्रेज़ों पर अपनी निर्भरता समाप्त कर दें तो हम अपने आप स्वतन्त्र हो जायेंगे।

हिन्द स्वराज में बीस अध्याय हैं। पहले तीन अध्याय में गाँधीजी भारत की राजनैतिक स्थिति पर टिप्पणी भर करते हैं। उनका उद्देश्य नरम और गरमपन्थियों से अलग अपनी जगह बनाना है। चौथे अध्याय में वे अपने विषय पर आते हैं। वे स्वराज क्या है इसकी मीमांसा करते हुए पढ़े-लिखे लोगों में पश्चिमी सभ्यता की जो चकाचौंध है उसे सामने ले आते हैं। पाठक से कहलवाते हैं—

> अगर हमने जो शिक्षा ली है वह किसी काम की हो, स्पेंसर, मिल वग़ैरा महान् लेखकों का जो लेखन हम पढ़ते हैं वह किसी काम का हो, अँग्रेज़ों की पार्लियामेंट पार्लियामेंटों की माँ है, तो फिर बेशक हम उनकी नक़ल करें।

लन्दन में गाँधीजी अराजकतावादियों के नेता पण्डित श्यामजी कृष्णवर्मा से मिले थे जो स्पेंसर के भक्त थे। लेकिन वही क्या भारत का सारा बौद्धिक जगत् एक या दूसरे पश्चिमी विचारक से अभिभूत था। इसके

अलावा जिस बात से यहाँ के बौद्धिक लोग पश्चिमी सभ्यता को श्रेष्ठ मानते थे वह थी उनकी पार्लियामेंट। भारत पर हुए सारे अत्याचार के बावजूद उन्हें ब्रिटिश साम्राज्य की श्रेष्ठता उनकी संसदीय व्यवस्था के कारण दिखायी देती थी। इसलिए सबसे पहले उसे ही गाँधीजी ने अपने प्रहार के लिए चुना। पाँचवें अध्याय में ब्रिटिश पार्लियामेंट पर उनकी टिप्पणियाँ अँग्रेज़ी पढ़े-लिखों को स्तब्ध करने वाली हैं। जवाहरलाल नेहरू ही उन्हें कभी पचा नहीं पाये। पर गाँधीजी के पास जो भी कड़ी से कड़ी भाषा हो सकती है उसे वे ब्रिटिश पार्लियामेंट के लिए इस्तेमाल करते हैं।

गाँधीजी पाँचवें अध्याय के आरम्भ में ही इंग्लैण्ड की स्थिति पर टिप्पणी करते हुए कहते हैं,

> इंग्लैण्ड में आजकल जो स्थिति है वह सचमुच दयनीय है और मैं तो ईश्वर से माँगता हूँ कि वैसी स्थिति हिन्दुस्तान की कभी न हो।

उसके बाद वे ब्रिटिश पार्लियामेंट पर टिप्पणी करते हैं,

> जिसे आप पार्लियामेंट की माँ कहते हैं, वह पार्लियामेंट तो बाँझ है और वेश्या है। ये दोनों शब्द कड़े हैं, फिर भी उस पर ठीक लागू होते हैं। मैंने बाँझ कहा क्योंकि अब तक पार्लियामेंट ने अपने आप से एक भी अच्छा काम नहीं किया। यदि उस पर ज़ोर डालने वाला कोई न हो, तो वह कुछ भी न करे। यह उसकी स्वाभाविक रीति है। और वह वेश्या है क्योंकि उसे जो मन्त्रिमण्डल रखता है उसी मन्त्रिमण्डल के पास वह रह जाती है। आज उसका पति एक्वीथ है तो कल बालफोर और अगले दिन तीसरा।

ब्रिटिश पार्लियामेंट के लिए बाँझ और वेश्या जैसे शब्द प्रयोग करने की बात उन दिनों कोई सोच भी नहीं सकता था। लेकिन गाँधीजी में यूरोपीय सभ्यता के प्रति इतना तिरस्कार भरा हुआ है कि उन्हें यह शब्द कभी अनुचित नहीं लगे। उन्होंने ब्रिटिश पार्लियामेंट पर अपनी टिप्पणी और स्पष्ट करते हुए लिखा,

> यदि पार्लियामेंट बाँझ न हो तो ऐसा होना चाहिए : लोग उसमें अच्छे से अच्छे मेंबरों को चुनकर भेजते हैं। मेंबर बग़ैर पगार के जाते हैं, इसलिए लोक-कल्याण के लिए जाने चाहिए। लोग स्वयं पढ़े-लिखे माने जाते हैं इसलिए भूल नहीं करते ऐसा हमें मानना चाहिए। ऐसी पार्लियामेंट को

> अर्जी की आवश्यकता नहीं। उसके ऊपर दबाव की आवश्यकता नहीं। उस पार्लियामेंट का काम इतना सरल होना चाहिए कि दिन-दिन उसका तेज बढ़ता दिखे और लोगों के ऊपर उसका प्रभाव पड़ता जाय। इसके बदले इतना तो सब मानते हैं कि पार्लियामेंट के लोग आडम्बरी और स्वार्थी देखे जाते हैं। सब अपनी-अपनी हाँकते हैं। केवल डर के कारण ही पार्लियामेंट कई काम करती है। आज किया हो वह कल रद्द करना पड़ता है। एक भी वस्तु आज तक पार्लियामेंट ने ठिकाने लगाई हो ऐसा उदाहरण देखने में नहीं आता। बड़े सवालों पर जब पार्लियामेंट में चर्चा चल रही होती है, तब उसके मेंबर लम्बे पड़े होते हैं अथवा बैठे झोके खा रहे होते हैं। वही पार्लियामेंट के सदस्य अपना मतलब होने पर ऐसे चिल्लाते हैं कि सुनने वाले सहम जायें। उनके एक महान लेखक ने उसे दुनिया की बातूनी नाम दिया है। मेंबर जिस पक्ष से होते हैं उस पक्ष की ओर अपना मत बिना विचारे देते हैं। देने को बाध्य हैं।

ब्रिटिश पार्लियामेंट पर की गयी महात्मा गाँधी की यह दोनों टिप्पणियाँ बहुत सारगर्भित हैं। यह हमारी शिक्षा व्यवस्था का दोष है कि उन्हें गम्भीरता से नहीं लिया गया। इन टिप्पणियों के निहितार्थ समझने की क्षमता अँग्रेज़ी पढ़े-लिखे वर्ग में नहीं है क्योंकि वह यूरोपीय बौद्धिक अनुशासन का दास बना हुआ है। इन टिप्पणियों को समझने और उनका विश्लेषण और विस्तार से करने की योग्यता भारतीय विद्याओं में निष्णात लोगों में हो सकती थी, पर उन्हें आधुनिक जीवन की व्यवस्था से दूर रखा गया है। अँग्रेज़ी पढ़े-लिखे लोग यूरोप के लोकतन्त्र का केवल एक पहलू ही देख पाये कि उसने यूरोपीय इतिहास में पहली बार सभी लोगों को नागरिक बना दिया और उन्हें राजनैतिक तन्त्र में एक भूमिका दे दी गयी है। यह भूमिका नाममात्र की है और केवल वोट देने तक सीमित है, इसे लगभग नज़रअन्दाज़ किया जाता रहता है। यह सही है कि अब कोई भी नागरिक चुनाव लड़कर विधायिका या कार्यपालिका का अंग बन सकता है। लेकिन अपने पुरुषार्थ पर सत्ता की सीढ़ियाँ चढ़ने की गुंजाइश पहले भी थी। पहले और अब में जो बड़ा अन्तर आया है वह यह है कि राज्य का आकार बहुत बड़ा हो गया है। इतिहास में पहले कभी राज्य की पहुँच इतनी नहीं थी कि हर व्यक्ति को अपने जीवन में उसकी उपस्थिति अनुभव होने लगे और उसका अपने जीवन पर नियन्त्रण न्यूनतम रह जाय। अभी यूरोपीय समाज को यह बात दिखायी नहीं देती क्योंकि अभी उसका उत्कर्षकाल समाप्त

नहीं हुआ। औपनिवेशिक काल में दुनिया की जो लूट उन्होंने अपनी सैनिक सत्ता के बल पर की थी वही आज वे दुनिया को अपना बाज़ार बनाकर कर पा रहे हैं। इस लूट का असली लाभ मुनाफ़ा नहीं है, असली लाभ अपने समर्थ होने और बलवान होने का विश्वास है जो उन्हें अपनी शक्ति का विस्तार करने के लिए प्रेरित किये रहता है। पर काल किसी क्षेत्र या समाज को यह सुविधा अनन्तकाल तक नहीं देता। यूरोपीय समाज का उत्कर्षकाल भी अब ढलान पर है, इसके संकेत मिलने लगे हैं। यह कल्पना आसानी से की जा सकती है कि जैसे ही उसकी आर्थिक समृद्धि घटनी आरम्भ होगी राज्य की भूमिका बदल जायेगी।

यूरोप के लोकतन्त्र का आधार नैतिक नहीं है, यह महात्मा गाँधी अपनी पहली टिप्पणी से स्पष्ट कर देते हैं। वह स्वार्थी और आडम्बरपूर्ण लोगों से भरा हुआ है, यह बात वे अपनी दूसरी टिप्पणी में कह रहे हैं। ऐसा राज्य साधनों के घटने पर किसका साथ देगा यह आसानी से समझा जा सकता है। इससे भी भयंकर बात यह है कि यूरोपीय समाज को लोकतन्त्रीय व्यवस्था में बदलने के लिए समाज के भीतर के सारे सम्बन्ध, सारी परस्पर निर्भरतायें समाप्त कर दी गयी हैं। यहाँ तक कि परिवार की भूमिका भी नगण्य हो गयी है। पूरी व्यवस्था अधिकारों पर टिकी है। परस्पर निर्भरता समाप्त करने से एक-दूसरे के प्रति कर्तव्य की जो भावना, जो प्रतीति रहती है वह भी समाप्त हो गयी है। यूरोप के मनुष्य के पास आज राज्य के दिए हुए अधिकार हैं, पर समाज में जितना अकेला वह आज कर दिया गया है उतना इतिहास में कभी नहीं रहा होगा। राज्य ने सारे कर्तव्य अपने ऊपर लेकर उसे केवल अपने ऊपर निर्भर बना लिया है। जिस दिन राज्य की लोगों को अपेक्षाकृत आसान भौतिक जीवन देने की क्षमता समाप्त हो जायेगी, उस दिन नागरिक अधिकार भी भाप की तरह उड़ते दिखायी देंगे। यूरोपीय समाज का प्रभुवर्ग साधारण लोगों के जीवन की जिम्मेदारी तभी तक लेता है जब तक वे उसके लिए उपयोगी हैं। वरना उनके नष्ट होने या किये जाने का उसे कोई अफ़सोस नहीं होता। वह जीवन को पवित्र नहीं मानता, जीव को ईश्वर का अंश नहीं मानता, तो फिर भला उसे साधारण लोगों के विनाश की परवाह क्यों होगी। महात्मा गाँधी यूरोप के इस खोखलेपन को जानते हैं। वे राज्य की शक्ति के अनियन्त्रित विस्तार के ख़तरे को भी पहचानते हैं। इसलिए अगले अध्याय

में ही वे घोषित कर देते हैं कि ''पार्लियामेंट तो उस प्रजा की ग़ुलामी की निशानी है।'' इसलिए वे ब्रिटिश पार्लियामेंट से भारतीय पढ़े-लिखे लोगों का मोहभंग करना चाहते हैं और उन्हें स्तब्ध करने के लिए उसे बाँझ और वेश्या जैसे शब्दों से व्याख्यायित करते हैं।

ब्रिटेन की संसदीय व्यवस्था स्वार्थ पर टिकी हुई है, यह दिखाने के लिए गाँधीजी उसके केवल तीन लक्षण गिनाकर सन्तोष कर लेते हैं। वे वेतनभोगी होते हैं, आडम्बरपूर्ण और स्वार्थी हैं। कोई काम बिना दबाव के नहीं करते। संसद जिसका बहुमत हो उसकी होकर रह जाती है, उसी की इच्छा से क़ानून बनाती है और जब संसद में बहुमत बदल जाता है तो उसके निर्णय भी बदल जाते हैं। लेकिन उन्होंने यह लक्षण काफ़ी सोच-समझकर ही गिनाये हैं क्योंकि वे यह दिखाने के लिए पर्याप्त हैं कि ब्रिटेन की संसदीय व्यवस्था एक सत्तातन्त्र ही है और वह स्वार्थों की टकराहट पर टिका है। उसमें नीति का निर्धारण विवेक या लोकहित से नहीं दलीय प्रतिद्वन्द्विता से होता है। ब्रिटिश पार्लियामेंट अच्छी तब होती जब उसमें गुणी लोग चुनकर आते, वे वेतन लेकर काम नहीं करते बल्कि लोककल्याण की भावना से काम करते, उन्हें अर्जी की या बाहरी दबाव की आवश्यकता नहीं होती, पार्लियामेंट का काम इतना सरल होता कि उसके काम का लोगों पर प्रभाव पड़ता। यह सब विशेषताएँ गाँधी जी को कहाँ से सूझीं? गाँधीजी की गिनाई यह सब विशेषताएँ भारत की पंचायतों की विशेषताएँ रही हैं जिनके सहारे भारत के सभी लोगों का सामाजिक, आर्थिक और राजनैतिक ही नहीं धार्मिक जीवन भी नियन्त्रित-व्यवस्थित होता रहा है। इन पंचायतों के लिए गुणी लोग ही चुने जाते थे, वे लोक कल्याण की भावना से काम करते थे और सार्वजनिक काम के बदले पैसा लेना पाप समझा जाता था। गाँधी जी ने नेटाल की धारासभा को १८९४ में जो पत्र लिखा था उसमें भारत की इन्हीं पंचायतों और नगर परिषदों का उल्लेख करते हुए कहा था कि यूरोप के अनेक बड़े विद्वान मानते हैं कि उन्हीं से प्रेरणा लेकर यूरोप ने अपनी लोकतान्त्रिक संस्थाएँ खड़ी की थीं। लेकिन उन्हें वे भारत की पंचायतों या नगर परिषदों जैसी नहीं बना पाये क्योंकि उनकी राजनैतिक संस्थाएँ कभी धर्म पर नहीं टिकाई गयीं। उनकी सभ्यता का आधार कभी सत्य नहीं रहा, हमेशा बल रहा है। पर *हिन्द स्वराज* में गाँधीजी पंचायतों की बात नहीं करते क्योंकि वे पंचायत बनाम पार्लियामेंट

की बहस नहीं छेड़ना चाहते। उन्हें ज्ञात है कि मुस्लिम और अँग्रेज़ शासकों द्वारा किस तरह पंचायती ढाँचा नष्ट किया गया है और उसके जो अवशेष बचे हैं वे जड़ता की स्थिति में हैं। इस जड़ता के वे स्वयं भी भुक्तभोगी रहे हैं। लेकिन गाँधीजी जानते हैं कि एक न एक दिन भारत को इस पंचायती जीवन की ओर लौटना होगा क्योंकि भारत के लोग अपनी व्यवस्थाएँ धर्म और नीति पर ही टिका सकते हैं। इसलिए वे राष्ट्रीय आन्दोलन के उत्तरार्द्ध में ही पंचायतों की बात अधिक करते हैं।

अगले अध्याय में वे सभ्यता की व्याख्या के प्रश्न पर आते हैं जो कि *हिन्द स्वराज* का मुख्य प्रश्न है। पश्चिम सभ्यता किसे समझना है इसे बताने के लिए वे एक लम्बे वृत्तान्त का उपयोग करते हैं—

> इस सभ्यता की सच्ची पहचान तो यह है कि मनुष्य बाहर की खोज और शरीर के सुख को सार्थक समझता है और अपना पुरुषार्थ मानता है। उसके उदाहरण लें। सौ वर्ष पहले जैसे घरों में यूरोप के लोग रहते थे आजकल उससे अधिक अच्छे घरों में रहते हैं। यह सभ्यता की निशानी गिनी जाती है। इसमें शरीर सुख की बात निहित है। पहले मनुष्य चमड़े के वस्त्र पहनते और केवल भाले का उपयोग करते थे। अब वे लम्बे सुथने पहनते हैं और शरीर के शृंगार के लिए तरह-तरह के कपड़े बनाते हैं, तथा भाले के बदले एक के बाद एक पाँच वार कर सके ऐसी चक्र वाली बन्दूकड़ी का उपयोग करते हैं, यह सभ्यता की निशानी है। जब किसी देश के लोग जूता वग़ैरा न पहनते हों, वे यूरोप के कपड़े पहनना सीखते हैं तब उन्हें जंगली दशा से सभ्यता में आया गिना जाता है। पहले यूरोप के लोग साधारण हल से अपनी आवश्यकता के योग्य ज़मीन अपनी मेहनत से जोतते थे, उसके बदले आजकल भाप के यन्त्रों से हल चलाकर एक मनुष्य बहुत सी ज़मीन जोत सकता है और ख़ूब पैसा इकट्ठा कर सकता है, इसे सभ्यता की निशानी गिना जाता है। पहले मनुष्य कोई-कोई ही पुस्तकें लिखते थे। वे अमूल्य मानी जाती थीं। आज जिसका जैसा मन आता है वैसा लिखता है और छापता है और लोगों का मन भरमाता है। यह सभ्यता की निशानी है। पहले मनुष्य बैलगाड़ी से दिन में बारह कोस की मंज़िल तय करता था। आजकल रेलगाड़ी से चार सौ कोस की मंज़िल तय कर सकता है। इसे तो सभ्यता का शीर्ष माना जाता है। आज जैसे सभ्यता बढ़ती जा रही है वैसे यह धारणा बन रही है कि मनुष्य हवाई जहाज़ से सफ़र करेगा और कुछ

घण्टों में दुनिया के चाहे जिस भाग में जा पहुँचेगा। मनुष्य को हाथ-पैर का उपयोग नहीं करना पड़ेगा। एक बटन दबाएगा तो उसकी पहनने की पोशाक आ जायेगी, दूसरा बटन दबाएगा तो उसे समाचार-पत्र मिल जायेंगे, तीसरा बटन दबाएगा तब उसकी गाड़ी तैयार हो जायेगी। नित नया भोजन मिलेगा। हाथ और पैर की आवश्यकता ही नहीं पड़ेगी। सब काम यन्त्रों से ही लिये जायेंगे।

पहले मनुष्य जब लड़ना चाहते थे तब एक-दूसरे के साथ शारीरिक बल आज़माते थे। अब तो तोप के एक गोले से हज़ारों जानें ले सकते हैं। यह सभ्यता की निशानी है। पहले लोग खुली हवा में अपने को ठीक लगे उतना स्वतन्त्रता से काम करते थे। अब हज़ारों मज़दूर अपने गुजारे की खातिर इकट्ठे होकर बड़े कारखानों या खानों में काम करते हैं। उनकी दशा जानवर से भी बुरी हो चुकी है। उन्हें सीसे वग़ैरा के कारखानों में जान ख्वार करके काम करना पड़ता है। इसका लाभ पैसे वाले मनुष्य को मिलता है। पहले मनुष्यों को मारपीट कर ग़ुलाम बनाया जाता था। आजकल मनुष्य को पैसे का और भोग का लालच देकर ग़ुलाम बना देते हैं। पहले लोगों में जो रोग नहीं होते थे वैसे रोग पैदा हो गये हैं और उनके साथ डाक्टर इस खोज में लगे हैं कि इन रोगों को कैसे मिटायें। इस प्रकार अस्पताल बढ़े हैं। इसे सभ्यता की निशानी गिना जाता है। पहले पत्र लिखते थे तो ख़ास खेपिया भेजा जाता था और इसमें बहुत ख़र्च आता था। आज मुझे किसी को गाली देने के लिए पत्र लिखना हो तो एक पैसे में गाली दे सकता हूँ। किसी को मुझे शाबासी देनी हो तो वह भी इतनी ही क़ीमत में दी जा सकती है। यह सभ्यता की निशानी है। पहले मनुष्य दो-तीन वक़्त खाते थे और वह भी हाथ से पकी रोटी, और थोड़ी तरकारी हो तो वह। अब दो-दो घण्टे में खाना चाहिए और वह इस दर्जे तक कि लोगों को खाने से फुर्सत ही नहीं मिलती। अब कितना कहूँ? यह सब आप चाहे जिस फुर्सत में देख सकते हैं। सभ्यता की यह सब सच्ची निशानियाँ मानी जाती हैं।... यह सभ्यता तो अधर्म है। और वह यूरोप में इस दर्जे तक फैला है कि वहाँ के मनुष्य आधे पागल जैसे दिखायी देते हैं। उनमें सच्चा बल नहीं है। वे अपना बल नशा करके टिकाये रहते हैं। एकान्त में तो वे लोग बैठ ही नहीं सकते।

पश्चिमी सभ्यता के बारे में गाँधीजी का यह वृत्तान्त कुछ सरलीकृत लगता है। पर गाँधीजी अपनी बात को इतनी सरल बनाकर ही रखना चाहते हैं कि साधारण से साधारण आदमी भी उनकी बात के मर्म को समझ सके।

इस दृष्टि से उनका यह वृत्तान्त काफ़ी प्रभावशाली है। वे यह कहने में सफल हुए हैं कि पश्चिम शरीर सुख बढ़ाने को ही सभ्यता मानता है। उनकी आपत्ति शरीर को सुख देने वाली सामग्री पर उतनी नहीं है जितनी इस सामग्री को ही सभ्यता का मानदण्ड मान लेने पर है। यूरोपीय समाज अपनी श्रेष्ठता का दावा जिन दो उपलब्धियों पर करता रहा है उनमें से एक, उसकी नागरिक अधिकारों सम्बन्धी उपलब्धि की धज्जियाँ वे पिछले एक अध्याय में पार्लियामेंट को ग़ुलामी की निशानी बताकर उड़ा चुके हैं। अब वे उसकी दूसरी उपलब्धि भौतिक जीवन की सुख–सुविधाओं के पतनकारी प्रभाव का वर्णन उतनी ही तिरस्कारपूर्ण भाषा में कर रहे हैं। उनका कहना है कि जो लोग शरीर सुख में वृद्धि को ही सभ्यता बताते हैं वे मनुष्य को पतित बना रहे हैं। अब तक हर समाज यह मानता रहा है कि नैतिक जीवन ही मनुष्य की श्रेष्ठता का पैमाना है। आधुनिक यूरोपीय सभ्यता ने इस मान्यता को नकार कर भौतिक सुखों को ही सभ्यता बना डाला। गाँधीजी जानते हैं कि अनियन्त्रित भौतिक सुखों से किसी को सन्तोष नहीं होता। वह एक इच्छा से दूसरी इच्छा में भटकता हुआ रीतता चला जाता है। केवल शरीर सुख में निमग्न रहना एक बीमारी है।

यूरोपीय सभ्यता पर गाँधीजी की ये टिप्पणियाँ अत्युक्ति लग सकती हैं। क्योंकि यूरोपीय समाज ने पिछले सौ डेढ़ सौ वर्ष में जो उपलब्धियाँ की हैं वे जीवन की सभी दिशाओं में की हैं। उन्होंने जो कुछ भी किया है वह अपने स्वभाव के अनुरूप ही किया है। यह मानना सही नहीं होगा कि केवल आधुनिक सभ्यता ने ही सारी बुराइयाँ पैदा की हैं। यूरोप के चिन्तनशील लोगों के लिए जीवन का सदा जो अर्थ रहा है उसी का प्रतिफलन आधुनिक सभ्यता में हुआ है। पर गाँधीजी का उद्देश्य यूरोपीय समाज और उसके स्वभाव की ऐतिहासिक गवेषणा करना नहीं है। उनकी तात्कालिक चिन्ता तो आधुनिक सभ्यता का भारतीयों पर पड़ने वाला प्रभाव है। वे जानते हैं कि यूरोपीय समाज जब अपनी आधुनिक सभ्यता से अपना विनाश होता देखेगा तो उसमें आवश्यक सुधार कर लेगा। लेकिन आधुनिक सभ्यता के प्रभाव में आकर भारत के लोग तो अपने स्वभाव की ही क्षति कर लेंगे। उन्हें इस क्षति की पूर्ति के लिए फिर भगीरथ प्रयत्न करना पड़ेगा। यूरोप की सभ्यता के बारे में उनकी समीक्षा जरा भी अत्युक्ति नहीं है। इसमें कोई सन्देह नहीं कि आधुनिक काल में हुई भौतिक प्रगति ने यूरोपीय लोगों को

शरीर सुख पर पहले से अधिक केन्द्रित कर दिया है। उन्होंने जो शास्त्र बनाये हैं वे सभी मनुष्य को शरीर सुख का भोग करने वाला ही चित्रित करते हैं। अपनी उन्नति का पैमाना उन्होंने यही बना दिया है कि वे भोग की सामग्री का कितना अधिक से अधिक उत्पादन कर सकते हैं या दुनिया के दूसरे लोगों से करवा सकते हैं। दुनिया के दूसरे सभी समाजों को भी उन्होंने अपना सारा ध्यान एक ही लक्ष्य में लगाने की तरफ़ धकेल दिया है कि वे अपने आपको जल्दी से जल्दी कैसे औद्योगिक सभ्यता में परिवर्तित कर सकते हैं जहाँ उनके पास शरीर भोग के लिए प्रचुर औद्योगिक सामग्री हो। यह खाई में रपटने की तरह है क्योंकि भोग एक नशा है और वह रसातल की ही ओर ले जाता है।

अगर यूरोप जिसे सभ्यता मानता है वह सभ्यता नहीं है तो सच्ची सभ्यता क्या है? इसका उत्तर वे तेरहवें अध्याय में देते हैं जिसका शीर्षक ही है— "सच्ची सभ्यता क्या है?" इसका सीधा सा बिना किसी लाग-लपेट के वे यही उत्तर देते हैं कि सच्ची सभ्यता वही है जो भारत में फली-फूली है। वे कहते हैं,

> मैं मानता हूँ कि जो सभ्यता हिन्दुस्तान ने बनायी है, उस तक दुनिया में और कोई पहुँच नहीं सकता। हमारे पूर्वजों ने जो बीज रोपा था उसकी बराबरी करने वाला कोई देखने में नहीं आता।

फिर वे सभ्यता की व्याख्या करते हुए कहते हैं,

> सभ्यता वह व्यवहार है जिससे मनुष्य अपना कर्तव्य निभाये। कर्तव्य निभाने का अर्थ है नीति का पालन करना। नीति पालन का अर्थ है अपने मन को तथा इन्द्रियों को वश में रखना। ऐसा करते हुए हम अपने को पहचानते हैं। यही सु अर्थात् अच्छी धारणा है, सभ्यता है। इसके विरुद्ध जो कुछ भी है वह कुधारणा या असभ्यता है।

यह सभ्यता की बहुत सारगर्भित व्याख्या है। यह भोग का निषेध नहीं है, भोग का नियन्त्रण है। संयम में रहना है। जब तक हम अपने भोग की सीमा नहीं बाँधते, हम शरीर सुख से ध्यान हटाकर अपने अन्दर नहीं झाँकते, अपने वास्तविक स्वरूप को नहीं पहचान सकते। अपनी इस अन्तर्यात्रा से ही भारतीय ऋषियों को सर्वम् खलविदम् ब्रह्म की प्रतीति हुई थी और इसी प्रतीति के कारण वे वसुधैव कुटुम्बकम् जैसी धारणा तक पहुँच पाये। महात्मा गाँधी ने बार-बार कहा कि जब तक हम यह न जाने

कि सब प्राणियों में ईश्वर का अंश है, हम सब ईश्वर की ही सन्तान हैं तब तक हमको सबके प्रति अपने कर्तव्यों का भान कैसे हो सकता है। भारत के लोग प्राणी मात्र से अपना यह सम्बन्ध पहचानते थे इसलिए उन्होंने अपनी सभ्यता कर्तव्यों पर खड़ी की। धर्म ही हमारे कर्तव्यों की व्याख्या कर सकता है इसलिए भारतीय सभ्यता धर्मशील हुई।

महात्मा गाँधी दो सभ्यताओं या सभ्यता और असभ्यता के इस द्वन्द्व को बताने की इतनी उतावली में हैं कि उन्होंने दोनों की मूल प्रवृत्तियाँ, उनकी मूल दिशा बताकर ही सन्तोष कर लिया है। यूरोपीय सभ्यता का वर्णन करते हुए छठे अध्याय में उन्होंने स्वीकार किया,

> मैं अपने लिए इस सभ्यता का हूबहू चित्र नहीं खींच सकता। वह मेरी शक्ति के बाहर की बात है।

लेकिन भारतीय सभ्यता का उनका वृत्तान्त भी उतना ही सरलीकृत-प्रतीत होता है जितना यूरोपीय सभ्यता का वृत्तान्त। भारतीय सभ्यता का वर्णन करते हुए उन्होंने लिखा,

> हमने देखा कि मनुष्य की वृत्तियाँ चंचल हैं। उसका मन उछालें मारता रहता है। उसके शरीर को जितना अधिक दें उतना अधिक माँगता है। अधिक लेकर भी सुखी नहीं होता। भोग भोगने से भोग की इच्छा बढ़ती जाती है। इसलिए पूर्वजों ने हद बाँध दी। बहुत विचार करके देखा कि सुख दुख मन के कारण हैं। अमीर अपनी अमीरी के कारण सुखी नहीं। ग़रीब अपनी ग़रीबी के कारण दुखी नहीं। अमीर दुखी देखने में आते हैं। ग़रीब सुखी देखने में आते हैं। करोड़ों तो ग़रीब ही रहेंगे। ऐसा देखकर उन्होंने भोग की वासना छुड़वाई। हज़ारों वर्ष पहले जो हल था उसी से हमने काम चलाया। हज़ारों वर्ष पहले जैसे हमारे झोंपड़े थे उन्हें हमने कायम रखा। हज़ारों वर्ष पहले जैसी अपनी शिक्षा थी वही चलती आयी। हमने नाशकारक स्पर्धा नहीं रखी। सब अपना-अपना धन्धा करते रहे। उसमें उन्होंने दस्तूर के अनुसार दाम लिये। हमें कोई यन्त्र वग़ैरा खोजना न आता हो ऐसा नहीं था। पर हमारे पूर्वजों ने देखा कि यन्त्र वग़ैरा के जंजाल में मनुष्य रहेंगे तो फिर ग़ुलाम बनेंगे और अपनी नीति त्यागेंगे। उन्होंने सोच-विचार कर कहा कि अपने हाथ-पैर से जो बने वही करें। हाथ-पैर के उपयोग में ही सच्चा सुख है। उसमें ही तन्दुरुस्ती है। उन्होंने विचारा कि बड़े शहर स्थापित करना बेकार का झमेला है। उसमें लोग सुखी नहीं होंगे।...उन्होंने देखा कि राजाओं और

उनकी तलवारों से नीति बल ऊपर है। इसलिए उन्होंने राजाओं को नीतिवान पुरुषों-ऋषियों और फ़क़ीरों से नीचे गिना। ऐसा जिस प्रजा का संविधान है वह प्रजा दूसरों को सिखाने लायक है। वह दूसरों से सीखने लायक नहीं है। इस प्रजा में अदालतें थीं, वकील थे, वैद्य थे। पर वे सब रीति के अनुसार नियम में बँधे थे। सब जानते थे कि ये धन्धे कोई भारी नहीं थे। फिर वकील, वैद्य वग़ैरा लोगों की लूट नहीं मचाते थे। वे तो लोगों के आश्रित थे। लोगों से ऊपर होकर नहीं रहते थे। इंसाफ़ ठीक-ठीक होता था। अदालत न जायें ऐसा लोगों का नेम था। उन्हें भरमाने वाले स्वार्थी मनुष्य नहीं थे। ऐसी सड़न तो मात्र राजा-रजवाड़ों के आसपास थी। आम लोग तो उनसे अलग अपने खेतों में मालिक बनकर रहते थे। उनके पास सच्चा स्वराज था। और चाण्डाल सभ्यता नहीं पहुँची वहाँ वैसा ही हिन्दुस्तान आज भी है। उनसे अपने नये ढोंगों की बात करेंगे तो वे लोग हँसी उड़ाएँगे। उन पर अँग्रेज़ राज नहीं करते। आप राज करने वाले नहीं। जिन लोगों के नाम पर हम बात करते हैं, उन्हें हम पहचानते नहीं हैं। आपको और जिनको देशप्रेम है उन्हें मेरी सलाह है कि अपने देश में जहाँ रेल की रेल नहीं फिरी वैसे भागों में छः महीने घूमें और फिर देशप्रेम की बात करें। बाद में स्वराज की बात करें।

महात्मा गाँधी द्वारा दिये गये भारतीय सभ्यता के इस वर्णन में उसकी आत्मा की झलक तो है पर उसके स्वरूप की झलक नहीं है। इस वर्णन से भारत के जीवन की जो झलक उभरती है उससे लगता है कि वह हज़ारों साल से अपरिवर्तित बना हुआ है और भारत के लोग स्वेच्छा से ग़रीबी में रह रहे हैं।

यह वही तस्वीर है जो कार्ल मार्क्स द्वारा किये गये भारत के आत्मनिर्भर पर सदियों से अपरिवर्तित रहे गाँवों के वर्णन में मिलती है। लगता है आरम्भ के यूरोपीय यात्रियों और विद्वानों द्वारा अधूरी जानकारी के आधार पर किये गये भारत के जीवन के वर्णन से कार्ल मार्क्स की तरह महात्मा गाँधी भी प्रभावित हो गये हैं। दोनों में अन्तर यही है कि कार्ल मार्क्स ने यह वर्णन भारत की जड़ता दिखाने और उसकी निन्दा करने के लिए किया है जबकि गाँधीजी ने इस वर्णन में भारतीय सभ्यता की ऊँचाई देखी और उसको एक आदर्श सभ्यता बताते हुए उसका वर्णन किया। महात्मा गाँधी ने भारतीय जीवन के आदर्श तो अपने परिवार और आसपास की दुनिया से ग्रहण कर लिए होंगे। लेकिन उसके स्वरूप को समझने के लिए भारतीय जीवन का

जो विस्तृत परिचय चाहिए उसे पाने का उन्हें मौक़ा ही नहीं मिला। अठारह वर्ष की आयु में वे लन्दन चले गये और वहाँ से आने के कुछ ही दिन बाद दक्षिण अफ़्रीका। वैसे भी जिस तरह की ऐच्छिक ग़रीबी का वे वर्णन कर रहे हैं उसे वे भारत के स्वाधीनता संग्राम के लिए आवश्यक मानते हैं। इसलिए उन्होंने उसे भारतीय सभ्यता का शाश्वत स्वरूप बता दिया है। लेकिन अँग्रेज़ों के आने से पहले तक भी भारतीय समाज दुनिया के सबसे सम्पन्न समाजों में गिना जाता था। हालाँकि मुस्लिम अधीनता के दौरान उसकी काफ़ी क्षति हुई थी। भारत ने जीवन की सभी दिशाओं में जो उन्नति की है उस तक आज भी यूरोपीय समाज नहीं पहुँच पाया है। यूरोपीय समाज की उपलब्धि यह है कि उसने आधुनिक काल में कुछ वैज्ञानिक आविष्कारों और तकनीकी सुधारों के द्वारा औद्योगिक वस्तुओं का अम्बार लगा दिया है। लेकिन औद्योगिक वस्तुएँ जीवन को अधिक रसपूर्ण और सम्पन्न बनाती हैं ऐसा सोचना एक अन्धविश्वास में जीना है। सच्चाई यह है कि औद्योगिक सामग्री ने जीवन का सभी तरह का रस घटाया है। भारत ने मनुष्य के उपभोग के लिए जो सामग्री पैदा की वह शरीर को सुख देने वाली और मन को तृप्त करने वाली थी। मन की तृप्ति इच्छाओं पर नियन्त्रण रखती है। भोग जब केवल भोग के लिए किया जाता है तो वह अतृप्ति बढ़ाता है और इच्छाएँ भी। औद्योगिक सामग्री से तृप्ति नहीं होती, इसलिए और भोग करने की इच्छा बढ़ती है और वह मन को चंचल करती है। उसे अनियन्त्रित बनाती है और इच्छाएँ पूरी करने के लिए हिंसक साधनों की ओर धकेलती है। जब इच्छाएँ पूरी नहीं होतीं तो मन विषाद से भर जाता है और त्रास पैदा करता है।

भारत ने जीवन की सभी आवश्यकताओं को पूरा करने के लिए प्रचुर सामग्री पैदा की। भारत का भोजन जितना विविध, समृद्ध और रसपूर्ण है, दुनिया में कहीं का नहीं है। भारत के लोगों के परिधान में जो उत्कृष्टता और सौन्दर्य है, शरीर के लिए अनुकूलता है, रंगों की छटा है और सूत का स्पर्श है वह अन्यत्र दुर्लभ है। भारत के लोगों के रहने, काम करने और पूजा करने के स्थान प्रकृति के सान्निध्य में रखे गये। भारत में जैसे आरामदेह और जिनकी ज़रूरत बड़ी हो उनके लिए विशाल भवन बने वैसे दुनिया में और कहाँ देखने को मिलते हैं। भारत के अधिकांश गाँवों में सुन्दर तालाब, मन्दिर, बाग़-बग़ीचे, आवश्यकता की अधिकांश वस्तुएँ

बनाने वाले उद्योग, अनेक तरह के कौशल, पाठशाला, वैद्य और इन सबको व्यवस्थित किये रहने वाला पंचायती ढाँचा विद्यमान रहा है। भारत ने अनेक वैभवशाली साम्राज्य पैदा किये। सिकन्दर मौर्य साम्राज्य के सैनिक बल का वर्णन सुनकर ही भारत की सीमा से उलटे पाँव लौट गया था। भारत के नगर सदा ही जीवन से भरे हुए, लेकिन फिर भी जीवन की मर्यादाओं से बँधे रहे हैं। उनके उन्नत और उत्कृष्ट जीवन की कोई सानी नहीं रही। हमने मनुष्य की सभी तरह की जिज्ञासाओं को शान्त करने वाली जितनी विद्याएँ विकसित कीं क्या उनकी कोई और समाज बराबरी कर सकता है। कालगणनाओं के विस्तार और सूक्ष्मता में हमारी कोई तुलना नहीं हो सकती थी। निरुक्त, प्रमाणशास्त्र, व्याकरण या रसायन में हमारी ऊँचाई को कभी कोई छू नहीं सका। गणित और खगोलविद्या में हम सदा औरों से आगे रहे। जब भारत में तक्षशिला जैसा विद्या केन्द्र खड़ा हुआ था दुनिया में कहीं दस हज़ार छात्रों को पढ़ाने की कल्पना नहीं की जा सकती थी। काशी जैसी आत्मज्ञान की नगरी और कहीं असम्भव थी। जितनी औषधियों का ज्ञान भारतीयों को था उसकी आज भी बराबरी नहीं है। सबसे पहले अस्पतालों का उल्लेख पाटलीपुत्र में ही मिलता है। धर्म की जितनी सूक्ष्म पहचान भारतीय साहित्य में है, दुनिया के किसी और साहित्य में नहीं है। जितनी सौन्दर्यानुभूति भारतीय साहित्य में है किसी ओर साहित्य में नहीं। नृत्य, संगीत और शिल्प के क्षेत्र में क्या कोई हमारी बराबरी कर पाया है। उन्नत खेती का कीर्तिमान हमने बनाया। उन्नत बीजों और उन्नत पशुओं की जो प्रचुरता परम्परागत भारत में रही है क्या उसका कोई मुक़ाबला हो सकता है? लेकिन इस सारे अभ्युदय की अन्तर्धारा के रूप में निश्रेयस् की ओर बढ़ने की ही आकांक्षा रही। अपनी सभी भौतिक उपलब्धियों को हमने इस तरह का रखा कि वे हमें ईश्वर की ओर ले जायें। परम ज्ञान की दिशा में अग्रसर करें। गाँधीजी का *हिन्द स्वराज* में किया गया यह दावा अक्षरश: सही है कि भारत के लोगों ने जो सभ्यता खड़ी की उस तक कोई और नहीं पहुँच सकता। पर उसकी विलक्षणता केवल यह नहीं थी कि वह कर्तव्य पर टिकी हुई थी और संयमप्रधान थी। उसकी विलक्षणता यह भी थी कि उसने जीवन की सभी दिशाओं में परिपूर्णता दी। हमने भोगों को सीमित नहीं बल्कि मर्यादित किया। हमने उपभोग की जाने वाली वस्तुओं को सीमित नहीं किया, उनकी गुणवत्ता का, मनुष्य की आवश्यकताओं को उचित रीति से पूरा करने की क्षमता

का ध्यान रखा। हमने अमीरी की सीमा नहीं बाँधी, अमीरी में भी सादगी और सुन्दरता से रहने को आदर्श बनाया।

लेकिन जब गाँधीजी *हिन्द स्वराज* लिख रहे थे, भारत की इस कीर्ति को गाने का समय नहीं था। एक पराजित देश को अपनी कीर्ति का बखान करना शोभा नहीं दे सकता। इसलिए अँग्रेज़ों ने भारत को जिस ग़रीबी की दशा में पहुँचा दिया था उस अवस्था में भी गाँधीजी ने भारत की महानता देख ली और कहा कि भारत की ग़रीबी ऐच्छिक ग़रीबी है, सादगी और संयम भरे जीवन से निकली है और उस अमीरी से बेहतर है जिसे पाने में यूरोप अपनी महानता देख रहा है और जिसका सपना वह अपने औपनिवेशिक शासन का औचित्य सिद्ध करने के लिए भारतीयों को दिखाना चाहता है। लेकिन गाँधीजी भारत को ग़रीबी में बने रहने के लिए नहीं कह रहे, भारत की प्राचीन सभ्यता में लौटने के लिए कह रहे हैं। प्राचीन सभ्यता से उनका आशय प्राचीन काल से नहीं है। असल में भारतीय सभ्यता का स्वरूप काफ़ी पहले ही परिपक्व और स्थिर हो गया था। इसलिए देशकाल के अपरिहार्य परिवर्तनों के अलावा सभ्यता के मूल स्वरूप में अधिक परिवर्तन नहीं हुआ। इसलिए भारत की प्राचीन सभ्यता से आशय प्राचीन काल से चली आयी सभ्यता है और वही आधुनिक भी है। अगर आज भारत के लोग पश्चिमी सभ्यता से किनारा कर लें तो वे फिर से अपने विधि नियमों से दुनिया की सबसे समृद्ध और नैतिक सभ्यता खड़ी कर सकते हैं। जब कोई समाज अपनी सभ्यता खड़ी करने लगता है तो वह दुनिया से आँखें नहीं मूँद लेता। अपनी आवश्यकताओं के अनुसार दुनिया में जहाँ भी जो कुछ भी उपयोगी है उसे वह ग्रहण कर लेता है। इस तरह के उपयोग के गाँधीजी भी विरुद्ध नहीं हैं। स्वयं यूरोपीय समाज ने अपनी आधुनिक सभ्यता खड़ी करने के लिए भारत समेत दुनिया में जहाँ जो उपयोगी दिखा उसे लिया, लेकिन उनकी सभ्यता का मौलिक स्वरूप उनका अपना ही रहा पर यह सब बाद के प्रश्न थे, तब के जब भारतीय अपना भाग्य स्वयं बनाने की स्थिति में हो। अभी तो गाँधीजी को ब्रिटिश आधिपत्य समाप्त करना था और इसके लिए यह आवश्यक था कि जिस यूरोपीय सभ्यता की वाहक ब्रिटिश सरकार है उसका अनौचित्य सिद्ध करके उसके पैरों तले की ज़मीन खिसका दें।

महात्मा गाँधी भारत के स्वाधीनता संग्राम के साधारण सेनापति नहीं हैं। वे

अपने शत्रु को केवल मैदान में हराकर सन्तुष्ट हो जाने वाले व्यक्ति नहीं हैं। उन्हें अपनी सभ्यता को अयोध्य भी बनाना है। उन्हें यह निश्चित करना है कि उनकी सभ्यता शौर्य में और नीति में, दोनों में ही इतनी श्रेष्ठ हो कि कोई उस पर आक्रमण करने का साहस न करे या किसी को उस पर आक्रमण करने की इच्छा न हो। इसके लिए आवश्यक है कि वे भारतीयों की हीनता को निकाल फेंकें, उसमें यूरोपीय सभ्यता की श्रेष्ठता का जो भ्रम पैदा हो गया है उसे तोड़ दें, अँग्रेज़ों की शक्ति को ललकार कर भारतवासियों को निर्भय कर दें, उन्हें अपनी सभ्यता के गौरव का अहसास करवाकर अजेय बना दें। *हिन्द स्वराज* उन्होंने इसी उद्देश्य से लिखा है। वे अँग्रेज़ी शासन का हर पाया उखाड़कर फेंक देना चाहते हैं। अँग्रेज़ों का दावा है कि उन्होंने सदियों से जड़ता में पड़े हुए भारतीय समाज को आधुनिक समाज बनाने के लिए ही अपने शासन का उपयोग किया है। ब्रिटिश साम्राज्य एक कल्याणकारी राज्य है और वह सामन्ती जकड़न के शिकार भारत को आधुनिक जीवन की ओर अग्रसर कर रहा है। उसने भारत में रेल शुरू की है। वकील, डाक्टर जैसी आधुनिक कुशलताएँ दी हैं। सभ्यता का वाहक मानी गयी इन सब सुविधाओं और कुशलताओं को गाँधीजी स्वार्थी और पतनकारी सिद्ध करते हैं। इसी कड़ी में उन्होंने यन्त्रों पर प्रहार किया है। अराजक तत्त्वों का नाश करके देश में शान्ति और एकता पैदा करने के दावे की धज्जियाँ उड़ाई हैं। भारत की दशा का वर्णन करते हुए वे नौवें अध्याय में कहते हैं,

> हिन्दुस्तान को रेलवे, वकीलों और डाक्टरों ने कंगाल बनाया है।

फिर कहते हैं,

> रेलवे न हो तो अँग्रेज़ों का जितना कब्ज़ा हिन्दुस्तान पर है उतना नहीं रहेगा। रेलवे से महामारी फैली है। रेल न हो तो थोड़े ही लोग एक जगह से दूसरी जगह जायेंगे। इससे देश में संक्रामक रोग नहीं फैल सकेंगे। रेलवे से पहले सहज ही सूतक का पालन हो जाता था। रेलवे से अकाल बढ़े हैं क्योंकि रेलवे की सुविधा से लोग अपने अनाज बेच डालते हैं। जहाँ महँगाई हो वहाँ अनाज खिंचा चला आता है। लोग लापरवाह हो जाते हैं और उससे अकाल का दुख बढ़ता है। रेलवे से दुष्टता बढ़ती है। मनुष्य अपनी ख़राबी झपट्टे में फैला सकते हैं। हिन्दुस्तान में जो पवित्र स्थान थे वे अपवित्र हुए हैं। पहले लोग कठिनाई उठाकर वैसी जगहों पर

> जाते थे। वे लोग सच्चे भाव से ईश्वर का भजन करने जाते थे। अब तो धूर्तों की टोली मात्र ठगने के लिए जाती है।

उसके बाद वे रेलवे से पूरा देश अपने आपको एक समझने लगता है, इन दावों की खिल्ली उड़ाते हैं और यह दावा करने वाले की तुलना अफ़ीमची से कर डालते हैं। वे तर्क देते हैं,

> हमारे मुख्य लोग पैदल या बैलगाड़ी से सारे हिन्दुस्तान में फिरते थे। वे एक-दूसरे की भाषा सीखते थे और उनके बीच अन्तर नहीं था। जिन दीर्घदर्शी पुरुषों ने रामेश्वर, जगन्नाथ और हरिद्वार की यात्राएँ निश्चित कीं, उनका विचार क्या था? वे जानते थे कि ईश्वर भजन तो घर बैठे हो जाता है। पर उन्होंने सोचा कि हिन्दुस्तान को कुदरत ने एक मुल्क बनाया है। उसे एक प्रजा होना चाहिए। इसलिए उन्होंने अलग-अलग तीर्थ बनाकर लोगों की ऐसी एकता पैदा की जैसी और कहीं नहीं देखने में आती।

फिर वे एक सख़्त टिप्पणी करते हैं, "दो अँग्रेज़ इतने एक नहीं थे, जितने हम हिन्दी थे और हैं।" गाँधीजी की यह शैली एक योद्धा की शैली है। उन्होंने रेल की जो बुराइयाँ गिनाई हैं, वे उस समय सब के अनुभव में आ रही थीं। रेल और सड़कों से स्थानीय समाज पर, उसकी अर्थव्यवस्था पर जो बुरा असर पड़ रहा था, उस पर साहित्य भी रचा गया था। पर गाँधीजी ने एक व्यावहारिक व्यक्ति की तरह रेल की सुविधा का त्याग नहीं किया। स्वतन्त्र भारत में वे रेल रोक देते, यह भी सम्भव नहीं है। उनके समय हवाई यात्रा का प्रचलन हो गया था। लेकिन वे उसमें नहीं बैठे। एक बार लॉर्ड माउंटबैटन उनसे भेंट करने के लिए उन्हें लेने अपना जहाज़ भेजने को तैयार थे पर उन्होंने स्वीकार नहीं किया, यह उनका संयम था जिसे वे निभा सकते थे। *हिन्द स्वराज* में उनकी टिप्पणी दरअसल यह कहने के लिए थी कि रेल से हमें कोई लाभ नहीं है। अगर ब्रिटिश हुकूमत अपने बने रहने के लिए उसका सहारा लेती है तो वह अपने साथ रेल भी ले जाय। भारत के लोगों को उसकी ज़रूरत नहीं है।

उसके बाद वे अदालतों, वकीलों और डाक्टरों की ख़बर लेते हैं। अदालतें अँग्रेज़ों के शासन का सबसे बड़ा पाया थीं। वे अँग्रेज़ी शासन का डर भी बनाये रखती थीं और यह झूठी आशा भी जगाये रखती थीं कि उनसे न्याय मिलेगा। इससे भी बड़ी बात यह है कि वकील और जज बनने के चक्कर

में देश के प्रतिभावान और महत्त्वाकांक्षी लोगों का एक बड़ा समुदाय इन पेशों की ओर आकृष्ट होता था और वह अँग्रेज़ों का सहयोगी बना रहता था। गाँधीजी इस वर्ग को स्वार्थी दिखाकर इनके पेशों का गौरव समाप्त कर देना चाहते हैं। वकीलों के बारे में वे कहते हैं,

> व्यक्ति वकील बनता है तो कोई परदुख समाप्त करने के लिए नहीं। पर पैसा बनाने के लिए। वह एक कमाई का रास्ता है। इसलिए वकील का स्वार्थ झगड़ा बढ़वाने में रहता है। मेरी जानी हुई बात है कि वकील जब झगड़ा होता है तो ख़ुश होते हैं। मुख़्तयार भी वकील की जात है। जहाँ झगड़ा न हो वहाँ भी वे झगड़ा खड़ा करेंगे। उनके दलाल होते हैं। वे जोंक की तरह ग़रीब लोगों के ऊपर चिपक जाते हैं और उनका लहू चूस लेते हैं। वह धन्धा ही इस प्रकार का रहा है कि इससे लोगों को झगड़ने के लिए प्रोत्साहन मिलता है। वकील निकम्मे लोग हैं। आलसी लोग ऐशो-आराम भोगने के लिए वकील बनते हैं। यह सच्चाई है।...पर बड़े से बड़ा नुकसान उनके हाथों यह हुआ है के अँग्रेज़ी जुआ हमारे गले में मजबूती से कस गया है। आप सोचिए, आपको लगता है कि अँग्रेज़ी अदालतें न होतीं तो अँग्रेज़ राज चला सकते थे? अदालतें कोई लोगों का हित करने के लिए नहीं बनीं। जिन्हें अपनी सत्ता का निर्वाह करना होता है वे अदालत के माध्यम से लोगों को वश में करते हैं। लोग अपने से लड़-निपट लें तो उसमें तीसरा मनुष्य अपनी सत्ता नहीं बैठा सकता। वास्तव में जब तक लोग अपने हाथों से मारा-मारी करके अथवा सगे-सम्बन्धियों को पंच बनाकर झगड़े तय कर लेते थे तब तक वे मर्द रहे। अदालतें आयीं तब स्त्रैण बन गये।

वकीलों और अदालतों के बारे में गाँधी के इस वर्णन में जरा भी अतिशयोक्ति नहीं है। भारत में शायद दुनिया की सबसे कुशल, बिना ख़र्च की और न्यायशील न्यायव्यवस्था रही है। विवाद होने पर लोग पंचायत की शरण लेते थे और पंचायत में ईश्वर का वास माना जाता था। इसलिए पंच फ़ैसले धर्म भावना से होते थे। पंचायतों के अलावा लोग आचार्यों के पास, पण्डितों के पास या धर्म स्थानों में न्याय माँगने के लिए जाते थे। न्यायाधिकारी और राजा का स्थान अन्तिम था। बिना किसी ख़र्च के और कम से कम समय में यह न्याय होता था और जिनको इस व्यवस्था का थोड़ा भी ज्ञान है वे जानते हैं कि यह व्यवस्था आज के मुक़ाबले कहीं अधिक कार्यकुशल और न्यायशील थी। लेकिन गाँधीजी यहाँ किसी

तुलना के चक्कर में नहीं पड़े, उनका आशय तो वकीलों की इज़्ज़त मटियामेट करना है। वे कहते हैं,

> वकालत बड़ा आबरूदार धन्धा है, ऐसा खोज निकालने वाले वकील ही हैं। कायदा वे बनाते हैं, उसका बखान भी वे ही करते हैं। लोगों से क्या दाम लें यह भी वही तय करते हैं और लोगों पर प्रभाव डालने के लिए आडम्बर ऐसा करते हैं कि जैसे कोई आकाश से उतरे हुए देवपुरुष हों। मज़दूर की तुलना में वे किसलिए अधिक दिहाड़ी माँगते हैं? उनकी ज़रूरतें मज़दूर से अधिक किसलिए हैं? मज़दूर की तुलना में उन्होंने देश का क्या अधिक भला किया है?

फिर गाँधीजी असहयोग की बात पर आते हैं,

> अगर हम वकील न बनें तो यह अदालतें चल ही नहीं सकतीं। अँग्रेज़ जज होते, अँग्रेज़ ही वकील होते, अँग्रेज़ ही सिपाही होते तो अँग्रेज़ मात्र अँग्रेज़ पर ही राज करते। हिन्दी जज और हिन्दी वकील के बिना उनका काम चल ही नहीं सकता। ...अँग्रेज़ सत्ता की एक मुख्य चाबी उनकी अदालत है। और अदालत की चाबी वकील है। जो वकील अदालत छोड़ दें और वह धन्धा वेश्या के जैसा नीच माना जाय तो अँग्रेज़ी राज एक दिन में ही गिर जाय।

गाँधीजी की इस कठोर भाषा से स्पष्ट है कि उनके मन में अँग्रेज़ी सत्ता के मददगार बने इस वर्ग के प्रति कितना तिरस्कार है और अपने देशवासियों को वे इस पेशे से अलग करने के लिए कितने व्याकुल हैं।

वकील के पेशे की तरह डाक्टर के पेशे को भी उन्होंने उसी निर्ममता के साथ दुत्कारा है। डाक्टरी के पेशे की झूठी साख का उल्लेख वे इस तरह करते हैं,

> डाक्टर के विषय में जैसा आपको अभी मोह है वैसा मुझे भी था। एक वक़्त ऐसा था कि जब मैं स्वयं भी डाक्टर बनने का इरादा रखता था और डाक्टर बनकर मुझे कौम की सेवा करनी है ऐसा सोचता था। अब वह मोह चला गया है...हम डाक्टर क्यों बनते हैं, यह भी विचारणीय है। उसका सच्चा कारण तो आबरूदार और पैसे कमाने वाला धन्धा करना है। परोपकार की बात नहीं।...डाक्टर आज आडम्बर के द्वारा लोगों से मोटी फ़ीस लेते हैं और उनकी दवा यदि एक पाई की होती है तो उसका वे रुपया लेते हैं। डाक्टर के विश्वास में और अच्छा होने की आशा में लोग

> ठगे जाते हैं। .... डाक्टर हमें पथभ्रष्ट करते हैं। उनकी बहुत सी दवाओं में चर्बी और दारू होती है। .... यूरोपीय डाक्टर हद पार करते हैं। वे मात्र शरीर के ही झूठे जतन की खातिर लाखों जीवों को हर वर्ष मारते हैं, जीवित जीव पर प्रयोग करते हैं। ऐसा एक भी धर्म को स्वीकार नहीं।

उन्हें डाक्टरी के पेशे में स्वार्थ, लूटपाट और हिंसा ही दिखायी नहीं देती थी, डाक्टरी इलाज से स्वस्थ रहने का लोग जतन करना छोड़ देते हैं, ऐसा उनका विश्वास था। वे कहते हैं,

> डाक्टरों का काम शरीर की सँभाल करना है। उलटे शरीर की सँभाल भी नहीं। उनका काम शरीर में रोग हो जाय उसे दूर करना है। रोग कैसे होता है? अपनी ही ग़फलत से। मैं बहुत खाऊँ। मुझे अजीर्ण हो जाय। मैं डाक्टर के पास जाऊँ, वह मुझे गोली दे, मैं स्वस्थ हो जाऊँ फिर ख़ूब खाऊँ और फिर गोली लूँ। ... डाक्टर बीच में आया और उसने मुझे हद उपरान्त खाने में मदद दी। उससे मेरे शरीर को आराम तो मिला पर मेरा मन निर्बल हो गया। इसके चलते अन्ततः मेरी स्थिति ऐसी हुई कि अपने मन के ऊपर जरा भी काबू न रख सकूँ।

इसका समाहार करते हुए फिर उन्होंने टिप्पणी की है,

> अस्पताल तो पाप की जड़ हैं। उनके कारण मनुष्य शरीर का जतन कम करते हैं और अनीति बढ़ाते हैं।

इसके बाद गाँधीजी अँग्रेज़ों के इस दावे का उल्लेख करते हैं कि उन्होंने भारत में शिक्षा का प्रसार किया है। वे यह मूल प्रश्न उठाते हैं कि शिक्षा है क्या? वे कहते हैं,

> अगर उसका अर्थ अक्षर ज्ञान ही हो तो वह एक हथियार जैसी हुई। उसका सदुपयोग भी हो सकता है और दुरुपयोग भी हो सकता है। एक हथियार से चीर-फाड़कर रोगी को स्वस्थ किया जाता है। वही हथियार जान लेने के लिए भी उपयोग किया जा सकता है। ऐसा ही अक्षर ज्ञान है। उसका दुरुपयोग बहुत से मनुष्य करते हैं। उसका सदुपयोग तुलना में थोड़े लोग ही करते हैं। यह बात सही हो तो इससे सिद्ध होता है कि दुनिया में अक्षरज्ञान से फायदे के बदले हानि अधिक हुई है।

फिर वे सबको शिक्षा मिलनी चाहिए, इस पश्चिमी नारे पर प्रहार करते हैं,

> एक किसान स्वयं प्रामाणिकता से खेती कर रोटी कमाता है। उसे साधारण सांसारिक ज्ञान है। उसे माँ-बाप के प्रति कैसा बर्ताव करना है, उसे

> अपनी स्त्री के प्रति क्या कर्तव्य निभाने हैं, बच्चों के साथ कैसे बरतना है, जिस गाँव में वह बसता है वहाँ उसे कैसी रीति-व्यवहार रखना है इस सब का पूरा ज्ञान है। वह नीति के नियम समझता है और पालता है। पर उसे अपने हस्ताक्षर करने नहीं आते। इस मनुष्य को आप अक्षरज्ञान देकर क्या करना चाहते हैं? उसके सुख में क्या वृद्धि करेंगे? उसकी झोंपड़ी पर या उसकी स्थिति पर असन्तोष उपजाना चाहते हैं?

फिर वे नीतियुक्त अक्षरज्ञान को स्वीकार करते हुए कहते हैं,

> मैंने कोई अक्षरज्ञान की निन्दा नहीं की। मात्र इतना ही बताया है कि उस ज्ञान की हमें मूर्तिपूजा नहीं करनी चाहिए। वह कोई अपनी धुन नहीं है। वह अपनी जगह शोभा दे सकता है। और वह जगह है कि जब हमने अपनी इन्द्रियों को वश में कर लिया हो, जब हम नीति की मजबूत नींव डाल लें, तब हमें अक्षरज्ञान लेने की इच्छा हो तो उसे लेकर उसका सदुपयोग कर सकते हैं। उसका आभूषण के रूप में ठीक लगना सम्भव है। पर यदि अक्षरज्ञान का यही अर्थ हो तो हमें वैसी शिक्षा अनिवार्य देने की आवश्यकता नहीं है। अपनी पुरानी पाठशालाएँ पर्याप्त हैं। उनमें नीतिशिक्षा प्रमुख स्थान पर रखी गयी है। वह प्राथमिक शिक्षा है। उसके ऊपर जो चिनेंगे वह निभ सकेगा।

फिर वे अँग्रेज़ी शिक्षा के दुष्परिणाम पर टिप्पणी करते हुए कहते हैं,

> करोड़ों मनुष्यों को अँग्रेज़ी शिक्षा देना, उन्हें ग़ुलामी में डालने के बराबर है। मैकाले ने जो शिक्षा की नींव रखी वह सचमुच में ग़ुलामी की नींव थी।

इसके बाद वे अपनी टिप्पणी और कड़ी करते हुए कहते हैं—

> आपको समझ लेना चाहिए कि अँग्रेज़ी शिक्षा लेकर हमने प्रजा को ग़ुलाम बनाया हैं। अँग्रेज़ी शिक्षा से दम्भ, राग, ज़ुल्म वग़ैरा बढ़े। अँग्रेज़ी पढ़ों ने लोगों को धोखा देने में, उन्हें त्रास में डालने में कुछ छोड़ नहीं रखा।

अँग्रेज़ी पढ़कर देश के सुधार का काम किया जा सकता है, इस तर्क पर टिप्पणी करते हुए वे कहते हैं,

> देश को मूल दिशा में लाने के लिए स्वयं हमें मूल दिशा में आना है। बाक़ी करोड़ों तो मूल दिशा में हैं ही। उनमें सुधार, बिगाड़, उन्नति कालक्रम में होती रहेगी। हमें तो पश्चिमी सभ्यता को हाँककर बाहर कर देना है। बाक़ी अपने आप होता रहेगा।

इसके बाद यन्त्र के महत्त्व पर प्रश्नचिह्न लगाते हैं। यन्त्रीकरण ने भारत की कितनी बर्बादी की है, इसका उल्लेख करते हुए वे कहते हैं,

> रोमेशचन्द्र दत्त की पुस्तक भारत का आर्थिक इतिहास पढ़ी तो मुझे रोना आ गया। उसका फिर से विचार करता हूँ तो मेरा दिल भर आता है। यन्त्र के काम का झपट्टा लगा तब तो हिन्दुस्तान बर्बाद हुआ।...हिन्दुस्तान में से कारीगरी लगभग गयी, यह तो मानचेस्टर का ही काम है।

गाँधीजी आर्थिक इतिहास के इन तथ्यों की तरफ़ इशारा करते लगते हैं कि

> इंग्लैण्ड के वस्त्र उद्योग के मशीनीकरण से पहले विश्व वस्त्र निर्यात में भारत का हिस्सा एक-चौथाई था। मानचेस्टर के खड़ा होने के बाद भारत का वस्त्र उद्योग चौपट होने लगा। अँग्रेज़ी कपड़ा भारत में पहुँचने लगा। अपने देश के लोग अँग्रेज़ी कपड़े पहनने लगे। अँग्रेज़ जब व्यापार करने के लिए पहले-पहल भारत आये थे तो उनके पास बेचने के लिए कुछ नहीं था। यन्त्रों ने उन्हें व्यापार करने लायक वस्तुओं का उत्पादक बना दिया और उनकी तथा यूरोपीय सामान की भारत में बाढ़ आ गयी। इससे अपने उद्योग-धन्धे चौपट हो गये। भारत की कारीगरी चौपट होने लगी। लोग कंगाल होने लगे। भारत में मिलों ने अमीरों की जमात पैदा की है। यह पैसे वाले लोग अँग्रेज़ी राज को बनाये रखने में मदद करते हैं। उनका स्वार्थ अँग्रेज़ों के बने रहने से सधता है। पैसा मनुष्य को भीरु बनाता है।

गाँधीजी इन धनी लोगों के बारे में तो शंकालु हैं ही, उन्हें लगता है कि देश में मिलें लगेंगी तो अपने कारीगर और कंगाल हो जायेंगे। इसलिए वे मैनचेस्टर से भी ज़्यादा देशी मिलों के ख़िलाफ़ हैं। मशीनीकरण से वे भारत का ही नहीं यूरोप का भी नुकसान होते हुए देखते हैं। वे लिखते हैं,

> यन्त्रों ने यूरोप को उजाड़ना शुरू कर दिया है और वहाँ की हवा हिन्दुस्तान में है। यन्त्र आधुनिक सभ्यता की मुख्य निशानी है। और वह महापाप हैं ऐसा मैं तो देख सकता हूँ।

गाँधीजी यह भी मानते हैं कि मिलों में काम करने वाले लोगों का सोच यान्त्रिक बन जाता है और वह नैतिक व्यवहार करने लायक नहीं रहते। गाँधीजी उन्हीं यन्त्रों को उपयोगी मानने के लिए तैयार हैं जो व्यक्ति के कौशल को बढ़ायें। कारीगर जिन यन्त्रों का उपयोग अपने कौशल को बढ़ाने के लिए करते हैं वे उचित हैं। लेकिन जो यन्त्र कारीगरी को चौपट

करते हुए लोगों को कारखाने का मज़दूर बनाकर छोड़ दें वे अनुचित हैं और उनसे समाज को क्षति पहुँचती है। आधुनिक कारखानों के उपजने पर मनुष्य स्वतन्त्र नहीं रह सकता, वह यान्त्रिक व्यवस्था का ग़ुलाम बन जाता है।

इस तरह गाँधीजी एक-एक करके उन सभी वर्गों पर प्रहार करते हैं जो अँग्रेज़ी राज ने पैदा किये। वे वकील के पेशे को वेश्यातुल्य और डाक्टर के पेशे को निकम्मा कहते हैं। अदालतों को वे ग़ुलामी की निशानी बताते हैं। रेल, शिक्षा और यन्त्रों को वे अँग्रेज़ी राज की नींव मजबूत करने वाला सिद्ध करते हैं। वे चाहते हैं कि भारत के लोग इन सभी पेशों को छोड़ें और यन्त्रों, रेल या शिक्षा में कोई अच्छाइयाँ देखना बन्द करें। इससे अपने आप अँग्रेज़ी राज की चूलें हिल जायेंगी। इसके बाद वे सत्याग्रह का महत्त्व समझाते हैं। वे कहते हैं,

> जो मनुष्य अपनी मनुष्यता में है, जिसको ईश्वर का ही डर है, वह किसी दूसरे से डरने वाला नहीं। उसके लिए दूसरे के बनाये क़ानून बन्धनकारी नहीं। सरकार भी बेचारी नहीं कहती कि आपको ऐसा करना ही पड़ेगा। वह तो कहती है कि आप ऐसा नहीं करोगे तो आपको सज़ा होगी। हम अपनी अधम दशा में मान लेते हैं कि हमें ऐसा ही करना है। यह हमारा फ़र्ज़ है, यह हमारा धर्म है। यदि लोग एक बार सीख लें कि जो कायदे हमें अन्यायी लगते हैं उन कायदों को मान देना नामर्दगी है तो फिर हमें किसी का जुल्म बाँध नहीं सकेगा। यही स्वराज्य की चाबी है।

फिर वे इस तर्क को अनुचित बताते हैं कि लोकतन्त्र में बहुमत के बनाये क़ानून का पालन किया जाना चाहिए। वे कहते हैं,

> अधिक मनुष्यों ने कहा उसे थोड़े कबूल कर लें, यह अनीश्वरी वार्ता है और वहम है। ऐसे उदाहरण हज़ारों मिल जायेंगे कि जिनमें बहुतों का कहा झूठा होता है और थोड़ों का कहा सच्चा होता है। सारे सुधार बहुत मनुष्यों के सामने खड़े होकर थोड़े मनुष्यों ने लागू करवाये हैं। अगर ठगों के गाँव में बहुत कहें कि ठग विद्या सीखनी चाहिए तो क्या एक साधु ठग बन जायेगा? नहीं, नहीं। अन्यायी क़ानूनों को मान देना चाहिए, जब तक यह वहम दूर नहीं होता तब तक अपनी ग़ुलामी जाने वाली नहीं। और ऐसा वहम केवल सत्याग्रह ही दूर कर सकता है।

दक्षिण अफ्रीका में गाँधीजी देख चुके हैं कि जैसे ही सरकार के बने क़ानून से होने वाला अन्याय दिखने लगता है, लोग उसका विरोध करने के लिए

कमर कस लेते हैं। उनके मन से सरकार का डर समाप्त होना चाहिए। गाँधीजी सरकार का यह डर ही समाप्त करवाने के लिए उतावले हैं। वे सत्याग्रह को हिंसक तरीक़ों से अधिक प्रभावी मानते हैं। उनका कहना है कि हिंसा का तरीक़ा यूरोप का तरीक़ा है। हमारा तरीक़ा अहिंसा, प्रेम और सत्याग्रह का तरीक़ा है। हिंसक तरीक़े अपनाकर अँग्रेज़ों को बाहर निकालने की युक्ति पर वे कहते हैं,

> आपका विचार हिन्द की पवित्र भूमि को राक्षसी बनाने का लगता है। ख़ून करके हिन्द को छुड़वाएँगे यह विचार करते हुए आपको त्रास क्यों नहीं व्यापता ? ख़ून तो हमें अपना करना चाहिए, क्योंकि हम नामर्द बन गये हैं, तभी ख़ून का विचार करते हैं। ऐसा करके आप किसको छुड़वाएँगे ? हिन्दी प्रजा कभी ऐसी इच्छा नहीं करती। जिन्होंने अधम सभ्यता रूपी भांग पी ली है वे ही ऐसा विचार नशे में किया करते हैं। ख़ून करके जो राज भोगेंगे वे प्रजा को सुखी नहीं करेंगे।

गाँधीजी मानते हैं कि भारत में शस्त्र बल रहा है। पर वह बल राजा और उनकी फ़ौज़ इस्तेमाल करती थी। गाँधीजी राजा और प्रजा का यह अन्तर बताते हुए एक ऐतिहासिक तथ्य की ओर भी इंगित करना चाहते हैं। १८५७ की क्रान्ति के असफल होने के बाद शस्त्र से अँग्रेज़ों के राज्य को समाप्त करने की सम्भावना लगभग समाप्त हो गयी है। *हिन्द स्वराज* के आरम्भ में ही वे कह देते हैं कि अब हिन्द को कोई और ऊँचा हथियार चाहिए। जिस हथियार से प्रजा लड़ सके। जिसे आम भारतीय उपयोग करके अँग्रेज़ों के राज से छुटकारा पा सके। वह हथियार सत्याग्रह ही हो सकता है। सत्याग्रह की विशेषता बताते हुए वे कहते हैं,

> शरीर से क्षीण हो वह भी सत्याग्रही हो सकता है। एक मनुष्य भी हो सकता है और लाखों भी हो सकते हैं। भाई मनुष्य भी हो सकता है, उसी तरह बाई मनुष्य भी हो सकती हैं। उसके लिए लश्कर तैयार करने की ज़रूरत नहीं पड़ती।

गाँधीजी को सत्याग्रह के लिए सबसे अधिक भरोसा भारत के किसानों का है। वे कहते हैं,

> किसान किसी की तलवार के वश कभी नहीं हुए और कभी होंगे भी नहीं। उन्हें तलवार चलानी आती नहीं, पर दूसरों की तलवार से वे कभी डरते नहीं। मौत को हमेशा अपना तकिया बनाकर सोने वाली वह महान

> प्रजा है। उसने मौत का डर छोड़ दिया है, अर्थात् सबका डर छोड़ दिया है।

उसके बाद वे बताते हैं कि किसानों ने शासकों के ग़लत व्यवहार का विरोध करने के लिए सदा सत्याग्रह का उपयोग किया है। वे कहते हैं,

> जब राजा जुल्म करता है तब रैयत रूठ जाती है। यह सत्याग्रह ही है। मुझे ख़्याल है कि एक रजवाड़े में रैयत को अमुक हुक्म पसन्द नहीं पड़ा। उस कारण रैयत ने गाँव ख़ाली करना शुरू कर दिया। राज घबराया, और रैयत से माफ़ी माँगी और राजा ने हुक्म वापस लिया। ऐसे उदाहरण बहुत मिल सकते हैं। पर वे मुख्यतः भारत भूमि पर ही फलते हैं। जहाँ ऐसी रैयत है, वहाँ स्वराज्य है। उसके बिना का स्वराज्य कुराज्य है।

लेकिन भारत में तो कुराज्य ही था क्योंकि सत्याग्रही प्रजा तो थी पर उसके सामने झुकने वाले भारतीय राजा नहीं थे। इसलिए सत्याग्रह में बल की आवश्यकता थी। इस आवश्यकता को दर्शाते हुए वे कहते हैं,

> सत्याग्रही ऐसा होना चाहिए कि चाहे जितना नुकसान हो तो भी सत्य को छोड़े नहीं।

सत्य के प्रति ऐसी निष्ठा, ऐसा बल पैदा करने के लिए वे ब्रह्मचर्य और ऐच्छिक ग़रीबी दोनों को आवश्यक मानते हैं। ब्रह्मचर्य से मन की दृढ़ता आती है, सत्य पर जमे रहने का विश्वास पैदा होता है। और ग़रीबी से बेफ़िक्री आती है, शासन के अत्याचार को ख़ुशी-ख़ुशी झेलने का साहस आता है। इस तरह हिन्द स्वराज्य असहयोग और सत्याग्रह इन दो अस्त्रों के बल पर देश को स्वराज दिलवाने की रणनीति निरूपित करने के लिए लिखा गया है। गाँधीजी अपने इन दोनों अस्त्रों का उपयोग दक्षिण अफ्रीका में कर रहे हैं। भारत की स्वाधीनता की लड़ाई के लिए भी इन्हीं अस्त्रों की उपयोगिता वे *हिन्द स्वराज* में सिद्ध करते हैं और *हिन्द स्वराज* लिखने के लगभग दस वर्ष बाद भारत में अपने इन अस्त्रों का उपयोग भी शुरू कर देते हैं।

गाँधीजी ने *हिन्द स्वराज* में सीधे ब्रिटिश राज को उखाड़ फेंकने की बात चाहे न की हो। भले ही उन्होंने यूरोपीय सभ्यता को अपना असली शत्रु दिखाने की कोशिश की हो। कहा हो कि अगर हमने यूरोपीय सभ्यता से पीठ फेर ली तो ब्रिटिश सरकार अपने आप चली जायेगी क्योंकि वह उसी

की प्रतिनिधि है। पर उन्होंने *हिन्द स्वराज* में जो बातें कही हैं और जो भाषा उपयोग की है, उसके आधार पर ब्रिटिश सरकार ने *हिन्द स्वराज* को अपने विरुद्ध विद्रोह भड़काने वाली पुस्तक माना तो कुछ ग़लत नहीं किया। पर गाँधीजी अँग्रेज़ी *हिन्द स्वराज* की भूमिका में बड़े भोलेपन से कहते हैं कि उन्हें नहीं मालूम भारत में *हिन्द स्वराज* की प्रतियों को क्यों ज़ब्त कर लिया गया। ब्रिटिश सरकार का एक अधिकारी डरबन से आने वाले एक भारतीय यात्री के पास से फ़रवरी १९१० के आरम्भ में गुजराती हिन्द स्वराज्य की चार सौ पन्द्रह प्रतियाँ पाता है जिन्हें ज़ब्त कर लिया जाता है। मार्च १९१० में *हिन्द स्वराज* की एक प्रति मद्रास में ज़ब्त की गयी। १६ अप्रैल, १९१० को गाँधीजी ने भारत की ब्रिटिश सरकार के गृह विभाग के सचिव को एक पत्र लिखा। इस पत्र के साथ उन्होंने *हिन्द स्वराज* के अँग्रेज़ी अनुवाद की एक प्रति भी संलग्न की थी। उन्होंने सचिव से जानना चाहा था कि उनकी *हिन्द स्वराज* के गुजराती संस्करण को क्यों ज़ब्त किया गया है? उन्हें इसका कोई उत्तर नहीं मिला। लेकिन भारत की ब्रिटिश सरकार ने जुलाई १९१० में *हिन्द स्वराज* के अँग्रेज़ी संस्करण के प्रकाशन और वितरण पर भी पाबन्दी लगा दी। इस सबके बावजूद १९१९-१९२२ के असहयोग आन्दोलन के दौरान *हिन्द स्वराज* के गुजराती, हिन्दी और अँग्रेज़ी के अनेक संस्करण छापे गये। सरकार ने इस पुस्तक पर से दिसम्बर १९३९ में ही पाबन्दी हटाई।

हिन्द स्वराज ने राष्ट्रीय आन्दोलन में कितनी भूमिका निभायी इसका ठीक ठीक आंकलन तो सम्भव नहीं है। लेकिन अँग्रेज़ी पढ़े-लिखे लोगों के प्रति गाँधीजी ने *हिन्द स्वराज* में जो आशंकाएँ जताई थीं वे काँग्रेस के अँग्रेज़ीदाँ नेताओं ने सही ही सिद्ध कीं। गोपालकृष्ण गोखले को तो यह पुस्तक अर्थहीन लगी ही थी, जवाहरलाल नेहरू ने भी सार्वजनिक रूप से *हिन्द स्वराज* के कथनों से अपनी असहमति प्रकट की थी। लेकिन महात्मा गाँधी ने उसके सभी आलोचकों को अन्त तक यही कहा कि उन्हें इस पुस्तक का एक शब्द भी बदलने लायक नहीं लगता। वे अन्त तक *हिन्द स्वराज* के कथ्य पर टिके रहे। फिर भी बौद्धिक लोगों के एक वर्ग का विश्वास इस पुस्तक में बना रहा है और वे उससे भारत के लिए कोई वैकल्पिक मार्ग ढूँढ़ने में लगे रहे हैं। लेकिन गाँधीजी ने यह पुस्तक किसी नये वैकल्पिक मार्ग को सुझाने के लिए नहीं लिखी थी। उन्होंने दो टूक

शब्दों में यही कहा कि भारत को अपनी सभ्यता में लौट जाना है। भारत की अपनी सभ्यता क्या है, उसके तौर-तरीक़े क्या हैं, इसकी स्मृति कुछ धुँधली अवश्य हुई है लेकिन मिटी नहीं है। सभ्यताओं की विधियाँ इतनी आसानी से मिटती भी नहीं हैं। भारत तो वैसे भी एक जीवन्त सभ्यता है। विदेशी शासन में उसकी विधियाँ चाहे कितनी ही नष्ट अथवा कमज़ोर कर दी गयी हों, साधारण लोगों के व्यवहार में और उनकी स्मृति में वह अभी भी जीवित हैं। समस्या उन पढ़े-लिखे लोगों की है जो भारतीय सभ्यता को भी यूरोपीय सभ्यता की शब्दावली और विचारों के ढाँचे में समझने की कोशिश करते हैं। जब तक यह भ्रम दूर नहीं होता हमें सही रास्ता नहीं मिल सकता। हमें यह समझना है कि यूरोप के विज्ञान और तकनीक ने वास्तव में बहुत थोड़ा ही परिवर्तन किया है। उसमें जो ग्राह्य है उसे हम अपनी सभ्यता के दायरे में ही आत्मसात् कर लेंगे। लेकिन यूरोप का बाक़ी ढाँचा और उसकी पैदा की गयी सामग्री हमारे लिए नाशकारी है। उससे जितनी जल्दी हमारा मोहभंग हो, हमारा पिण्ड छूटे उतना ही अच्छा है।

कड़ी परीक्षा

देर में ही सही गाँधीजी के १९०६ से शुरू हुए सत्याग्रह का लगभग चार साल बाद परिणाम निकला। पर उसके पीछे कुछ और सहायक कारण भी थे। भारत में दक्षिण अफ्रीका में बसे भारतीयों की दशा पर काफ़ी उद्वेलन था। काँग्रेस अपने हर राष्ट्रीय सम्मेलन में उनके बारे में प्रस्ताव ही पारित नहीं करती थी, गिरमिट व्यवस्था के प्रति आक्रोश भी दिखाया जाता था। रंगभेद के समाचार भी ब्रिटिश साम्राज्य के खोखले नैतिक आधार को स्पष्ट कर रहे थे। कलकत्ते की बड़ी कौंसिल में गोपालकृष्ण गोखले ने एक प्रस्ताव प्रस्तुत करके गिरमिट व्यवस्था के अन्तर्गत भारतीयों को दक्षिण अफ्रीका भेजे जाने पर पाबन्दी लगाने की वकालत की थी। इस प्रस्ताव को स्वीकार कर लिया गया। भारत में जॉर्ज पंचम के राजदरबार का समय निकट आ रहा था। इसलिए ब्रिटिश सरकार भारतीयों को शान्त रखना चाहती थी। इन सब दबावों के कारण १९११ में दक्षिण अफ्रीकी सरकार को यह घोषणा करनी पड़ी कि वह ट्रांसवाल में भारतीयों के प्रवेश पर लगी रोक हटा लेगी और रंगभेद सम्बन्धी नीतियाँ समाप्त कर दी जायेंगी। २७ मई, १९११ को इण्डियन ओपिनियन के द्वारा गाँधीजी ने भी यह घोषणा कर दी कि सरकार के साथ एक अस्थायी समझौता हो गया है। इसलिए अब सत्याग्रह स्थगित किया जाता है और सब भारतीय अपने काम धन्धों में लौट जायें। उसके ठीक बाद गोपालकृष्ण गोखले दक्षिण अफ्रीका की यात्रा पर आये। उनकी दक्षिण अफ्रीका की यात्रा ब्रिटिश सरकार की इच्छा और अनुमति से ही बनी थी। इसलिए दक्षिण अफ्रीकी सरकार ने उन्हें अपना राजकीय अतिथि बनाया था। सरकार ने उनकी रेल यात्रा के समय एक विशेष सैलून की भी व्यवस्था की थी। गाँधीजी

गोपालकृष्ण गोखले से पिछले १५ साल से सम्पर्क में थे। उनके निमन्त्रण पर ही गोखले दक्षिण अफ्रीका आये थे। इसलिए गाँधीजी ने कैपटाउन पहुँचकर उनका स्वागत किया। वे महीने भर की उनकी यात्रा के सारे समय उनके साथ ही रहे और उनके दुभाषिये का काम किया।

यहाँ महात्मा गाँधी के देशप्रेम के एक और पहलू को सामने लाना आवश्यक है। गोपालकृष्ण गोखले आम तौर पर अँग्रेज़ी में भाषण देते थे। दक्षिण अफ्रीका में बसे भारतीयों को वे किस भाषा में सम्बोधित करें? वहाँ के अधिकांश भारतीय गुजराती भाषी थे और बाक़ी तमिल और हिन्दी भाषी। गोखले के अँग्रेज़ी भाषण का गाँधीजी गुजराती और हिन्दी में अनुवाद कर सकते थे। लेकिन उन्होंने गोखले से आग्रह किया कि अगर वे यहाँ बसे भारतीयों के किसी वर्ग की भाषा नहीं बोल सकते तो अपनी मातृभाषा मराठी में बोलें। गोपालकृष्ण गोखले के लिए यह आग्रह बिल्कुल नया था। उन्होंने गाँधीजी से पूछा कि क्या वे इतनी मराठी समझते हैं कि उसका अनुवाद हिन्दुस्तानी या गुजराती में कर सकें। गोखले यह देख चुके थे कि महात्मा गाँधी की हिन्दुस्तानी भी कोई बहुत परिपक्व नहीं थी। गाँधीजी ने उत्तर दिया कि उन्होंने मराठी सीखी तो नहीं है, लेकिन उन्हें विश्वास है कि अगर उन्हें विषय का पता हो तो वे गोखले की बात को ठीक-ठीक गुजराती या हिन्दुस्तानी में बता सकेंगे। गोखले को भरोसा नहीं हुआ, पर वे महात्मा गाँधी के आग्रह को टाल भी नहीं पाये। अपनी यात्रा के अन्त में उन्होंने सन्तोषपूर्वक देखा कि महात्मा गाँधी की यह व्यवस्था ठीक रही। गोखले का हर जगह भारतीय समुदाय द्वारा ज़बरदस्त स्वागत किया गया था। गोखले की इस यात्रा से भारतीय समुदाय में भी ख़ूब जोश पैदा हुआ था और उनके आत्मविश्वास में वृद्धि हुई थी। प्रिटोरिया में गोखले की भेंट संघीय सरकार के मन्त्रिमण्डल से करवाई गयी जहाँ उन्हें बताया गया कि वहाँ की सरकार ने भारतीयों की सभी माँगें मान ली हैं। गोखले गाँधीजी को भारत लौटाना चाहते थे। इसलिए दक्षिण अफ्रीकी सरकार की इस घोषणा से काफ़ी सन्तुष्ट हुए और उन्होंने गाँधीजी से कहा कि वे साल भर में भारत लौट आयें। संघीय सरकार ने काले क़ानून को रद्द करने का निर्णय कर लिया है। आप्रवासी क़ानून से रंगभेद वाली दफ़ा निकाल दी जायेगी। तीन पाउण्ड का कर उठा लिया जायेगा। गाँधीजी ने गोखले के सामने अपनी आशंकाएँ प्रकट की थीं। और जैसे ही गोखले दक्षिण

अफ्रीका से विदा हुए, संघीय सरकार पलट गयी और गाँधीजी की आशंकाएँ सही साबित हुईं। जनरल स्मट्स ने संघीय संसद को बताया कि नेटाल के यूरोपियन यह कर उठाने को तैयार नहीं हैं, इसलिए संघीय सरकार गिरमिट मुक्त भारतीय मज़दूरों और उनके परिवारों पर लगाये गये तीन पाउण्ड के कर को रद्द करने में असमर्थ है। सरकार के धोखे ने सत्याग्रह को फिर जीवित कर दिया।

गाँधीजी के दक्षिण अफ्रीका प्रवास का यह अन्तिम दौर सबसे कठिन सिद्ध हुआ। पर इसी दौर में उनकी सबसे कड़ी परीक्षा हुई और उस परीक्षा में वे खरे उतरे। ऐसा लगता है जैसे विधि उनके लिए सबसे भीषण चुनौती पैदा करके उन्हें आने वाले संघर्ष का पूर्वाभास कराना चाहती थी। हालाँकि भारत में उन्होंने कभी इतनी बड़ी चुनौती महसूस नहीं की थी जितनी अपने दक्षिण अफ्रीका प्रवास के इस अन्तिम काल में। इस संकटपूर्ण परिस्थिति से उन्हें तप कर निकलना था। इसमें सफल होने का अर्थ था आगे आने वाली सभी चुनौतियों का आसान दिखने लगना। इस दौर में ही उन्होंने भारतीय स्वभाव को सबसे अच्छी तरह समझा और इसी दौर में उन्होंने कठिन से कठिन स्थिति में अपने मन की समता बनाये रखने का अपना विश्वास पाया। दक्षिण अफ्रीकी प्रवास के इस अन्तिम सत्याग्रह में गाँधीजी सत्याग्रह की भावना को बहुत ऊँचाई पर ले गये और उन्होंने दिखा दिया कि जिस अहिंसा महाव्रत की वे अब तक साधना करते रहे हैं उसे उन्होंने कितनी कुशलता से सिद्ध कर लिया है। इस अन्तिम सत्याग्रह से ही यह तथ्य भी प्रकाशित हुआ कि विवाह के पवित्र बन्धन पर उठी उँगली भारतीय समाज को किस तरह आहत–उद्वेलित कर सकती है और महिलाओं का आन्दोलन में कूदना पूरे समाज को किस तरह जोश और संकल्प से भर सकता है। गाँधीजी संघीय सरकार द्वारा पहले उनके अपने साथ किये गये अस्थायी समझौते और फिर गोखले को दिये गये वचन से मुकरने से आहत थे ही। आग में घी का काम वहाँ के सुप्रीम कोर्ट के इस निर्णय ने कर दिया कि दक्षिण अफ्रीका में वही विवाह वैध माना जायेगा जो ईसाई रीति से सम्पन्न हुआ हो और जिसे रजिस्ट्रार के यहाँ विधिवत् पंजीकृत करवा गया हो। इसका अर्थ यह हुआ कि हिन्दू, मुस्लिम, पारसी या किसी और रीति से किये गये सभी विवाह अवैध हो गये। यहाँ तक कि ऐसे विवाहों से उत्पन्न बच्चे भी अपने माता–पिता की सम्पत्ति के क़ानूनन्

उत्तराधिकारी नहीं रहे। इसने सभी भारतीय परिवारों को उत्तेजित कर दिया। गाँधीजी ने पहली बार निर्णय किया कि केवल पुरुष ही नहीं, इस बार के सत्याग्रह में स्त्रियाँ भी जेल जायेंगी। जब इन घटनाओं की जानकारी गोपालकृष्ण गोखले को मिली तो वे काफ़ी दुखी हुए। फिर उन्होंने अपने पत्र में गाँधीजी से पूछा कि उनके पास सत्याग्रह छेड़ने के लिए कितने सत्याग्रही हैं? गाँधीजी ने उन्हें पत्र लिखकर उत्तर दिया कि उनके पास कम से कम १६ और अधिक से अधिक ६७ लोगों के नाम हैं और इन लोगों की एक सूची भी उन्होंने बाकायदा गोपालकृष्ण गोखले को भेज दी। गोखले इस सूचना से निश्चय ही निराश हुए होंगे क्योंकि कोई भी व्यक्ति इतने कम सत्याग्रहियों के भरोसे दक्षिण अफ्रीका के निर्मम रंगभेदी प्रशासन को झुकाने की कल्पना नहीं कर सकता।

गाँधीजी के लिए भी यह बहुत बड़ी चुनौती थी। अब तक के सत्याग्रह में लोग थक चुके थे और यकायक उनसे सत्याग्रह में कूद पड़ने की आशा नहीं की जा सकती थी। पर गाँधीजी अपने लक्ष्य की सत्यता और सत्याग्रह की शक्ति के बारे में इतने आश्वस्त थे कि उन्होंने आन्दोलन का बिगुल बजा दिया। उन्हें अपने फीनिक्स और टॉलस्टाय आश्रम में रहने वाले लोगों पर भरोसा था। इसलिए सबसे पहले वे नेटाल के फीनिक्स आश्रम में गये, वहाँ सबको बिठाकर सरकार के काले क़ानूनों का विरोध करने की अनिवार्यता बतायी और फिर सत्याग्रह के परिणामस्वरूप सत्याग्रहियों को जो कष्ट झेलने पड़ सकते हैं उनकी जानकारी दी। उन्होंने यह भी स्पष्ट कर दिया कि इस बार सत्याग्रह में पहले महिलाएँ जेल जायेंगी। फीनिक्सवासी महिलाओं ने कहा कि वे किसी भी कष्ट को उठाने के लिए तैयार हैं और आन्दोलन करके जेल जायेंगी। जब सत्याग्रहियों के जत्थे की सूची बनायी जा रही थी तो कस्तूरबा गाँधीजी के पास गयी और उनसे पूछा कि उन्हें सत्याग्रह के जत्थे में सम्मिलित होने की अनुमति चाहिए। उन्होंने गाँधीजी से यह भी पूछा कि उनका नाम पहले से ही क्यों शामिल नहीं किया गया। गाँधीजी ने कहा कि वे चाहते थे कि कस्तूरबा इसका निर्णय स्वयं लें ताकि जेल में मिलने वाले कष्टों का सामना करने के लिए वे अपने मन से तैयार हों। कस्तूरबा ने दृढ़ता दिखायी और सोलह सत्याग्रहियों के दस्ते में वे भी शामिल हो गयीं। इन सत्याग्रहियों को फीनिक्स आश्रम से निकलकर ट्रांसवाल की सीमा पार करनी थी ताकि बिना अधिवासी

पंजीयन पत्र के घुसने पर उन्हें गिरफ़्तार कर लिया जाय। यही हुआ और ट्रांसवाल सीमा पार करने के बाद २२ दिसम्बर को उन्हें गिरफ़्तार करके जेल भेज दिया गया। कुछ ही दिन बाद गाँधीजी ने टॉलस्टाय फार्म में रहने वाले लोगों से बात करके वहाँ भी ११ महिलाओं का एक जत्था तैयार किया, जिसे नेटाल में प्रवेश करके क़ानून तोड़ना था। उन्हें न्यू कैसल पहुँचने के लिए कहा गया था जहाँ कोयले की खदानें थीं और हज़ारों भारतीय गिरमिटिया मज़दूर उनमें काम करते थे। उनके काम की परिस्थितियाँ नारकीय थीं और खदान मालिकों के अत्याचारों की कथा लेकर वे गाँधीजी के पास आते रहते थे। जब टॉलस्टाय फार्म की ११ महिलाएँ वहाँ पहुँचीं तो उन्होंने खदान में काम करने वाले मज़दूरों से भी बात की और उन्हें आन्दोलन में शामिल होने के लिए कहा। पहले से ही त्रस्त मज़दूर इसके लिए तैयार हो गये और उन्होंने काम बन्द करते हुए हड़ताल की घोषणा कर दी।

इस घटना ने गाँधीजी के आन्दोलन को एक नया और निर्णायक मोड़ दे दिया। मज़दूरों की हड़ताल से क्रोधित होकर खान मालिकों ने उनके घरों में बिजली पानी बन्द करवा दिया। इससे मज़दूर और भड़क गये और उन्होंने अपने घर छोड़ देने का फ़ैसला कर लिया। गाँधीजी को न्यू कैसल की घटनाओं की जानकारी मिली तो वे तत्काल वहाँ के लिए रवाना हो गये ताकि मज़दूर ग़ुस्से में आकर कोई हिंसक उपद्रव न कर बैठें। मज़दूरों की हड़ताल से कुपित खान मालिकों ने गाँधीजी को बातचीत के लिए डरबन बुलाया और उनसे कहा,

> आपका तो इसमें कुछ नहीं बिगड़ेगा। पर इन बहकाए गये मज़दूरों का जो नुकसान होगा क्या आप उसे भर पायेंगे?

गाँधीजी ने शान्तिपूर्वक उत्तर दिया कि मज़दूरों ने सोच समझकर और अपने नुकसान को जानते हुए ही यह हड़ताल की है। फिर उन्होंने कहा कि

> जहाँ तक नुकसान का सवाल है, आदमी के लिए आत्मसम्मान खोने से बड़ा कोई नुकसान नहीं हो सकता, जिसे वे मज़दूर तीन पौण्ड के कर के रूप में अर्से से भुगतते आ रहे हैं।

गाँधीजी ने खान मालिकों से हुई यह पूरी बातचीत मज़दूरों को बताते हुए उन्हें फिर से विचार करने के लिए कहा मज़दूरों ने हड़ताल के अपने

फ़ैसले पर डटे रहने की घोषणा की, भले ही उन्हें कितने ही कष्टों का सामना क्यों न करना पड़े। इसके बाद खान मालिक मज़दूरों के दमन पर ही उतर आये और मजबूर होकर मज़दूरों को अपनी बस्तियाँ छोड़नी पड़ीं।

गाँधीजी के लिए यह बिल्कुल नयी समस्या थी। हज़ारों मज़दूरों के रहने, खाने-पीने की व्यवस्था कैसे की जाय? न्यू कैसल के भारतीय व्यापारियों से कोई विशेष सहायता नहीं मिल पा रही थी क्योंकि उन्हें डर था कि सरकार का रोष उन पर वज्र बनकर टूट सकता है। एक भारतीय ईसाई परिवार इन मज़दूरों के भोजन में कुछ मदद करने के लिए आगे आया। पर लगभग पाँच हज़ार मज़दूरों के लिए वह कितने दिन तक भोजन जुटा सकता था। वैसे भी अगर अन्याय का शिकार बेघर मज़दूर यूँ ही बेकारी और बदहाली की हालत में न्यू कैसल में पड़े रहते तो उनके उग्र होने का अंदेशा था। इसलिए गाँधीजी ने उन्हें ट्रांसवाल के आश्रम टॉलस्टाय फार्म पर ले जाने का फ़ैसला किया। गाँधीजी को थोड़ी सी आशा थी कि रास्ते में सरकार मज़दूरों को गिरफ़्तार कर लेगी और जेल भेज देगी। इससे उनकी तात्कालिक समस्या हल हो जायेगी। अगर ऐसा न भी हुआ तो टॉलस्टाय फार्म में कुछ मेहनत-मज़दूरी करके ये लोग अपना पेट पाल सकेंगे। गाँधीजी उनके लिए प्रति व्यक्ति केवल डेढ़ पौण्ड डबल रोटी और एक औंस चीनी का प्रबन्ध कर पाये। इस मामूली राशन पर ही मज़दूर ६ नवम्बर, १९१३ को नेटाल के सीमावर्ती गाँव चार्ल्स टाउन पहुँच गये। छत्तीस मील की यह दूरी तय करने में उन्हें दो दिन लग गये। इस काफ़िले में २०३७ पुरुष, १२७ स्त्रियाँ और ५७ बच्चे थे। वहाँ के एक प्रसिद्ध अख़बार सण्डे पोस्ट ने गाँधीजी के नेतृत्व में चल रहे इन सत्याग्रहियों के जीवट की बहुत प्रशंसा की। देखने में वे कृशकाय और अशक्त दिखायी देते थे। लेकिन इस मामूली राशन पर इतनी लम्बी यात्रा के लिए निकल पड़ना उनके अद्‌भुत साहस का ही परिचायक था। इन कष्टों को सहन करने की एकमात्र प्रेरणा महात्मा गाँधी में उनका विश्वास था। रास्ते में एक अत्यन्त मार्मिक घटना घटी। एक नाले को लाँघते हुए एक माँ के हाथ से छूटकर उसका बच्चा धारा में समा गया। इस बहादुर माँ ने अपना धैर्य और साहस नहीं खोया। वह यह कहते हुए आगे बढ़ गयी कि मरे हुए का शोक करके क्या करेंगे। जो जीवित हैं उन्हीं की सेवा करना धर्म है। सात दिनों के मार्च के बाद जब यह दल टॉलस्टाय आश्रम के निकट पहुँचा तो

सरकार सक्रिय हुई और उसने पहले गाँधीजी को गिरफ़्तार कर लिया और फिर इस दल के अन्य नेताओं को भी गिरफ़्तार कर लिया गया। जब फिर भी इस काफ़िले ने अपनी यात्रा जारी रखी तो सरकार सभी लोगों को गिरफ़्तार करने के लिए विवश हो गयी। सरकार आन्दोलनकारियों को थकाकर निराश कर देना और घुटने टेकने के लिए मजबूर करना चाहती थी। उस पर खान मालिकों का भी दबाव था जो मज़दूरों के अभाव में होने वाले अपने नुकसान से चिन्तित थे।

लेकिन मज़दूरों को गिरफ़्तार करके उन्हें जेल नहीं ले जाया गया जैसा कि गाँधीजी चाहते थे। उन्हें तीन रेलगाड़ियों में भरकर बिना कुछ खाने को दिये नेटाल ले जाया गया और मुक़दमा चलाकर आनन-फानन जेल की सज़ा ठोंक दी गयी। सरकार ने खान मालिकों के दबाव में बन्द खानों को चलाने की एक तरकीब भी निकाल ली। हड़ताली मज़दूर जिन-जिन खानों में काम करते थे उन्हें वहीं ले जाया गया और एक नया क़ानून बनाकर इन स्थानों को जेल में परिवर्तित कर दिया गया। मज़दूरों की बस्तियों के चारों तरफ़ कँटीले तारों की बाड़ लगा दी गयी और खानों के गोरे कर्मचारियों को इन जेलों का दरोगा बना दिया गया। सरकार ने फ़ैसला किया कि इन मज़दूरों से सज़ा के तौर पर ज़बरदस्ती खानों में काम करवाया जायेगा। लेकिन मज़दूरों ने बहुत बहादुरी दिखायी और खानों में काम करने से इनकार कर दिया। इसके बाद उन पर अमानुषिक अत्याचार किये गये। उन्हें लात-घूँसों से ही नहीं मारा गया, उन पर कोड़े बरसाए गये। सरकार की इस नृशंसता का समाचार आग की तरह चारों तरफ़ फैल गया। इसका भारतीय समुदाय पर इतना उग्र प्रभाव हुआ कि पश्चिमोत्तर नेटाल के सभी खेतों और खानों में काम करने वाले गिरमिटिया मज़दूर हड़ताल पर चले गये। इससे संघीय सरकार और भड़की। उसने निहत्थे गिरमिटिया मज़दूरों पर सशस्त्र घुड़सवार सैनिक दौड़ा दिये जो उन्हें वापस खेतों में जाकर काम करने के लिए खदेड़ने लगे। कई स्थानों पर गोली चली जिनमें लगभग २१ लोग मारे गये। इस नृशंसता के बावजूद मज़दूरों ने अपना साहस नहीं छोड़ा और सरकार परिस्थितियों को अपने अनुकूल बनाने में सफल नहीं हो पायी। सरकार के इस पाशविक व्यवहार में गोरे प्रशासन का अहंकार तो था ही, भू-स्वामियों और खान मालिकों का दबाव भी था जो अपने नुकसान से अत्यधिक चिन्तित थे।

सरकार उनके समर्थन पर निर्भर होने के कारण उनकी बात अनसुनी नहीं कर सकती थी।

महात्मा गाँधी को भी सबक सिखाने का पूरा इन्तज़ाम कर लिया गया था। उन्हें बोक्सरस्ट जेल में ले जाया गया था जहाँ उनसे पत्थर खुदवाने और झाड़ू लगवाने का काम करवाया गया। इसकी उन्हें अपनी पिछली जेल यात्राओं में ही आदत पड़ चुकी थी। बोक्सरस्ट जेल से उन्हें प्रिटोरिया की जेल में भेज दिया गया और यहाँ उन्हें दस फुट लम्बी और सात फुट चौड़ी कालकोठरी में बन्द कर दिया गया। इस कालकोठरी में दिनभर प्रकाश की एक किरण भी नहीं पहुँचती थी। रात को जब क़ैदियों की निगरानी के समय प्रकाश किया जाता तभी वहाँ प्रकाश पहुँचता था। यहाँ न तो गाँधीजी को बैठने के लिए बैंच दी गयी थी और न ही दूसरी कोई सुविधाएँ। उन्हें किसी से बात भी नहीं करने दी जाती थी। महात्मा गाँधी का अपमान करने और उनका मनोबल तोड़ने के लिए उनके हाथों में हथकड़ी और पैरों में बेड़ी डालकर अदालत ले जाया जाता था। यह सब क़ानूनी मन्त्री जनरल स्मट्स के इशारे पर किया जा रहा था जो एक कठोर और निर्मम प्रशासक थे और रंगभेद में पूरी तरह विश्वास करते थे। महात्मा गाँधी की यह कितनी कड़ी अग्नि परीक्षा रही होगी इसका सहज ही अनुमान लगाया जा सकता है। महात्मा गाँधी को न केवल अपने आप को शान्त रखना था बल्कि जनरल स्मट्स के प्रति किसी विद्वेष की भावना को अपने मन में न आने देना था। महात्मा गाँधी यह भी जानते थे कि उनके और दूसरे सत्याग्रहियों के प्रति बरती जा रही इस बर्बरता के लिए निर्देश चाहें जनरल स्मट्स ने दिये हों पर दक्षिण अफ्रीका का एक बहुत बड़ा समूह उनके इन निर्देशों से सहमत ही नहीं प्रसन्न भी था। एक सत्याग्रही की अहिंसक वृत्ति दिखाते हुए महात्मा गाँधी ने जेल में जनरल स्मट्स के लिए एक जोड़ी चप्पल बनायी। निश्चय ही गाँधीजी के इस निर्मल व्यक्तित्व ने जनरल स्मट्स और उनके दूसरे सहयोगियों पर कुछ प्रभाव डाला होगा।

लेकिन गाँधी जी के इस अपमान और भारतीय समुदाय पर हो रहे इस अत्याचार की सारी जानकारी भारत पहुँची। गाँधीजी और उनके सहयोगी सभी घटनाओं की पूरी जानकारी गोपालकृष्ण गोखले को पहुँचाते रहे थे। उन्होंने दक्षिण अफ्रीका के मामले में हमेशा पूरी रुचि ली थी और राजनीतिक रूप से जो भी कर सकते थे वह किया था। गोखले ने दक्षिण अफ्रीका में

की जा रही इस बर्बरता पर भारतीय जनता को उद्वेलित करने के लिए देशव्यापी दौरा शुरू किया। धीरे-धीरे इन घटनाओं की जानकारी देशभर में फैल गयी और इस नृशंसता के विरुद्ध ऐसा जनाक्रोश उठा कि भारत का ब्रिटिश प्रशासन भी उससे प्रभावित हुए बिना रह नहीं सका। भारत के बड़े पादरी लिफाय ने अख़बारों में खुला पत्र लिखकर प्रवासी भारतीयों का पक्ष लिया। उस समय भारत के वायसराय पद पर लॉर्ड हार्डिंग थे। उन्होंने इन घटनाओं पर पैदा हुए रोष का वर्णन करते हुए कहा,

> सिपाही विद्रोह के बाद ऐसा देशव्यापी आन्दोलन पहले कभी नहीं हुआ।

उन्होंने दक्षिण अफ्रीका की संघीय सरकार की आलोचना ही नहीं की, यहाँ तक कहा,

> मेरे जैसे ग़ैर-भारतीयों की सहानुभूति भी वहाँ के भारतीयों के साथ है।

इसके साथ ही उन्होंने माँग की कि दक्षिण अफ्रीका में किये जा रहे भारतीयों के दमन की निष्पक्ष जाँच करवाई जाय। उन्होंने अपने एक विश्वस्त कर्मचारी को दक्षिण अफ्रीका भेजा कि वह जिस तरह सम्भव हो उस तरह भारतीयों की सहायता करे।

गोपालकृष्ण गोखले के आग्रह पर भारत से दीनबन्धु एंड्रयूज और पियर्सन दक्षिण अफ्रीका पहुँचे। जनरल स्मट्स की परेशानियाँ भी लगातार बढ़ती जा रही थीं। हज़ारों लोगों को जेल में रखना मुश्किल होता जा रहा था। भू-स्वामी और खान मालिक अपने नुकसान से परेशान थे और सरकार पर कोई हल निकालने के लिए दबाव डाल रहे थे। जनरल स्मट्स के राजनैतिक विरोधी भी उन्हें घेरने में लगे थे। इन सब परिस्थितियों ने उन्हें एक जाँच कमीशन बैठाने और समझौता वार्ता आरम्भ करने के लिए मजबूर कर दिया। कमीशन में जो तीन लोग रखे गये थे वे सभी गोरे थे और उनमें से दो तो मुख्य रूप से भारतीयों का विरोध करने वाले थे। इसलिए गाँधीजी ने इस कमीशन का बहिष्कार करने का फ़ैसला किया और माँग की कि उसका पुनर्गठन किया जाय। कमीशन नियुक्त करने के साथ ही साथ सरकार ने गाँधीजी तथा दूसरे नेताओं को और बाद में सभी सत्याग्रहियों को छोड़ दिया। भारतीय समुदाय ने शीघ्र अपनी माँगें मनवाने के लिए १ जनवरी, १९१४ को एक नये मार्च की घोषणा कर दी और उसकी तैयारी में जुट गये। इसी बीच संघीय रेलवे के गोरे कर्मचारियों ने

एक व्यापक हड़ताल कर दी। गाँधीजी चाहते तो अपनी मार्च का कार्यक्रम बनाये रखकर सरकार की परेशानियाँ बढ़ा सकते थे। पर उन्हें लगा कि अपने विरोधी की मुसीबत का लाभ उठाना सत्याग्रह की भावना के अनुरूप नहीं है। इसलिए उन्होंने अपनी यह प्रस्तावित मार्च स्थगित कर दी। गाँधीजी के इस निर्णय से गोरे बहुत प्रभावित हुए। जनरल स्मट्स के एक सचिव ने कुछ विनोद करते हुए गाँधीजी से कहा,

> मैं भारतीयों को बिल्कुल पसन्द नहीं करता और उनकी सहायता करने की भी बिल्कुल इच्छा नहीं रखता। पर मैं क्या करूँ, आप समय आने पर हमारी मदद कर देते हैं। फिर आप पर हम कैसे हाथ छोड़ सकते हैं। कई बार हम सोचते हैं कि अच्छा हो कि अँग्रेज़ हड़तालियों की तरह आप भी हिंसा का रास्ता पकड़ें, क्योंकि तब हम जान पायेंगे कि आपको कैसे समाप्त किया जाय। परन्तु आप तो शत्रु को भी चोट नहीं पहुँचायेंगे। आप सारे कष्ट सहकर विजय की कामना करते हैं और आपने अपने ऊपर स्वयं ही शिष्टाचार तथा सभ्यता का जो अनुशासन लगाया है उससे कभी नहीं हटते। इससे हम बिल्कुल निरुपाय हो जाते हैं।

जनरल स्मट्स अपनी हठधर्मी और निर्मम तौर तरीक़ों से अपने बिछाये जाल में ख़ुद ही फँस गये थे। उनकी खिसियाहट उनके इस कथन में देखी जा सकती है—

> गाँधी थोड़ा विश्राम और जेल का एकान्त चाहते थे, वह उन्हें मिल गया। उनके लिए सब उनकी योजना के अनुसार ही हो रहा था। क़ानून और व्यवस्था के संरक्षक के रूप में मुसीबत तो मेरी थी, एक ऐसे क़ानून को अमल में लाना पड़ रहा था जिसके पीछे जनता का कोई विशेष बल नहीं था। और फिर मुझे उसी क़ानून को वापिस लेने से मिली हार और अपमान भी सहना पड़ा। मज़ा तो गाँधी का रहा, क्योंकि उनका षड्यन्त्र सफल हो गया।

बहरहाल, जनरल स्मट्स के बैठाए कमीशन में यद्यपि कोई भारतीय नहीं था और भारतीय समुदाय ने उसका बहिष्कार किया था, फिर भी उसकी रिपोर्ट इस रूप में भारतीय समुदाय के अनुकूल रही कि इसमें सभी मुख्य भारतीय माँगों को स्वीकार करने की सिफ़ारिश की गयी थी। तीन पाउण्ड प्रति व्यक्ति टैक्स हटा दिया गया था, भारतीय हिन्दू और मुस्लिम पद्धति से किये गये विवाहों को मान्यता दे दी गयी थी, अँगूठे के छाप वाले

अधिवासी प्रमाण पत्र को दक्षिण अफ्रीका में दाख़िल होने और रहने का प्रमाण पत्र स्वीकार कर लिया गया था। शीघ्र ही कमीशन की रिपोर्ट संघीय संसद में रखी गयी और उसकी इन सभी सिफ़ारिशों को संसद ने स्वीकार करते हुए एक बिल पास कर दिया। इस तरह दक्षिण अफ्रीका में गाँधीजी की यह सबसे कठिन परीक्षा पूरी हुई। महात्मा गाँधी के सत्याग्रह की यह कितनी बड़ी विजय थी, इस पर अनुकूल और प्रतिकूल टिप्पणियाँ होती रही हैं। क्या गाँधीजी की दक्षिण अफ्रीका की इस इक्कीस वर्ष लम्बी तपस्या का कोई स्थायी परिणाम निकल पाया था? क्या गाँधीजी के सत्याग्रह ने दक्षिण अफ्रीका के गोरों का रंगभेद सम्बन्धी पूर्वग्रह समाप्त कर दिया? क्या वहाँ रहने वाले भारतीयों की दशा में कोई दीर्घकालिक सुधार हुआ? दुर्भाग्य से इन सभी प्रश्नों के उत्तर सन्तोषकारी नहीं हैं। गाँधीजी के दक्षिण अफ्रीका छोड़ने के कुछ समय बाद फिर भारतीयों पर और भीषण अत्याचार आरम्भ हो गये थे। दक्षिण अफ्रीकी गोरों के रंगभेदी पूर्वग्रहों में कोई परिवर्तन नहीं हुआ। पर ऐसे किसी स्थायी परिणाम की आशा करना ही सही नहीं था। लम्बे समय से पल्लवित-पुष्पित पूर्वग्रह इतनी आसानी से नहीं मिटते। दक्षिण अफ्रीका के गोरों ने लम्बे समय तक अपनी रंगभेदी नीतियाँ बनाये रखीं। बाद में गाँधीजी ने इस स्थिति की समीक्षा करते हुए कहा कि भारतीय समुदाय ने उनके जाने के बाद सत्याग्रह का रास्ता पकड़े नहीं रखा। इसलिए धीरे-धीरे सत्याग्रह से जो प्राप्त हुआ था वह उन्होंने खो दिया। गाँधीजी ने कहा,

> प्रकृति का एक नियम है कि जो वस्तु जिस तरीक़े से प्राप्त की जाती है वह उसी तरीक़े से रखी जा सकती है। हिंसा से प्राप्त वस्तु हिंसा से ही रखी जा सकती है और सत्याग्रह से प्राप्त वस्तु सत्याग्रह से ही। इसलिए दक्षिण अफ्रीका के प्रवासी भारतीय आज अपनी सुरक्षा सत्याग्रह का अस्त्र अपनाकर ही पक्की रख सकते हैं। सत्याग्रह में ऐसा कोई चमत्कारिक तत्त्व नहीं है कि सत्य से प्राप्त वस्तु सत्य को त्याग देने पर भी रखी जा सकती हो। इसलिए यदि दक्षिण अफ्रीका में भारतीयों की स्थिति ख़राब हुई है तो इसका स्पष्ट अर्थ है कि उनमें सत्याग्रहियों का अभाव है।

हो सकता है गाँधीजी के इस उत्तर से सब लोग सन्तुष्ट न हों। पर इतना निश्चित है कि कोई भी यह मानकर नहीं चल सकता कि उसके अधिकारों और स्वतन्त्रता पर फिर ख़तरा नहीं आयेगा। इसलिए सही प्रश्न यह नहीं है कि गाँधीजी के सत्याग्रह के कारण क्या दक्षिण अफ्रीका के भारतीयों

की समस्याएँ सदा के लिए समाप्त हो गयीं। सही प्रश्न यह है कि गाँधीजी का यह सत्याग्रह अपने समय में कितना प्रभावकारी रहा। इसमें कोई सन्देह नहीं हो सकता कि अपने सत्याग्रह से जिस तरह गाँधीजी ने पूरे भारतीय समाज को एकजुट करके अपने ऊपर हो रहे अन्याय के विरुद्ध खड़ा कर दिया था और अपनी सारी कठोरता और बर्बरता के बावजूद दक्षिण अफ्रीकी गोरे शासकों को हार माननी पड़ी थी वह सत्याग्रह के अलावा किसी और साधन से सम्भव नहीं था।

लेकिन दक्षिण अफ्रीका का मुख्य योगदान तो गाँधीजी को महात्मा बनाने में उसकी भूमिका है। गाँधीजी ने जब चौबीस साल की आयु में दक्षिण अफ्रीका में पदार्पण किया था तो उनमें आत्म–गौरव की भावना, धर्म-शील स्वभाव और अपने देश को स्वाधीन देखने की उत्कट इच्छा थी। आत्म–गौरव की भावना के कारण ही वे वहाँ के भारतीय समुदाय के अधिकारों की लड़ाई में कूदे, अपने धर्मशील स्वभाव के कारण वे सत्याग्रह जैसा अस्त्र खोज पाये और भारत को स्वाधीन देखने की अपनी उत्कट इच्छा के कारण ही उन्होंने दक्षिण अफ्रीका में पहुँचते ही नेटाल इण्डियन काँग्रेस की स्थापना की। नेटाल इण्डियन काँग्रेस भारत की इण्डियन नेशनल काँग्रेस के सादृश्य पर ही बनायी गयी थी। उनकी धर्मशील बुद्धि उन्हें भारत की स्वाधीनता से वृहत्तर लक्ष्य की ओर ले गयी और उन्होंने भारत की स्वाधीनता के लक्ष्य को यूरोपीय सभ्यता से भारत को छुटकारा दिलाने के लक्ष्य में मिला दिया। इसका एक बड़ा कारण उनकी यह समझ थी कि भारत को आरम्भ में ईस्ट इण्डिया कम्पनी की फ़ौज़ और राजनैतिक चतुराई ने भले परास्त किया हो, पर भारत में ब्रिटिश साम्राज्य की जड़ें इसलिए गहरी हो पायीं कि भारतीयों ने यूरोपीय सभ्यता के सामने समर्पण कर दिया। अगर भारत के लोग यूरोपीय सभ्यता के अधर्ममय स्वरूप को पहचानकर उससे नाता तोड़ लें तो स्वाधीनता तो उन्हें मिल ही जायेगी, वे अपनी सभ्यता को भी उत्कर्ष की ओर ले जा सकेंगे। उन्होंने दोनों सभ्यताओं की मूल प्रकृति को स्पष्ट करते हुए कहा कि भारतीय सभ्यता धर्ममय है और पश्चिमी सभ्यता अधर्ममय।

दक्षिण अफ्रीका में रहते हुए अपनी भारत यात्राओं के दौरान वे देख चुके थे कि भारत की सभ्यता का परम्परागत तन्त्र जड़ हो गया है। भारत का परम्परागत तन्त्र पंचायतों, राजशक्ति और धर्मतन्त्र से बना हुआ था। इन

तीनों की जड़ता का अनुभव उन्हें बहुत पहले हो गया था। इसलिए भारतीय सभ्यता के पुनरुद्धार के लिए उन्होंने उस धर्म का सहारा लिया जो सनातन है और जिसके शुद्ध रूप की प्रतीति योगमार्ग द्वारा निर्दिष्ट पाँच यमों—सत्य, अहिंसा, अस्तेय, अपरिग्रह, ब्रह्मचर्य—में होती है। इसलिए सबसे पहले उन्होंने अपनी जीवन साधना का लक्ष्य इन नियमों को सिद्ध करना ही बनाया। ऐसा नहीं है कि भारतीय सभ्यता के परम्परागत तन्त्र में उनकी निष्ठा नहीं रह गयी थी। लेकिन उसमें जो जड़ता आ गयी थी उसके कारण वह इस तन्त्र को स्वाधीनता की लड़ाई लड़ने में समर्थ नहीं देखते थे। यहाँ यह स्पष्ट समझ लेना चाहिए कि स्वाधीन होने का जो राजनैतिक आशय यूरोप ने राष्ट्र–राज्य बनाकर लिया है उसे वे बहुत अधिक महत्त्व नहीं देते थे। इसलिए उन्होंने कहा कि उनकी दिलचस्पी इण्डिपेंडेंस में नहीं है। कोई इण्डिपेंडेंट देश इस रूप में पराधीन हो सकता है कि वह अपनी सभ्यता छोड़कर अपने जीवन को किसी दूसरी सभ्यता की प्रणाली से निर्देशित कर रहा हो। उनका इस भारतीय मान्यता में अटूट विश्वास था कि केवल वही स्वाधीन है जिसे अपने स्वधर्म का ज्ञान है और वह उसका पालन कर रहा है। इस तरह स्वाधीनता और अधर्ममय यूरोपीय सभ्यता से विमुखता उनके लिए एक ही बात थी।

दक्षिण अफ्रीका में रहते हुए भी उनका ध्यान भारत की ओर ही लगा रहता था और उनके दक्षिण अफ्रीका के सारे राजनैतिक प्रयोग भारत को ध्यान में रखकर ही किये जा रहे थे। ऐसा न होता तो दक्षिण अफ्रीका में रहते हुए उन्होंने *हिन्द स्वराज* जैसी मूलभूत पुस्तक न लिखी होती। दक्षिण अफ्रीकी आन्दोलन ने उन्हें भारत के सभी बड़े नेताओं से सम्पर्क साधने और उनको समझने का अवसर दिया था। भारतीय सभ्यता के तन्त्र के बारे में उनकी पहले से ही जो राय बनी थी उसे दक्षिण अफ्रीका में रहते हुए की गयी अपनी भारत यात्राओं के दौरान उन्होंने और अधिक सही पाया था। असल में पंचायतों की जड़ता तो वे विलायत जाते समय ही देख चुके थे। अपनी आत्मकथा में उन्होंने लिखा है,

> इस बीच जाति में खलबली मची। जाति की सभा बुलायी गयी। अभी तक कोई मोढ़ बनिया विलायत नहीं गया था। और मैं जा रहा हूँ इसलिए मुझसे जवाब तलब किया जाना चाहिए। मुझे पंचायत में हाजिर रहने का हुक्म मिला। मैं गया। मैं नहीं जानता कि मुझमें अचानक इतनी हिम्मत

> कहाँ से आ गयी। हाजिर रहने में मुझे न तो संकोच हुआ, न डर लगा। जाति के सरपंच के साथ दूर का कुछ रिश्ता भी था। पिता जी के साथ उनका सम्बन्ध कुछ अच्छा था। उन्होंने मुझसे कहा : 'जाति का ख़्याल है कि तूने विलायत जाने का जो विचार किया है, वह ठीक नहीं है। हमारे धर्म में समुद्र पार करने की मनाही है, तिस पर यह भी सुना जाता है कि वहाँ धर्म की रक्षा नहीं हो पाती। वहाँ साहब लोगों के साथ खाना-पीना पड़ता है।' मैंने जवाब दिया, 'मुझे तो लगता है कि विलायत जाने में लेशमात्र भी अधर्म नहीं है। मुझे तो वहाँ जाकर विद्याध्ययन ही करना है। फिर जिन बातों का आपको डर है, उनसे दूर रहने की प्रतिज्ञा मैंने अपनी माताजी के सम्मुख ली है, इसलिए मैं उनसे दूर रह सकूँगा।' सरपंच बोले, 'पर हम तुझसे कहते हैं कि वहाँ धर्म की रक्षा हो ही नहीं सकती। तू जानता है कि तेरे पिताजी के साथ मेरा कैसा सम्बन्ध था। तुझे मेरी बात माननी चाहिए।'

गाँधीजी के इस वर्णन से स्पष्ट है कि पंचायत धर्म का विचार नहीं कर पा रही थी, बल्कि एक रूढ़ि से बँधी थी। भारत में पंचायतों के केवल जातीय या व्यावसायिक रूप ही बचे थे। उन्हें भी केवल समाज की आन्तरिक मान्यता थी। पंचायत के बाक़ी रूप को विदेशी शासकों ने समाप्त कर दिया था। इसलिए उनमें जड़ता आ गयी थी। गाँधीजी जानते थे कि यह जातीय पंचायत देशकाल और परिस्थिति के अनुरूप विचार करने और निर्णय लेने में असमर्थ है। इसलिए उन्होंने उसकी बात नहीं मानी। उन्हें जाति से बाहर कर दिया गया। पर विलायत से लौटने के बाद उन्होंने जाति के बहिष्कार से मुक्त होने के लिए जो प्रायश्चित्त बताये गये उन्हें पूरा किया। वे मानते थे कि पंचायत भारतीय सभ्यता का आधार है। इसलिए जब भारत के भावी राजनैतिक स्वरूप पर बहस शुरू हुई तो उन्होंने पंचायत का ही उल्लेख किया।

इसी तरह राजतन्त्र का कुछ अनुभव तो उन्हें बचपन में ही अपने पिता के दीवान होने के कारण हो गया था। बाद में उन्हें राजाओं की असमर्थता और कापुरुषता के इसी तरह के अनुभव हुए। लार्ड कर्ज़न के दरबार का प्रसंग उन्होंने अपनी आत्मकथा में लिखा है। वे कलकत्ता के इण्डिया क्लब में ठहरे थे। वहाँ दरबार में उपस्थित होने के लिए आये हुए कुछ राजा महाराजा ठहरे थे। वे वैसे तो सुन्दर बंगाली धोती, कुर्ता और चादर पहने रहते, लेकिन दरबार के लिए पतलून, चोगा, खानसामों जैसी पगड़ी

और चमकीले बूट पहनते थे। गाँधीजी ने उनमें से एक से इस विचित्र पोशाक के पहनने का कारण पूछा तो उन्होंने बताया,

> हमारा दुख हम ही जानते हैं। अपनी सम्पत्ति और अपनी उपाधियों को सुरक्षित रखने के लिए हमें जो अपमान सहने पड़ते हैं उन्हें आप कैसे जान सकते हैं?

गाँधीजी ने पूछा,

> पर यह खानसामों जैसी पगड़ी और यह बूट किसलिए?

उन्होंने जवाब दिया,

> हममें और खानसामों में आपने क्या फ़र्क़ देखा? वे हमारे खानसामे हैं तो हम लॉर्ड कर्ज़न के खानसामा हैं। यदि मैं दरबार में अनुपस्थित रहूँ तो मुझे उसका दण्ड भुगतना पड़े। अपनी साधारण पोशाक पहनकर जाऊँ तो यह अपराध माना जायेगा। और वहाँ जाकर भी क्या मुझे लॉर्ड कर्ज़न से बात करने का अवसर मिलेगा? कदापि नहीं।

इसी तरह उन्होंने काशी के हिन्दू विश्वविद्यालय की नींव लॉर्ड हार्डिंग के हाथों रखी गयी तब के दरबार का उल्लेख करते हुए कहा है,

> दरबार में राजा-महाराजा तो आये ही थे। भारत भूषण मालवीय जी ने मुझसे भी उसमें उपस्थित रहने का विशेष आग्रह किया था। मैं वहाँ गया था। केवल स्त्रियों को ही शोभा देने वाली राजा-महाराजाओं की पोशाकें देखकर मुझे दुख हुआ था। रेशमी पाजामे, रेशमी अँगरखे और गले में हीरे-मोती की मालाएँ। हाथ में बाजूबन्द और पगड़ी पर हीरे-मोती की झालरें। इन सबके साथ कमर में सोने की मूठ वाली तलवार लटकती थी। किसी ने बताया कि ये चीज़ें उनके राज्याधिकार की नहीं, उनकी ग़ुलामी की निशानियाँ हैं। मैं मानता था कि ऐसे नामर्दीसूचक आभूषण वे स्वेच्छा से पहनते होंगे। पर मुझे पता चला कि ऐसे सम्मेलनों में अपने सब मूल्यवान आभूषण पहनकर जाना राजाओं के लिए अनिवार्य था। मुझे यह भी मालूम हुआ कि कइयों को ऐसे आभूषण पहनने से घृणा थी और ऐसे दरबार के अवसरों को छोड़कर अन्य किसी अवसर पर वे इन गहनों को पहनते भी नहीं थे।

असल में १८६८ में एक सरकारी आदेश के अनुसार भारतीयों को दरबारों और दूसरे अवसरों पर यूरोपीय काट का बूट पहनकर 'सभ्य वेश में' शामिल होने की 'इज़ाज़त' दी गयी थी और निर्धारित सीमा में आते ही

उन्हें अपनी जूतियाँ उतार देनी होती थीं। उसी अपमानजनक आदेश को ध्यान में रखते हुए गाँधीजी ने इन वर्णनों में राजाओं की पोशाक के माध्यम से उनकी असहायता और कायरता का चित्र खींचा है। लेकिन वे यह भी जानते थे कि भारत में जैसे धर्मशील और शौर्यवान राजा हुए हैं उनकी अन्यत्र कल्पना भी दुर्लभ है। वे राजतन्त्र को लोकतन्त्र से किसी भी तरह हीन नहीं मानते थे। उन्होंने भारत में संसदीय लोकतन्त्र हो या न हो इस बहस पर टिप्पणी करते हुए कहा था कि केन्द्र में राजतन्त्र है या लोकतन्त्र, यह बात महत्त्वपूर्ण नहीं है। स्वराज्य में केन्द्र सरकार की भूमिका तो सीमित ही है। असली बात यह है कि लोग स्वशासन के लिए किस तरह की व्यवस्था अपनाते हैं।

इसी तरह धर्मतन्त्र से उन्हें बहुत अधिक आशा नहीं रह गयी थी। गाँधीजी को लगता था कि हमारे धर्मतन्त्र की असमर्थता का इससे बड़ा प्रमाण और क्या होगा कि वे काशी जैसे तीर्थ को भी साफ़-सुथरा और पाखण्ड से रहित नहीं रख सकते। १९१५ में हरिद्वार में कुम्भ मेले के समय वे ऋषिकेश गये। वहाँ के अनेक संन्यासी उन्हें मिलने आये। संन्यासियों ने उनमें तीव्र धर्म भावना देखी। परन्तु सिर पर शिखा और शरीर पर जनेऊ न देखकर उन्हें दुख हुआ। शिखा के बारे में तो गाँधीजी ने संन्यासियों की बात मान ली क्योंकि उसे तो उन्होंने शर्म और डर के मारे ही कटा डाला था। इसलिए उन्हें लगा कि शिखा धारण करनी चाहिए। लेकिन गाँधीजी के परिवार में जनेऊ धारण करने की कोई परम्परा नहीं रही थी। इसलिए उन्होंने कभी जनेऊ धारण नहीं किया। पर संन्यासियों से उन्होंने कहा,

> मैं जनेऊ तो धारण नहीं करूँगा। जिसे न पहनते हुए भी असंख्य हिन्दू हिन्दू माने जाते हैं, उसे पहनने की मैं ज़रूरत नहीं देखता। फिर जनेऊ धारण करने का अर्थ है, दूसरा जन्म लेना अर्थात् स्वयं संकल्पपूर्वक शुद्ध बनना। आजकल हिन्दू समाज और हिन्दुस्तान दोनों गिरी हालत में हैं। उसमें जनेऊ धारण करने का अधिकार ही कहाँ है? हिन्दू समाज को जनेऊ का अधिकार तभी हो सकता है जब वह अस्पृश्यता का मैल धो डाले, ऊँच नीच की बात भूल जाय, जड़ जमाए हुए दूसरे दोषों को दूर करे और चारों ओर फैले हुए अधर्म और पाखण्ड का अन्त कर दे।

कलकत्ता के कालीमन्दिर में बकरों की बलि दिये जाते देखकर उन्हें इसी धर्म का अनुभव हुआ था—

> मनुष्य देह को निबाहने के लिए मैं बकरे के प्राण लेने को तैयार नहीं होऊँगा। मैं यह मानता हूँ कि जीव जितना अधिक असहाय है, उतना ही उसे मनुष्य की क्रूरता से बचने के लिए आश्रय पाने का अधिकार है। पर वैसी योग्यता के अभाव में मनुष्य आश्रय देने में असमर्थ है। बकरों को इस पापपूर्ण दोष से बचाने के लिए जितनी आत्मशुद्धि और त्याग मुझमें है उससे कहीं अधिक की मुझे आवश्यकता है। जान पड़ता है कि अभी तो उस शुद्धि और त्याग का रटन करते हुए ही मुझे मरना होगा। मैं यह प्रार्थना निरन्तर करता हूँ कि ऐसा कोई तेजस्वी पुरुष और तेजस्विनी सती उत्पन्न हो जो इस महापातक से मनुष्य को बचावे, निर्दोष प्राणियों की रक्षा करे और मन्दिर को शुद्ध करे। ज्ञानी, बुद्धिशाली, त्यागवृत्ति वाला और भावना प्रधान बंगाल यह सब कैसे सहन करता है?

गाँधीजी मानते हैं कि जीवन के हर क्षेत्र में जो गतिशीलता होनी चाहिए, अपनी विधियों का जो निरन्तर परिष्कार होते रहना चाहिए वह रुक गया है। धर्मक्षेत्र में यह सब जो दोष दिखायी देते हैं उनका कारण यही है। ऐसा नहीं है कि उस समय धर्मक्षेत्र में ऊँचे संन्यासी नहीं थे। भारत में शंकराचार्य स्वामी, ब्रह्मानन्द सरस्वती, चन्द्रशेखरेन्द्र सरस्वती, श्री अरविंद रमण महर्षि, दयानन्द सरस्वती, रामकृष्ण परमहंस और स्वामी विवेकानन्द जैसे ज्ञान, तप और भक्ति में ऊँचे संन्यासियों और योगियों की उपस्थिति रही थी, जिन्होंने अपने ज्ञान से बहुत से यूरोपीय विद्वानों को भी मोहित किया था। लेकिन उनकी उपस्थिति भी भारतीय समाज को ब्रह्मतेज या क्षात्रतेज भरकर अँग्रेज़ी साम्राज्य या सभ्यता को भारत से निकाल बाहर करने का सामर्थ्य नहीं दे पायी।

गाँधीजी अन्तर्दृष्टि वाले व्यक्ति हैं और ऐसे छोटे-छोटे अनुभवों से ही वे बड़े निष्कर्ष निकाल लेते हैं। इसी तरह वे आवश्यकता से अधिक एक शब्द भी नहीं बोलते और अपने छोटे-छोटे वर्णनों में ही पूरी परिस्थिति का आकलन समेटे रहते हैं। उनके इन वर्णनों का आशय यही है कि भारतीय सभ्यता के तीनों आधार अपना सामर्थ्य खो बैठे हैं और वे भारत को उसके स्वधर्म में लौटाने में समर्थ नहीं हैं। भारतीय सभ्यता की बात करते हुए वे हमेशा सिद्धान्तों को अधिक महत्त्व देते हुए दिखते हैं और सभ्यता के वास्तविक स्वरूप पर बहुत कम बोलते हैं। उसका कारण यही है कि भारतीय सभ्यता का व्यावहारिक स्वरूप क्षत-विक्षत स्थिति में है और उस समय के यूरोपीय जीवन की चकाचौंध के माहौल में भारत के तर्कशील

युवा उसकी महत्ता को समझ नहीं पायेंगे। वे जानते हैं कि भारतीय समाज पराधीनता की खाई में गिरा पड़ा है, वह यूरोपीय सभ्यता के अधर्ममय विचारों को श्रेष्ठ मान बैठा है। इसमें से उसे निकालने के लिए फिर से भारतीय सभ्यता के आत्मरूप जो सिद्धान्त हैं उन्हीं का सहारा लेना पड़ेगा। सबसे पहले वे भारतीय सभ्यता के मर्म को पकड़ते हैं। वह मर्म है धर्ममय आचरण। जीवन के हर क्षेत्र में धर्ममय आचरण ही भारतीयों का लक्ष्य रहा है। धर्मपूर्ण आचरण की मर्यादा से ही वे अपने राजनीतिक विचार विकसित करते हैं। अपनी राजनीतिक विधि निकालते हैं। यह विधि है असहयोग और सत्याग्रह और उसके राजनीतिक प्रयोग का श्रेय दक्षिण अफ्रीका के भारतीय समाज को जाता है, जो अधिकांशत: अनपढ़ है, ग़रीब है, गोरों के अत्याचारों के नीचे दबा है, लेकिन उसकी धर्मबुद्धि जागृत है और वह गाँधीजी के धर्मशील नेतृत्व में जुटकर बड़े से बड़ा त्याग करने के लिए, कष्ट सहने के लिए तैयार हो गया है। अपने समाज की यह धर्मबुद्धि ही गाँधीजी को भारत के संग्राम में उतरने और उसे जीतने का आत्मविश्वास देती है।

सत्याग्रह आश्रम

दक्षिण अफ्रीका के भारतीयों का स्वाभिमान और उनके अधिकारों की लड़ाई से गाँधीजी को भारत में पहुँचते ही यह घोषित करने में आसानी हुई कि वे भारत के स्वाधीनता संग्राम के सेनापति हैं। दक्षिण अफ्रीका में की गयी तपस्या ने भारत में उन्हें विख्यात कर दिया था। लेकिन उन्हें उन पढ़े-लिखे लोगों से बहुत आशा नहीं थी जिनके बीच भारतीय राजनीति सिमटी हुई थी। उन्हें तो भारत के साधारण लोगों को जगाना था और उन्हें स्वाधीनता के संघर्ष का अंग बनाना था। लन्दन होते हुए ९ जनवरी, १९१५ को गाँधीजी जब बम्बई की अपोलो बन्दरगाह पर उतरे तो उनका एक राष्ट्रीय वीर योद्धा जैसा स्वागत हुआ। वे जहाज़ से उतरते हुए काठियावाड़ी पोशाक पहने हुए थे। तीन दिन बाद जहाँगीर पेटिट के महलनुमा भवन में एक सभा रखी गयी थी। उसमें बम्बई के बेताज बादशाह फ़िरोज़शाह मेहता ने उन्हें भारतीय स्वाधीनता संग्राम का वीर कहकर उनका अभिनन्दन किया। इस सभा में बम्बई के सभी गणमान्य लोग थे। सभा में आये लोगों की चमक-दमक देखकर गाँधीजी ने टिप्पणी की कि उन्हें इस सभा के लोगों की बजाय दक्षिण अफ्रीका के गिरमिटिया मज़दूर अधिक अपने नज़र आते थे। इस सभा में तो उन्हें गुजराती में बोलने की हिम्मत नहीं हुई, पर उनके अभिनन्दन के लिए हुई गुजरातियों की सभा में भी अँग्रेज़ी में भाषण होते देख उन्होंने अपना विरोध दर्ज किया और गुजराती में भाषण दिया।

उनको सम्मानित करने में सरकार भी पीछे नहीं रही। १९१५ के सम्मानों में उन्हें केसरे हिन्द स्वर्ण पदक प्रदान किया गया। गोपालकृष्ण गोखले ने गाँधीजी से वचन लिया कि साल भर तक वे देश भर में घूमकर यहाँ की

परिस्थितियों का अध्ययन करेंगे और कोई राजनीतिक टिप्पणी नहीं करेंगे। बम्बई में गोखले उन्हें गवर्नर लॉर्ड विलिंगडन से मिलवाने ले गये। गवर्नर ने उनसे कहा,

> मैं आपसे एक वचन माँगता हूँ। मैं चाहता हूँ कि सरकार के बारे में आप कोई भी क़दम उठाएँ, उससे पहले मुझसे मिलकर बात कर लिया करें।

गाँधीजी ने उन्हें यह वचन सहर्ष दे दिया क्योंकि एक सत्याग्रही के नाते इसे वे अपना कर्तव्य समझते थे। गोखले ने उन्हें अपनी संस्था भारत सेवक समाज के सदस्यों से मिलने पूना बुलाया और उनसे इस संस्था का सदस्य बनने का आग्रह किया। गोखले को गाँधी गुरुतुल्य मानते थे। अपनी आत्मकथा में उन्होंने लिखा है कि भारत के तूफ़ानी समुद्र में कूदते हुए उन्हें एक कर्णधार की आवश्यकता थी और गोखले जैसे कर्णधार के नीचे वे सुरक्षित थे। दरअसल, गोखले अकेले ऐसे बड़े भारतीय नेता थे जिन्होंने दक्षिण अफ्रीका के आन्दोलन के समय उनकी भरपूर सहायता की थी।

गाँधीजी भारत सेवक समाज में तो सम्मिलित नहीं हो पाये क्योंकि उसके एक वर्ग को उनके धर्मपूर्ण दृष्टिकोण और यूरोपीय सभ्यता का तिरस्कार पचा नहीं। लेकिन गोखले की बात मानकर वे सालभर देश का दौरा करते रहे। इसी बीच पूना में गोखले की मृत्यु हो गयी। उन्होंने साल भर तक गोखले की मृत्यु का शोक पाला और जूते नहीं पहने। गोखले के रहते वे उनके शिष्य और सहयोगी गिने जाते, पर उनकी मृत्यु के बाद इस ग़लतफ़हमी की गुंजाइश नहीं रही। गाँधीजी गोखले को दिये वचन का पालन करते हुए साल भर तक भारतीय राजनीति पर तो नहीं बोले, लेकिन इस समय का उपयोग उन्होंने गिरमिट प्रथा को बन्द करवाने और दूसरे सामाजिक कामों में किया। वे मदन मोहन मालवीय से मिले जिन्होंने १९१६ में बड़ी काउंसिल में इस प्रथा को बन्द करने का प्रस्ताव रखा। फ़रवरी १९१७ में बड़ी काउंसिल में फिर मालवीय जी ने इस प्रथा को तुरन्त बन्द करने का प्रस्ताव रखा लेकिन वायसराय ने उन्हें अनुमति नहीं दी। गाँधीजी इस प्रश्न को अपनी भारत यात्रा के दौरान सब जगह उठाते रहे थे। वे जहाँ भी जाते थे इस विषय पर सभा करते और जनमत तैयार करते। बम्बई की एक सभा में इस प्रथा को ३१ जुलाई, १९१७ तक बन्द करने की माँग की गयी। लेडी तांता के नेतृत्व में महिलाओं का भी एक प्रतिनिधिमण्डल

वायसराय से मिला था। आख़िरकार १२ अप्रैल को वायसराय को गिरमिटियों की भर्ती बन्द करने की घोषणा करनी पड़ी।

भारत लौटने पर अपने पारिवारिक दायित्व निभाने के लिए, अपने बड़े भाई की विधवा पत्नी और दूसरे कुटुम्बियों से मिलने के लिए उन्हें बम्बई से राजकोट और पोरबन्दर जाना था। आम भारतीयों से एकात्म होने के लिए बहुत पहले से ही उन्होंने अपनी वेशभूषा गिरमिटियों जैसी कर ली थी। बम्बई जाकर उन्होंने काठियावाड़ी पोशाक पहनना आरम्भ किया। उनके वस्त्र देशी मिलों में बने कपड़ों के ही होते थे। बम्बई से काठियावाड़ वे तीसरे दर्जे में गये। उस समय वीरमगाँव और बढ़वाण में प्लेग के कारण तीसरे दर्जे के यात्रियों की डाक्टरी जाँच होती थी। गाँधीजी को थोड़ा बुखार था, इसलिए जाँच अधिकारी ने उन्हें राजकोट में डाक्टर से मिलने का आदेश दिया। बढ़वाण स्टेशन पर उन्हें वहाँ के प्रसिद्ध समाजसेवक दर्जी मोतीलाल मिलने आये। उनके साथियों ने गाँधीजी को बताया कि वे अपने धन्धे में कुशल हैं, इसलिए रोज़ एक घण्टा काम करके अपने ख़र्च के लिए हर महीने लगभग पन्द्रह रुपये कमा लेते हैं। बाक़ी का सारा समय समाजसेवा में बिताते हैं। वे वहाँ के पढ़े-लिखों तक का मार्गदर्शन करते हैं।

दर्जी मोतीलाल ने बताया वीरमगाँव की चुंगी सम्बन्धी जाँच-पड़ताल से लोगों को बहुत परेशानियाँ होती हैं। गाँधीजी ने अनुभव किया कि अधिकारी तीसरे दर्जे के यात्रियों को आदमी समझने की बजाय जानवर समझते थे। तीसरे दर्जे का यात्री न तो उनके सामने जवाब दे सकता था, न बहस कर सकता था। अधिकारी उसे मारते-पीटते थे, लूटते थे, उसकी ट्रेन छुड़वा देते थे। गाँधीजी ने सोचा कि अगर धनी और पढ़े-लिखे लोग स्वेच्छा से तीसरे दर्जे में यात्रा करें तो स्थिति में कुछ सुधार हो सकता है। दर्जी मोतीलाल से उन्होंने पूछा कि क्या वे जेल जाने को तैयार हैं। उन्होंने हाँ में उत्तर दिया और साथ ही कहा कि काठियावाड़ी होने के नाते गाँधीजी पर उनका पहला अधिकार है। गाँधीजी वीरमगाँव की समस्या को लेकर लॉर्ड विलिंगडन से मिले। इस सिलसिले में उन्होंने प्रमाण जुटाए और बम्बई सरकार से पत्र-व्यवहार शुरू किया।

उसके सैक्रेट्री से मिले। उसने इसे केन्द्र सरकार से जुड़ा मामला बताया। लेकिन वीरमगाँव के काग़ज़-पत्र देखते हुए उसने कहा कि बगसरा में गाँधी

जी ने भाषण देते हुए सत्याग्रह का उल्लेख किया था जो कि धमकी देने के समान है। सरकार धमकियों की परवाह नहीं करती। गाँधीजी ने उत्तर दिया,

> यह धमकी नहीं है। यह लोकशिक्षा है। लोगों को अपने दुख दूर करने के सब वास्तविक उपाय बताना मुझ जैसों का धर्म है। जो जनता स्वतन्त्रता चाहती है, उसके पास अपनी रक्षा का अन्तिम उपाय होना चाहिए। साधारणत: ऐसे उपाय हिंसात्मक होते हैं। पर सत्याग्रह शुद्ध अहिंसक शस्त्र है। उसका उपयोग और उसकी मर्यादा बताना मैं अपना धर्म समझता हूँ। मुझे इस विषय में सन्देह नहीं है कि अँग्रेज़ सरकार शक्तिशाली है। पर इस विषय में भी मुझे कोई सन्देह नहीं कि सत्याग्रह सर्वोपरि शस्त्र है।

गाँधीजी का यह उत्तर सुनकर चतुर सैक्रेट्री चुप रह गया। फिर गाँधीजी ने केन्द्र सरकार को पत्र लिखना शुरू किया। लगभग दो वर्ष के पत्र–व्यवहार के बाद वे लॉर्ड चेम्सफोर्ड से मिले। उन्होंने गाँधीजी की बात ध्यान से सुनी और उसी समय वीरमगाँव से सम्बन्धित काग़ज़–पत्र मँगवाए। फिर गाँधीजी को आश्वासन दिया कि अधिकारियों को उनकी माँग पर आपत्ति न हुई तो चुंगी रद्द कर दी जायेगी। कुछ ही दिनों में चुंगी उठा ली गयी।

दक्षिण अफ्रीका में गाँधीजी के फीनिक्स आश्रम के कुछ साथी और सम्बन्धी भी गाँधीजी के दक्षिण अफ्रीका छोड़ने के बाद भारत आ गये थे। गाँधीजी लन्दन होकर भारत आये थे क्योंकि लन्दन में उन्हें गोखले से मिलना था। लेकिन मगनलाल गाँधी के नेतृत्व में अठारह लड़कों का एक दल सीधे भारत आया। पहले गाँधीजी ने उन्हें गुरुकुल कांगड़ी जाने को कहा। उसके बाद उन्हें शान्तिनिकेतन भेजा गया। दोनों जगह उन्हें प्रेमपूर्वक रखा गया। लेकिन गाँधीजी भारत में फीनिक्स आश्रम जैसा ही कोई आश्रम बनाने की सोच रहे थे जहाँ ये सब रह सकें। श्रद्धानन्द जी की इच्छा थी कि वे हरिद्वार में बसें। कलकते के कुछ मित्रों की सलाह वैद्यनाथ धाम में बसाने की थी। कुछ मित्र उनसे राजकोट में बसने का आग्रह कर रहे थे। लेकिन गाँधीजी ने अहमदाबाद में आश्रम बनाने का निर्णय लिया। अहमदाबाद चूँकि पहले हाथ की बुनाई का केन्द्र था, इसलिए चरखे का काम यहीं अच्छी तरह हो सकता था। यहाँ के कुछ धनी परिवारों ने आश्रम के लिए धन जुटाने की जिम्मेदारी भी ली थी। २५ मई, १९१५ को गाँधीजी ने सत्याग्रह आश्रम की स्थापना की। मकानों की तलाश करते हुए

कोचरब में श्री जीवनलाल बारिस्टर का मकान किराये पर लेने का निश्चय हुआ। श्री जीवनलाल उन्हें अहमदाबाद बसाने वालों में अग्रगण्य थे। यहाँ यह ध्यान देने की बात है कि तब तक गाँधीजी ने चरखा नहीं देखा था। लेकिन अँग्रेज़ी राज में भारत की दुर्दशा के बारे में जो पुस्तकें उन्होंने पढ़ी थीं उनसे उन्होंने जाना था कि भारतीय ग़रीबी की एक वजह भारतीय वस्त्र उद्योग का विनाश था। यूरोप की औद्योगिक क्रान्ति, ब्रिटेन के वस्त्र उद्योग के मशीनीकरण से शुरू हुई थी। १७१७ तक मानचेस्टर की आबादी दस हज़ार थी। १९११ में यह बढ़कर तेईस लाख तक पहुँच गयी। क्योंकि मानचेस्टर कपड़ा उत्पादन का केन्द्र बन चुका था।

यूरोप के वस्त्र उद्योग के आधुनिकीकरण से पहले भारत न केवल अपनी पूरी आबादी की वस्त्र सम्बन्धी आवश्यकताएँ पूरी करता था बल्कि विश्व के अन्तर्राष्ट्रीय वस्त्र व्यापार में पच्चीस प्रतिशत भाग भारत का था। यह निर्यात तो समाप्त हुआ ही भारत में ब्रिटिश कपड़ा आयात किया जाने लगा, हमारा पढ़ा-लिखा वर्ग यूरोपीय पोशाकें पहनने लगा। ब्रिटेन की तर्ज पर भारत में भी कपड़ा मिलें खड़ी हुईं जिनकी संख्या जल्दी ही दो सौ तक पहुँच गयी। इसने भारत के परम्परागत कताई-बुनाई उद्योग को तहस-नहस कर दिया। इसकी स्मृति सभी पढ़े-लिखे भारतीयों को थी, इसीलिए बंग-भंग आन्दोलन के दौरान अँग्रेज़ी कपड़ों का बहिष्कार करते हुए असहयोग का नारा दिया गया था। गाँधीजी केवल विदेशी कपड़ों को ही नहीं, स्वदेशी मिलों को भी उतना ही बुरा समझते थे। इसका कारण स्पष्ट था, इन देशी मिलों के कारण भी भारत के घरेलू कपड़ा उद्योग को चोट पहुँची थी। इसके अलावा मिल मालिकों का यह धनी वर्ग अँग्रेज़ी सरकार का पिट्ठू था। यहाँ तक कि बंग-भंग के असहयोग आन्दोलन के समय जब अँग्रेज़ी कपड़ों का बहिष्कार हुआ और देशी मिलों के कपड़ों की माँग बढ़ी तो मिल मालिकों ने अपनी मिलों के कपड़ों के दाम बढ़ाने में कोई संकोच नहीं किया और ख़ूब मुनाफ़ा लूटा। रायकृष्णदास के एक आकलन के अनुसार उस समय भारत में कोई एक करोड़ परिवार कताई-बुनाई के काम में लगे हुए थे जिनमें से अधिकांश का रोज़गार चौपट हो गया। गाँधीजी इस उद्योग को जिलाकर देश के इन सभी साधारण लोगों को समर्थ बना देना चाहते थे। इस लक्ष्य को पाने के लिए उन्होंने चरखे को स्वाधीनता संग्राम का प्रतीक बना दिया था। कुछ समय बाद तो उन्होंने

सभी लघु उद्योगों पर ध्यान देना आरम्भ किया। लेकिन सत्याग्रह आश्रम की स्थापना के समय सबसे पहली बात जो उनके ध्यान में आयी वह चरखा थी।

गाँधीजी ने तब तक चरखा देखा नहीं था। तब तक वे देशी मिलों का तैयार किया हुआ कपड़ा ही पहनते थे। लेकिन कपड़ा मिलों ने भारत के लोगों के आर्थिक जीवन का जो विनाश किया था उसकी याद करते हुए वे हाथ से कते और देशी करघे पर बुने कपड़े को पहनने को व्याकुल थे। सत्याग्रह आश्रम शुरू होते ही उन्होंने आश्रम में करघा शुरू करवाया। इसमें उन्हें कम कठिनाइयाँ नहीं आयीं। आश्रमवासी करघे से अपरिचित थे। इसलिए करघा प्राप्त करने के बाद बुनना सिखाने की ज़रूरत पड़ी।

काठियावाड़ और पालनपुर से करघा मिला और एक सिखाने वाला आया। लेकिन उसने अपना पूरा कौशल नहीं सिखाया। मगनलाल गाँधी आरम्भ किये हुए काम को जल्दी छोड़ने वालों में नहीं थे। उनके हाथ में कारीगरी तो थी ही। इसलिए उन्होंने बुनने की कला पूरी तरह समझ ली और फिर आश्रम में एक के बाद एक नये-नये बुनने वाले तैयार होते गये। आश्रमवासियों ने मिल के कपड़े पहनना बन्द कर दिया और निश्चय किया कि वे हाथ करघे पर देशी मिल के सूत का बुना हुआ कपड़ा पहनेंगे। इस प्रक्रिया में उन्हें बहुत कुछ सीखने को मिला। जैसा कि गाँधीजी ने अपनी आत्मकथा में लिखा है, उन्हें हिन्दुस्तान के बुनकरों के जीवन की, उनकी आमदनी की, सूत प्राप्त करने में होने वाली उनकी कठिनाई की, इसमें वे किस प्रकार ठगे जाते थे और आख़िर किस प्रकार दिन-दिन कर्ज़दार होते जाते थे, इस सबकी जानकारी मिली।

अपनी आत्मकथा में गाँधीजी ने अपने इन अनुभवों के बारे में लिखा है,

> हम स्वयं अपना सब कपड़ा तुरन्त बुन सकें, ऐसी स्थिति तो थी ही नहीं। इस कारण से बाहर के बुनकरों से हमें अपनी ज़रूरत का कपड़ा बुनवा लेना पड़ता था। देशी मिल के सूत का हाथ से बुना कपड़ा झट मिलता नहीं था। उनका सारा अच्छा कपड़ा विलायती सूत का ही बुना जाता था, क्योंकि हमारी मिलें सूत कातती नहीं थी। आज भी वे महीन सूत अपेक्षाकृत कम ही कातती हैं। बहुत महीन तो कात ही नहीं सकतीं। बड़े प्रयत्न के बाद कुछ बुनकर हाथ लगे, जिन्होंने देशी सूत का कपड़ा बुन देने की मेहरबानी की। इन बुनकरों को आश्रम की तरफ़ से यह गारंटी

देनी पड़ी थी कि देशी सूत का बुना हुआ कपड़ा ख़रीद लिया जायेगा। इस प्रकार विशेष रूप से तैयार कराया हुआ कपड़ा हमने पहना और मित्रों में उसका प्रचार किया। यों हम कातने वाली मिलों के अवैतनिक एजेंट बने। मिलों के सम्पर्क में आने पर उनकी व्यवस्था की और उनकी लाचारी की जानकारी हमें मिली। हमने देखा कि मिलों का ध्येय ख़ुद कातकर ख़ुद ही बुनना था। वे हाथकरघों की सहायता स्वेच्छा से नहीं, बल्कि अनिच्छा से करती थी। यह सब देखकर हम हाथ से कातने के लिए अधीर हो उठे। हमने देखा कि जब तक हाथ से कातेंगे नहीं, तब तक हमारी पराधीनता बनी रहेगी।

आगे उन्होंने लिखा है,

लेकिन न तो कहीं चरखा मिलता था और न कोई चरखा चलाने वाला। ...दिन तो बीते जा रहे थे। मैं अधीर हो उठा था। ...सन् १९१७ में मेरे गुजराती मित्र मुझे भड़ोंच शिक्षा परिषद् में घसीट ले गये थे। वहाँ महासाहसी विधवा बहन गंगाबाई मुझे मिलीं। वे पढ़ी-लिखी अधिक नहीं थी। पर उनमें हिम्मत और समझदारी साधारणतया जितनी शिक्षित बहनों में होती है, उससे अधिक थी। अपना दुख उनके सामने रखा। दमयन्ती जिस प्रकार नल की खोज में भटकी थी, उसी प्रकार चरखे की खोज में भटकने की प्रतिज्ञा करके उन्होंने मेरा बोझ हल्का कर दिया। गुजरात में अच्छी तरह भटक चुकने के बाद गायकवाड़ के बीजापुर गाँव में गंगा बहन को चरखा मिला। वहाँ बहुत से कुटुम्बों के पास चरखा था, जिसे उठाकर उन्होंने छत पर चढ़ा दिया था। पर यदि कोई उनका सूत ख़रीद ले और उन्हें पूनी मुहैया कर दे, तो वे कातने को तैयार थे। गंगा बहन ने मुझे ख़बर भेजी। मेरी ख़ुशी का पार न रहा। पूनी मुहैया करने का काम मुश्किल मालूम हुआ। स्वर्गीय भाई उमर सोबानी से चर्चा करने पर उन्होंने अपनी मिल से पूनी की गुच्छियाँ भेजने का जिम्मा लिया। मैंने वे गुच्छियाँ गंगा बहन के पास भेजीं और सूत इतनी तेज़ी से कतने लगा कि मैं हार गया। भाई उमर सोबानी की उदारता विशाल थी, फिर भी उसकी हद थी। दाम देकर पूनियाँ लेने का निश्चय करने में मुझे संकोच हुआ। फिर मिल की पूनियों से सूत कतवाना मुझे बहुत दोषपूर्ण मालूम हुआ। अगर मिल की पूनियाँ हम लेते हैं तो फिर मिल का सूत लेने में क्या दोष है? मगर हमारे पूर्वजों के पास मिल की पूनियाँ कहाँ थीं? वे किस तरह पूनियाँ तैयार करते होंगे।

मैंने गंगा बहन को लिखा कि वे पूनी बनाने वाले की खोज करें। उन्होंने

इसका जिम्मा लिया और एक पिंजारे को खोज निकाला। उसे ३५ रुपये या इससे कुछ अधिक वेतन पर रखा गया। बालकों को पूनी बनाना सिखाया। मैंने रुई की भिक्षा माँगी। भाई यशवंत प्रसाद देसाई ने रुई की गाँठें देने का जिम्मा लिया। गंगा बहन ने काम एकदम बढ़ा दिया। बुनकरों को लाकर बसाया और कता हुआ सूत बुनवाना शुरू किया। बीजापुर की खादी मशहूर हो गयी। दूसरी तरफ़ आश्रम में अब चरखे का प्रवेश होने में देर न लगी। मगनलाल गाँधी की शोधक शक्ति ने चरखे में सुधार किये और चरखे तथा तकुए आश्रम में बने। आश्रम की खादी के पहले थान की लागत फी गज सत्रह आना आयी। मैंने मित्रों से मोटी और कच्चे सूत की खादी के सत्रह आना फी गज के हिसाब से लिए जो उन्होंने ख़ुशी-ख़ुशी दिये। बम्बई में हाथ की पूनियाँ कैसे प्राप्त की जायें? रेवाशंकर झवेरी के बंगले के पास से रोज़ एक धुनियाँ तांत बजाता हुआ निकला करता था। मैंने उसे बुलाया। वह गद्दों के लिए रुई धुना करता था। उसने पूनियाँ तैयार करके देना स्वीकार किया। भाव ऊँचा माँगा, जो मैंने दिया। इस तरह तैयार हुआ सूत मैंने वैष्णवों के हाथ ठाकुर जी की माला के लिए दाम लेकर बेचा। भाई शिवजी ने बम्बई में चरखा सिखाने का वर्ग शुरू किया। इन प्रयोगों में पैसा काफ़ी ख़र्च हुआ। श्रद्धालु देशभक्तों ने पैसे दिये और मैंने ख़र्च किये। मेरे नम्र विचार में यह ख़र्च व्यर्थ नहीं गया। उससे बहुत कुछ सीखने को मिला। चरखे की मर्यादा का माप मिल गया। अब मैं केवल खादीमय बनने के लिए अधीर हो उठा। मेरी धोती देशी मिल के कपड़े की थी। बीजापुर में और आश्रम में जो खादी बनती थी, वह बहुत मोटी और तीस इंच अर्ज की होती थी। मैंने गंगा बहन को चेतावनी दी कि अगर वे एक महीने के अन्दर पैंतालीस इंच अर्ज वाली खादी की धोती तैयार करके नहीं देंगी तो मुझे मोटी खादी की घुटनों तक की धोती पहनकर अपना काम चलाना पड़ेगा। गंगा बहन अकुलाई। मुद्दत कम मालूम हुई। लेकिन वे हारी नहीं। उन्होंने एक महीने के भीतर मेरे लिए पचास इंच अर्ज का धोती-जोड़ा मुहैया कर दिया और मेरा दारिद्र्य मिटाया।

इस तरह हम देख सकते हैं कि गाँधीजी में हाथ के कते सूत से बुनी खादी पहनने की कितनी व्याकुलता थी। इसे वे अँग्रेज़ी राज से असहयोग का आधार मानते थे और भारत की स्वाधीनता का भी।

सत्याग्रह आश्रम की स्थापना के समय उनके मन में दूसरी बात यह थी कि वे अन्त्यज माने जाने वाले किसी परिवार को भी अपने आश्रम में रखें और

वह बिना किसी भेदभाव और छुआछूत के आश्रम की रसोई से लगाकर सारे कामकाज में सब जगह बराबर की भागीदारी करे। अहमदाबाद के मित्रों के साथ उन्होंने आश्रम के बारे में जो चर्चाएँ की थीं उनमें यह प्रश्न भी उठाया गया था। आश्रम को स्थापित हुए अभी कुछ ही महीने बीते थे कि उन्हें अमृतलाल ठक्कर का एक पत्र मिला जिसमें लिखा था,

> एक ग़रीब और प्रामाणिक अन्त्यज परिवार है। वह आपके आश्रम में रहना चाहता है। क्या उसे भरती करेंगे?

गाँधीजी ने उन्हें बुला भेजा। दूदाभाई, उनकी पत्नी दानीबहन और दूध पीती तथा घुटनों चलती बच्ची लक्ष्मी तीनों आये। दूदाभाई बम्बई में शिक्षक का काम करते थे। आश्रम में इस परिवार के आने से आश्रम की सहायक मित्र मण्डली में खलबली मच गयी। जिस कुएँ में बंगले के मालिक का हिस्सा था, उस कुएँ से पानी भरने में उन्हें अड़चनें होने लगीं। चरसवाले पर पानी के छींटे पड़ जाते तो वह भ्रष्ट हो जाता। उसने गालियाँ देना और दूदाभाई को सताना शुरू किया। पैसे की मदद भी बन्द हो गयी। आश्रम के बहिष्कार की अफ़वाहें भी उठने लगीं। गाँधीजी ने अपने साथियों से बात करके तय कर लिया था कि अगर आश्रम का बहिष्कार किया गया और पैसे की कहीं से कोई मदद न मिली तो भी अहमदाबाद नहीं छोड़ेंगे। अन्त्यजों की बस्ती में जाकर रहेंगे और जो कुछ मिलेगा उससे अथवा मज़दूरी से अपना निर्वाह करेंगे। लेकिन संकट के साथ ही मदद आयी। एक अपरिचित सेठ आये और गाँधीजी के हाथ पर तेरह हज़ार रुपये रखकर बाहर से ही विदा हो गये। अन्त्यज परिवार को आश्रम में रखने का विरोध केवल बाहर से ही नहीं था। गाँधीजी ने अनुभव किया कि कस्तूरबा और आश्रम की दूसरी स्त्रियों को भी अन्त्यज परिवार की उपस्थिति अच्छी नहीं लगी, उन्होंने मुखर विरोध नहीं किया, पर उदासीनता दिखायी। दूदाभाई पढ़े-लिखे अधिक नहीं थे, पर समझदार थे और उन्होंने काफ़ी धैर्य दिखाया। आख़िर स्थिति सँभल गयी। गाँधीजी ने अपनी आत्मकथा में इस बात को दर्ज किया है कि यों छुआछूत की जड़ें समाज में गहरी थीं, पर विरोध के बावजूद अपने आप को सनातनी मानने वाले हिन्दुओं ने ही उनकी मदद की। यह कोई साधारण बात नहीं थी।

दो वर्ष में गाँधीजी को यह जगह छोड़ देनी पड़ी। कोचरब अहमदाबाद के पास एक छोटा सा गाँव था। कोचरब में प्लेग फैला। आश्रम के बालक

उस प्लेगग्रस्त बस्ती में सुरक्षित नहीं समझे जा सकते थे। स्वच्छता के नियमों का अच्छी से अच्छी तरह पालन करने पर भी आसपास की अस्वच्छता से आश्रम को अछूता रखना असम्भव था। गाँधीजी ने प्लेग को कोचरब छोड़ने का नोटिस माना। साबरमती नदी के किनारे छत्तीस एकड़ ज़मीन का एक टुकड़ा मिला। वह जेल और श्मशान के बीच में था। वहाँ न कोई मकान था न कोई पेड़। तम्बू लगाये गये, रसोईघर के लिए टिन का एक कामचलाऊ छप्पर बाँध लिया। क़रीब चालीस स्त्री–पुरुष आश्रम में थे। सब एक रसोई में खाते थे। कठिनाइयाँ बहुत थीं। गाँधीजी के सभी आश्रमों में साँपों का उपद्रव रहा है। जंगली जीवों को मारने की मनाही थी। लेकिन ईश्वर की ऐसी कृपा रही कि कभी कोई जान नहीं खोनी पड़ी। आश्रम की उस समय प्रधान प्रवृत्ति बुनाई के काम की थी। इसलिए पहले बुनाईघर बनाने का निर्णय लिया गया। तब तक चरखा मिला नहीं था। इसलिए कताई की बात सोची नहीं जा सकती थी। पहले आश्रमों की तरह इसकी देखभाल भी मगनलाल गाँधी के जिम्मे थी। जब आश्रम की कुटियाँ तैयार हुईं और प्रवास से लौटकर गाँधीजी ने अपनी सुन्दर कुटिया देखी तो उन्होंने कहा कि यह तो दीवान के बेटे का घर लगता है। इसमें मैं नहीं रह सकता। उनके अपरिग्रह का ही एक और प्रसंग है। आश्रम में कस्तूरबा का एक सन्दूक़ चोरी हो गया। तब गाँधीजी को पता चला कि कस्तूरबा के पास एक सन्दूक़ भी है। गाँधीजी को चोरी से अधिक दुख कस्तूरबा के पास सन्दूक़ होने का हुआ। हालाँकि उसमें बच्चों के कपड़े ही थे। उसके बाद कस्तूरबा ने कभी सन्दूक़ भी नहीं रखा। गोखले को दिये गये वचन की अवधि जैसे ही समाप्त हुई, महात्मा गाँधी को भारत में अपनी उपस्थिति अनुभव करवाने का अवसर मिल गया। ४ फ़रवरी, १९१६ को वाराणसी में बनारस हिन्दू विश्वविद्यालय का उद्‍घाटन समारोह आयोजित था। वायसराय को विश्वविद्यालय का उद्‍घाटन करना था और उसमें राजाओं, महाराजाओं सहित देश के कई बड़े नेताओं को भाग लेना था। महामना मदनमोहन मालवीय ने गाँधीजी को भी इस अवसर पर उपस्थित रहने का निमन्त्रण दिया था। वे अपनी सादी काठियावाड़ी पोशाक में उपस्थित हुए और श्रोताओं के बीच बैठे। उद्‍घाटन के अगले दिन उन्हें बोलने के लिए कहा गया था। उनसे पहले श्रीमती ऐनी बेसेंट का भाषण हुआ। गाँधीजी ने अपना भाषण उन पर कटाक्ष करते हुए ही आरम्भ किया। श्रीमती बेसेंट ने विश्वविद्यालय के महत्त्व की चर्चा करते हुए कहा

था कि यहाँ से पढ़-लिखकर छात्र साम्राज्य के उत्तरदायी नागरिक होकर निकलेंगे और वे संसार को भारत की आध्यात्मिकता का संदेश देंगे। गाँधीजी ने कहा कि इस तरह के भाषणों से वे ऊब गये हैं। उन्होंने कहा कि उनके लिए यह अपमान और शर्म की बात है कि "इस पवित्र नगर और इस महान् विद्यापीठ के प्रांगण में" उन्हें अपने ही देशवासियों से एक विदेशी भाषा में बोलने के लिए विवश किया गया है। उसके बाद उन्होंने अँग्रेज़ी में दी जाने वाली शिक्षा की निरर्थकता का बखान करते हुए पुणे के एक प्रोफ़ेसर से हुई अपनी चर्चा का उल्लेख किया, और कहा कि उन प्रोफ़ेसर के अनुसार अँग्रेज़ी सीखने व समझने में ही हर छात्र के जीवन का छः वर्ष के बराबर समय ख़र्च हो जाता है। फिर उन्होंने वह बात कही जिसके लिए सम्भवतः यह सब भूमिका थी। उन्होंने कहा कि यदि हमने पिछले पचास वर्षों में अपनी-अपनी भाषाओं में शिक्षा पायी होती तो आज भारत स्वतन्त्र होता। फिर उन्होंने जोड़ा,

> तब हमारे पढ़े-लिखे लोग अपने ही देश में विदेशियों की तरह अजनबी न होते, बल्कि देश के हृदय को छू लेने वाली वाणी बोलते। वे ग़रीब से ग़रीब लोगों के बीच काम करते और पचास वर्षों की उनकी उपलब्धि पूरे देश की विरासत होती। आज तो हमारी अर्धांगनियाँ भी हमारे श्रेष्ठ विचारों की भागीदार नहीं हैं। प्रोफ़ेसर वसु और प्रोफ़ेसर राय तथा उनके शानदार आविष्कारों को ही लीजिए। क्या यह लज्जा की बात नहीं है कि देश की जनता का उनसे कुछ लेना-देना नहीं है।

अँग्रेज़ी माध्यम से दी जाने वाली शिक्षा और अँग्रेज़ी पढ़े-लिखों का इससे कठोर तिरस्कार गाँधीजी से पहले किसी ने नहीं किया था।

इसके बाद उन्होंने काँग्रेस द्वारा स्वराज्य के बारे में पारित प्रस्ताव का उल्लेख किया और कहा कि उन्हें काँग्रेस या मुस्लिम लीग स्वराज्य पाने की दिशा में क्या करती हैं, इसमें अधिक दिलचस्पी नहीं है। उनकी दिलचस्पी यह जानने में है कि विद्यार्थी जगत् क्या करता है, जनता क्या करती है। इस तरह उन्होंने स्वाधीनता के संग्राम में विद्यार्थियों और देश के सर्वसाधारण लोगों का आह्वान कर डाला। फिर कहा कि स्वराज्य भाषणों से नहीं आचरण से मिलेगा। इसका उदाहरण देते हुए उन्होंने काशी विश्वनाथ मन्दिर के आसपास फैली गन्दगी और अव्यवस्था का उल्लेख करते हुए कहा कि क्या चाहे ख़ुशी से, चाहे लाचारी से अँग्रेज़ों का

बोरिया-बिस्तर बँधते ही हमारे मन्दिर पवित्रता, स्वच्छता और शान्ति के धाम बन जायेंगे? इस तरह अपने भाषण में दूसरी बार गाँधीजी बड़ी सहजता से अँग्रेज़ों की विदाई की बात ले आये। फिर उन्होंने राजा-महाराजाओं की ख़बर लेते हुए कहा कि जिस शामियाने में वायसराय द्वारा शिलान्यास समारोह हो रहा था, वहाँ राजा-महाराजा ऐसे जड़ाऊ गहने पहनकर बैठे थे कि जिन्हें देखकर पेरिस के जौहरियों की भी आँखें चौंधिया जायें। जब तक वे अपने ये जेवरात नहीं उतार देते, उन्हें ग़रीबों की धरोहर नहीं मानकर चलते, तब तक भारत का कल्याण नहीं हो सकता। इसके बाद उन्होंने धनवानों पर उँगली उठाते हुए कहा कि जब वे ब्रिटिश भारत में या रजवाड़ों में कोई बड़ा भवन बनाये जाते हुए देखते हैं तो यह सोचकर दुखी हो जाते हैं कि इसमें लगने वाला पैसा किसानों से इकट्ठा किया गया पैसा है—

> यदि हम किसानों के परिश्रम की कमाई किसी और को उठाकर ले जाने दें तो कैसे कहेंगे कि हममें स्वराज्य की भावना है।

यह सब कहने के बाद गाँधीजी अपने उस मुख्य कथन पर आये जिसे कहने के लिए उन्होंने यह अवसर चुना था और जिसे कहने की उस समय कोई कल्पना भी नहीं कर सकता था। उन्होंने कहा कि वायसराय के रहते हुए सब के मन उद्विग्न थे। सभी रास्तों पर जगह-जगह खुफ़िया पुलिस के लोग नियत थे—

> हम दंग रह गये। हमारे मन में बार-बार यह प्रश्न उठता था कि हम लोगों के प्रति इतने अविश्वास का कारण क्या है?

फिर उन्होंने अपना सबसे उत्तेजक वाक्य कहा कि

> मृत्यु की आशंका में इस तरह मृत्यु समान जीवन जीने से तो लॉर्ड हार्डिंग के लिए मर जाना बेहतर है।

गाँधीजी के इस एक वाक्य ने देश के लाखों लोगों को अँग्रेज़ी राज के भय से मुक्त कर दिया होगा। अगर ब्रिटिश साम्राज्य के वायसराय लॉर्ड हार्डिंग को यह कहा जा सकता है तो उससे भयभीत रहने की गुंजायश कहाँ बचती है। गाँधीजी यह वाक्य इसलिए भी कह सके कि भारत में सदा से यह माना जाता रहा है कि कोई राजा अपने पद पर बने रहने का तभी तक अधिकारी है जब तक उसे प्रजा का विश्वास प्राप्त है। गाँधीजी ने भारतीयों

की इसी मान्यता के आधार पर ब्रिटिश शासन को भारतीयों पर शासन करने का अनाधिकारी जता दिया। अपने इस कथन के बाद उन्होंने उन अराजकतावादियों को सम्बोधित किया जो गुप्त शस्त्र क्रान्ति के द्वारा ब्रिटिश राज पलटने की बात करते थे। उन्होंने कहा कि गुप्त रूप से काम करना भीरुता का लक्षण है—

> यदि आपका ईश्वर पर विश्वास हो, और यदि आप उसका भय मानते हैं तो फिर आपको किसी से डरने का कोई कारण नहीं है, फिर चाहें वह राजा-महाराजा हों, वायसराय हों, खुफ़िया पुलिस हो या स्वयं सम्राट हों।

यह भारत के लोगों को निर्भीक बनने का आह्वान था। इसे वे बंग-भंग आन्दोलन के दौरान हुई हिंसक गतिविधियों और अराजकतावादियों के इस दावे का उदाहरण देकर और स्पष्ट करना चाहते थे कि बंग-भंग आन्दोलन की सफलता का श्रेय उन्हें है। पर बीच में ही ऐनी बेसेंट ने चिल्लाते हुए कहा कि उन्हें रोका जाय। असल में अराजकतावादियों की गतिविधियों पर गाँधीजी की इतनी खुली चर्चा ने ऐनी बेसेंट और दूसरे लोगों को भयभीत कर दिया था जो पहले ही उनके भाषण से परेशान हो रहे थे। गाँधीजी ने सभा की अध्यक्षता कर रहे दरभंगा नरेश से जानना चाहा कि वे अपना भाषण जारी रखें या बैठ जायें। सभा के भारतीय शिष्टाचार को देखते हुए दरभंगा नरेश उन्हें भाषण रोकने के लिए कह नहीं सकते थे। श्रोता भी उनसे भाषण जारी रखने की पुकार मचाए हुए थे। उनका भाषण जारी रहा लेकिन बात समाप्त हो चुकी थी। अपनी बात समेटते हुए उन्होंने कहा कि भारत को जब स्वराज्य मिलेगा तो अपने ही पुरुषार्थ से मिलेगा। वह दान के रूप में कदापि नहीं मिलने का। इसके कुछ ही क्षण बाद मंच पर फिर बेचैनी आरम्भ हुई । अध्यक्ष सहित सब लोग मंच छोड़कर जाने लगे और सभा अपने आप समाप्त हो गयी।

गाँधीजी के इस भाषण का पूरे देश पर बिजली जैसा असर हुआ। इस भाषण की कोई सूचना अख़बारों में नहीं छपी थी। फिर भी कानोंकान इसकी जानकारी पूरे देश में फैल गयी। महाराष्ट्र के एक गाँव में रहने वाले युवा विनोबा भावे को इस भाषण की सूचना इस तरह मिली कि भारत माता का एक सपूत आ गया है और उसने कुछ ऐसी बातें कही हैं जो कोई और नहीं कह सकता था। विनोबा भावे ने लिखा है कि वे यह समाचार सुनकर पैदल ही उस विलक्षण व्यक्ति से मिलने के लिए घर से निकल

पड़े। महात्मा गाँधी ने अनुभव किया था कि पिछले दौर की अनवरत पराजयों ने भारत के लोगों में ब्रिटिश सरकार का भय पैदा कर दिया है। इस भय का ही एक परिणाम अराजकतावादी आन्दोलन है। सबसे पहले इस भय को दूर करना आवश्यक है। उन्हें उस समय की काँग्रेस से बहुत आशा नहीं थी, जो वकीलों और पढ़े-लिखे वर्ग तक सीमित थी और अपने राष्ट्रीय सम्मेलन में कुछ जोशीले भाषण करके और अर्जीनुमा प्रस्ताव पारित करके अपने कर्तव्य की इति समझ लेती थी। गाँधीजी देश के साधारण लोगों को इस स्वाधीनता संग्राम में उतार देना चाहते थे। उनका विश्वास था कि देश के साधारण लोग ही स्वाधीनता जैसे बड़े उद्देश्य के लिए मरने-मिटने को तैयार हो सकते हैं। उन्हें कोरी राजनैतिक नहीं नैतिक भाषा ही मरने-मिटने के लिए प्रेरित कर सकती थी। गाँधीजी तो नैतिक जीवन की प्रतिमूर्ति ही थे। इसलिए उनकी बात और उनके व्यक्तित्व ने पूरे देश का ध्यान खींचना आरम्भ किया। इस भाषण के बाद गाँधीजी जहाँ भी गये वे दक्षिण अफ्रीका के भारतीयों के आन्दोलन के नायक के रूप में नहीं देखे गये, बल्कि उन्हें भारत माता के उस सपूत के रूप में देखा गया जो स्वाधीनता संग्राम का नेतृत्व करने के लिए अवतरित हुआ है। गाँधीजी के इस भाषण ने यह भी सिद्ध कर दिया कि उस समय के अग्रणी नेता और राजा-महाराजा अँग्रेज़ों से कितना भयभीत थे और यह भी सिद्ध कर दिया कि अपनी नैतिक शक्ति के बल पर महात्मा गाँधी बड़ी से बड़ी सत्ता को चुनौती देने में समर्थ हैं। अब उन्हें सीधे देश के साधारण लोगों तक पहुँचकर उन्हें निर्भीक करना और स्वाधीनता संग्राम में उतारना था। यह काम वे दक्षिण अफ्रीका में कर चुके थे। भारत में भी उन्हें शीघ्र ही इसके अवसर मिलते चले गये।

भारत वापस लौटने के दो वर्ष बाद गाँधीजी के सामने पहली बड़ी समस्या आयी जहाँ वे लोगों के बीच रहकर उन्हें निर्भीक बना सकते थे और एक बड़े संघर्ष के लिए तैयार कर सकते थे। गाँधीजी ने १९१५ में बम्बई और १९१६ में लखनऊ में आयोजित काँग्रेस अधिवेशन में भाग लिया था। लखनऊ अधिवेशन में वे पहली बार दक्षिण अफ्रीका की समस्या पर एक प्रस्ताव रखने काँग्रेस के मंच पर पहुँचे थे और उन्होंने अपनी बात अपनी टूटी-फूटी हिन्दुस्तानी में आरम्भ की थी। कुछ प्रतिनिधियों ने उनसे अँग्रेज़ी में बोलने का आग्रह किया। गाँधीजी ने श्रोताओं से कहा कि वे उन्हें

हिन्दुस्तानी सीखने के लिए साल भर का समय देते हैं। अगर वे चूक गये तो अपना ही नुकसान कर रहे होंगे क्योंकि काँग्रेस के मंच से वे फिर कभी अँग्रेज़ी में नहीं बोलेंगे। इसी सम्मेलन में बिहार के चम्पारण ज़िले के एक किसान राजकुमार शुक्ल गाँधीजी से मिले। उन्होंने उन्हें चम्पारण में नील के किसानों की समस्या बतायी कि किस तरह वे गोरों के अत्याचार और लूट-खसोट का शिकार हो रहे हैं। उन्होंने गाँधीजी से वहाँ चलकर स्वयं सारी स्थिति देखने की प्रार्थना की। गाँधीजी ने उन्हें अगले वर्ष अप्रैल में काँग्रेस के कलकत्ता अधिवेशन में आने को कहा और वादा किया कि कलकत्ता से वे सीधे उनके साथ चम्पारण चलेंगे। काँग्रेस के कलकत्ता अधिवेशन में जब चम्पारण सम्बन्धी प्रस्ताव आया और गाँधीजी से बोलने के लिए कहा गया तो उन्होंने यह कहकर इनकार कर दिया कि जब तक वे सारी स्थिति ख़ुद देख और समझ नहीं लेते तब तक कुछ नहीं बोलेंगे। कलकत्ता से पटना होते हुए वे मुज़फ़्फ़रपुर पहुँचे जहाँ निलहे गोरों की कोठियाँ थीं। गाड़ी आधी रात को मुज़फ़्फ़रपुर पहुँचती थी और उन्होंने श्री कृपलानी को तार दे दिया था जो वहाँ प्रोफ़ेसर थे और उनसे एक बार शान्ति निकेतन में मिल चुके थे। कृपलानी ने जब अपने छात्रों को गाँधीजी के आने की बात बतायी तो वे अभिभूत हो गये और गाँधीजी के परम्परागत स्वागत की तैयारी की गयी। स्टेशन पर उन्होंने गाँधीजी की आरती उतारी और कृपलानी के एक ज़मींदार मित्र की घोड़ागाड़ी तक उन्हें ले गये। छात्रों ने गाड़ी के घोड़े यह सोचकर खोल दिये कि इस महापुरुष की गाड़ी वे ख़ुद खींचकर ले जायेंगे। गाँधीजी इसके लिए तैयार नहीं थे। लेकिन छात्रों ने उन्हें गाड़ी में बैठाकर दरवाज़े बन्द कर दिये और चुपचाप गाड़ी खींचते हुए गंतव्य तक ले गये। गाँधीजी को जब पता लगा तो उन्हें अच्छा नहीं लगा।

मुज़फ़्फ़रपुर में कृपलानी के परिचित वकीलों का एक दल गाँधीजी के साथ हो लिया ताकि किसानों के बयान दर्ज किये जा सकें। गाँधीजी चम्पारण ज़िले के मुख्यालय मोतिहारी जा रहे थे कि रास्ते में उन्हें मजिस्ट्रेट का नोटिस मिला जिसमें लिखा था कि वे चौबीस घण्टे के भीतर चम्पारण छोड़ दें। गाँधीजी ने नोटिस के जवाब में मजिस्ट्रेट को लिखा कि वे जिस काम के लिए आये हैं उसे पूरा किये बिना चम्पारण छोड़ने का उनका कोई इरादा नहीं है। इस पर उन्हें एक सम्मन भेजा गया और अगले दिन उन्हें ज़िला मजिस्ट्रेट की अदालत में उपस्थित होना पड़ा। सरकारी वकील ने

उन पर क़ानून भंग करने का आरोप लगाया था। गाँधीजी ने उसे बिना बहस के स्वीकार कर लिया। अपना वक्तव्य देते हुए उन्होंने कहा,

> मैं मानवता और राष्ट्र की सेवा करने चम्पारण आया हूँ।...एक क़ानून पालन करने वाले नागरिक की हैसियत से मुझे दी गयी आज्ञा का पालन मेरी पहली प्रवृत्ति होती। परन्तु ऐसा मैं उनके प्रति अपने कर्तव्य की हिंसा किये बिना नहीं कर सकता था जिसके लिए मैं यहाँ आया हूँ। मेरी यह भावना है कि उनके बीच रहकर ही मैं उनकी सेवा कर सकता हूँ। यह वक्तव्य मैं इसलिए नहीं दे रहा हूँ कि मुझे दण्ड कम मिले, बल्कि यह जताने के लिए कि जो हुक्म मुझे दिया गया है उसे न मानने का कारण सरकार के प्रति आदरभाव की कमी नहीं, लेकिन अपने जीवन के उच्चतर विधान, अन्तरात्मा के आदेश का पालन है।

उनका यह बयान देशभर में प्रसारित हो गया। गाँधीजी के काम करने की शैली उस समय के बाक़ी सब काँग्रेस नेताओं से इतनी अलग थी कि उनके इस काम ने सारे देश का ध्यान उनकी ओर आकर्षित किया। काँग्रेस के नेता अब तक चम्पारण पर अपने वार्षिक अधिवेशन में प्रस्ताव पारित करके रह जाते थे। गाँधीजी चम्पारण गये और चम्पारण छोड़ने के मजिस्ट्रेट के आदेश को मानने से इनकार करते हुए उसका परिणाम भुगतने के लिए तैयार हो गये। लेकिन जो बात आम लोगों को छू गयी थी वह थी उनका यह कथन कि वे अपनी अन्तरात्मा की आवाज़ को सरकार के क़ानून से ऊपर मानते हैं। हज़ारों लोग आसपास के अंचल से उन्हें देखने के लिए उमड़ आये।

स्थानीय प्रशासन ने घटनाओं का पूरा ब्यौरा शिमला में सरकार को भेजा। गाँधीजी ने भी वायसराय, मालवीय जी और पटना के मित्रों को तार द्वारा घटनाक्रम की सूचना दी। प्रथम विश्वयुद्ध अभी समाप्त नहीं हुआ था और सरकार कोई नयी राजनीतिक समस्या में अपने को उलझाना नहीं चाहती थी। जब उसने गाँधीजी की गिरफ़्तारी पर हुई जनता की प्रतिक्रिया को देखा तो अपने स्थानीय प्रशासन को गाँधीजी को मुक्त करते हुए मुक़दमा वापस लेने के निर्देश दिये। भारत के लिए यह एक अभूतपूर्व घटना थी। लोगों का उत्साह चरम पर पहुँच गया। उस दिन का उल्लेख करते हुए गाँधीजी ने अपनी आत्मकथा में लिखा है,

> उस दिन मोतिहारी में अभूतपूर्व दृश्य देखने में आये।...किसानों की इस

> सभा में मैंने ईश्वर का, अहिंसा का और सत्य का साक्षात्कार किया।... चम्पारण का यह दिन मेरे जीवन की एक अविस्मरणीय घटना थी।... कमिश्नर महोदय ने जो जाल मेरे लिए फैलाया था उसमें उन्होंने सरकार को ही फँसा दिया था।

गाँधीजी के इस काम में पटना और मुज़फ़्फ़रपुर के अनेक बड़े वकील शामिल हो गये थे। उनमें बृजकिशोर बाबू और राजेन्द्र बाबू अग्रगण्य थे। वकील अपने साथ-साथ एक-एक नौकर लाये थे जो खाना बनाने आदि की सेवाएँ देते थे। गाँधीजी ने सबको समझाकर नौकरों को लौटवा दिया, सबको एक रसोई से शाकाहारी खाना खाने के लिए तैयार किया और अहमदाबाद से कस्तूरबा और मगनलाल गाँधी को बुलाकर यह सब व्यवस्था कर दी। गाँधीजी चाहते थे कि उनका यह काम राजनीति के रूप में न देखा जाय। इसलिए उन्होंने सब अख़बारों को पत्र लिखकर उनसे प्रार्थना की कि अपने प्रतिनिधि वहाँ न भेजें। वे स्वयं समय-समय पर उन्हें स्थिति की जानकारी भेजते रहेंगे। छापने की दृष्टि से नहीं, उन्हें सूचना रहे इस दृष्टि से। दूसरी तरफ़ निलहे गोरे बहुत चिढ़े हुए थे और वे एंग्लो इण्डियन अख़बारों के माध्यम से गाँधीजी और उनके साथी वकीलों के बारे में ख़ूब प्रचार करवा रहे थे। गाँधीजी ने उनके केवल एक आक्षेप का उत्तर दिया जो उनकी पोशाक के बारे में था। उन्होंने लिखा,

> मैं चम्पारण में जो पोशाक पहनता हूँ उसे भारत में सदा पहनता रहा हूँ। श्री इरविन के पत्र की यह ध्वनि है कि मैं चम्पारण के काश्तकारों पर असर डालने के लिए उनके सम्मुख ऐसी पोशाक पहनकर जाता हूँ और उसका उपयोग मैं अस्थायी और विशेष रूप से चम्पारण में ही करता हूँ। तथ्य यह है कि मैं राष्ट्रीय पोशाक इसलिए पहनता हूँ कि एक भारतीय के लिए यह अत्यन्त स्वाभाविक और शोभनीय है। मेरा विश्वास है कि यूरोपीय पोशाक की नक़ल करना हमारे पतन, अपमान और दुर्बलता का चिह्न है और हम अपनी इस राष्ट्रीय पोशाक को छोड़कर राष्ट्रीय पाप कर रहे हैं। भारतीय आबो-हवा के अनुकूल होने के साथ-साथ वह सादगी, कला और सस्तेपन में दुनिया में अपनी सानी नहीं रखती।....अगर अँग्रेज़ों में झूठा घमण्ड और गौरव के झूठे भाव न होते तो उन्होंने भारत में यहाँ की पोशाक को बहुत पहले ही अपना लिया होता। साथ ही मैं यह भी कहना चाहता हूँ कि चम्पारण में मैं नंगे पैर नहीं जाता। जूते तो मैं धार्मिक कारणों से नहीं पहनता, किन्तु मैं यह भी देखता हूँ कि

यथासम्भव उन्हें न पहनना अधिक स्वाभाविक और स्वास्थ्य के लिए लाभप्रद है।

क्या अपने राष्ट्रीय गौरव की इससे ऊँची कोई अभिव्यक्ति हो सकती है?

चम्पारण के किसानों की समस्या समझने के लिए वहाँ की भूमि व्यवस्था के बारे में कुछ मोटी बातें जानना आवश्यक है। कार्नवालिस के भूमि बन्दोबस्त के अनुसार बिहार में भी बंगाल की तरह ज़मींदारी प्रथा थी। इस प्रथा के अन्तर्गत ज़मींदार एक नियत राजस्व सरकार को दिया करता था। चम्पारण की भूमि का अधिकांश भाग बेतिया के राजा के स्वामित्व में था। कई चालाक गोरों ने बेतिया के राजा को बहला-फुसलाकर उनकी ज़मीन बहुत कम लगान पर लम्बी अवधि के लिए ले ली थी। यह गोरे नील की खेती करने आये थे क्योंकि उस समय यूरोप में नील की बहुत माँग थी और उसके व्यापार में बहुत मुनाफ़ा होता था। गोरे नीलहों ने यह ज़मीन किसानों को इस शर्त पर उठा दी कि वे एक बीघे अर्थात् बीस कट्ठा में से तीन कट्ठा ज़मीन में नील की खेती करेंगे। नील की खेती में बहुत मेहनत लगती थी और ज़मीन की उत्पादक शक्ति भी क्षीण होती चली जाती थी। यह नील नाममात्र की क़ीमत पर गोरे निलहों को बेचना पड़ता था। किसानों को इसके अलावा एक निश्चित अवधि तक निलहों की उस ज़मीन पर भी काम करना पड़ता था जो उन्हें नहीं दी गयी थी। इसके अलावा विभिन्न अवसरों पर उनसे कई अन्य टैक्स वसूले जाते थे। जब किसान की मृत्यु हो जाती थी तो उसके उत्तराधिकारी को एक तरह का मृत्यु कर देना पड़ता था। अगर कभी किसी निलहे को घोड़ा या हाथी ख़रीदना होता था तो उसके लिए भी किसानों को चन्दा देना पड़ता था। अगर वे गर्मियों में पहाड़ों पर जाते तो उसके ख़र्च का एक भाग भी किसानों पर आ जाता। किसी न किसी बहाने गोरे निलहे किसानों से नाजायज वसूली करते रहते थे। कभी निलहों के कारिन्दे किसी बात पर क्रोधित हो जाते तो किसानों को मारते-पीटते, स्त्रियों से दुर्व्यवहार करते, फसल नष्ट कर देते और गाँव का गाँव लूट लेते। कोई भारतीय चाहे कितनी ही बड़ी हैसियत का हो, निलहों के सामने न घोड़े पर चढ़ सकता था न छाता लगाकर खड़ा हो सकता था। निलहों के बैठकखाने में भारतीयों को जाने की इज़ाज़त नहीं थी। सरकारी कर्मचारियों से शिकायत का कोई फायदा नहीं था। बड़े अफ़सर सभी अँग्रेज़ थे और उनकी सहानुभूति

निलहों के साथ रहती थी। निलहों का पार्लियामेंट के सदस्यों पर भी काफ़ी प्रभाव था। लेकिन गाँधीजी के समय तक यूरोप में नील का व्यापार मन्द पड़ गया था क्योंकि जर्मनी ने सिंथेटिक नील का आविष्कार कर लिया था। नील के दाम घट जाने से निलहे किसानों को दूसरी व्यापारिक फसलें उगाने के लिए मजबूर कर रहे थे।

सरकारी मुक़दमा उठा लिए जाने के बाद गाँधीजी किसानों की शिकायत की जाँच-पड़ताल में लग गये। उन्होंने किसानों के बयान दर्ज करना शुरू किया। वे हर किसान से काफ़ी कड़ी जिरह करते थे, उनके बयान की बहुत बारीक़ी से छानबीन करने की कोशिश करते और अगर किसी किसान को जरा भी अतिशयोक्ति करते पाते तो उसका बयान रद्द कर देते। अन्य वकील भी उनके साथ ही इस काम में जुटे थे। एक अँग्रेज़ अफ़सर डब्ल्यू.ए. लुईस ने, जो उस समय बेतिया का सब डिवीजनल ऑफ़िसर था, चम्पारण के ज़िला मजिस्ट्रेट डब्ल्यू.एच. हिकाक को २९ अप्रैल, १९१७ को लिखे अपने पत्र में इस जाँच-पड़ताल का वर्णन किया है

> बुधवार को दोपहर के बाद मैं ख़ुद उस गाँव में गया जहाँ वह लोगों के बयान ले रहे थे और थोड़ी देर तक उनके साथ भी रहा। मिस्टर गाँधी हर बयान देने वाले से कड़ी जिरह करते हैं, क्योंकि वह बयानों में ऐसी कोई बात दर्ज करना नहीं चाहते जो ग़लत हो और काटी जा सके। बाबू बृजकिशोर भी उनके साथ हैं और ठीक उन्हीं के तरीक़े पर काम कर रहे हैं।...निलहे साहब मिस्टर गाँधी को स्वभावतः अपना शत्रु समझते हैं क्योंकि नील की ज़्यादातर कोठियाँ, जिनमें वे कोठियाँ भी शामिल हैं जिनके हिसाब-किताब को हम काफ़ी अच्छा समझते रहे हैं, रुपये टके और लेनदेन के मामले में, उस कड़ी पड़ताल में जो मौजूदा हालात में की जा रही है कभी खरी उतर ही न सकेंगी और मिस्टर गाँधी के पास उनके ख़िलाफ़ ऐसे प्रमाण होंगे जिनकी सच्चाई से इनकार करना सम्भव नहीं होगा।...आम किसानों का ऐसा विचार है कि उनमें कुछ दैवी शक्तियाँ हैं। वह गाँव-गाँव जाकर लोगों की शिकायत सुनते हैं और उन अनपढ़ लोगों के दिमाग में रामराज्य और सतयुग का फ़ितूर भर देते हैं। मैंने जब उन्हें इसके ख़तरनाक नतीजों से आगाह किया तो उन्होंने मुझे यक़ीन दिलाया कि वे हर शब्द को सोच-समझकर और तोलकर मुँह से निकालते हैं, इसलिए उनकी किसी बात का नतीजा लोगों को बरगलाने और विद्रोह के लिए भड़काने वाला नहीं हो सकता।

इस तरह गाँधीजी और उनके सहयोगियों ने किसानों के आठ हज़ार बयान दर्ज किये थे।

ब्रिटिश सरकार चम्पारण में गाँधीजी की उपस्थिति से चिन्तित हो उठी और उसे आशंका होने लगी कि कहीं गाँधीजी सरकार के ख़िलाफ़ सत्याग्रह न छेड़ दें। इसलिए होम मेंबर क्रेडाक की सलाह पर वायसराय ने बिहार के गवर्नर सर एडवर्ड गेट को एक जाँच समिति नियुक्त करने की सलाह दी जिसमें गाँधीजी भी एक सदस्य हों। शीघ्र ही एक जाँच समिति नियुक्त कर दी गयी। इस जाँच समिति में एक निलहे गोरों का प्रतिनिधि, एक सरकारी कर्मचारी, एक ज़मींदार और गाँधीजी को रखा गया था। गाँधीजी ने जाँच के दौरान नरमी बनाये रखी। एक भी मौक़े पर निलहों को परेशानी में डालकर जाँच का काम ख़तरे में नहीं पड़ने दिया। अपने सहयोगियों से उन्होंने कहा कि वे निलहे गोरों की भी सद्भावना की आकांक्षा रखते हैं। मध्य भारत के चीफ़ कमिश्नर इस समिति के अध्यक्ष थे। उन्होंने रिपोर्ट लिखकर गाँधीजी को सुनायी। गाँधीजी ने कहा कि वे उस रिपोर्ट पर हस्ताक्षर करने में असमर्थ हैं। उन्हें अलग से अपने सुझाव देने के लिए कहा गया। गाँधीजी ने बिना निलहों की निन्दा किये, या किसानों की ओर से लम्बी-चौड़ी माँगें पेश किये अकाट्य तथ्यों के आधार पर एक रिपोर्ट लिखी। अन्त में समिति की रिपोर्ट के आधार पर तिनकठिया पद्धति रद्द कर दी गयी और निलहे गोरों को किसानों से अनुचित रूप से ली गयी रक़म का एक भाग वापस करना पड़ा। इसके बाद निलहे गोरों को अपना बोरिया-बिस्तर समेटकर स्वदेश लौट जाना पड़ा।

यह चम्पारण के किसानों की बहुत बड़ी जीत थी। लेकिन गाँधीजी चम्पारण में किसानों की शिकायतें सुनने और उनके बयान दर्ज करने तक ही सीमित नहीं रहे थे। उन्होंने उनके रहन-सहन में भी सुधार लाने का प्रयास किया। उन्होंने अपने सहयोगियों से, जो बयान लेने के काम से मुक्त थे, गाँवों में जाकर शिक्षा का काम करने और किसानों को अपनी साफ़-सफ़ाई के प्रति जागरूक बनाने के लिए कहा ख़ाली समय में कस्तूरबा भी महिलाओं में यह जागरूकता पैदा करने का प्रयत्न करती थीं। यहीं मारवाड़ी समुदाय उन्हें अपनी धर्मशालाओं में ले गया। गाँधीजी ने उनकी गोभक्ति देखकर गोसेवा में भी रुचि लेना शुरू किया और उसके बाद गोसेवा भी उनके आन्दोलन का भाग बन गयी। गाँधीजी चाहते थे कि उनके चम्पारण

से जाने के बाद भी यह रचनात्मक काम चलते रहें। पर ऐसा हो नहीं पाया क्योंकि इस काम की जिम्मेदारी लेने वाले स्थानीय कार्यकर्ता नहीं मिले। उनके लिए स्वाधीनता का अर्थ अँग्रेज़ी शासन से मुक्ति भर नहीं था, अपने देश के लोगों को समर्थ बनाना, निर्भय करना और अपने आत्म-गौरव के प्रति सचेत करना भी था। इस तरह की एक घटना का उल्लेख करते हुए आचार्य कृपलानी ने लिखा है,

> एक दिन मेरे एक विद्यार्थी ने यह समाचार दिया कि निलहों के कारिन्दों ने किसी गाँव पर हमला किया है और लूटपाट की है। लोग भय के मारे अपनी स्त्रियाँ और बच्चे छोड़कर गाँव से भाग गये। मैंने यह बात गाँधीजी को बतायी। मैंने उन्हें जैसा इस बार परेशान देखा, वैसा पहले शायद कभी नहीं देखा था। उन्होंने कहा कि यदि गाँव वालों की इतनी हिम्मत नहीं थी कि गुण्डों से अहिंसक रीति से मुक़ाबला करते और स्त्रियों और बच्चों को बचाते हुए अपनी जान दे देते, तो उन्हें लाठियों से दुष्टों से लड़ना चाहिए था और इस तरह भयभीत होकर भाग नहीं जाना चाहिए था। यह कायरता है।

गाँधीजी अभी चम्पारण में ही थे कि उन्हें अहमदाबाद के मज़दूरों और खेड़ा के किसानों का नेतृत्व करने के लिए बुलाया जाने लगा। अहमदाबाद की कपड़ा मिलों में मालिकों और मज़दूरों के बीच झगड़ा बढ़ने लगा था। प्लेग के समय मज़दूरों को काम पर रोके रखने के लिए मिल मालिक उन्हें प्लेग बोनस दे रहे थे। कहीं-कहीं वह वेतन के तीन-चौथाई तक पहुँच गया था। प्लेग का भय समाप्त हो जाने के बाद मालिकों ने बोनस देना बन्द कर दिया। महँगाई के चलते मज़दूरों का निर्वाह मुश्किल हो रहा था इसलिए उन्होंने बोनस वेतन में मिलाने की माँग की। मिल मालिकों का नेतृत्व अहमदाबाद के प्रमुख उद्योगपति अम्बालाल साराभाई कर रहे थे और मज़दूरों की कमान उनकी बहन अनसुइया बाई सँभाले हुए थी। गाँधीजी को मिल मालिक भी बहुत मानते थे और अनसुइया बहन का तो उन पर अपार विश्वास था ही। सरकार भी विश्वयुद्ध को देखते हुए यह समस्या उलझने नहीं देना चाहती थी। इसलिए उसने भी गाँधीजी से आग्रह किया कि वे अहमदाबाद आकर झगड़े को निपटाने में सहायता करें। गाँधीजी आये, मज़दूरों की समस्या समझी, मिल मालिकों से बात की और पूरा मामला किसी पंच को सौंपने का सुझाव दिया। दोनों पक्षों की सहमति के बाद पंच मण्डल बना जिसमें मालिकों और मज़दूरों के तीन

तीन प्रतिनिधि थे और कलेक्टर को अध्यक्ष बनाया गया था। इसी बीच एक मिल के मज़दूरों ने हड़ताल कर दी। इसकी ओट लेकर मिल मालिक पंच मण्डल से अलग हो गये।

गाँधीजी इस निर्णय पर पहुँचे थे कि मज़दूरों के वेतन में पैंतीस प्रतिशत वृद्धि होनी चाहिए। जबकि मिल मालिक बीस प्रतिशत से अधिक वृद्धि के लिए तैयार नहीं थे। गाँधीजी ने मज़दूरों से बात करके इस शर्त पर हड़ताल का निर्णय लिया कि मज़दूर एक आचार संहिता का पालन करेंगे। वे हड़ताल के दौरान भीख में मिली सहायता पर नहीं जीएँगे, ज़रूरत पड़ी तो मेहनत-मज़दूरी करके पेट पालेंगे, अन्त तक अपनी टेक नहीं छोड़ेंगे और काम पर लौटने वाले मज़दूरों से कोई ज़ोर-ज़बरदस्ती नहीं करेंगे। मज़दूर इस आचार संहिता का पालन करने के लिए राजी थे, हड़ताल हुई, दिन में जुलूस निकालते हुए वे साबरमती आश्रम में जुटते, पेड़ के नीचे सभा होती, रोज़ गाँधीजी उन्हें अपनी टेक बनाये रखने के वचन की याद दिलाते। लेकिन दो सप्ताह बीतते न बीतते मज़दूरों का मनोबल डिगने लगा, उनमें निराशा छाने लगी और लगा कि वे हिंसा पर उतर सकते हैं। गाँधीजी की मिल मालिकों से भी रोज़ बात होती थी जो इस बात पर डटे हुए थे कि मालिक और मज़दूरों का सम्बन्ध पिता-पुत्र का होता है, फिर किसी तीसरे पंच की गुंजाइश ही कहाँ है। अन्त में मज़दूरों का मनोबल बनाये रखने के लिए गाँधीजी ने उपवास की घोषणा की। उन्होंने मिल मालिकों से कहा कि यह उन पर दबाव डालने जैसा लग सकता है, पर वे उनकी चिन्ता न करें और अपने विवेक से फ़ैसला लें। लेकिन अम्बालाल की पत्नी सरला देवी उन्हें अपने भाई जैसा मानती थीं। वे और बाक़ी सब लोग भी गाँधीजी के स्वास्थ्य को लेकर चिन्तित हुए। आख़िरकार आनन्दशंकर ध्रुव को पंच बनाकर फ़ैसला हुआ, हड़ताल टूटी और मिल मालिकों और मज़दूरों में फिर से प्रेम और विश्वास का सम्बन्ध जुड़ गया।

इसके तुरन्त बाद ही गाँधीजी को खेड़ा के किसानों की समस्या से जूझना पड़ा। खेड़ा ज़िले में अकाल जैसी स्थिति थी। क़ानून यह था कि अगर फसल चार आना भर या उससे कम हो तो सरकार उस वर्ष का लगान नहीं लेगी। गाँधीजी उस समय गुजरात सभा के सभापति थे। सभा की ओर से कमिश्नर और गवर्नर को प्रार्थना पत्र भेजे गये, तार दिये गये, लेकिन अधिकारी टस से मस नहीं हुए। अमृतलाल ठक्कर ने पूरी जाँच-पड़ताल

करके रिपोर्ट तैयार की थी। बल्लभभाई पटेल अपनी बड़ी और बढ़ती हुई वकालत छोड़कर किसानों का पक्ष लेने आये थे। किसानों के कठोर रवैये को देखने के बाद गाँधीजी ने सत्याग्रह का निर्णय लिया। उन्होंने बल्लभभाई पटेल के साथ गाँव-गाँव घूमकर पहले किसानों को लगान न देने और उसके परिणाम भुगतने के लिए तैयार किया। उन्होंने बताया कि अधिकारी उनकी ज़मीन ही नहीं पशु और सम्पत्ति को भी कुर्क करने का प्रयत्न कर सकते हैं। उन्हें अनेक अत्याचारों का सामना करना पड़ सकता है। किसानों ने इन सब कठिनाइयों को झेलते हुए भी लगान न देने की अपनी टेक पर बने रहने का निर्णय लिया।

गाँधीजी ने किसानों से इस शपथ-पत्र पर हस्ताक्षर करवाये थे—

> हम जानते हैं कि हमारे गाँवों की फसल चार आने से कम हुई है। इस कारण हमने सरकार से प्रार्थना की कि वह लगान वसूली का काम अगले वर्ष तक स्थगित रखे। फिर भी वह स्थगित नहीं किया गया। अतएव हम नीचे सही करने वाले लोग यह प्रतिज्ञा करते हैं कि हम इस साल का पूरा या बाक़ी रहा सरकारी लगान नहीं देंगे। पर उसे वसूल करने के लिए सरकार जो भी कार्यवाही करना चाहेगी, हम करने देंगे और उससे होने वाला दुख सहन करेंगे। यदि हमारी ज़मीन खालसा की गयी, तो हम उसे खालसा भी होने देंगे। पर अपने हाथों पैसे जमा करके हम झूठे नहीं ठहरेंगे और स्वाभिमान नहीं खोयेंगे। अगर सरकार बाक़ी बची हुई सब जगहों में दूसरी क़िस्त की वसूली स्थगित रखे तो हम में से जो लोग लगान जमा करा सकते हैं, वे पूरा या बाक़ी रहा हुआ लगान जमा करने को तैयार हैं। हम में से जो जमा करा सकते हैं, उनके लगान न जमा कराने का कारण यह है कि अगर समर्थ लोग जमा करा दें तो असमर्थ लोग घबराहट में पड़कर अपनी कोई भी चीज़ बेचकर या कर्ज़ लेकर लगान जमा करा देंगे और दुख उठायेंगे। हमारी यह मान्यता है कि ऐसी स्थिति में ग़रीबों की रक्षा करना समर्थ लोगों का कर्तव्य है।

गाँधीजी और वल्लभभाई पटेल ने गाँव-गाँव जाकर लोगों को समझाया कि सरकारी अधिकारी जनता के मालिक नहीं बल्कि नौकर हैं। जनता के पैसे से ही उन्हें वेतन मिलता है। इसलिए उनसे भयभीत होने की आवश्यकता नहीं है। पर निर्भय होने के साथ-साथ विनयी बने रहना चाहिए। यह पाठ कठिन था क्योंकि लोग अधिकारियों से मिले अपमान को भूल नहीं पाते थे। धीरे-धीरे सरकार कठोर होने लगी। कुर्की करने वालों ने लोगों के पशु

बेच डाले, घर में जो चाहा सो माल उठाकर ले गये, ज़ुर्माने किये जाने लगे। किसी-किसी गाँव की सारी फसल ज़ब्त कर ली गयी। लोगों में घबराहट फैली। कुछ ने लगान जमा करा दिया। लेकिन कुछ लोग मर मिटने के लिए भी तैयार थे। इसी बीच गाँधीजी के इस आन्दोलन में सहयोगी शंकरलाल पारीख की ज़मीन का लगान उस ज़मीन पर रहने वाले आदमी ने जमा करा दिया। इससे हाहाकार मच गया। शंकरलाल पारीख ने वह ज़मीन जनता को देकर अपने आदमी की भूल का प्रायश्चित्त किया। भयभीत लोगों का मनोबल बढ़ाने के लिए गाँधीजी ने मोहनलाल पांड्या के नेतृत्व में एक ऐसे खेत में खड़ी प्याज़ की तैयार फसल उतार लेने का निर्णय किया जो अनुचित रीति से ज़ब्त किया गया था। सरकार ने मोहनलाल पांड्या और उनके सात-आठ सहयोगियों को गिरफ़्तार करके जेल भेज दिया। पांड्या यही चाहते थे। इससे लोगों में जोश पैदा हो गया। फिर भी लोग महँगाई, अकाल और प्लेग की मार से त्रस्त थे और सरकार के दमन का कोई अन्त नहीं दीख रहा था। लोग थकने लगे थे। इसी बीच नाडियाड तालुके के तहसीलदार ने संदेश भेजा कि अगर समर्थ लोग लगान जमा कर दें तो बाक़ी लोगों का लगान स्थगित किया जा सकता है। यह शपथ पत्र के अनुरूप ही था। गाँधीजी ने कलेक्टर से बात की और इस पर समझौता करने के लिए तैयार हो गये। समझौता हुआ पर किसानों की पूरी जीत नहीं हो पायी। गिरफ़्तार किसानों को छोड़ने में हीला-हवाला हुआ और कौन किसान लगान देने में असमर्थ है इस पर भी अधिकारी अड़ियल बने रहे। इसलिए सत्याग्रह का यह अन्त बहुत सुखद नहीं था। फिर भी खेड़ा ने गुजरात में भारी जागृति पैदा कर दी थी और किसान अपने अधिकारों के प्रति सचेत हो गये थे।

इस बीच प्रथम विश्वयुद्ध संकट की स्थिति में पहुँच गया था। १९१८ में जब मित्र राष्ट्रों की हालत पतली थी और पश्चिमी मोर्चे पर जर्मन फ़ौज़ के आक्रमण का ख़तरा काफ़ी बढ़ गया था तो लार्ड चेम्सफोर्ड ने दिल्ली में भारतीय नेताओं की एक बैठक बुलायी। इस बैठक में भारतीय नेताओं से सरकार की यथासम्भव सहायता करने का आग्रह किया जाना था। बालगंगाधर तिलक, जो १९०८ से देशद्रोह के आरोप में माण्डला जेल में बन्द थे, कुछ ही समय पहले जेल से मुक्त हुए थे। उन्होंने सरकार को युद्ध के समय सहायता देने की बात तो स्वीकार की, पर सरकार से पूछा कि

बदले में भारतीयों को क्या मिलेगा। इस शर्त के कारण उन्हें और उन्हीं के मत के दूसरे बड़े भारतीय नेताओं को बैठक में नहीं बुलाया गया था, लेकिन गाँधीजी को बैठक में आने का निमन्त्रण मिला था। गाँधीजी विश्वयुद्ध छिड़ते समय १९१४ में भारत लौटने के मध्य में लन्दन में थे। अपने स्वभाव के अनुसार वहाँ उन्होंने दक्षिण अफ्रीका की तरह का एक एम्बुलेंस दल बनाने का निर्णय लिया था। लेकिन प्लूरिसी से ग्रस्त हो जाने के कारण वे स्वयं उस दल में सम्मिलित नहीं हो सके। इसलिए जब वायसराय लॉर्ड चेम्सफोर्ड का निमन्त्रण उन्हें मिला तो वे दुविधा में पड़ गये। उन्होंने वायसराय से शिकायत की कि तिलक और अली भाइयों को बैठक में न बुलाना उचित नहीं है। उनके मन में बैठक के बहिष्कार की बात भी आयी। लेकिन फिर वे बैठक में गये और वायसराय के युद्ध के लिए रंगरूट भर्ती के प्रस्ताव का, हिन्दी में बोलते हुए, एक वाक्य में समर्थन किया—

> मुझे अपनी जिम्मेदारी का पूरा ख़्याल है और उस जिम्मेदारी को समझते हुए मैं इस प्रस्ताव का समर्थन करता हूँ।

उसके बाद गाँधीजी ब्रिटिश सेना के लिए रंगरूट भर्ती के काम में जुट गये। लेकिन जिस खेड़ा ज़िले में कुछ समय पहले लोग उन्हें पलकों पर उठाये हुए थे वहाँ इस काम के लिए कोई उन्हें भाड़े पर भी अपनी बैलगाड़ी देने के लिए तैयार नहीं था। यहाँ तक कि एक गाँव में किसी ने भोजन तक के लिए नहीं पूछा और तीन दिन उन्हें गाँव के बाहर अपने हाथ से रोटी सेंककर भूख मिटानी पड़ी। लोग ब्रिटिश सरकार को किसी तरह का सहयोग देने के लिए तैयार नहीं थे। गाँधीजी ने ब्रिटिश फ़ौज़ में भर्ती के लिए जो पत्रिका प्रकाशित की थी, उसमें कहा गया था,

> ब्रिटिश राज्य के अनेकानेक दुष्कृत्यों में समूची प्रजा को निःशस्त्र बनाने वाले क़ानून को इतिहास उसका काले से काला क़ानून मानेगा।

गाँधीजी का तर्क था कि हर जाति को अपनी रक्षा करने में समर्थ होना चाहिए और इसके लिए उसे शस्त्र रखना और चलाना आना चाहिए। ब्रिटिश फ़ौज़ में भर्ती होकर शस्त्र चलाना सीखने का यह स्वर्ण अवसर है। इसके अलावा इस संकट के समय ब्रिटिश सरकार की मदद करके भारतीयों को निःशस्त्र करने वाले क़ानून को भी रद्द करवाया जा सकेगा। यह तर्क कमिश्नर को और उनकी सरकार को बुरा लगना स्वाभाविक ही

था। लेकिन इसके बावजूद उन्होंने दिल्ली या गुजरात में सैनिक भर्ती की अपील के लिए आयोजित वायसराय की सभाओं में बोलने के लिए गाँधीजी को आमन्त्रित किया। बाद में वायसराय को लिखे एक लम्बे पत्र में गाँधीजी ने तिलक और अली भाइयों का सहयोग न लेने की आलोचना करते हुए कहा कि वे इस अवसर पर कोई सौदेबाजी करना उचित नहीं समझते। लेकिन देश के पढ़े-लिखे लोगों को सरकार से यह आशा होना स्वाभाविक ही है कि उनके सहयोग के बदले होमरूल की उनकी माँग को प्रस्तावित सुधारों में जगह दी जाय। इस तरह गाँधीजी ने तिलक और ऐनी बेसेंट की माँग का समर्थन ही किया। गाँधीजी को कठिन परिश्रम के बाद भी रंगरूट भर्ती के काम में कोई विशेष सफलता नहीं मिली। परिश्रम के कारण उन्हें पेचिस हो गयी और वे लगभग मरणासन्न स्थिति में पहुँच गये। इसी बीमारी के दौरान उन्हें दूध न पीने की प्रतिज्ञा छोड़नी पड़ी और कस्तूरबा का यह चतुराई भरा तर्क स्वीकार करना पड़ा कि प्रतिज्ञा लेते समय उन्हें गाय या भैंस के दूध का ही ख़्याल था इसलिए बकरी का दूध लिया जा सकता है। शरीर सँभलने के कुछ समय बाद उनके गुदाद्वार का ऑपरेशन किया गया जो सफल रहा।

पाँच

पहला सत्याग्रह

पहला सत्याग्रह

गाँधीजी बीमारी से उबर ही रहे थे कि अख़बारों में रौलट बिलों की ख़बर छपी। सरकार ने देश में बढ़ रही आतंकवादी गतिविधियों पर अंकुश लगाने की विधि सुझाने के लिए सिडले रौलट की अध्यक्षता में एक समिति नियुक्त की थी। उसकी रिपोर्ट के आधार पर दो बिल बनाये गये थे। एक अस्थायी था जिसका उद्देश्य रक्षा क़ानून को नया रूप देना था। इस बिल में व्यवस्था की गयी थी कि क्रान्तिकारियों के मुक़दमे हाईकोर्ट के तीन जजों की विशेष अदालत में पेश हों, उन पर शीघ्र निर्णय लिया जाय, क्रान्तिकारी गतिविधियों से ग्रस्त इलाक़ों में अपील का अधिकार हो, जिन पर राज्य विरोधी गतिविधि का सन्देह हो उनसे जमानत ली जाय, उसे एक जज और एक ग़ैर–सरकारी व्यक्ति की जाँच के बाद नज़रबन्दी में रखा जा सके और प्रान्तीय सरकारों को अधिकार हो कि जिस व्यक्ति से शान्तिभंग की आशंका है उसे गिरफ़्तार करके नज़रबन्द कर दिया जाय। दूसरे बिल में राजद्रोही सामग्री के प्रकाशन और वितरण पर ही नहीं उसे पास रखने पर भी जेल भेजे जाने की व्यवस्था थी तथा कुछ अन्य कड़े प्रावधान थे। इन बिलों के बारे में समाचार छपते ही देशभर में रोष व्याप्त हो गया। सरकार ने युद्ध की समाप्ति पर राजनैतिक सुधार लागू करने की बजाय काले क़ानून बनाने का निर्णय लिया था। विट्ठलभाई पटेल ने कहा था कि सरकार ने वैधानिक आन्दोलन का गला घोटने का निर्णय कर लिया है। गाँधीजी भी रौलट बिल की ख़बर पढ़कर छटपटा उठे। देश भर के विरोध की उपेक्षा करते हुए सरकार ने मार्च १९१९ में पहले बिल को बड़ी काउंसिल में रखा, भारतीय प्रतिनिधियों ने उसका डटकर विरोध किया, गाँधीजी दर्शक दीर्घा में थे और उन्होंने देखा कि सरकार ने बड़े

आपत्तिजनक ढंग से बिल पास करवा लिया। गाँधीजी ने रौलट बिल का विरोध करने के लिए सत्याग्रह का फ़ैसला किया। एक सत्याग्रह समिति बनायी गयी। उसकी ओर से एक प्रतिज्ञा पत्र जारी किया गया जिसमें लिखा था,

> यदि इन बिलों को क़ानून का रूप दिया गया तो जब तक इन्हें वापस नहीं लिया जायेगा तब तक हम इन तथा अन्य क़ानूनों को भी जिसे सत्याग्रह समिति उचित समझेगी, मानने से नम्रतापूर्वक इनकार कर देंगे। हम इस बात की प्रतिज्ञा करते हैं कि इस युद्ध में ईमानदारी के साथ सत्य का अनुसरण करेंगे और किसी को भी जान-माल की हानि नहीं पहुँचायेंगे।

बीमारी से गाँधीजी का शरीर अभी सँभल भी नहीं पाया था कि उन्हें तमिलनाडु आने का निमन्त्रण मिला। दक्षिण अफ्रीका में गिरमिटियों के संघर्ष के समय से ही गाँधीजी का तमिलनाडु से विशेष सम्बन्ध जुड़ गया था। इसलिए शारीरिक अशक्तता के बावजूद वे मद्रास पहुँचे। वहाँ पहुँचकर उन्हें पता लगा कि मद्रास आने का निमन्त्रण उन्हें राजगोपालाचार्य ने दिया है और तभी पहली बार उनसे उनकी भेंट हुई। वहाँ रहते हुए एक रात अर्धनिद्रा अवस्था में उनके मन में देशभर में हड़ताल का आह्वान देने का विचार आया। सुबह उठकर उन्होंने बताया,

> रात को स्वप्नावस्था में मेरे मन में यह विचार आया कि इस क़ानून के जवाब में हमें सारे देश में हड़ताल करने की सलाह देनी चाहिए। उस दिन सब उपवास करें, काम-काज बन्द रखें और प्रार्थना करें।

इसके लिए पहले १९१९ की तीस मार्च निश्चित की गयी, फिर उसे बदलकर छः अप्रैल कर दिया गया। देश में पहली बार राजनैतिक उद्देश्य से देशव्यापी हड़ताल की बात सोची गयी थी। इससे पहले अहमदाबाद के मज़दूरों को गाँधीजी ने हड़ताल करने के लिए कहा था। 'हड़ताल' शब्द काम काज बन्द करके हरिकीर्तन करने के लिए व्यवहार में लाया गया था। गाँधीजी हड़ताल को भी एक धार्मिक क्रिया के रूप में ही देखना चाहते थे ताकि उसका अहिंसक और सत्याग्रही स्वरूप बना रहे।

देश के नाम मद्रास से हड़ताल की अपील जारी करके गाँधीजी ने दक्षिण भारत का दौरा किया और उसके बाद वे ४ अप्रैल को बम्बई लौटे। इस बीच दिल्ली में ३० मार्च को ही हड़ताल हो गयी थी क्योंकि वहाँ समय

रहते तारीख़ बदलने का समाचार नहीं पहुँच पाया था। हड़ताल अभूतपूर्व थी। सारा जीवन ठप हो गया था। सरकार ग़ुस्से से पागल हो गयी। शान्तिपूर्ण जुलूस पर लाठियाँ ही नहीं गोलियाँ भी बरसाई गयीं। यह सरकारी आतंक का आरम्भ था। ६ अप्रैल को तो पूरा देश ही हड़ताल के कारण ठप हो गया। देश के सभी नगरों और गाँवों में काम बन्द रहा सभी जगह शान्तिपूर्ण प्रदर्शन हुए, जुलूस निकाले गये और जनसभाएँ की गयीं। ६ अप्रैल बम्बई में भी सम्पूर्ण हड़ताल रही थी। सवेरे हज़ारों लोग चौपाटी पर स्नान करने गये और वहाँ से जुलूस की तरह ठाकुरद्वारा गये। उस जुलूस में स्त्रियाँ और बच्चे भी थे। अवज्ञा के तौर पर बिना लाइसेंस के घर-घर नमक बनाने का फ़ैसला हुआ ताकि नमक कर क़ानून का विरोध हो। *हिन्द स्वराज* और सर्वोदय जैसी प्रतिबन्धित पुस्तकें छापकर बेची गयीं और उन्हें ख़रीदते हुए लोगों ने क़ीमत चुकाने की बजाय अपनी जेबें पलट दीं। लोगों के रोष का ज्वार फूट पड़ा था। इसकी कल्पना नेताओं ने भी नहीं की थी। इससे ब्रिटिश शासक चौंक गये और उन्होंने आन्दोलन को कुचलने का निर्णय कर लिया। दिल्ली और पंजाब में गोली चली। स्वामी श्रद्धानन्द के बुलाने पर गाँधीजी हड़ताल के दूसरे दिन दिल्ली होते हुए अमृतसर के लिए रवाना हुए। प्रशासन ने मथुरा में गाँधीजी से लौट जाने को कहा। जब वे नहीं माने तो पलवल में उन्हें गिरफ़्तार कर लिया गया और बम्बई लाकर छोड़ दिया गया।

अपने ठहरने के स्थान पर पहुँचने के बाद गाँधीजी को पता लगा कि उनके पकड़े जाने की ख़बर पाकर लोग क्रुद्ध हो गये हैं और पायधूनी में बहुत बड़ी भीड़ इकट्ठा हो गयी है और वहाँ दंगे का ख़तरा पैदा हो गया है। उमर सोबानी और अनसुइया बहन ने उन्हें वहाँ चलने और लोगों को शान्त करने के लिए कहा। वहाँ पहुँचने के रास्ते में भीड़ उन्हें देखकर हर्षोन्मत्त हो गयी और वंदे मातरम् व अल्लाहो अकबर के नारों से आकाश गूँज उठा। इसी बीच सरकार ने वहाँ एक घुड़सवार टुकड़ी भेज दी। क्रोधित लोगों ने ईंटें बरसाईं, गाँधीजी ने लोगों से शान्त रहने की प्रार्थना की लेकिन कोई असर नहीं हुआ। तभी जुलूस को क़िले की ओर जाने से रोकने के लिए प्रशासन ने उन पर घुड़सवार पुलिस दौड़ा दी। अनेक लोग घोड़ों के नीचे कुचल गये और पूरा माहौल भयानक हो उठा। गाँधीजी ने लौटकर कमिश्नर से भेंट की और घुड़सवार टुकड़ी भेजने और उसकी

ज़्यादतियों की शिकायत की। लेकिन उन्होंने देखा कि कमिश्नर को लोगों की कोई चिन्ता नहीं थी और वह मानता था कि व्यवस्था बनाये रखने के लिए जो कुछ किया गया वह आवश्यक था। सरकार की यही नीति सब जगह दिखायी दी। दूसरी जगहों पर तो शान्तिपूर्ण आन्दोलनकारियों पर भी लाठी–गोली बरसाई जा रही थी। इससे आग और भड़क उठी। कई जगह आन्दोलन हिंसात्मक हो गया। कुछ अँग्रेज़ और भारतीय अफ़सर भी मारे गये। अहमदाबाद समेत गुजरात के कई हिस्सों से और पंजाब से दंगों के समाचार मिले। गाँधीजी अहमदाबाद पहुँचे। उन्हें पता लगा कि अहिंसा की शपथ लेने वाले लोगों ने भी सरकार के भड़काने पर हिंसा की। उन्हें मालूम था कि ब्रिटिश सरकार यही चाहती है। छोटी–छोटी हिंसक घटनाओं का बहाना बनाकर वह अपनी अमानुषिक हिंसा को सही सिद्ध करेगी। गाँधीजी यह भी जानते थे कि अभी देश में सरकारी हिंसा का सामना करने की शक्ति नहीं है। उनका पूर्ण विश्वास था कि शान्तिपूर्ण सत्याग्रह से सरकार को उसकी अमानुषिक कठोरता से रोका जा सकता है। दिल्ली की हिंसक घटनाओं के बाद उन्होंने सरकारी हिंसा के साथ–साथ आन्दोलनकारियों की हिंसा की भी आलोचना की थी। पर अब स्थिति हाथ से निकलती दिखायी दी। उन्होंने नाडियाड में एक सभा में भाषण करते हुए माना कि बिना लोगों को अहिंसा का पूरा महत्त्व समझाये सत्याग्रह छेड़कर उन्होंने 'हिमालय सी बड़ी भूल' की है। यह कहकर उन्होंने आन्दोलन स्थगित करने की घोषणा कर दी।

जल्दी ही गाँधीजी की आशंका सही साबित हो गयी। सत्याग्रह स्थगित किये जाने के बावजूद सरकार का दमनचक्र रुका नहीं था। १० अप्रैल, १९१९ को पंजाब के लोकप्रिय नेता डॉ. सत्यपाल और डॉ. सैफुद्दीन किचलु को अमृतसर के डिप्टी कमिश्नर ने अपने बंगले पर बुलाया और उन्हें वहीं गिरफ़्तार कर लिया गया। नागरिक एक जुलूस के रूप में इकट्ठे होकर डिप्टी कमिश्नर के बंगले की ओर यह जानने के लिए बढ़े कि दोनों नेताओं को कहाँ ले जाया गया है। उस शान्तिपूर्ण जुलूस पर सरकार द्वारा गोली चलवा दी गयी जिसमें कुछ लोग मारे गये। मारे गये और घायल लोगों को लेकर जुलूस पीछे हटा। पर जुलूस के कुछ लोग क्रोध में नियन्त्रण खो बैठे और उन्होंने एक कार्यालय में घुसकर पाँच अँग्रेज़ों को मार डाला तथा कुछ बैंकों और सरकारी दफ़्तरों में आग लगा दी। इसके

बाद पंजाब के कई हिस्सों में फ़ौज़ी क़ानून लगा दिया गया। विरोध में १३ अप्रैल, १९१९ को बैसाखी के दिन जलियाँवाला बाग़ में एक सभा बुलायी गयी जिसमें क़रीब बीस हज़ार लोग इकट्ठा हुए। बाग़ चारों तरफ़ बहुमंज़िले मकानों से घिरा हुआ था। उसके भीतर जाने या निकलने का एक ही सँकरा मार्ग था। इस मार्ग पर ब्रिगेडियर जनरल डायर के नेतृत्व में एक फ़ौज़ी टुकड़ी ने मोर्चा लिया। निहत्थी और शान्तिपूर्ण भीड़ पर बिना कोई चेतावनी दिये दस मिनट तक १६५० राउण्ड गोली चलाई गयीं। गोली चलाना तभी बन्द हुआ जब गोलियाँ समाप्त हो गयीं। कॉंग्रेस की जाँच समिति के अनुसार क़रीब एक हज़ार नागरिकों, जिनमें स्त्री-पुरुष और बच्चे सभी थे, को मौत के घाट उतार दिया गया। इस जघन्य और पाशविक कार्रवाई से केवल जनरल डायर की ही क्रूरता उजागर नहीं होती थी, उससे अँग्रेज़ों और यूरोपीय जाति के ही क्रूर और हिंसक स्वभाव की झलक पायी जा सकती थी। लोगों को अपमानित करने के लिए अमृतसर की जिस सड़क पर एक अँग्रेज़ महिला पर हमला किया गया था उस पर भारतीयों को पेट के बल रेंगने के लिए मजबूर किया गया। कई गाँवों पर हवाई जहाज़ों और मशीनगनों से गोलियाँ बरसाई गयीं। कई जगह भारतीयों की सारी मोटरगाड़ियाँ छीन ली गयीं। कर्नल जानसन ने लाहौर के सभी कॉलेजों के विद्यार्थियों को सोलह मील पैदल चलकर चार बार हाजिरी देने का आदेश दिया। जब एक कॉलेज की बाहरी दीवार पर यह नोटिस फटा पाया गया तो कॉलेज के सारे छात्रों, कर्मचारियों और अध्यापकों को गिरफ़्तार कर लिया गया।

पंजाब में जो कुछ हो रहा था उसका असली ख़लनायक पंजाब का गवर्नर माइकल ओ डायर था, जिसकी १३ मार्च, १९४० को भारतमाता के एक सपूत सरदार उधम सिंह ने लन्दन में गोली मारकर हत्या कर दी थी और उसके अपराधों की सज़ा दी थी। माइकल ओ डायर ने पंजाब की घटनाओं के लिए गाँधीजी के आन्दोलन को जिम्मेदार ठहराया था। दूसरी तरफ़ पंजाब के अनेक युवक यह मानते थे कि अगर गाँधीजी ने अपना आन्दोलन वापिस न लिया होता तो अँग्रेज़ों को इस दमनचक्र की हिम्मत न हुई होती। अपनी आत्मकथा में गाँधीजी ने लिखा है,

> क्रोधावेश में भरे हुए इन नवयुवकों की दलील यह थी कि यदि मैंने सविनय क़ानून भंग को मुल्तवी न किया होता, तो जलियाँवाले बाग़ का

> क़त्ले आम कभी न होता और न फ़ौज़ी क़ानून ही जारी हुआ होता। किसी-किसी ने तो यह धमकी भी दी थी कि मेरे पंजाब आने पर लोग मुझे जान से मारे बिना न रहेंगे।

गाँधीजी पर पंजाब जाने का दबाव बढ़ता जा रहा था। वे भी पंजाब जाने के लिए अधीर हो रहे थे। उन्होंने पंजाब कभी देखा न था। लेकिन समय समय पर पंजाब के लोग और नेता उनसे आकर मिलते रहे थे। गाँधीजी निषेधाज्ञा भंग करने की कोशिश कर सकते थे लेकिन इससे उनका पंजाब जाना तो हो ही नहीं पाता, क्योंकि उन्हें गिरफ़्तार कर लिया जाता। गाँधीजी उस समय स्थिति को शान्त करना चाहते थे। गाँधीजी ने अपनी आत्मकथा में लिखा है,

> पंजाब की नादिरशाही ने लोगों की अशान्ति को और भड़का दिया था। मुझे लगा कि ऐसे समय की गयी क़ानून की अवज्ञा जलती आग में घी होमने का काम करेगी। अतएव पंजाब में प्रवेश करने की सलाह को मैंने तुरन्त नहीं माना। मेरे लिए यह निर्णय एक कड़वा घूँट था। पंजाब से रोज़ अन्याय के समाचार आते थे और मुझे उन्हें रोज़ सुनना और दाँत पीसकर रह जाना पड़ता था।

इस बीच सरकार ने हंटर कमेटी नियुक्त की जिसे फ़ौज़ी क़ानून के दिनों में पंजाब के अधिकारियों द्वारा किये गये कारनामों की जाँच करनी थी। कमेटी की नियुक्ति के बाद जलियाँवाले बाग़ की घटना के लगभग छः महीने उपरान्त, गाँधीजी को पंजाब जाने की अनुमति दे दी गयी। पंजाब पहुँचने पर गाँधीजी का भारी स्वागत हुआ। लाहौर पहुँचने पर तो उन्हें देखने के लिए लोगों का विशाल समुदाय उमड़ आया था। लोग उन्हें देखकर अभिभूत थे। उसके बाद पंजाब का दौरा करते हुए गाँधीजी को वहाँ के लोगों में अपने प्रति गहरा अपनापा दिखायी दिया। उन्होंने कहा था कि उन्हें केवल सूत की मालाएँ पहनायी जायें। उन्होंने देखा कि पंजाब में वे जहाँ भी गये, सूत की मालाएँ तो पहनायी ही गयीं, महिलाओं ने उन पर कते हुए सूत की पूनियाँ फेंकीं। पंजाब में कताई और बुनाई की यह महिमा देखकर गाँधीजी बहुत प्रसन्न हुए।

पंजाब के काँग्रेस के प्रमुख नेताओं के जेल में बन्द होने के कारण उनका स्थान पण्डित मदन मोहन मालवीय, मोतीलाल नेहरू और स्वामी श्रद्धानन्द ने ले रखा था। लाहौर में गाँधीजी का पहली बार मोतीलाल नेहरू से

परिचय हुआ। सब की राय थी कि हंटर कमेटी का बहिष्कार किया जाय। काँग्रेस ने अपनी ओर से एक जाँच समिति गठित की जिसमें मालवीयजी, मोतीलाल नेहरू, चितरंजन दास, अब्बास तैयब जी, एम.आर. जयकर और गाँधीजी को रखा गया। समिति ने बारीक़ी से जाँच-पड़ताल की और रिपोर्ट लिखते हुए गाँधीजी ने सरकार के ज़ुल्म की केवल उन घटनाओं का उल्लेख किया जिनके बारे में अकाट्य प्रमाण थे। यह रिपोर्ट ब्रिटिश अधिकारियों के बर्बर और अमानुषिक आचरण को सिद्ध करने के लिए पर्याप्त थी। दूसरी तरफ़ हंटर कमेटी के सामने जब जनरल डायर की गवाही हुई तो उसने बिना लाग-लपेट के अपनी कार्रवाई के औचित्य को सिद्ध करने की कोशिश की। उसने कहा कि सरकार को जलियाँवाले बाग़ में सभा होने की जानकारी थी। पर उस सभा को न होने देने के लिए कोई प्रयत्न नहीं किया गया था। फिर उसने कहा कि अगर वह चाहता तो बिना गोली चलाये भी भीड़ को तितर-बितर कर सकता था। पर उससे क्या होता? वे फिर जुटते और उसका उल्लू बन गया होता। उसके बाद उसने जोड़ा कि थोड़ी गोली चलाकर भी भीड़ को तितर-बितर किया जा सकता था। लेकिन उसने तब तक गोली चलाना अपना फ़र्ज़ समझा जब तक भीड़ पूरी तरह तितर-बितर न हो जाय। असल में तो गोली चलाना तब रुका जब गोलियाँ ही समाप्त हो गयीं। उसने यह भी कहा कि अगर उसका बस चलता तो वह भीड़ को मशीनगनों से भून देता। पर वे कारों पर लदी थीं और उन वाहनों को बाग़ के दरवाज़े तक नहीं लाया जा सकता था। हंटर कमेटी के सामने इस निर्मम स्पष्टवादिता के बावजूद समिति ने पंजाब में हुए अत्याचारों की लीपापोती की। उन्हें अधिकारियों द्वारा अपने कर्तव्य पालन के दौरान की गयी भूलें बताया। इसलिए इन अत्याचारों के लिए जिम्मेदार किसी अधिकारी को पंजाब से हटाया नहीं गया। बल्कि पंजाब के गोरों द्वारा उन्हें सम्मानित किया गया। बाद में इंग्लैण्ड में भी माइकल ओ डायर का इसी तरह सम्मान किया गया था।

इस बीच गाँधीजी का भारत के मुस्लिम नेताओं से भी सम्पर्क दृढ़ हो चुका था। अपने दक्षिण अफ्रीका के अनुभव से वे जानते थे कि अँग्रेज़ों का सामना करने के लिए हिन्दू-मुस्लिम एकता अत्यन्त आवश्यक है। पर वे यह भी जानते थे कि यह काम आसान नहीं है। हिन्दू और मुस्लिम समुदाय में परस्पर गहरा अविश्वास था और अँग्रेज़ इसका आसानी से लाभ ले

सकते थे। वे यह भी जानते थे कि मुसलमान उनके सिद्धान्तों पर उतनी सरलता से विश्वास नहीं कर सकते जितनी सरलता से हिन्दू कर सकते हैं। दक्षिण अफ्रीका में पठानों द्वारा उन पर जानलेवा हमला हो ही चुका था। इसलिए मुसलमानों का दिल जीतने के लिए वे काफ़ी दूर तक जाने को तैयार थे। उस समय भारत के मुसलमान ख़िलाफ़त को लेकर परेशान थे। टर्की के सुलतान मुसलमानों के खलीफ़ा थे और विश्वयुद्ध में टर्की जर्मनी के साथ था। मुसलमानों को आशंका थी कि अगर मित्र राष्ट्रों की विजय हुई तो वे ख़िलाफ़त समाप्त कर सकते हैं। ब्रिटिश सेना में मुसलमानों की अच्छी-ख़ासी संख्या थी। उनकी भावनायें देखते हुए युद्ध के दौरान ब्रिटेन के प्रधानमन्त्री लायड जार्ज ने अपने एक नीति वक्तव्य में उनकी आशंकाओं को दूर करने की कोशिश की थी। भारत में भी वायसराय ने कहा था कि मुस्लिम तीर्थ-स्थानों की स्वतन्त्रता की रक्षा की जायेगी।

गाँधीजी जब १९१५ में भारत लौटे तो यहाँ के मुस्लिम नेताओं ने उनसे सम्पर्क किया। पहले बम्बई में, फिर अलीगढ़ के मुस्लिम विश्वविद्यालय में उन्हें बोलने के लिए आमन्त्रित किया गया। ख़िलाफ़त के आन्दोलन के तेज़ तर्रार नेता मोहम्मद अली उन दिनों जेल में थे और उनका गाँधीजी से पत्र-व्यवहार होता रहता था। १९१८ में जब वायसराय के बुलावे पर गाँधीजी दिल्ली सम्मेलन में गये थे तो उन्होंने मोहम्मद अली को रिहा किये जाने की माँग की थी और तुर्की के भविष्य के बारे में मुसलमानों की भावनाओं का आदर किये जाने का आग्रह किया था। १९१८ के नवम्बर महीने में जब विश्वयुद्ध समाप्त हो गया तो ख़िलाफ़त का प्रश्न फिर महत्त्वपूर्ण हो गया। ख़िलाफ़त के प्रश्न पर दिल्ली में एक सभा हुई। इस सभा में स्वामी श्रद्धानन्द भी उपस्थित थे। सभा में गाँधीजी को भी आमन्त्रित किया गया था। ख़िलाफ़त के सवाल पर आगे की कार्रवाई क्या हो इस पर गाँधीजी ने स्वदेशी व्रत की चर्चा की और विदेशी वस्त्रों का बहिष्कार करने का सुझाव दिया। मौलाना हसरत मोहानी ने उसे अपर्याप्त बताते हुए कहा कि इसे सफल बनाने में तो बहुत समय लगेगा। कोई तात्कालिक कार्रवाई होनी चाहिए। गाँधीजी ने अपने भाषण में सरकार से असहयोग का नारा देते हुए कहा,

> मुसलमान भाइयों ने एक और भी महत्त्वपूर्ण निश्चय किया है। ईश्वर न करे, पर यदि कहीं सुलह की शर्तें उनके ख़िलाफ़ जायें, तो वे सरकार

की सहायता करना बन्द कर देंगे। मेरे विचार में यह जनता का अधिकार है। सरकारी उपाधियाँ धारण करने अथवा सरकारी नौकरियाँ करने के लिए हम बँधे नहीं हैं। जब सरकार के हाथों ख़िलाफ़त जैसे अत्यन्त महत्त्वपूर्ण धार्मिक प्रश्न के सम्बन्ध में हमें नुकसान पहुँचता है, तब हम उसकी सहायता कैसे कर सकते हैं? इसलिए अगर ख़िलाफ़त का फ़ैसला हमारे विरुद्ध हुआ तो सरकार की सहायता न करने का हमें हक़ है।

इस तरह गाँधीजी ने मुसलमानों को सरकार से अलग करने का कार्यक्रम प्रस्तुत कर दिया। वे जानते थे कि मौलाना मोहानी जैसे बहुत से मुस्लिम नेता इससे बेचैन होंगे। क्योंकि उनका सरकार से काफ़ी सहयोग रहता था। एक और महत्त्वपूर्ण प्रश्न इस सम्मेलन में उनकी पूर्ण अहिंसा की वकालत के सिलसिले में उठाया गया। मौलाना ने कहा कि अहिंसा स्वीकार करना पवित्र कुरान की हिदायतों के ख़िलाफ़ है क्योंकि वहाँ न्यायपूर्ण उद्देश्य की प्राप्ति के लिए हिंसा का उपयोग उचित माना गया है। यह कठिन आपत्ति थी और गाँधीजी को बीच का रास्ता निकालने के लिए कहना पड़ा कि वे अहिंसा को धार्मिक विश्वास के रूप न मानें, केवल समयानुकूल नीति के रूप में माने। लेकिन इससे गाँधीजी को यह समझने में देर नहीं लगी होगी कि इस्लाम की मान्यताओं का भारतीय सभ्यता के मूल सिद्धान्तों से मेल बैठाना आसान काम नहीं है। पर वे आशा नहीं छोड़ना चाहते थे और मुसलमानों के लिए कष्ट सहकर वे उनका दिल जीत लेना चाहते थे।

इसके बाद फ़रवरी १९२० को मौलाना अब्दुल कलाम की अध्यक्षता में कलकत्ता में एक सम्मेलन हुआ जिसमें गाँधीजी के असहयोग के प्रस्ताव को स्वीकार कर लेने का सुझाव दिया गया। इस दौरान तुर्की के साथ सन्धि की शर्तें भी प्रकाशित हो गयी, जिसके अनुसार तुर्की के सुल्तान का प्रभाव तुर्की तक सीमित रह गया था। इसका अर्थ था ख़िलाफ़त का अन्त। इसने मुसलमानों के आक्रोश को बहुत बढ़ा दिया। ९ जून, १९२० को इलाहाबाद में ख़िलाफ़त कमेटी की बैठक हुई। उसमें एक राय से गाँधीजी के असहयोग के प्रस्ताव को स्वीकार कर लिया गया। इस तरह महात्मा गाँधी ख़िलाफ़त आन्दोलन में कूदकर मुसलमानों को ब्रिटिश सरकार से अलग करने में तो सफल हो गये, पर ख़िलाफ़त की समस्या को उन्होंने बहुत अधिक आँक लिया था। तुर्की में कमाल अतातुर्क के नेतृत्व में सुलतान को हटाकर ख़िलाफ़त की गुंजाइश ही समाप्त कर दी गयी थी।

इसके अलावा मुसलमानों में अँग्रेज़ सरकार से असन्तोष का आधार धार्मिक था और उसे यह स्वरूप दिये रहने में गाँधीजी ने यह मानकर सहयोग ही दिया था कि इससे ब्रिटिश सरकार से उनका अलगाव गहरा होगा। लेकिन इसने मुसलमानों को राष्ट्रीय आन्दोलन में अपनी एक अलग भूमिका बनाये रखने में भी सहायता पहुँचाई। पर अगर गाँधीजी ने ख़िलाफ़त के आन्दोलन को इतना समर्थन न दिया होता तो उनकी भूमिका कुछ अलग होती, यह तर्क देना उचित नहीं होगा। भारत में मुसलमान एक धार्मिक समुदाय के रूप में ही व्यवहार कर सकते थे और इसलिए वे एक अलग राजनैतिक समूह भी बने रहे। गाँधीजी उन्हें अँग्रेज़ों से अलग करने में भले कुछ हद तक सफल रहे हों, अपने साथ अधिक दिन तक नहीं रख पाये।

विश्वयुद्ध समाप्त हो जाने के कोई साल भर बाद इंग्लैण्ड के बादशाह जार्ज पंचम ने एक राजकीय आदेश निकाल कर नये संवैधानिक सुधारों की स्वीकृति दी थी और राजनैतिक बन्दियों की रिहाई की घोषणा की थी। काँग्रेस के नेताओं ने इसे अपर्याप्त माना था। एक कुशल सेनापति की तरह गाँधीजी अपने विपक्ष में अपनी सदाशयता के प्रति विश्वास बनाये रखने की आवश्यकता को भली-भाँति समझते थे। यह उनके स्वभाव में ही था कि वे यथासम्भव सकारात्मक दृष्टि अपनायें। इसलिए उन्होंने इस घोषणा से सन्तुष्ट न होते हुए भी उसका स्वागत किया। पर इस घोषणा से भारत के ब्रिटिश अधिकारियों के व्यवहार में कोई विशेष परिवर्तन लक्षित नहीं हुआ। दिसम्बर १९१९ में अमृतसर में काँग्रेस का वार्षिक अधिवेशन हुआ। अब तक गाँधीजी काँग्रेस के अधिवेशनों में औपचारिक रूप से ही भाग लेते आये थे। पिछले चार साल उन्होंने जो भी राजनैतिक कार्य किये वे अपनी व्यक्तिगत हैसियत से ही किये थे। जलियाँवाले बाग़ की घटना के बाद पंजाब का दौरा करते हुए और काँग्रेस द्वारा गठित जाँच समिति के सदस्य के रूप में वे काँग्रेस के नेताओं के अधिक निकट सम्पर्क में आये। अमृतसर काँग्रेस में तो उन्हें मदनमोहन मालवीय के कमरे में ही ठहराया गया था। उसके बारे में उन्होंने अपनी आत्मकथा में लिखा है—

> उनका कमरा क्या था, ग़रीबों की धर्मशाला थी। उसमें कहीं रास्ता नहीं रहने दिया गया था। जहाँ-तहाँ लोग पड़े ही मिलते थे। इस कमरे के एक कोने में मेरी खटिया थी।

सम्मेलन में गाँधीजी राजनीतिक सुधारों के समर्थन में प्रस्ताव चाहते थे। मालवीयजी और जिन्ना उनका समर्थन करने के लिए तैयार थे। लेकिन चितरंजन दास और लोकमान्य तिलक का दृढ़ मत था कि सुधार असन्तोषजनक और अधूरे हैं और इसलिए उनकी उपेक्षा की जानी चाहिए। काफ़ी खींचतान के बाद एक सर्वसम्मत प्रस्ताव तैयार हुआ जिसमें सुधारों पर असन्तोष प्रकट करते हुए पूर्ण आत्मनिर्णय की माँग की गयी थी। इसके अलावा पंजाब की घटनाओं पर गाँधीजी द्वारा जाँच-समिति की ओर से लिखी गयी रिपोर्ट स्वीकार कर ली गयी, जलियाँवाला बाग़ में एक स्मारक बनाने का निर्णय हुआ जिसके लिए पाँच लाख रुपये इकट्ठा करने का दायित्व गाँधीजी पर आया। गाँधीजी का स्वदेशी सम्बन्धी प्रस्ताव भी पारित कर दिया गया। इसके अलावा पहली बार गाँधीजी को काँग्रेस के लिए एक नया संविधान तैयार करने का दायित्व सौंपा गया।

गाँधीजी जब सोलह वर्ष के थे तब एलेन ओक्टेवियन ह्यूम ने १८८५ में भारतीय राष्ट्रीय काँग्रेस की स्थापना की थी। उन्होंने तीस वर्ष से भी अधिक समय इण्डियन सिविल सर्विस में नौकरी करने के बाद अवकाश ग्रहण किया था। वे एक उदारवादी व्यक्ति थे और ब्रिटिश शासन को अधिक उत्तरदायी बनाना चाहते थे। उनका उद्देश्य सामाजिक, राजनैतिक और प्रशासनिक प्रश्नों पर चर्चा करने के लिए एक अखिल भारतीय वार्षिक सम्मेलन आयोजित करना था। २८ दिसम्बर, १८८५ को कलकत्ता में आयोजित पहले सम्मेलन की अध्यक्षता वहाँ के प्रमुख बैरिस्टर डब्ल्यू.सी. बनर्जी ने की थी। अपने भाषण में उन्होंने कहा था कि यूरोप के ढंग की शासन प्रणाली की अभिलाषा करना राजद्रोह नहीं है। काँग्रेस के शुरू के पच्चीस अधिवेशनों में से पाँच की अध्यक्षता अँग्रेज़ों ने की थी। १८९२ में लन्दन में भी एक अधिवेशन करने का सुझाव दिया गया था लेकिन ऐसा हुआ नहीं। काँग्रेस के इन वार्षिक सम्मेलनों में लच्छेदार भाषण होकर रह जाते थे। लेकिन उन्हें भी गोरी नौकरशाही ख़तरनाक मानने लगी थी। १८९० में सरकारी अधिकारियों को यह आदेश दिया गया था कि वे काँग्रेस के अधिवेशनों में सम्मिलित न हों। १८९८ में लॉर्ड एल्गिन ने शिमला के यूनाइटेड सर्विसिज क्लब में भाषण करते हुए कहा था कि भारत तलवार से जीता गया है और तलवार से ही उस पर कब्ज़ा रहेगा। १९०० में उनके उत्तराधिकारी लार्ड कर्ज़न ने भारत के उपनिवेश सचिव

को आश्वासन दिया था कि काँग्रेस टूट रही है और उनकी परम अभिलाषा है कि अपने भारत में रहते हुए वे इसके शान्तिपूर्ण निधन में सहायता करें। पर बंगाल का विभाजन करके लॉर्ड कर्ज़न ने काँग्रेस का नाम देश के कोने-कोने में पहुँचा दिया। बंग-भंग विरोधी आन्दोलन का असर पूरे देश पर पड़ा। गाँधीजी ने *हिन्द स्वराज* में भी इस बात का उल्लेख किया था। लेकिन १९०५ से ही काँग्रेस गरम और नरम दल में विभाजित होती गयी। बाल गंगाधर तिलक, विपिनचन्द्र पाल और लाला लाजपतराय गरमपन्थी दल के नेता थे और फ़िरोज़शाह मेहता तथा गोपालकृष्ण गोखले नरमपन्थी दल के। गरमपन्थी नेताओं की देशभर में लोकप्रियता अधिक थी, लेकिन काँग्रेस के प्रतिनिधियों पर नरमपन्थी नेताओं का कब्ज़ा था। १९०६ में काँग्रेस के इन दोनों गुटों में विभाजन को रोकने के लिए इक्यासी वर्ष की आयु में दादा भाई नौरोजी को लन्दन से बुलाकर काँग्रेस के कलकत्ता अधिवेशन का अध्यक्ष बनाया गया था।

लेकिन अगले वर्ष सूरत में बड़ी तनावपूर्ण परिस्थितियों में काँग्रेस का अधिवेशन बुलाया गया। उसमें सोलह सौ प्रतिनिधि थे। अधिक संख्या नरमदल नेताओं के अनुयायियों की थी। जब दोनों गुटों में झगड़ा बढ़ा तो नरमदल वाले नेताओं ने पुलिस से संरक्षण लेकर अपना अलग सम्मेलन किया और उस समय की शासन पद्धति में वैधानिक उपायों से राजनैतिक सुधार लाने की अपनी मान्यता को दोहराया। इस अधिवेशन से काँग्रेस पर नरमपन्थियों का नियन्त्रण हो गया। गरमपन्थियों ने स्वराज्य का नारा दिया जो देश के हर कोने में गूँजने लगा। अँग्रेज़ों और राजभक्ति दिखाने वाले भारतीयों की छुटपुट हत्याएँ हुईं। कुछ समय बाद तिलक के मराठी अख़बार केसरी में छपे उनके लेखों को आधार बनाकर उन पर राजद्रोह का मुक़दमा चला और उन्हें जेल भेज दिया गया। १९०६ में मुस्लिम लीग की स्थापना हुई। शुरू में उसने अपने आप को अधिक नौकरियों की माँग और काउंसिल में अधिक प्रतिनिधि लिए जाने तक सीमित रखा। लेकिन धीरे-धीरे नये और युवा नेता उभरे जो सरकार विरोधी रुख़ अपनाने लगे। लेकिन मुस्लिम लीग की उतनी चिन्ता भारत का अँग्रेज़ी शासन नहीं थी जितनी विश्व राजनीति में मुस्लिम देशों पर पड़ रहा ईसाई यूरोप का दबाव था। इसी सिलसिले में ख़िलाफ़त मुसलमानों का पहला बड़ा आन्दोलन साबित हुआ था। १९१३ आते-आते मौलाना अब्दुल कलाम आज़ाद और मोहम्मद

अली के प्रभाव से मुस्लिम लीग 'ख़ुदमुख्त्यारी' की माँग भी करने लगी। ख़िलाफ़त के मुद्दे पर १९१६ में काँग्रेस और लीग का समझौता हुआ और यह दोनों धाराएँ एक-दूसरे के निकट आ गयीं। १९१५ में जब गाँधीजी भारत लौटे थे तो काँग्रेस पर फीरोजशाह मेहता, सुरेन्द्रनाथ बनर्जी और गोपालकृष्ण गोखले जैसे नरमपन्थी नेताओं का आधिपत्य था। गरमदल के तिलक १९१४ में ही जेल से छूटे थे और उनका स्वास्थ्य ठीक नहीं था। लाला लाजपतराय अमेरिका में देश-निकाले की सज़ा भुगत रहे थे। कुछ समय बाद २२ अप्रैल, १९१६ को लोकमान्य तिलक ने होमरूल लीग की स्थापना की। सितम्बर १९१६ में ऐनी बेसेंट, जो एक आयरिश महिला थीं और थियोसफी विचारधारा से प्रभावित होकर भारत में आकर बस गयी थीं, ने भी होमरूल लीग की स्थापना की। शुरू में उन्होंने भी गाँधीजी को होमरूल लीग में लाने का प्रयास किया था। लेकिन गोखले को दिये वचन के कारण वे साल भर तक राजनैतिक मामलों पर कोई टिप्पणी नहीं करना चाहते थे। उसके बाद घटनाचक्र इतनी तेज़ी से घूमा कि महात्मा गाँधी भारतीय राजनीति के केन्द्र में आ गये।

अमृतसर अधिवेशन तक काँग्रेस गोखले के बनाये कुछ नियमों के सहारे अपना काम चलाती थी। उनकी अपर्याप्तता को सब अनुभव कर रहे थे। काँग्रेस का नया विधान बनाने की चर्चा होती थी, पर काँग्रेस के पास ऐसी कोई व्यवस्था ही नहीं थी कि यह काम ठीक से हो पाता। उसके पास ऐसा कोई संगठन भी नहीं था जो पूरे वर्ष कार्यरत रहे और भविष्य के बारे में भी विचार करे। उसके तीन मन्त्री होते थे, पर व्यवहार में कार्यवाहक मन्त्री एक ही था, वह भी चौबीस घण्टे दे सकने वाला नहीं। काँग्रेस अधिवेशन में हज़ारों की भीड़ होती थी। प्रतिनिधियों की संख्या की कोई सीमा नहीं थी। किसी भी प्रान्त से चाहे जितने प्रतिनिधि आ सकते थे। गाँधीजी ने विधान बनाने के लिए एक समिति बनवायी जिसमें तिलक और चितरंजन दास से उनका एक-एक प्रतिनिधि माँगा गया। इस समिति की कोई बैठक नहीं हुई। पर सबकी सहमति से गाँधीजी ने एक विधान तैयार कर लिया। गाँधीजी द्वारा तैयार किये गये विधान ने काँग्रेस का चरित्र ही बदल दिया।

गाँधीजी ने सभी वैध और शान्तिपूर्ण उपायों से स्वराज्य की प्राप्ति को काँग्रेस का लक्ष्य घोषित किया था। इस तरह सत्याग्रह को काँग्रेस के संविधान में ही संगृहीत कर लिया गया। संगठन का स्वरूप बदलते हुए

उन्होंने सबसे पहले काँग्रेस के संगठन के आधार का विस्तार करने के लिए सदस्यता शुल्क नाममात्र चार आना कर दिया। काँग्रेस सदस्यों को अनुशासित कार्यकर्ता बनाने के लिए उन्हें रचनात्मक कार्यक्रमों जैसे अछूतोद्धार, शराबबन्दी, स्त्री शिक्षा, खादी-ग्रामोद्योग आदि कार्यक्रमों की ओर मोड़ा। संगठन के विभिन्न स्तरों पर मनोनयन की प्रणाली को समाप्त कर चुनाव करवाने की प्रथा आरम्भ की। पदवीधारी विशेष वर्गों को समाप्त कर दिया गया। काँग्रेस की कार्यवाही में भारतीय भाषाओं को स्थान दिया गया। देश में भाषावार प्रान्तीय समितियाँ गठित करने का विधान किया जो आगे चलकर राज्यों के भाषावार पुनर्गठन का आधार बना। प्रान्तीय समितियों को अपनी पहल पर काम करने का अधिकार दिया गया। अखिल भारतीय काँग्रेस महासमिति की बैठकें साल में कई बार देश के अलग-अलग स्थानों में की जाने लगीं और उनमें राजनैतिक स्थिति का जायजा लेते हुए निर्णय होने लगे। इस तरह जो काँग्रेस वर्ष में तीन दिन राष्ट्रीय अधिवेशन करके अपना कर्तव्य समाप्त समझ लेती थी वह एक देशव्यापी संगठन हो गयी जो वर्ष भर सक्रिय रहकर देश की राजनीति को दिशा देता था। जिस काँग्रेस को ह्यूम ने सरकार को परामर्श देने वाला भारतीय नेताओं का एक वार्षिक सम्मेलन बनाया था, जिसे तिलक और गोखले ने राष्ट्रीय आकांक्षाओं से जोड़ा और देशव्यापी राजनीतिक आधार दे दिया।

गाँधीजी की उपस्थिति ने देश को इतना जागृत कर दिया था कि पंजाब की घटनाओं ने देश में भय उपजाने की बजाय रोष पैदा किया और लोग ब्रिटिश सत्ता को उखाड़ फेंकने के लिए अधीर दिखने लगे। अपने पंजाब दौरे के समय गाँधीजी ने लोगों में वह जोश और उत्साह देखा जो निर्भय जातियों में होता है। इसके बाद उन्होंने ख़िलाफ़त के प्रश्न पर मुसलमानों में भी मर मिटने की भावना देखी। इस भावना ने मुसलमानों के पुराने डगमगाते नेताओं की जगह नये नेताओं को प्रतिष्ठित किया। गाँधीजी ने असहयोग का मन्त्र पहले ख़िलाफ़त परिषद को दिया। इलाहाबाद में हुई ख़िलाफ़त परिषद की बैठक में गाँधीजी के इस प्रस्ताव पर रात भर चर्चा होती रही। हकीम अजमल ख़ाँ को उसकी सफलता पर सन्देह था। पर अन्ततः सबने प्रस्ताव स्वीकार किया और ख़िलाफ़त आन्दोलन का नेतृत्व गाँधीजी को सौंप दिया। इसके बाद गुजरात परिषद की बैठक हुई। गाँधीजी

अपने प्रदेश के बारे में तो पूरे आश्वस्त थे ही। उन्होंने उसमें असहयोग का प्रस्ताव रखा। प्रस्ताव का विरोध करते हुए कुछ लोगों ने तर्क दिया कि जब तक काँग्रेस राष्ट्रीय स्तर पर असहयोग का प्रस्ताव स्वीकार नहीं करती तब तक प्रान्तीय परिषदें उस पर कैसे निर्णय ले सकती हैं। गाँधीजी ने उत्तर दिया कि प्रान्तीय परिषदें पीछे क़दम नहीं हटा सकतीं। लेकिन आगे क़दम बढ़ाने का अधिकार तो सब शाखा-संस्थाओं को है। यह एक महत्त्वपूर्ण सिद्धान्त था और गाँधीजी ने सिर के बल खड़ी काँग्रेस को पैरों के बल खड़ा कर दिया। प्रस्ताव पर बहस हुई लेकिन अब्बास तैयबजी और बल्लभभाई पटेल उसे पारित करवाने में सफल रहे। इसके बाद काँग्रेस की महासमिति ने इस प्रश्न पर चर्चा के लिए काँग्रेस का कलकत्ता में सितम्बर १९२० को एक विशेष सम्मेलन बुलाने का निश्चय किया। अमेरिका से निर्वासन हटाये जाने पर लौटे लाला लाजपतराय उसके अध्यक्ष बनाये गये। इस अधिवेशन में हिन्दू और मुसलमान दोनों बड़ी संख्या में उपस्थित थे। बम्बई से ख़िलाफ़त स्पेशल और काँग्रेस स्पेशल रवाना हुई थी। अधिवेशन में काँग्रेस के सभी वरिष्ठ नेता उपस्थित थे। लोकमान्य तिलक का कुछ समय पहले देहान्त हो चुका था। अन्य नेता, देशबन्धु चितरंजन दास, मालवीयजी, विजयराघवाचार्य, ऐनी बेसेंट, मोतीलाल नेहरू आदि अधिवेशन में उपस्थित थे। गाँधीजी ने अपने मुख्य प्रस्ताव में पंजाब के अन्याय और ख़िलाफ़त के प्रश्न पर दिये गये धोखे को देखते हुए सरकार से पूर्ण असहयोग करने का आह्वान किया था। विजयराघवाचार्य ने इन दोनों प्रश्नों पर उपेक्षा दिखाते हुए कहा कि

> यदि असहयोग ही करना है तो वह अमुक अन्याय के लिए क्यों किया जाय? स्वराज्य का अभाव सबसे बड़ा अन्याय है। अतएव उसके लिए असहयोग किया जा सकता है।

गाँधीजी ने इस बात को तुरन्त स्वीकार करते हुए स्वराज्य की माँग प्रस्ताव में सम्मिलित कर ली।

गाँधीजी का असहयोग का प्रस्ताव एक बहुत क्रान्तिकारी प्रस्ताव था। उसे कई चरणों में लागू करने की योजना थी। ऐसा लगता है जैसे गाँधीजी में स्वाधीनता की इतनी छटपटाहट थी कि वे एक छलाँग में ही स्वराज्य पा लेना चाहते थे। गाँधीजी के प्रस्ताव में ब्रिटिश सरकार से सम्पूर्ण असहयोग का पूरा ख़ाका था। भारतीयों से सरकारी उपाधियाँ वापस करने, स्थानीय

संस्थाओं के मनोनीत स्थानों से त्यागपत्र देने, सरकार के सभी समारोहों का बहिष्कार करने, सरकारी और सरकार से सहायता प्राप्त शिक्षण संस्थाओं का त्याग करने, अदालतों का बहिष्कार करते हुए वकालत छोड़ने, मोंटेग्यू-चेम्सफोर्ड सुधारों के अन्तर्गत बनी विधानसभाओं का बहिष्कार करने, विदेशी कपड़ों की होली जलाने और स्वदेशी को प्रोत्साहन देने के लिए कहा गया था। गाँधीजी ने इसके साथ ही यह भी स्पष्ट कर दिया था कि विधानसभाओं, अदालतों और शिक्षा संस्थाओं के बहिष्कार से असहयोग आरम्भ होगा, उसके बाद उसकी परिणति देश के सैनिक और असैनिक प्रशासन से असहयोग करते हुए कर न देने में होगी। इसका मतलब था सरकारी नौकरियों और सेना की नौकरियों को भी छोड़ना और सरकार को किसी भी तरह का कर देने से इनकार करना।

गाँधीजी ने इस राजनैतिक कार्यक्रम के साथ-साथ काँग्रेस को एक व्यापक रचनात्मक कार्यक्रम दिया जिसके अनुसार साम्प्रदायिक एकता, अछूतोद्धार, स्त्री-शिक्षा, राष्ट्रीय शिक्षण-संस्थाओं की स्थापना, मद्य-निषेध, स्वदेशी के अन्तर्गत खादी और ग्रामोद्योग का विकास करते हुए ग्राम-पंचायतों का गठन करना था। काँग्रेस के वरिष्ठ नेताओं के सामने ब्रिटिश सरकार से पूर्ण असहयोग का ऐसा व्यापक और क्रान्तिकारी कार्यक्रम पहली बार आया था। वे इसके लिए मानसिक रूप से तैयार नहीं थे। सबसे अधिक आपत्ति शिक्षा-संस्थाओं और विधानसभाओं का बहिष्कार करने को लेकर थी। उनका तर्क था कि सरकारी शिक्षा-संस्थाओं का बहिष्कार करने का मतलब युवाओं के जीवन से खिलवाड़ करना होगा। विधानसभाएँ उन्हें स्वशासन की कला सिखाने के केन्द्र लगती थीं और उनमें पहुँचकर वे भीतर से तोड़फोड़ करने की सम्भावना देखते थे। गाँधीजी ने उनकी आशंकाओं को यह कहकर दूर करने का प्रयत्न किया कि युवाओं के लिए राष्ट्रीय विद्यापीठ खोले जाने चाहिए और विधानसभाओं के भीतर तोड़फोड़ करने से कुछ बनने वाला नहीं है। अब तक एक नयी पीढ़ी काँग्रेस में आ चुकी थी और उसने गाँधीजी का साथ दिया। अधिवेशन में असहयोग का प्रस्ताव पारित तो हो गया, लेकिन वरिष्ठ नेताओं की ऊहापोह बनी रही।

कलकत्ते के विशेष अधिवेशन के तीन महीने बाद नागपुर में काँग्रेस का वार्षिक अधिवेशन हुआ जिसकी अध्यक्षता विजयराघवाचार्य ने की। बीच की तीन महीने की अवधि में अली बन्धुओं के साथ मिलकर गाँधीजी ने

पूरे देश का दौरा किया और हिन्दू-मुसलमानों को साथ लाकर एक साथ इस असहयोग आन्दोलन में उतार दिया। नागपुर सम्मेलन में असहयोग का प्रस्ताव फिर विचार के लिए रखा गया। इस प्रस्ताव का सबसे मुखर विरोध ऐनी बेसेंट, मोहम्मद अली जिन्ना और गोपालकृष्ण गोखले के उत्तराधिकारी श्रीनिवास शास्त्री ने किया। लेकिन देशबन्धु चितरंजन दास ने असहयोग कार्यक्रम को स्वीकार करने का प्रस्ताव रखा और लाला लाजपतराय ने उसका अनुमोदन किया। प्रस्ताव पारित हुआ और इसके साथ ही गाँधीजी काँग्रेस के और साथ ही साथ देश के एकमात्र नेता के रूप में उभर आये। नागपुर प्रस्ताव में देश की जनता में एक नयी स्फूर्ति भर दी। हज़ारों अध्यापकों और विद्यार्थियों ने स्कूल कॉलेज छोड़ दिये। देश के विभिन्न भागों में राष्ट्रीय संगठनों द्वारा नये स्कूल, कॉलेज और विद्यापीठ खोले जाने लगे। मोतीलाल नेहरू से लगाकर राजेन्द्र बाबू तक बड़े-बड़े वकीलों ने भी अपनी वकालत छोड़ दी। रईसी में रहने वाले असंख्य लोग त्याग और सादगी का जीवन अपनाने लगे। सेठ जमनालाल बजाज ने ऐसे वकीलों और अध्यापकों के लिए एक कोष खोल दिया जिन्हें निर्वाह के लिए सहायता की आवश्यकता थी। उन्हें कोष से सौ रुपये प्रतिमास के हिसाब से दिया जाने लगा। काँग्रेस विधायकों ने विधानसभाओं का पूर्ण बहिष्कार कर दिया। हिन्दुस्तानी के प्रचार के लिए संगठन खड़े हो गये। हाथ से चरखा चलाने के आन्दोलन ने ज़ोर पकड़ लिया। गाँधीजी ने घोषणा की थी कि अगर उनके असहयोग कार्यक्रम को ठीक से लागू किया गया तो एक वर्ष में देश को स्वराज्य मिल जायेगा।

गाँधीजी की घोषणा की काफ़ी खिल्ली उड़ाई गयी। वायसराय लॉर्ड चेम्सफोर्ड ने गाँधीजी के असहयोग कार्यक्रम को 'हद दर्जे की बेवकूफ़ी' कहकर उसकी खिल्ली उड़ाई। ब्रिटिश सरकार ने अपने ४ सितम्बर, १९२० के गश्ती पत्र में कहा था—

> असहयोग की योजना बहुत ही मूर्खतापूर्ण है और भारत सरकार को आशा है कि सामान्यतः भारतवासी इसे नामंज़ूर ही कर देंगे।

इसके साथ ही सरकार ने आन्दोलन में तुरन्त हस्तक्षेप की नीति को सही और समझदारी से भरा हुआ बताया। सुभाषचन्द्र बोस ने भी गाँधीजी की एक वर्ष में स्वराज्य पाने की घोषणा को नासमझी ही नहीं बचकानापन भी कहा। लेकिन दूसरी तरफ़ गाँधीजी के व्यक्तित्व से यह सभी अत्यन्त

प्रभावित भी हो रहे थे। लॉर्ड चेम्सफोर्ड के बाद वायसराय बने लॉर्ड रीडिंग ने अपने पुत्र को लिखे एक निजी पत्र में स्वीकार किया था कि गाँधीजी से मिलकर वह उल्लसित और रोमांचित हो जाया करते थे। पत्र में उन्होंने गाँधीजी के धार्मिक और नैतिक विचारों की सराहना भी की थी, लेकिन कहा था कि राजनीति में धर्म और नैतिकता को शामिल करने की बात उनकी समझ में नहीं आती। इसी तरह सुभाषचन्द्र बोस ने उनकी घोषणा को चाहे कितना ही अव्यावहारिक माना हो पर उनकी और उनके समकालीन दूसरे युवा नेताओं की गाँधीजी में श्रद्धा बढ़ती जा रही थी। वे अक्सर उनके विचारों से असहमत होते थे लेकिन देश के लोगों पर गाँधीजी के व्यक्तिव का जो जादू था उसके कारण उन्हें भी गाँधीजी का नेतृत्व अपरिहार्य दिखायी देता था। सुभाष अगर गाँधीजी की अहिंसा से असहमत थे तो जवाहरलाल उनके यूरोपीय सभ्यता सम्बन्धी विचारों से। पर दोनों के पास उस समय गाँधीजी के प्रवाह में खिंचे चले जाने के अलावा कोई चारा नहीं था। गाँधीजी के लिए स्वराज्य, जिसे उन्होंने एक साल में पा लेने की घोषणा की थी, भारत की स्वतन्त्रता पर ब्रिटिश संसद की मोहर नहीं था। उनके लिए वह भारतीयों के मन में स्वतन्त्र होने का आभास था। उन्होंने अनेक बार कहा कि आज़ादी जन्म लेने की तरह है। जब तक हम अपने को पूरी तरह आज़ाद अनुभव नहीं करते, हम ग़ुलाम बने रहते हैं। उन्होंने यह भी कहा कि उन्होंने राष्ट्र के सामने एक व्यावहारिक कार्यक्रम रख दिया है। अगर भारत अस्पृश्यता और नशाखोरी जैसी कुरीतियाँ मिटाकर अपने ख़ाली समय में साठ करोड़ की लागत की खादी तैयार कर सके तो उसका पुनर्जन्म ही समझिए। ऐसे राष्ट्र में अनुशासन, साहस और आत्मत्याग की कोई कमी नहीं हो सकती। उसकी तेजस्विता के कारण इंग्लैण्ड को यह मानना पड़ेगा कि बराबरी की भागीदारी के अतिरिक्त भारत के साथ व्यवहार करने का दूसरा कोई आधार नहीं हो सकता। स्वराज्य इंग्लैण्ड से उपहार में नहीं मिल सकता। गाँधीजी के अनुसार—

> ब्रिटिश पार्लियामेंट तो अपने अधिनियम से भारतीय जनता की घोषित आकांक्षा पर केवल मोहर लगाने का काम करेगी।

नागपुर अधिवेशन के बाद अखिल भारतीय काँग्रेस समिति का विजयवाड़ा में अधिवेशन हुआ। इसमें गाँधीजी के आग्रह पर एक करोड़ रुपये का कोष एकत्र करने का निश्चय हुआ। इसे तिलक स्वराज कोष का नाम

दिया गया। यह भी निश्चय हुआ कि काँग्रेस के एक करोड़ सदस्य बनाये जायेंगे। काँग्रेस के जो कार्यकर्ता सूत कातने में रुचि लेते थे उनके बीच बीस लाख चरखे बाँटने का निर्णय लिया गया। यह सारा काम साल भर में करने का संकल्प था। इसी कार्यक्रम की सफलता के आधार पर गाँधीजी एक साल में स्वराज्य की कल्पना कर रहे थे। यह सब काम बड़े थे और उन्हें पूरा करना आसान नहीं था। फिर भी गाँधीजी इस कार्यक्रम को पूरा करने में जुट गये और उन्होंने काँग्रेस के समूचे संगठन को उसमें लगा दिया। तिलक स्वराज्य कोष के रूप में एक करोड़ रुपया इकट्ठा करना भी कठिन काम था, लेकिन पूरा हुआ। गाँधीजी ने यह शर्त भी रखी थी कि यह पैसा साल भर के भीतर ख़र्च होना चाहिए, वरना इसे वे काँग्रेस की अक्षमता का लक्षण मानेंगे। गाँधी जी के तय किये गये इन लक्ष्यों में से कुछ पूरे हुए, कुछ नहीं हो पाये। लेकिन किसी भी समाज की स्वतन्त्रता का आधार निर्भय होने की जो भावना होती है वह गाँधीजी ने अपने इस राजनैतिक आन्दोलन की छोटी सी अवधि में देश में पैदा कर दी थी। देश के असंख्य लोगों ने गाँधीजी के आह्वान पर अपना शेष जीवन दाँव पर लगा दिया था। लोग जेल जाने से घबराते नहीं थे। चाहे स्वतन्त्रता मिली न हो पर वह पहुँच में दिखने लगी थी। पूरे देश का यह राजनैतिक रूपान्तरण गाँधीजी की नैतिक शक्ति की विजय थी। अँग्रेज़ों के लिए गाँधी सदा एक अबूझ पहेली बने रहे क्योंकि वे कभी राजनीति को नैतिक दृष्टि से देख ही नहीं पाते थे। गाँधीजी के लिए राजनैतिक, सामाजिक और धार्मिक प्रश्न एक-दूसरे से अलग नहीं थे। वे सबको एक ही नैतिक पैमाने पर कसकर देखते थे। यह दृष्टि गाँधीजी की कोई अपनी ही दृष्टि नहीं थी। यह सदा से व्यवहार में लायी जाती रही भारतीय दृष्टि थी जिसे गाँधीजी ने समग्रता से आत्मसात् किया था। देश के साधारण लोग और साधु-संन्यासी तो अपने सीमित क्षेत्र में इस दृष्टि से जीवन जीने के आदी थे ही।

लेकिन देश के अँग्रेज़ी पढ़े-लिखे लोगों में यूरोपीय शिक्षा के कारण यह दृष्टि नहीं बची थी। इसलिए गाँधीजी को अपने विचारों और सिद्धान्तों की हर क़दम पर व्याख्या करते रहनी पड़ती थी। सौभाग्य से ब्रिटिश सरकार की एक कार्रवाई ने गाँधीजी को *यंग इण्डिया* और *नवजीवन* जैसे साप्ताहिक पत्र निकालने का अवसर दे दिया था जो उनके पूरे आन्दोलन

के दौरान उनके विचारों को स्पष्ट करने और प्रसारित करने में बहुत उपयोगी सिद्ध हो रहे थे। उन दिनों क्रोनिकल अख़बार के सम्पादक मि. हार्निमैने थे जिन्होंने उसे एक प्रचण्ड शक्ति बना दिया था। सरकार ने उनसे क्रुद्ध होकर उन्हें देश से निष्कासित कर दिया। क्रोनिकल के व्यवस्थापकों ने उसे चलाने का दायित्व गाँधीजी पर डाल दिया। अख़बार का दैनन्दिन दायित्व मि. ब्रेलवी सँभाल रहे थे। पर जल्दी ही सरकार ने क्रोनिकल को बन्द कर दिया। क्रोनिकल के व्यवस्थापकों के पास ही *यंग इण्डिया* का प्रबन्ध था। क्रोनिकल के अभाव की पूर्ति के लिए *यंग इण्डिया* को सप्ताह में एक की बजाय दो बार निकालने का निर्णय हुआ। लेकिन *यंग इण्डिया* अँग्रेज़ी में था और गाँधी जी को लगा कि अँग्रेज़ी के द्वारा सत्याग्रह की शिक्षा कैसे दी जा सकती है। उस समय गुजरात गाँधीजी के कार्य का मुख्य क्षेत्र था। उन दिनों इन्दुलाल याज्ञिक और उनके मित्र *नवजीवन* नाम का मासिक निकाल रहे थे। इस गुजराती पत्र को उन्होंने गाँधीजी को सौंप दिया। गाँधीजी ने *नवजीवन* को मासिक से साप्ताहिक बना दिया। इस बीच क्रोनिकल से प्रतिबन्ध हटा लिया गया और वह छपने लगा। इसलिए *यंग इण्डिया* फिर से साप्ताहिक कर दिया गया। गाँधीजी ने यह भी अनुभव किया कि इन पत्रों में जिस तरह के विचार छपते हैं उन्हें कोई व्यापारिक छापाखाना अधिक दिन तक नहीं निभा सकता। इसलिए अहमदाबाद में एक छापाखाना खड़ा किया गया। गाँधीजी अपने दोनों पत्र अहमदाबाद ले आये। गाँधीजी के सम्पादकत्व में दोनों पत्रों की ग्राहक संख्या बढ़ते हुए चालीस हज़ार तक पहुँच गयी थी। यह अनुमान लगाया जा सकता है कि इन दोनों पत्रों ने राष्ट्रीय आन्दोलन को और गाँधीजी के विचारों को फैलाने में कितनी महत्त्वपूर्ण भूमिका निभायी होगी।

असहयोग आन्दोलन में हिन्दू-मुस्लिम साथ आ गये थे, लेकिन इस एकता का आधार मजबूत नहीं था। अँग्रेज़ यह बात समझते थे। इसलिए वे गाँधीजी और मोहम्मद अली में दरार पड़ने की बाट जोह रहे थे। उस दौरान यह अफ़वाह फैली की अफ़गानिस्तान का अमीर भारत पर आक्रमण की योजना बना रहा है। इसे हवा देते हुए मोहम्मद अली ने कुछ भड़काऊ भाषण दिये। गाँधीजी को यह उचित नहीं लगा और उन्होंने मोहम्मद अली को इन भाषणों का सार्वजनिक प्रतिवाद करने के लिए राजी कर लिया। दूसरी तरफ़ जब सितम्बर १९२१ में अली बन्धुओं को इस आरोप में

गिरफ़्तार किया गया कि उन्होंने अँग्रेज़ी फ़ौज़ में भर्ती न होने और जो हो चुके हैं उन्हें नौकरी छोड़ देने जैसी विद्रोहात्मक सलाह दी है, तो गाँधीजी ने पचास और लोगों के हस्ताक्षर से एक पत्रिका प्रकाशित की जिसमें भारत के लोगों से सेना की और सरकार की नौकरियाँ छोड़ देने के लिए कहा गया था। सरकार अब तक असहयोग आन्दोलन की गम्भीरता समझ चुकी थी।

सितम्बर १९२१ में प्रिंस ऑफ़ वेल्स भारत आ रहे थे। उनके भारत आने का कार्यक्रम लॉर्ड रीडिंग के वायसराय बनकर भारत आने से पहले ही निश्चित हो चुका था। लॉर्ड रीडिंग ने भारत की बिगड़ी हुई राजनैतिक परिस्थिति के बावजूद युवराज की यात्रा स्थगित करवाना उचित नहीं समझा। उन्होंने ब्रिटेन के उपनिवेश मन्त्री को लिखा,

> इस समय दौरे को स्थगित करना असहयोग आन्दोलन की ताक़त के आगे झुक जाना ही नहीं होगा बल्कि इंग्लैण्ड का दूसरे सभी उपनिवेशों और सारी दुनिया के सामने यह स्वीकार कर लेना भी होगा कि भारत इतना विद्रोही हो गया है कि वहाँ पर युवराज को भेजना भी सुरक्षित नहीं माना गया।

प्रिंस ऑफ़ वेल्स १७ नवम्बर, १९२१ को बम्बई पहुँचे। गाँधीजी उस दिन बम्बई में ही थे। उन्होंने सवेरे एक विशाल सभा में विदेशी कपड़ों की होली जलाई थी। तीसरे पहर शहर में दंगा हो गया। युवराज एडवर्ड के स्वागत समारोह में सम्मिलित होने वाले यूरोपियनों, पारसियों और राजभक्त भारतीयों पर हमले किये गये। गाँधीजी ने इन हिंसक घटनाओं को देखते हुए बम्बई में सविनय अवज्ञा आन्दोलन स्थगित कर दिया। गाँधीजी के अथक प्रयत्नों से बम्बई में शान्ति हुई। बाक़ी शहरों में जहाँ युवराज के स्वागत समारोह हो रहे थे शान्ति रही लेकिन समारोहों का लोगों ने पूरी तरह बहिष्कार किया और ब्रिटिश राज के प्रति अपनी भावनाओं का परिचय दिया। युवराज जहाँ भी गये सरकार ने उनके सम्मान में परेड, स्वागत समारोह और भोज आदि का प्रबन्ध किया था। लेकिन जैसा कि ड्यूक ऑफ़ विंडसर ने अपने संस्मरणों में बताया है, सब जगह सड़कें सूनी, दुकानें बन्द और चारों तरफ़ सन्नाटा था। सरकार ने युवराज की कलकत्ता यात्रा के दौरान विरोध न करने के लिए मालवीयजी और चितरंजन दास के द्वारा गाँधीजी से वार्ता शुरू की लेकिन बात नहीं बनी।

प्रिंस ऑफ़ वेल्स के विदा होते ही सरकार का दमनचक्र तेज़ हो गया। साल भर के भीतर कोई तीस हज़ार लोगों को जेल में ठूँस दिया गया। रचनात्मक काम करने वाले सभी स्वयंसेवी संगठन ग़ैर-क़ानूनी घोषित कर दिये गये। सभाओं और जुलूसों पर प्रतिबन्ध लगाया जाने लगा। काँग्रेस और ख़िलाफ़त समितियों के दफ़्तरों को आधी-आधी रात ताला तोड़कर उनका सामान ज़ब्त किया जाने लगा। जेलों में राजनैतिक क़ैदियों के साथ सख़्ती बरती जाने लगी। काँग्रेस के अधिकांश नेता क़ैद कर लिए गये। इन गम्भीर परिस्थितियों में अहमदाबाद में काँग्रेस का राष्ट्रीय सम्मेलन हुआ। अधिवेशन में प्रस्तुत किये गये मुख्य प्रस्ताव में कहा गया था कि सविनय अवज्ञा आन्दोलन ही सशस्त्र विद्रोह का एकमात्र सभ्य और कारगर विकल्प है। काँग्रेसजनों से कहा गया कि वे सामूहिक और व्यक्तिगत सविनय अवज्ञा आन्दोलन के लिए लोगों को तैयार करें। इस अधिवेशन में गाँधीजी को काँग्रेस का एकमात्र कार्याधिकारी नियुक्त किया गया और उन्हें आन्दोलन चलाने के पूरे अधिकार दे दिये गये। उन्हें अपना उत्तराधिकारी नियुक्त करने का अधिकार था। पर काँग्रेस की महासमिति की अनुमति के बिना कोई काँग्रेस की नीति में किसी तरह का परिवर्तन नहीं कर सकता था और न ही सरकार से कोई समझौता कर सकता था। गाँधीजी ने सविनय अवज्ञा आन्दोलन आरम्भ करने का निर्णय लिया। उनकी योजना पहले देश के एक ज़िले में सविनय अवज्ञा आन्दोलन आरम्भ करने की थी। उसके सफल हो जाने के बाद दूसरे ज़िले में और इस तरह सम्पूर्ण देश में वह सविनय अवज्ञा आन्दोलन को फैलाना चाहते थे। उन्होंने एक तरफ़ आन्दोलनकारियों को चेतावनी दी कि कहीं भी हिंसा नहीं होनी चाहिए। दूसरी तरफ़ सरकार को चेतावनी देते हुए कहा कि सत्याग्रह एक भूकम्प की तरह है जो एक भारी उथल-पुथल पैदा कर सकता है, जो सरकार को ठप कर सकता है, लोगों के जाग जाने पर पुलिस, थाने, अदालतें और सरकारी दफ़्तर सरकार की सम्पत्ति नहीं रहती, जनता के अधिकार में चले जाते हैं।

गाँधीजी ने सबसे पहले अपनी देखरेख में गुजरात में बारडोली से सत्याग्रह आरम्भ करने का निर्णय लिया। आन्ध्र में गुंटूर शाखा ने भी उनसे कर न देने का आन्दोलन आरम्भ करने की अनुमति माँगी थी जिसे कुछ शर्तें लगाकर गाँधीजी ने स्वीकार कर लिया था। बारडोली में सत्याग्रह आरम्भ

करने से पहले गाँधीजी ने वायसराय को एक खुला पत्र लिखा। जिसमें कहा गया था कि अब उन्हें सविनय अवज्ञा को जनसंघर्ष का रूप देकर उसके सारे ख़तरों को मोल लेने अथवा जनता की वैध कार्रवाइयों के ग़ैर-क़ानूनी दमन में से किसी एक को चुनना आवश्यक लगता है। वायसराय ने इसे गाँधीजी की तरफ़ से दिया गया अल्टीमेटम माना और जता दिया कि सरकार उसका सामना करने के लिए तैयार है। गाँधीजी बारडोली में जनता के सत्याग्रह की तैयारी कर ही रहे थे कि उत्तर प्रदेश के चौरी चौरा में एक हिंसक वारदात हो गयी। चौरी चौरा के बाज़ार में १ फ़रवरी, १९२२ को आन्दोलनकारियों और पुलिस के बीच झड़प हुई। पुलिस ने आन्दोलनकारियों को तितर-बितर करने के लिए लाठी चलाई जिसमें कई लोग घायल हुए। इसका विरोध करने के लिए ४ फ़रवरी को एक सभा करने की घोषणा की गयी। लोग चौरी चौरा बाज़ार में इकट्ठा हुए। पास के थाने से सिपाहियों की एक टुकड़ी आयी और उसने भीड़ को तितर-बितर करने के लिए हवाई फायर किये। इस पर भीड़ उग्र हो गयी, पत्थर फेंके गये और जवाब में इंस्पेक्टर ने अपनी टुकड़ी को गोली चलाने के आदेश दे दिये। इसमें तीन लोग मारे गये और कुछ लोग घायल हुए। इसने लोगों को पूरी तरह उत्तेजित कर दिया। उनकी आक्रामकता देख पुलिस वाले पीछे हटे। शायद उनके पास गोलियाँ भी ख़त्म हो गयी थीं। उन्हें थाने में घुसा देख भीड़ ने पूरे थाने में आग लगा दी, जिसमें घिरकर २३ सिपाही मारे गये। इन्हीं में थानेदार और उसका छोटा बेटा भी था। यह घटना गम्भीर थी। सरकार पहले ही आन्दोलन के दमन का निर्णय ले चुकी थी। गाँधीजी ने बारडोली में उपस्थित नेताओं की बैठक बुलायी और उनसे सलाह के बाद आन्दोलन स्थगित कर दिया। इसकी तीव्र प्रतिक्रिया हुई। जेल में बन्द नेताओं को आन्दोलन स्थगित किया जाना उचित नहीं लगा। इस पर विचार करने के लिए दिल्ली में काँग्रेस महासमिति की बैठक हुई। बैठक में महाराष्ट्र के बी.एस. मुंजे ने गाँधीजी के विरुद्ध एक अविश्वास प्रस्ताव पेश किया और बारडोली के आन्दोलन स्थगित करने के निर्णय को रद्द करने की माँग की। लेकिन उन्हें अधिक समर्थन नहीं मिला और महासमिति ने बारडोली के फ़ैसले पर मोहर लगा दी जिसमें कहा गया था कि अब काँग्रेस अपने समय का रचनात्मक आन्दोलन को आगे बढ़ाने में उपयोग करते हुए देश को फिर से सविनय अवज्ञा के लिए तैयार करेगी।

देश में उस समय भी गाँधीजी के फ़ैसले की बहुत आलोचना हुई थी। आज भी स्वाधीनता आन्दोलन की समीक्षा करने वाले अधिकांश व्यक्तियों को गाँधीजी के इस निर्णय से सहमत होना कठिन लगता है। गाँधीजी ने अपने अधिकांश आन्दोलनों को किसी हिंसक घटना के कारण स्थगित किया। क्या देशव्यापी स्वाधीनता संघर्ष के दौरान सरकार के उकसावे पर इस तरह की हिंसक घटनाओं को रोक पाना सम्भव था? लेकिन गाँधीजी के निर्णयों को समझने के लिए इस तरह की तर्क-पद्धति सदा अपर्याप्त सिद्ध होगी। पहली बात तो यह है कि और लोगों की तरह गाँधीजी सामान्य तार्किक प्रक्रिया से निर्णय नहीं लेते थे। उनके सभी निर्णयों में अन्त:प्रेरणा और अन्तर्दृष्टि महत्त्वपूर्ण होती थी। गाँधीजी का राजनैतिक-जीवन शक्ति-संघर्ष के सामान्य नियमों से परिचालित नहीं था। उनका राजनैतिक-जीवन भारतीय-सभ्यता के नैतिक आदर्शों से परिचालित था। भारतीय सभ्यता में शस्त्रों का निषेध नहीं है, यह तर्क देकर श्रीअरविन्द उनसे सदा असहमत रहे थे। लेकिन गाँधीजी शस्त्र के विरुद्ध नहीं थे, सिर्फ़ इतनी सी बात है कि उन्होंने अहिंसा को भारत के स्वाधीनता संग्राम का अस्त्र बना दिया था। इसका सबसे बड़ा कारण यह था कि वे अँग्रेज़ों से देश की इस लड़ाई को केवल सत्ता संघर्ष के रूप में नहीं देखते थे। सत्ता परिवर्तन तो उनका लक्ष्य था ही। पर उससे भी बड़ा लक्ष्य भारतीयों को अपनी सभ्यता की ऊँचाई से परिचित करवाकर यूरोपीय सभ्यता से विमुख करना था। यह काम अँग्रेज़ी पढ़े-लिखे लोगों के माध्यम से नहीं हो सकता था। क्योंकि उनकी बुद्धि यूरोपीय सभ्यता के उत्कर्ष काल की चकाचौंध से घिरी थी। गाँधीजी को देश के साधारण लोगों को इस संग्राम में उतारना था। अँग्रेज़ों से ही लड़ने के लिए नहीं, बल्कि अपने ही यूरोपपरस्त लोगों से लड़ने के लिए भी। यह काम कठिन था और अपना जीवन खपाकर भी अपने जीते जी वे इस काम में सफल नहीं हो पाये। लेकिन उन्होंने भारतीय समाज को जो प्रेरणा दी, उसके लिए जो नया लक्ष्य निश्चित किया वह उनकी दैहिक अनुपस्थिति से शेष नहीं हो गया। भारत के अपकर्ष का काल सम्भवत: समाप्त हो गया है, लेकिन उसकी क्षीणता अभी बाक़ी है। यह क्षीणता जैसे ही समाप्त होगी, वह आत्माभिमुख होगा और तब गाँधीजी के वचन भारतीय सभ्यता की ओर लौटने में उसका मार्गदर्शन करेंगे।

भारत में युद्ध केवल जीतने के लिए नहीं लड़े जाते थे। जीत तो उनका लक्ष्य होता ही था, लेकिन एक और भी लक्ष्य सदा सामने रहता था और वह था अपने शौर्य की परीक्षा, अपने शौर्य की विजय। इसलिए युद्ध की सदा मर्यादाएँ बनाकर रखी जाती थीं। यह मर्यादाएँ पहले मुसलमानों ने और फिर अँग्रेज़ों ने तोड़ दी थीं। क्योंकि उनके यहाँ युद्ध की कोई मर्यादाएँ नहीं थीं। युद्ध का लक्ष्य केवल विजय था। विजय शब्द में भी जो मंगलकारी भाव है वह उनके युद्ध के लक्ष्य को बताने के लिए सही नहीं ठहरेगा। उसके लिए बोलचाल का जीत शब्द ही शायद ठीक हो। गाँधीजी को कोई भी अमर्यादित हिंसा कायरता दिखायी देती थी। इसलिए उन्होंने अराजकतावादियों की संगठित और आन्दोलनकारियों की असंगठित हिंसा को भीरुता या कायरता कहा। यह हिंसा किसी के शौर्य की द्योतक नहीं हो सकती थी। वह क्रूरता या प्रतिहिंसा की ही द्योतक हो सकती थी। इससे भी अगर एक बारगी युद्ध का परिणाम निकल आता तो उसे बर्दाश्त किया जा सकता था। लेकिन इस तरह की छिटपुट हिंसा वैसा कोई बड़ा परिणाम भी नहीं दे सकती थी। इसलिए इस तरह की हिंसा का परिणाम समाज को और कमज़ोर करने में ही दीखता था। गाँधीजी देख रहे थे कि पराजयों और विदेशी अधीनता ने देशवासियों को पस्त कर दिया है और कायर बना दिया है। पहले उन्हें इसका कारण १८५७ के बाद भारतीयों के हथियार छीन लिए जाना लगता था। लेकिन कई हिन्दू-मुस्लिम दंगों में उन्होंने पाया कि मुसलमान अतिशय आक्रामक हैं और हिन्दू कायर। इससे उन्हें समझ में आया कि हिन्दुस्तान के बहुसंख्यकों की पस्ती उनकी कायरता में बदल गयी है और उससे उनको निकालने के लिए ऐसे ही अस्त्र की आवश्यकता है जिसका उपयोग वे अपने आन्तरिक संकल्प को जगाकर कर सकते हों। इसलिए उन्होंने उनकी नैतिक भावना को जगाकर उनमें आत्मविश्वास और राजनैतिक संकल्प पैदा करने का प्रयत्न किया। अहिंसा ही उनकी नैतिक भावना को जगाकर उनका आत्म-गौरव लौटा सकती थी और उनमें अँग्रेज़ों से श्रेष्ठ होने का भाव भर सकती थी। इसलिए गाँधीजी अहिंसा को देश के स्वाधीनता संग्राम का इतना आवश्यक और अपरिहार्य अस्त्र समझते थे।

गाँधीजी ने स्वाधीनता संग्राम की जो मर्यादा स्थिर की थी उसके केन्द्र में अहिंसा थी। यह भी याद रखना चाहिए कि अहिंसा उनके लिए केवल एक

रणनीतिक कौशल नहीं थी। गाँधीजी की शक्ति आन्तरिक थी। वह उनकी तपस्या से निकलती थी। अपनी तपस्या से ही वे पूरे देश को अपने अनुकूल कर पाये थे। यह कोई सामान्य बात नहीं थी कि गाँधीजी का अपने समर्थकों पर ही नहीं अपने विरोधियों पर भी जादू सा असर होता था। वे बिना किसी शक्ति-तन्त्र या प्रचार-तन्त्र के देश के करोड़ों लोगों को अपनी ओर खींचने में सफल रहे थे। उनकी अहिंसा ईश्वर से की गयी एक प्रतिज्ञा थी। दक्षिण अफ्रीका में पाँचों यमों को साधते हुए उन्होंने जो तपस्या की थी उसी के बल से उन्होंने स्वाधीनता संग्राम की कमान सँभाली थी। उनकी इस तपस्या ने ही सत्य और अहिंसा में उनकी निष्ठा को दृढ़ किया था। इसलिए अहिंसा उनके आन्दोलन की एक अनिवार्य कसौटी थी। ऐसी कसौटी जो उनके स्वभाव का, उनके राजनैतिक जीवन का अंग हो गयी थी। फिर भी यह सोचना सही नहीं है कि वे इस कसौटी का उपयोग आँख मूँदकर या बिना परिस्थितियों को देखे करते थे।

गाँधीजी के निर्णयों को समझने के लिए दूसरी महत्त्वपूर्ण बात यह है कि उनका लक्ष्य राजनीतिक आज़ादी प्राप्त करने से बड़ा था। वे देश के राजनीतिक ढाँचे में पराधीनता के पिछले सात सौ सालों में जो विकृतियाँ आयी थीं उन्हें दूर करना चाहते थे। भारतीय सभ्यता में प्रजा की स्वतन्त्रता सदा अक्षुण्ण रही है। राजा उसका सेवक, उसका हित साधक ही माना गया है। मुस्लिम और अँग्रेज़ शासकों ने इस सम्बन्ध को उलट दिया। प्रजा से मिलने वाला कर राजा का भाग न रहकर उसका अधिकार हो गया। उसे इकट्ठा करने वाले अधिकारी राजा के अधिकार से प्रजा के मालिक बन बैठे और राजा प्रजा के जीवन और सम्पत्ति का स्वामी हो गया। इसने भारत के लोगों को आर्थिक हीनता में ही नहीं उतारा बल्कि दीनता में भी उतार दिया। उनका अपने जीवन पर नियन्त्रण नहीं रहा और वे अपने आप को हतभाग्य अनुभव करने लगे। उनके बीच से पढ़-लिखकर या सत्ता प्रतिष्ठान की चाकरी करके जो लोग भौतिक रूप से समर्थ हो गये थे वे अब अँग्रेज़ी सत्ता से और यूरोपीय सभ्यता से अभिभूत थे। आज भी हमारे पढ़े-लिखे वर्ग के मन में मुस्लिम काल और ब्रिटिश काल की पतनशील मान्यताओं और जीवनशैली के लिए प्रशंसा का जो भाव है उससे पिछली सदी के पूर्वार्द्ध की परिस्थितियों की झलक पायी जा सकती है, जब बालगंगाधर तिलक, गोपालकृष्ण गोखले और मदनमोहन मालवीय जैसे

मूर्धन्य नेता भी यूरोपीय संस्थाओं और विचारों से अभिभूत थे। १९२५ के आसपास जवाहरलाल नेहरू और सुभाषचन्द्र बोस के नेतृत्व में जो नयी पीढ़ी काँग्रेस में उभरी उस पर भी पश्चिमी सभ्यता का जादू पुराने नेताओं से कम नहीं था। इन सबकी समस्या यही थी कि उनमें से किसी के पास गाँधीजी जैसी नेतृत्व क्षमता नहीं थी। इसलिए वे बुद्धि से गाँधीजी को नकार कर भी हृदय से उनकी ओर खिंचे चले आते थे।

पराधीनता के दौर में राजा और प्रजा के बीच सम्बन्ध उलट जाने के कारण आम भारतीयों में जो हीनता और दीनता आयी थी उसे समाप्त करना आवश्यक था। इस दैन्य को दादा भाई नौरोजी और रमेशचन्द्र दत्त ने केवल ऊपर-ऊपर से देखा था। गाँधीजी भी जब तक भारत आकर देशभर में घूमे नहीं उसके परिमाण को उतना नहीं समझे थे। जब गाँधीजी दक्षिण अफ्रीका में थे तो वहाँ के भारतीयों के संघर्ष के दौरान उन्होंने कई बार गोखले की मदद से भारत से आर्थिक सहायता ली थी। लेकिन १९१७ में जब दक्षिण अफ्रीका में बाढ़ आयी, उसके कारण भारतीय भी मुसीबत में पड़े और उन्होंने गाँधीजी से भारत से कुछ धन इकट्ठा करके भेजने का आग्रह किया तो उन्होंने इण्डियन ओपिनियन को एक लेख भेज कर कहा कि दक्षिण अफ्रीका के भारतीयों को भारत से सहायता की आशा नहीं रखनी चाहिए—

> यहाँ इतनी भयंकर ग़रीबी है कि वहाँ के बाढ़ग्रस्त भारतीयों के लिए किसी भी तरह की आर्थिक सहायता भेजने की मैं हिम्मत नहीं कर सकता। यहाँ तो एक पाई भी सोने की मोहर के बराबर है। इस समय मैं ऐसे प्रदेश में हूँ, जहाँ हज़ारों लोग सिर्फ़ एक जून सत्तू और नमक या सिर्फ़ उबाली हुई दाल खाकर जी रहे हैं।

इस दैन्य से आम भारतीयों को निकालने के लिए ही उन्होंने खादी ग्रामोद्योग को सत्याग्रह जितना महत्त्वपूर्ण बना दिया था। आन्दोलन स्थगित होते ही वे अपने रचनात्मक कामों में जुट जाते थे। उनके लिए यह एक कार्य से दूसरे कार्य में कूदना भर था। बाक़ी नेताओं के लिए रचनात्मक आन्दोलन का वैसा ही महत्त्व नहीं था इसलिए वे आन्दोलन स्थगित होते ही ठगा सा महसूस करने लगते थे। गाँधीजी के रचनात्मक आन्दोलन का दूसरा रूप सामाजिक जड़ता दूर करने वाले कार्यक्रम थे। यह सामाजिक जड़ता पराधीनता के दौर की राजनीतिक और आर्थिक शक्तिहीनता का ही परिणाम

थी। इसमें सबसे ऊपर थी अस्पृश्यता की समस्या। कभी जो अस्पृश्यता नैष्ठिक ब्राह्मणों की शुचिता बनाये रखने के लिए सोची गयी थी, वह पराधीनता के दौर में अशौच कार्यों में लगी जातियों की अस्पृश्यता में बदल दी गयी। गाँधीजी अक्सर कहते थे कि अस्पृश्यता के पाप को दूर किये बिना स्वतन्त्रता का कोई अर्थ नहीं है। इसी क्रम में शराबखोरी और स्त्रियों की अशिक्षा आदि थी।

गाँधी जी अपने रचनात्मक आन्दोलन को देश के स्वाधीनता संग्राम का आवश्यक अंग मानते थे। लेकिन काँग्रेस के दूसरे नेता चरखा कातने के बावजूद उसका यह महत्त्व नहीं देख पाते थे। जवाहरलाल नेहरू को तो वह स्वाधीनता की लड़ाई से लोगों का ध्यान बाँटने वाला कार्यक्रम नज़र आता था। ११ जनवरी, १९२८ को गाँधीजी को लिखे अपने पत्र में उन्होंने शिकायत की—

> हमारी खादी का काम प्राय: राजनीति से अलग है और हमारे खादी के कार्यकर्त्ताओं में ऐसी मनोवृत्ति विकसित हो रही है कि वे अपने सीमित कार्यक्षेत्र के बाहर किसी बात से सम्बन्ध रखना नहीं चाहते। यह उनके उस काम के लिए ठीक हो सकता है, किन्तु राजनीतिक क्षेत्र में उनसे कुछ आशा नहीं की जा सकती।

कृपलानी, जो उस समय अपना काफ़ी समय खादी के काम में दे रहे थे, ने जवाहरलाल नेहरू की इस शिकायत का प्रतिवाद करते हुए लिखा है

> जब कभी पुकार हुई तो जेल जाने वालों में सर्वप्रथम वे ही हुआ करते थे। सबसे बड़े खादी और ग्रामोद्योग प्रतिष्ठानों में से एक का—खादी भण्डार का मैं संचालक था। जैसे सत्याग्रह का बिगुल बजता था हम लोग जेल जाते, इसकी चिन्ता नहीं करते कि हमारे खादी के और दूसरे कामों का क्या होगा। हमारे सारे उत्पादन और बिक्री केन्द्र ज़ब्त कर लिए जाते, जिनमें माल और बिक्री के रुपये भी होते थे। नमक सत्याग्रह से पहले यद्यपि हमें मालूम था कि हम लोगों को क्या करना है, मैं गाँधीजी से उनकी सलाह लेने के लिए मिला। मैंने उनसे कहा कि हम लोगों ने खादी के काम में पाँच लाख रुपये फँसाए हैं और हज़ारों कार्यकर्ताओं को इससे काम और मज़दूरी मिलती है। यह सब काम नष्ट हो जायेगा, यदि हम लोग आन्दोलन में पड़ेंगे। गाँधीजी का उत्तर था, 'तुम क्या बात कर रहे हो ? इससे क्या यदि तुम्हारी सारी दुकानें बन्द कर

दी जायें और सारा रुपया और माल ज़ब्त कर लिया जाय। क्या तुम यह समझते हो कि स्वतन्त्रता के बाद केवल पाँच लाख रुपये खादी के काम में लगाये जायेंगे ? सारा देश खादी पहनेगा। यह मेरा स्वप्न है। यह लड़ाई अन्तिम लड़ाई है।

इस प्रकरण से गाँधीजी की यह इच्छा भी प्रकट होती है कि उनकी हर लड़ाई स्वाधीनता की आख़िरी लड़ाई हो।

फिर भी वे राजनीतिक स्वतन्त्रता पाने के लिए उतने उतावले नहीं थे जितने काँग्रेस के दूसरे नेता थे। गाँधीजी के लिए यह भी महत्त्वपूर्ण था कि देश के साधारण लोग आर्थिक रूप से स्वावलम्बी बन जायें, सामाजिक कुरीतियाँ दूर हों और उनमें आत्मविश्वास जागे। उन्हें स्वाधीनता के लक्ष्य की प्राप्ति के लिए देश के साधारण लोगों के आत्म-गौरव को जागृत करना सबसे अधिक आवश्यक लगता था। इसका एक कारण उनकी यह मान्यता थी कि पढ़े-लिखे और समर्थ लोग उन्हें वह स्वतन्त्रता नहीं दे पायेंगे जो अपनी सभ्यता में उन्हें सदा प्राप्त रही है। वे उस डेमोक्रेसी को पूजते हैं जिसे *हिन्द स्वराज* में उन्होंने ग़ुलामी की निशानी बताया था और उन पंचायतों को हेय दृष्टि से देखते हैं जिन्हें १९२० के अपने पहले असहयोग आन्दोलन के दौरान उन्होंने पुनर्जीवित करने का आह्वान किया था। फिर भी गाँधीजी स्वाधीनता के लिए कम उत्सुक नहीं थे। अपने हर आन्दोलन के दौरान वे एक वर्ष में स्वराज्य प्राप्त करने की जो आशा प्रकट करते थे वह केवल लोगों का उत्साह बढ़ाने के लिए नहीं थी। पर एक अच्छे सेनापति की तरह देश की नब्ज़ की उन्हें पकड़ थी और उन्हें पता था कि किस आन्दोलन को कितनी दूर तक चलाया जा सकता है। वे एक मोर्चा जीतकर युद्ध नहीं गँवाना चाहते थे। उनके युद्ध का पहले दिन से ही लक्ष्य स्वराज्य था और स्वराज्य को वे परिस्थिति के अनुसार अर्थ देते रहते थे। पूरे देश को जगाते हुए, लोगों के सामर्थ्य और आत्म-गौरव को बढ़ाते हुए वे स्वाधीनता की ओर बढ़ रहे थे। एक स्वाधीन राष्ट्र के लोगों में जैसा स्वाभिमान, त्याग और अनुशासन होना चाहिए वैसा वे अपने देशवासियों में देखना चाहते थे। ऊँची कूद लगाने के लिए जैसे ठिठकना आवश्यक होता है वैसे ही अपने आन्दोलन के बीच वे ठिठकते थे।

इन्हीं सब कारणों से उनके आन्दोलन सम्बन्धी निर्णयों का विश्लेषण करना आसान नहीं है। अपने राजनैतिक निर्णयों में वे अपनी अन्तर्दृष्टि का

ही उपयोग करते थे। सड़क पार करते हुए कोई सजग बच्चा भी ठीक अनुमान लगा लेता है कि दूर से आने वाले तेज़ वाहन से पहले वह सड़क पार कर लेगा या नहीं, जबकि दोनों में कुछ पलों का ही अन्तर होता है। इसलिए अन्तर्दृष्टि तार्किक विश्लेषण से श्रेष्ठ ही सिद्ध होती है। एक सेनापति के नाते गाँधीजी के ध्यान में समूची परिस्थिति होती थी। वे केवल तात्कालिक स्थिति ही नहीं पूरी परिस्थिति और दूरगामी लक्ष्यों का विचार करते हुए निर्णय लेते थे। वे कभी-कभी ग़लत भी हो सकते थे। पर इसका निर्णय सबसे अच्छी तरह वे ही कर सकते थे। काँग्रेस का कोई और नेता इस स्थिति में नहीं पहुँच पाया था।

गाँधी जी के सविनय अवज्ञा आन्दोलन को स्थगित करने के निर्णय से काँग्रेस के नेताओं में जो असन्तोष दिखायी दिया था उससे सरकार ने यह अनुमान लगाया कि गाँधीजी के प्रभाव में कमी आयी है और उनके विरुद्ध कार्रवाई करने का यही मौक़ा है। *यंग इण्डिया* में प्रकाशित गाँधीजी के तीन लेखों को आधार बनाकर सरकार ने उन पर राजद्रोह का अभियोग लगाया और उन्हें साबरमती आश्रम से १० मार्च, १९२२ को गिरफ़्तार कर लिया। उन पर जो मुक़दमा चलाया गया वह इतिहास में अविस्मरणीय बन गया। अदालत में पहुँचने पर ज़िला और सैशन जज सी.एन. ब्रूमफील्ड ने कटघरे में उनकी ओर देखते हुए कुर्सी पर बैठने से पहले अपना सिर झुकाकर उनका अभिवादन किया जो कि ब्रिटिश न्यायिक इतिहास में अभूतपूर्व था। अपने भावपूर्ण लिखित वक्तव्य में अदालत से गाँधीजी ने कहा था—

> मुझे मालूम है कि मैं आग से खेल रहा हूँ। फिर भी मैंने ख़तरा मोल लिया और यदि मुझे छोड़ दिया गया तो मैं फिर वही करूँगा। अतः क़ानून की दृष्टि से जो एक सोच-समझकर किया गया अपराध है किन्तु जो मुझे एक नागरिक का सर्वोच्च कर्तव्य लगता है, उसके लिए मुझे जो बड़ी से बड़ी सज़ा दी जा सकती है, मैं वही देने का आग्रह कर रहा हूँ और उसे ख़ुशी से स्वीकार करूँगा। आपके लिए न्यायाधीश के रूप में एक ही रास्ता है, या तो अपने पद से इस्तीफ़ा दे दें और इस बुराई से अपने को अलग कर लें, यदि आप समझते हों कि जिस क़ानून पर आप अमल करना चाहते हैं, वह एक बुरी चीज़ है और मैं वास्तव में निर्दोष हूँ, या फिर आप मुझे भारी से भारी सज़ा दें यदि आप समझते हों कि जिस व्यवस्था और क़ानून के अमल में आप सहायता कर रहे हैं, वे इस

> देश की जनता के लिए लाभप्रद हैं और इस तरह मेरी गतिविधि सार्वजनिक हित के विरुद्ध है।

श्री ब्रूमफील्ड ने अपने फ़ैसले में लिखा,

> श्री गाँधी, आपने एक तरह से मेरा काम आसान कर दिया है, अपने आपको अपराध के लिए दोषी बताकर... क़ानून किसी व्यक्ति का सम्मान नहीं करता। फिर भी मेरे लिए इस बात की अवहेलना करना असम्भव है कि आप उन सभी व्यक्तियों की अपेक्षा एक विशेष श्रेणी में हैं जिनका मुक़दमा मैंने सुना है या भविष्य में सुनने की सम्भावना हो सकती है। इस बात की भी अवहेलना करना असम्भव है कि अपने करोड़ों देशवासियों की दृष्टि में आप एक महान देशभक्त और एक महान नेता हैं। जो राजनीति में आपसे भिन्न मत रखते हैं, वे भी आपको एक ऊँचे आदर्शों का व्यक्ति मानते हैं और आपका जीवन सन्त सदृश समझते हैं। मुझे तो आपके साथ अपराधी के रूप में ही व्यवहार करना है।...मेरा विचार है कि आप इस बात को अयुक्तिसंगत नहीं समझेंगे, यदि आपको सब मिलाकर छः वर्ष कारावास का दण्ड दिया जाय। ऐसा करना मेरा कर्तव्य है। ऐसा करते समय भी मैं यह कहना चाहूँगा कि यदि भारत में ऐसी स्थिति हुई कि आपकी सज़ा में कमी कर दी गयी और आप रिहा कर दिये गये तो इससे मुझसे अधिक किसी को ख़ुशी नहीं होगी।

गाँधीजी ने न्यायाधीश को उन्हें तिलक की श्रेणी में रखे जाने के लिए और शिष्ट व्यवहार के लिए धन्यवाद दिया। गाँधीजी को उन पर लगे अभियोग की तुलना में काफ़ी अधिक दण्ड दिया गया था। ऐसा लगता है कि ऐसा करने के लिए न्यायाधीश को निर्देश दिया गया था।

दाण्डी मार्च

गाँधीजी के गिरफ़्तार होते ही जो शून्य पैदा हुआ उसने काँग्रेस के पुराने नेताओं को नये सिरे से अपनी भूमिका के बारे में सोचने के लिए बाध्य कर दिया। चितरंजनदास अलीपुर जेल में थे तभी से नये सुधारों के आधार पर बनी परिषदों में पहुँचने की योजना बना रहे थे। रिहा होकर वे इस अभियान में जुट गये। दिसम्बर १९२२ में काँग्रेस का राष्ट्रीय अधिवेशन हुआ। उसकी अध्यक्षता चितरंजनदास ही कर रहे थे। अपनी वाक्पटुता का उपयोग करके उन्होंने परिषदों का चुनाव लड़कर उनके भीतर पहुँचने और स्वराज्य की आवाज़ उठाने की वकालत की। मोतीलाल नेहरू और विठ्ठलभाई पटेल, जो शुरू से ही अदालतों और परिषदों के बहिष्कार से सहमत नहीं थे, चितरंजन के साथ थे। उनका विरोध करने वाले और काँग्रेस की असहयोग की नीति बनाये रखने के समर्थकों में सबसे आगे राजेन्द्र बाबू, राजगोपालाचार्य और बल्लभभाई पटेल थे। गया सम्मेलन में इन्हीं की जीत हुई।

मांटेग्यू-चेम्सफोर्ड सुधारों के अन्तर्गत जो विधान मण्डल बनाये गये थे उनके पास नाममात्र की ही शक्ति थी। सरकार उनके प्रति उत्तरदायी नहीं थी। गठित दो सदनों में से उच्च सदन का नाम रखा गया था राज्य परिषद जिसके अधिकांश सदस्य नामजद थे और उनमें अधिकता अधिकारी वर्ग के लोगों की थी। निचले सदन को केन्द्रीय विधायिका परिषद नाम दिया गया था। उसके एक तिहाई सदस्य या तो अँग्रेज़ अफ़सर थे या सरकार द्वारा नामजद भारतीय। केन्द्रीय विधान परिषद को सारे बजट के एक छोटे से हिस्से पर विचार करने और उसका अनुमोदन करने का अधिकार था। लेकिन विधान परिषद् किसी प्रस्ताव को अस्वीकार कर दे तो भी वायसराय

अपने विशेषाधिकार से उसे क़ानून बना सकता था। प्रान्तीय विधान परिषदों की स्थिति तो और भी कमज़ोर थी। वहाँ वित्त और न्याय जैसे कई महत्त्वपूर्ण विभाग अधिकारियों के जिम्मे थे और वे सीधे गवर्नर के प्रति उत्तरदायी थे, विधान परिषदों के प्रति नहीं। गवर्नर को वैसे भी हर मामले में वीटो का अधिकार था। स्वराज्य दल के नेता जानते थे कि इन विधान परिषदों में चुने जाकर देश की कोई सेवा नहीं की जा सकती। उनका तर्क था कि उनमें जाकर उनकी शक्तिहीनता तो उजागर की जा सकती है और उनका उपयोग करके सरकार का जनविरोधी चरित्र सामने लाया जा सकता है। अहिंसात्मक असहयोग के समर्थक नेताओं ने तर्क दिया कि उनका आन्दोलन तो शुद्ध, पवित्र और निष्कपट आन्दोलन है। उसमें छल और कूटनीति की गुंजाइश ही कहाँ है।

नवम्बर १९२३ में इन नयी परिषदों के चुनाव होने थे। इनके बारे में काँग्रेस की क्या नीति हो इसका निर्णय करने के लिए सितम्बर १९२३ में दिल्ली में काँग्रेस का एक विशेष अधिवेशन बुलाया गया। इस बीच ख़िलाफ़त के नेता मौलाना मोहम्मद अली जेल से छूट चुके थे। उन्होंने अपना पूरा ज़ोर स्वराज्य पार्टी के नेताओं के पक्ष में लगा दिया और असत्य बोलते हुए कहा कि जेल में उन्हें गाँधीजी का यह संदेश मिला था कि बदली हुई परिस्थिति में काँग्रेस उनके असहयोग आन्दोलन में उपयुक्त परिवर्तन करने के लिए स्वतन्त्र है। इससे भ्रम फैला, असहयोग बनाये रखने वाले नेता तटस्थ हो गये और स्वराजी नेताओं की जीत हुई। दो महीने की तैयारी में स्वराज पार्टी ने चुनाव लड़ा और विधान परिषदों में काफ़ी सीटें जीत लीं। मध्य प्रान्त की परिषद् में तो उनका बहुमत ही हो गया। मोतीलाल नेहरू ने केन्द्रीय परिषद् में नेतृत्व का पद सँभाला और चितरंजन दास ने बंगाल विधान परिषद् में। काँग्रेस के दिसम्बर १९२३ में काकीनाड़ा के नियमित राष्ट्रीय अधिवेशन में फिर परिषद् चुनावों से कोई सम्बन्ध न रखने वालों की जीत हुई और काँग्रेस का अहिंसात्मक असहयोग जारी रखने का निर्णय जारी हुआ। इन सब घटनाओं ने सरकार के मन में यह धारणा पैदा कर दी कि काँग्रेस ऊहापोह की स्थिति में है और काँग्रेस में गाँधीजी की स्थिति कमज़ोर हो रही है। उन्होंने माना कि गाँधीजी को रिहा करने का यही ठीक समय है।

गाँधीजी को गिरफ़्तार करके यरवदा जेल ले जाया गया था। वहाँ उन्हें कोई

भी क़ैदी मिल नहीं सकता था। उनकी सेवा–टहल के लिए एक अफ़्रीकी क़ैदी को नियुक्त किया गया था जो न गाँधीजी की भाषा जानता था न गाँधीजी उसकी। लेकिन अपने व्यवहार से गाँधीजी ने उसका दिल भी जीत लिया था। एक बार उस अफ़्रीकी क़ैदी को एक बिच्छू ने काट लिया तो गाँधीजी ने अपने मुँह से उस बिच्छू के ज़हर को चूस कर उसे भला–चंगा कर दिया था। इसके बाद वह गाँधीजी का भक्त बन गया और उनके साथ चरखा कातने लगा था। जनवरी, १९२४ में गाँधीजी को एपेंडिसाइटिस की तकलीफ़ हुई और सिविल अस्पताल में उनका आपरेशन किया गया। डाक्टर की सलाह की ओट लेकर सरकार ने उन्हें रिहा करने का निर्णय लिया। गाँधीजी इससे प्रसन्न नहीं हुए। उन्होंने कहा कि क़ैदी की बीमारी उसकी रिहाई का ठोस कारण नहीं हो सकती। उन्होंने कहा कि उन्हें तो आशा थी कि अब स्वराज्य की संसद ही उन्हें रिहा करेगी।

लॉर्ड रीडिंग ने महात्मा गाँधी की रिहाई यह सोचकर करवाई थी कि उनकी उपस्थिति काँग्रेस की फूट को और बढ़ायेगी और वह दो हिस्सों में बँटकर कमज़ोर हो जायेगी। गाँधीजी सरकार की यह मंशा भाँप रहे थे। वैसे भी वे काँग्रेस में विभाजन नहीं चाहते थे। चितरंजन दास और मोतीलाल नेहरू जब जुहू में स्वास्थ्य लाभ कर रहे गाँधीजी से मिलने गये और उन्हें अपने पक्ष में करने का प्रयत्न किया तो गाँधीजी ने सिर्फ़ इतना कहा कि या तो सरकार से सहयोग किया जा सकता है या फिर असहयोग। परिषद् के भीतर जाकर सरकार का विरोध करने की बात उन्हें समझ में नहीं आ सकती। शुरू में गाँधीजी ने स्वराज पार्टी के नेताओं को समझाने का प्रयत्न किया। अहमदाबाद में हुई अखिल भारतीय काँग्रेस महासमिति की बैठक में गाँधीजी ने दो प्रस्ताव रखे। काँग्रेस समितियों में निर्वाचित होने वाले सदस्यों को चार आने की अपनी वार्षिक सदस्यता के बदले अपने हाथ से कता हुआ दस तोला सूत देना होगा तथा जिनका अदालतों और विधानसभाओं के बहिष्कार की नीति में विश्वास नहीं है उन्हें कार्यकारिणी में निर्वाचित नहीं किया जायेगा। स्वराज पार्टी के नेताओं ने इसका घोर विरोध किया और वे बैठक से उठकर चले गये।

इससे काँग्रेस में फूट की आशंका बढ़ी तो उन्होंने दोनों गुटों में एकता करवाने की कोशिश की। अपने इस प्रयत्न में वे बंगाल भी गये जहाँ सरकार दमन पर उतर आयी थी और स्वराज पार्टी के कई नेताओं को

हिंसा का अभियोग लगाकर जेल में ठूँस दिया गया था। गाँधीजी ने चितरंजन दास के साथ एक संयुक्त वक्तव्य देकर इसकी निन्दा की और कहा कि स्वराज पार्टी को काँग्रेस का अभिन्न अंग मानकर उसे अपने लिए अलग से चन्दा जमा करने और उसे ख़र्च करने का अधिकार दे दिया जाना चाहिए। दिसम्बर १९२४ में बेलगाँव में काँग्रेस का अधिवेशन हुआ और उसमें चितरंजन दास के आग्रह पर गाँधीजी ने अध्यक्ष बनना स्वीकार किया। इस अधिवेशन में गाँधी-नेहरू-दास समझौते पर मोहर लगा दी गयी। गाँधीजी ने काँग्रेस की एकता बनाये रखने के लिए यह समझौता किया था। लेकिन नयी कार्यसमिति में राजा जी और बल्लभभाई पटेल आदि सम्मिलित नहीं हुए। इससे यह माना गया कि गाँधीजी स्वराज्य पार्टी के नेताओं को मनाने के लिए उनके सामने बहुत अधिक झुक गये हैं।

उस सब में गाँधीजी के सामने एक और बड़ी चुनौती थी। तुर्की में सुल्तान के पद की समाप्ति के बाद ख़िलाफ़त आन्दोलन निरर्थक हो गया था। इससे ख़िलाफ़त आन्दोलन के दिनों में पैदा हुई हिन्दू मुस्लिम एकता के तार टूटते दिखायी देने लगे। यह बहुत बड़ा ख़तरा था और गाँधीजी जानते थे कि अगर यह दरार बढ़ने दी गयी तो सरकार हिन्दू-मुस्लिम खाई को स्वाधीनता के आन्दोलन की सबसे बड़ी रुकावट बना सकती है। गाँधीजी जानते थे कि हिन्दू और मुस्लिम समुदाय में सच्चा सद्भाव नहीं है। १८५७ के बाद हिन्दू और मुसलमानों की दरार को खाई में बदलने के लिए ब्रिटिश प्रशासन सदा सक्रिय रहा आरम्भ में १८५७ की क्रान्ति में भाग लेने के लिए मुस्लिम समुदाय पर अत्याचार किये गये। लेकिन थोड़े ही दिनों बाद उन्हें बहुसंख्यक हिन्दू समुदाय का भय दिखाकर उसके विरुद्ध खड़ा करने की कोशिश की जाने लगी। बाँटो और राज करो की यह नीति किसी से छिपी नहीं रही। १८८९ से १८९४ के बीच हिन्दू-मुसलमानों में ९० दंगे हुए। इनमें से ४४ केवल बंगाल में हुए जहाँ सरकार राष्ट्रवादी आन्दोलन को फैलने से रोकने के लिए दंगों को उकसा रही थी। बंग-भंग के दिनों में तो इस नीति का खुलेआम उपयोग किया गया था। ब्रिटिश सांसद सी.जे.ओ. डोनेल की रिपोर्ट के अनुसार बंग-भंग आन्दोलन के दौरान जमालपुर और अनेक अन्य जगह मुसलमानों द्वारा हिन्दुओं पर हमले किये गये, उनके घर लूटे गये, स्त्रियों और बच्चों पर अत्याचार किये गये और इन दंगों में बहुत से हिन्दू मारे गये। सरकार द्वारा मुस्लिम

समुदाय से कह दिया गया था कि हिन्दुओं पर अत्याचार करने के लिए उन्हें दण्डित नहीं किया जायेगा।

मुस्लिम समुदाय में ब्रिटिश प्रशासन द्वारा यह असुरक्षा की भावना भरी गयी कि ब्रिटिश राज के हटते ही हिन्दू हावी हो जायेंगे। शिक्षा में अपनी अग्रता के कारण वे वैसे भी नौकरियों में और सरकारी निकायों में मुसलमानों पर अपनी वरीयता सिद्ध कर देते हैं। इस असुरक्षा ने अलीगढ़ आन्दोलन को जन्म दिया था और अलीगढ़ विश्वविद्यालय के जनक सर सैयद अहमद का उद्देश्य शिक्षा में मुसलमानों को आगे बढ़ाकर हिन्दुओं की बराबरी करना और ब्रिटिश राज को मजबूत करना था। १९०० में ब्रिटिश सरकार ने संयुक्त प्रान्त में हिन्दुओं की इस माँग को मान लिया कि देवनागरी लिपि में लिखी गयी हिन्दी राजकाज की भाषा होगी। इसने मुसलमानों को और भड़का दिया और उनकी असुरक्षा बढ़ा दी। बंग-भंग आन्दोलन के समय मुसलमानों ने खुलकर ब्रिटिश प्रशासन का साथ दिया था। लेकिन जब बंगाल के विभाजन को रद्द कर दिया गया तो मुसलमानों को लगा कि उनके साथ विश्वासघात किया गया है।

जब १९०६ में ढाका में अखिल भारतीय मुस्लिम लीग की स्थापना हुई थी तो उसका उद्देश्य ब्रिटिश सरकार से मुसलमानों के हितों के मुद्दे पर नौकरियों और निकायों में अधिक प्रतिनिधित्व आदि रियायतें हासिल करना था। जल्दी ही उन्होंने मुसलमानों के लिए अलग निर्वाचन मण्डल की माँग की। उस समय के काँग्रेस नेता उन्हें सन्तुष्ट करके अपने साथ बनाये रखना चाहते थे इसलिए वे उनकी इन सब माँगों का विरोध नहीं करते थे। हिन्दू और मुसलमानों के बीच परस्पर अविश्वास का कारण केवल अँग्रेज़ों द्वारा मुसलमानों के मन में पैदा की गयी असुरक्षा ही नहीं थी। भारत में मुस्लिम इतिहास विदेशी आक्रमणों और इस्लाम के नाम पर हिन्दुओं के ऊपर किये गये बर्बर अत्याचारों से भरा पड़ा था। ब्रिटिश भारत में मुसलमानों की संख्या कुल आबादी का पच्चीस से तीस प्रतिशत थी। वे पूरे भारत पर नियन्त्रण नहीं कर सकते थे। लेकिन अपने बहुमत वाले क्षेत्र में अपनी स्थिति और मजबूत तो कर ही सकते थे। इसलिए जहाँ हिन्दू अल्प संख्या में थे वहाँ अवसर पाते ही मुसलमानों ने उन पर धर्म परिवर्तन के लिए दबाव डाला, उनकी सम्पत्ति लूटना, डराना-धमकाना और उस इलाक़े से खदेड़ना उनका तरीक़ा हो गया था।

इसका सबसे भयंकर रूप मालाबार में १९२१ में मोपलाओ के विद्रोह के समय नज़र आया जब स्थानीय मुसलमानों ने हिन्दुओं पर अकथनीय अत्याचार किये और स्वयं गाँधीजी को उनकी निन्दा करनी पड़ी। धर्म परिवर्तन और उसके लिए सब तरह के साधनों का इस्तेमाल करना इस्लाम की शिक्षा का अंग रहा है। वह मोहम्मद साहिब के वचनों में है या नहीं इसे कोई देखने नहीं बैठता। अगर कोई धार्मिक समुदाय सारे विश्व को अपने धार्मिक विश्वास में समाहित करने को अपना धार्मिक कर्तव्य समझता है तो वह जहाँ सम्भव हो वहाँ बलपूर्वक भी वैसा करेगा। गाँधीजी इस्लाम की इस दृष्टि में या मुसलमानों के इस व्यवहार में कोई परिवर्तन नहीं ला सकते थे। वे तो केवल साम्प्रदायिक सौहार्द बनाये रखने की शिक्षा दे सकते थे। उनके मन में यह विश्वास था कि भारत के साधारण मुसलमान उनकी बात सुनेंगे। लेकिन यह भी सम्भव नहीं हो पाया। क्योंकि मुस्लिम नेतृत्व ख़िलाफ़त आन्दोलन को छोड़कर कभी उन्हें मुसलमानों के सतत सम्पर्क में रहने देने के लिए राजी नहीं हुआ। अपनी सीमाओं में राष्ट्रवादी मुस्लिम नेताओं के सहारे, जो बहुत नहीं थे, गाँधीजी अपने संदेश को जितना आम मुसलमानों तक पहुँचा सकते थे, उतना पहुँचाते रहे। मुस्लिम आक्रमकता की प्रतिक्रिया में हिन्दू संगठन भी सक्रिय हुए। हिन्दू महासभा के मंच से शुद्धि के द्वारा ज़बरन मुसलमान बनाये गये हिन्दुओं को वापिस अपने धर्म में लाने की बात होने लगी। हिन्दू महासभा के मंच पर लाला लाजपतराय और महामना मदनमोहन मालवीय जैसे नेता पहुँचे जिनकी सदाशयता पर उँगली उठाना आसान नहीं था। फिर भी मुस्लिम बुद्धिजीवियों में इसकी तीव्र प्रतिक्रिया हुई। शुद्धि का जवाब तबलीग और तंजीम से दिया गया। यहाँ तक कि एक कट्टर मुसलमान युवक ने १९२६ में दिल्ली में स्वामी श्रद्धानन्द की हत्या कर दी जो ख़िलाफ़त आन्दोलन के दिनों में मुसलमानों के बीच भी बहुत लोकप्रिय हुए थे।

इसी कड़ी में पश्चिमोत्तर प्रान्त के कोहाट कस्बे में दंगा हुआ। वहाँ हिन्दुओं की संख्या पाँच प्रतिशत से अधिक नहीं थी। मुसलमानों ने उन्हें डराया, धमकाया, उनके घर लूटे। १५५ हिन्दुओं की हत्या कर दी गयी और बाक़ी को शहर से बाहर खदेड़ दिया गया। सांभर, अमेठी और गुलबर्ग से भी दंगों की ख़बर आयी। गाँधीजी ने इसका दोष भी अपने

ऊपर लिया। उन्होंने लिखा कि उन्होंने देश की जनता की अपार शक्ति को जगा तो दिया, पर वे उसे सत्य और अहिंसा का पाठ नहीं पढ़ा पाये। शायद उनसे उतावली हुई और उन्होंने बुराई से समझौता किया। यह कहते हुए उन्होंने 'इस दारुण दुख से शान्ति पाने के लिए' इक्कीस दिन का उपवास किया। उनके उपवास का तुरन्त असर हुआ। एक सप्ताह में ही एक विशाल सम्मेलन आयोजित किया गया जिसे एकता सम्मेलन का नाम दिया गया। देश के कोने-कोने से उसमें तीन सौ प्रतिनिधि आये। भारत के लाट पादरी डॉ. वेस्ट कॉट, ऐनी बेसेंट, अली बन्धु, स्वामी श्रद्धानन्द और मदनमोहन मालवीय आदि नेता उसमें उपस्थित थे। इस सम्मेलन में धार्मिक मामलों में हिंसा और ज़ोर-ज़बरदस्ती की निन्दा की गयी। सम्मेलन में दोनों समुदायों के बीच सद्‌भाव पैदा करने और परस्पर सन्देहों को दूर करने सम्बन्धी प्रस्ताव पारित किये गये। इसमें साम्प्रदायिक मतभेदों को सुलझाने के लिए एक राष्ट्रीय पंचायत बोर्ड बनाने का सुझाव भी दिया गया।

उपवास के समाप्त हो जाने के बाद २२ जनवरी, १९२५ को दिल्ली में एक और एकता सम्मेलन हुआ। इस सम्मेलन में चालीस लोगों की एक समिति बनाकर उसे दोनों सम्प्रदायों और विभिन्न राजनैतिक संगठनों के बीच एकता कराने के उपाय सुझाने थे। फ़रवरी में इस समिति की एक बैठक हुई। पर उसमें एक भी महत्त्वपूर्ण मुद्दे पर सहमति नहीं बन पायी। इसलिए बैठक अनिश्चित काल के लिए स्थगित कर दी गयी और फिर उसकी बैठक कभी नहीं हुई। गाँधीजी ने कुछ मुस्लिम नेताओं के साथ कोहाट जाकर साम्प्रदायिक विद्वेष के कारणों का पता लगाने और शान्ति स्थापित करने का निश्चय किया। सरकार ने उनको कुछ महीने बाद ही वहाँ जाने की अनुमति दी। काँग्रेस कार्यसमिति ने उनसे और मौलाना शौकत अली से वहाँ जाँचकर एक रिपोर्ट देने के लिए कहा। मुसलमान सारी बात साफ़ साफ़ गाँधीजी के सामने रखने के लिए तैयार थे, लेकिन मौलाना शौकत अली ने उन्हें ऐसा करने से रोक दिया। परिणामस्वरूप गाँधीजी और शौकत अली सर्वसम्मत रिपोर्ट तैयार नहीं कर पाये। यहीं से अली बन्धुओं और गाँधीजी के बीच मतभेद शुरू हुए। अन्ततः मौलाना मोहम्मद अली और मौलाना शौकत अली ने काँग्रेस छोड़ दी। गाँधीजी के लिए साम्प्रदायिक सद्‌भाव बनाये रखना बहुत बड़ी चुनौती थी जबकि

एक–दूसरे की प्रतिक्रिया में दोनों समुदाय एक–दूसरे को उत्तेजित करने वाली कार्रवाई करते रहते थे। हिन्दुओं को उत्तेजित करने के लिए मुसलमान गोवध पर उतर आते थे और हिन्दू ठीक नमाज़ के समय मस्जिदों के बाहर से ढोल–बाजों के साथ शोभा यात्रा निकालने या कीर्तन मण्डलियाँ घुमाने की कोशिश करते थे। गाँधीजी इन दोनों ही कामों को अधर्म बताते हुए देशभर की परिक्रमा कर रहे थे। उन्होंने हिन्दू–मुस्लिम एकता को खादी जितना ही महत्त्व दे दिया था।

महात्मा गाँधी की स्वाधीनता के संग्राम का सेनापति होने के नाते कुछ सीमाएँ थीं। वे अपना ध्यान अपने मूल लक्ष्य से बहुत नहीं हटा सकते थे, जबकि आवश्यकता इस बात की थी कि कोई जोख़िम उठाकर भी दोनों समुदायों के बीच धार्मिक और सामाजिक संवाद पैदा करने का प्रयत्न करता। काँग्रेस के गाँधीजी में निष्ठा रखने वाले नेता उनकी कही बातों को बिना विचारे या बिना आत्मसात् किये दोहराते चले जाते थे और उनसे असहमति रखने वाले नेता उनके कामों से तटस्थ रहते थे। गाँधीजी यह जानते हुए भी कि अधिकांश मामलों में ज़्यादती मुस्लिम समुदाय से ही हुई है, हिन्दुओं को शान्ति बनाये रखने की सीख अधिक दे रहे थे। उनका तर्क था कि हिन्दू उनके अपने सम्प्रदाय के लोग हैं और उनसे कहने का वे अधिकार रखते हैं। अगर ब्रिटिश शासन से संघर्ष की उन परिस्थितियों में वे साम्प्रदायिक विद्वेष के कारणों में जाने की कोशिश करते तो मुसलमानों के बिदकने का ख़तरा था। अगर यह काम काँग्रेस के दूसरे नेताओं ने किया होता या राष्ट्रवादी मुस्लिम नेताओं ने जोख़िम उठाकर पहल की होती तो स्थिति बदल सकती थी। पर गाँधीजी के अधिकांश अनुयायियों के लिए उनके अपने समुदाय को झिड़कने की विवशता मुसलमानों का पक्ष लेते हुए हिन्दू साम्प्रदायिकता का हल्ला मचाने की नीति बन गयी जिसने समाज का कोई भला नहीं किया और देश विभाजन की ओर बढ़ता चला गया।

इसमें दोष केवल राजनैतिक नेताओं का ही नहीं था। धार्मिक प्रतिष्ठान और बौद्धिक समुदाय से भी दोनों धार्मिक दृष्टियों की खाई को पाटने का कोई प्रयत्न नहीं किया गया। मुसलमान अल्लाह के अलावा किसी में पवित्रता या देवत्व देख नहीं सकते थे और भारतीय सभ्यता की मूल शिक्षा के यह बात विपरीत जाती थी, जिसके अनुसार यह सृष्टि ब्रह्म का ही अंश

है। सनातन धर्म में परम सत्ता की अनिर्वचनीयता स्वीकार करते हुए भी उस तक पहुँचने का एक मार्ग निर्दिष्ट किया गया है। जो सृष्टि में देवत्व माने बिना सम्भव ही नहीं है। इस्लाम में भी मोहम्मद साहिब के वचनों को पवित्र माना गया है और उन्हें अल्लाह के आदेश की संज्ञा दी गयी है। यह वचन मुस्लिम समुदाय को सांसारिक रूप में ही प्राप्त हुए हैं। अगर वे पवित्र हो सकते हैं तो दूसरे धर्मों की ईश्वर तक ले जाने की मान्यताएँ और क्रियाएँ क्यों नहीं हो सकतीं, जबकि किसी भी चिन्तनशील व्यक्ति को उनमें ईश्वर की ओर ले जाने की उच्चतर प्रेरणाएँ दिखायी देंगी। इस्लाम की इस अन्धमान्यता को उजागर करते हुए एक बार गाँधीजी का तिरस्कार करने की हद तक मोहम्मद अली ने कहा था कि कोई ग़ैर-मुसलमान चाहे कितना ही पवित्र हो, इस्लाम के अनुसार एक पतित मुसलमान भी उससे श्रेष्ठ गिना जायेगा क्योंकि मुसलमान होने के कारण वह अल्लाह में निष्ठा रखता है। यह दुर्भाग्य की बात है कि भारत में देवबन्द जैसे इस्लामी शिक्षा के ऊँचे प्रतिष्ठान के होते हुए दोनों धर्मों के बीच की आध्यात्मिक धारणाओं को लेकर कोई गम्भीर विचार करने का प्रयत्न नहीं हुआ।

भारत में अल्पसंख्यक होने के कारण मुस्लिम समाज अनावश्यक असुरक्षा का वातावरण बनाये रहा और मुसलमानों को बहुसंख्यक समुदाय से अलग और दूर रखने में लगा रहा। दूसरी तरफ़ धार्मिक हिन्दू भी मुसलमानों के रहन-सहन और संस्कृति को हेय दृष्टि से देखते हुए उन्हें त्याज्य समझे रहे। गाँधीजी सत्य और अहिंसा को सभी धर्मों का मूल मानते हुए हिन्दू और मुसलमानों को अपने साम्प्रदायिक आग्रहों से ऊपर उठाने का प्रयत्न करते रहे, लेकिन इस्लाम की जो व्याख्या मौलवी कर रहे थे उसके अनुसार सत्य और अहिंसा का जो स्थान हिन्दू धर्म में रहा है वह इस्लाम में नहीं हो सकता था। इसलिए मुस्लिम समुदाय पर गाँधीजी की बातों का कोई विशेष प्रभाव नहीं पड़ा और मुस्लिम बुद्धिजीवी उन्हें हिन्दू नेता बताकर उनकी शिक्षा से पल्ला झाड़ते रहे। एक सच्चे सनातनी हिन्दू की तरह सोचते और व्यवहार करते हुए भी गाँधीजी को मुसलमान पराये नहीं दिखते थे और इस्लाम की शिक्षाओं में भी वे धर्म के मूल तत्त्व देख पाते थे। लेकिन मुस्लिम बुद्धिजीवियों और मौलानाओं को गाँधी अपने नज़र नहीं आये। उन्हें उस समय बहुत से लोगों ने असहयोग आन्दोलन को

ख़िलाफ़त आन्दोलन से जोड़ने के लिए काफ़ी बुरा-भला कहा था। आज भी यह सोचने वाले लोगों की कमी नहीं है कि उन्होंने ख़िलाफ़त आन्दोलन में कूदकर ग़लत किया। लेकिन हम उनके इस क़दम की चाहे जितनी आलोचना करें, सच्चाई यह है कि केवल उसी आन्दोलन के कारण गाँधीजी आम मुसलमानों में अपने लिए आदर भाव पैदा कर पाये थे। इस कारण स्वाधीनता संग्राम के दौरान कभी वैसी हालत पैदा नहीं हुई जैसी भारत और पाकिस्तान में बँटवारे के समय पैदा हुई थी। जब दोनों समुदायों ने एक-दूसरे के ख़ून का प्यासा होकर नर-मेध रचाया था।

गाँधीजी को १९२५ में काँग्रेस के स्वराज पार्टी के नेताओं ने और हिन्दू-मुसलमानों के बीच उभर आयी कलह ने फिर से अपने देश के उन्हीं साधारण लोगों के बीच जाकर जनजागरण करने के लिए विवश कर दिया था जो उनकी सदा ही अन्तिम आशा रहे थे। १९१५ में भारत लौटने के बाद वे अनेक बार पूरे देश की परिक्रमा कर चुके थे। दक्षिण अफ्रीका में प्रिटोरिया पहुँचकर साल भर में उन्होंने प्रत्येक भारतीय परिवार से अपना सम्बन्ध बना लिया था। भारत उस दृष्टि से बहुत विशाल था। लेकिन उनकी परिक्रमा में देश का शायद ही कोई कोना छूटा हो। रेल, मोटर या बैलगाड़ी, हर साधन से उन्होंने देश के हर भाग को छूने की कोशिश की थी। काँग्रेस में वे अकेले ही थे जो अपनी धुन में देश भर में अलख जगाते घूम रहे थे। आधुनिक इतिहास में तो कोई ऐसा उदाहरण है ही नहीं, पहले भी शायद ही कभी किसी ने भारत की इतनी बार परिक्रमा की होगी और देश के इतने लोगों से सम्पर्क साधा होगा जितना गाँधीजी ने। अगर काँग्रेस उनके अनुकरण पर अलख जगाते घूमने वाले चार-छः और नेता भी पैदा कर पायी होती तो देश की स्थिति कुछ और होती। अपनी इन यात्राओं में गाँधीजी को अपार जन समर्थन मिलता था। लेकिन लोगों में अपना तन्त्र खड़ा करके अपने सामाजिक, आर्थिक और राजनैतिक जीवन को फिर से व्यवस्थित कर लेने की शक्ति नहीं बची थी। वे गाँधीजी की सभाओं में आते थे, उनकी जय-जयकार करते थे और अपने घर लौट जाते थे। शायद उनका यह आत्मविश्वास चला गया था कि अपनी दुनिया के वे स्वयं मालिक हैं और उसकी व्यवस्था जैसे सदा से उनके पुरखे करते आये थे वैसे ही उन्हें भी करनी आरम्भ कर देनी चाहिए। उनके ऊपर विदेशी शासन का जो तन्त्र बैठा था वह इतना निर्मम और विजातीय था कि वह

उनके स्वराज्य की कोई गुंजाइश ही नहीं छोड़ता था। फिर भी गाँधीजी के पास समय रहा होता और वे भारतीय समाज की व्यवस्था के सभी सूत्रों को सुलझा पाते तो यह काम भी कर लेते। भारत के लोग जिस स्वराज के आदी रहे हैं वह अनगिनत धार्मिक, आर्थिक, सामाजिक और राजनैतिक संस्थाओं के ताने-बाने पर टिका था। यह ताना-बाना उन्हीं ने अपनी प्रतिभा और सूझबूझ से बुना था। लेकिन आचार्य, राजपुरुष और पंचायतों के जिन तीन खम्भों पर यह ताना-बाना खड़ा था उन्हें विदेशी शासकों ने अमान्य कर रखा था, इसलिए उसकी प्रभावोत्पादकता क्षीण हो गयी थी। गाँधी अकेले इन सभी सूत्रों को पहचानकर उन्हें फिर समाज की शक्ति नहीं बना सकते थे। इसलिए लोगों को जगाकर उनमें जिस स्वराज की शक्ति वे देखना चाहते थे वह पैदा नहीं हो पाती थी। कभी-कभी अपनी जय-जयकार करने वाले लोगों से उन्हें चिढ़ होती थी। उन्हें अपनी नहीं भारतीय सभ्यता की जय की आकांक्षा थी। लेकिन फिर वे दीन-हीन बना दिये गये लोगों के दुख में विगलित होकर अपने सामर्थ्य भर उनकी सेवा में लग जाते थे।

गांधीजी ने १९२५ से राजनैतिक घटनाओं में रस लेना कम कर दिया था। वे पूरी तरह अपने रचनात्मक आन्दोलन में डूब गये थे जिसके बारे में उन्होंने कहा था कि वे नीचे से शुरू करके ऊपर की ओर जाने की कोशिश कर रहे हैं। अगले तीन वर्षों तक वे राजनैतिक विवादों में नहीं पड़े और ऐसा लगता था जैसे वे भारत के जनसमुद्र में कहीं गोता लगा गये हैं। उन दिनों ब्रिटिश अधिकारी यह कहते सुने जाते थे कि गाँधी थक गया है। उसकी शक्ति अब चुकती जा रही है। उन्हीं की तरह बहुत से भारतीय नेता भी मानने लगे थे कि वे राजनीति से निराश होकर अपने समाज सुधार के काम में लगे हैं। लेकिन *यंग इण्डिया* और *नवजीवन* में उनके विचार और उनकी भावनायें निरन्तर प्रकट होती रहती थीं। ये दिन गाँधीजी के नैराश्य के दिन नहीं थे, उनकी अत्यन्त व्यस्तता के दिन थे। पूरे देश की धूल फाँकते हुए वे लोगों से अपने आन्दोलन का सम्बन्ध जोड़ रहे थे। उन्होंने *यंग इण्डिया* में लिखा—

> राजनीतिक आज़ादी का अर्थ ही है जन चेतना में वृद्धि। और इसके लिए हमें सभी क्षेत्रों में काम करना होगा।

उन दिनों उनके अधिकांश भाषणों का विषय चरखा, अस्पृश्यता या ऐसे

ही दूसरे विषय होते थे। उनका कहना था कि देश में भूमिहीन मज़दूर ही ग़रीबी से त्रस्त नहीं हैं। देश के लाखों किसानों को वर्ष में छः महीने बेकार रहना पड़ता है। उनकी महिलाएँ तो और भी विवश बना दी गयी हैं। ऐसे में चरखा चलाकर सूत कातने से बढ़िया और क्या ग्रामोद्योग हो सकता है। अगस्त १९२८ में कलकत्ता के रोटरी क्लब में भाषण देते हुए उन्होंने कहा था कि देश की आबादी का दसवाँ भाग सिर्फ़ एक वक़्त भोजन पाता है। उसकी औसत मासिक आय तीन रुपये से कुछ ही ज़्यादा निकलेगी। ऐसे में चरखे से पाँच-छः रुपया कमा लेना उनके लिए कितनी बड़ी बात हो सकती है। किसानों की ग़रीबी से द्रवित होकर उन्होंने लिखा था

> गाँव वालों की सूनी निगाहें मेरे कलेजे को टूक-टूक कर देती हैं। अपने बैलों के साथ कड़ी-कठोर मेहनत करते हुए वे बेचारे भी उन्हीं जैसे बन गये हैं।

एक और जगह उन्होंने लिखा—

> जब भी कोई मुझसे चरखे के बारे में पूछता है तो मेरे अन्दर एक ज्वालामुखी ही धधक उठता है।

जलपाईगुड़ी की एक सभा में तो उन्होंने यहाँ तक कह दिया कि भारत मर रहा है, चरखा चलाकर उसे बचा सकते हो तो बचा लो।

भारत ने १९२८ में फिर करवट लेनी आरम्भ की। असन्तोष का लावा फिर फूटने लगा। मज़दूर, किसान और छात्र फिर बेचैन दिखायी देने लगे। १९२८-२९ में मज़दूरों की देशव्यापी हड़तालों का एक दौर चला। सबसे अधिक हड़तालें बम्बई की सूती मिलों में या कलकत्ता की जूट मिलों में और जमशेदपुर के इस्पात कारखाने में हुईं। देश का मज़दूर आन्दोलन राजनैतिक स्वरूप ले चुका था। अखिल भारतीय ट्रेड यूनियन काँग्रेस इन हड़तालों का नेतृत्व कर रही थी। युवक भी संगठित होते दिख रहे थे। एक नयी पीढ़ी राजनीति में प्रवेश करती लग रही थी। इस बीच ब्रिटिश सरकार ने १९२७ में भारत की संवैधानिक स्थिति पर विचार करने के लिए सर जान साइमन की अध्यक्षता में एक कमीशन बैठाने का निर्णय लिया था। गाँधीजी उन दिनों दक्षिण की यात्रा पर थे। वायसराय ने एक संदेश भेजकर उन्हें वहाँ से जल्दी आने के लिए कहा। जब दिल्ली पहुँचकर गाँधीजी को इस कमीशन के बारे में बताया गया तो वे बहुत दुखी हुए। उन्होंने कहा

कि इसकी जानकारी तो उन्हें दो पैसे के पोस्टकार्ड से भी दी जा सकती थी। साइमन कमीशन के सब सदस्य अँग्रेज़ थे। इसलिए काँग्रेस ने साइमन कमीशन के बहिष्कार का फ़ैसला किया था।

साइमन कमीशन जहाँ भी गया काले झण्डों से उसका स्वागत हुआ। उसके विरोध में हड़तालें हुईं। पुलिस ने सभी प्रदर्शनकारियों पर निर्ममता से डण्डे बरसाये थे। लाला लाजपतराय ऐसे ही एक प्रदर्शन में पुलिस की लाठियों से बुरी तरह घायल हुए थे और कुछ दिन में उन्होंने दम तोड़ दिया था। लोगों का ग़ुस्सा और भड़क गया। साइमन कमीशन ने देश की राजनीति में एक तरह का तूफ़ान ला दिया। इस विरोध प्रदर्शन से चिढ़कर वायसराय बरकनहेड ने चुनौती देते हुए कहा कि

> भारतीय अपने लिए जिस तरह का विधान चाहते हैं, उसकी रूपरेखा क्यों नहीं प्रस्तुत करते।

काँग्रेस ने यह चुनौती स्वीकार की। आम सहमति बनाने के लिए एक सर्वदलीय बैठक बुलायी गयी और मोतीलाल नेहरू के नेतृत्व में एक समिति को यह काम सौंप दिया गया। अगस्त १९२८ के सर्वदलीय सम्मेलन में नेहरू रिपोर्ट को, जिसमें औपनिवेशिक स्वराज्य की माँग की गयी थी, विचारार्थ प्रस्तुत किया गया। लेकिन इस रिपोर्ट ने सबसे अधिक उत्तेजित जवाहरलाल नेहरू और सुभाषचन्द्र बोस की नयी पीढ़ी को किया जो चाहते थे कि पूर्ण स्वराज्य की माँग की जानी चाहिए। उन्होंने विरोधस्वरूप काँग्रेस के भीतर ही एक इण्डिपेंडेंस लीग बना डाली। गाँधीजी ने बीच में पड़कर दोनों गुटों में समझौता करवाने का प्रयत्न किया और मोतीलाल नेहरू के आग्रह पर वे १९२८ के कलकत्ता अधिवेशन में गये। गाँधीजी के सुझाव पर बीच का रास्ता निकालते हुए अधिवेशन में यह प्रस्ताव पास किया गया कि अगर ब्रिटिश सरकार ने ३१ दिसम्बर, १९२९ तक औपनिवेशिक स्वराज्य की माँग नहीं मानी तो काँग्रेस पूर्ण स्वाधीनता की माँग करेगी और आवश्यक हुआ तो उसके लिए अहिंसात्मक असहयोग भी आरम्भ करेगी।

काँग्रेस के लिए १९२८ एक उथल-पुथल का वर्ष था। काँग्रेस के भीतर भी एक पीढ़ी परिवर्तन होने जा रहा था। इसी वर्ष काँग्रेस संगठन में जवाहरलाल नेहरू का उदय हुआ। जवाहरलाल नेहरू इंग्लैण्ड में अपनी

वकालत की पढ़ाई पढ़कर १९१२ में भारत लौटे थे। १९१९ में पहली बार वे महात्मा गाँधी से मिले थे जब वे रौलट बिल के विरुद्ध सविनय अवज्ञा आन्दोलन में व्यस्त थे। नेहरू गाँधीजी की तेजस्विता से प्रभावित हुए थे और वे काँग्रेस में कुछ काम करना चाहते थे। गाँधीजी ने उन्हें लोकबन्धु चितरंजनदास के पास जाने और उनकी सहायता करने के लिए कहा। ऐसा उन्होंने जवाहरलाल के व्यक्तित्व का आकलन करके ही किया होगा। काँग्रेस की राजनीति में मोतीलाल नेहरू और चितरंजनदास काफ़ी साथ रहे, इसलिए जवाहरलाल नेहरू को उनके साथ रहने में कोई आपत्ति नहीं थी। वे बाद में भी उन्हें अपना गुरु मानते थे। १९२४ में जवाहरलाल इलाहाबाद नगर निगम के अध्यक्ष चुने गये और कोई दो वर्ष तक उस पद पर रहे। फिर वे इंग्लैण्ड चले गये और वहाँ से लौटकर १९२८ में काँग्रेस में सक्रिय हो गये। जवाहरलाल चितरंजनदास की तरह वाक्‌पटु ज़रूर थे पर उतने शान्त और गम्भीर नहीं थे। अखिल भारतीय काँग्रेस महासमिति का उन्हें महामन्त्री बनाया गया था जिससे वे काँग्रेस अधिवेशन के लिए विषय और प्रस्ताव निर्धारित करने वाली समिति में अपनी भूमिका निभा सकते थे। गाँधीजी उन दिनों पूरे देश की परिक्रमा करते हुए और देश को अगले आन्दोलन के लिए तैयार करते हुए घूम रहे थे। काँग्रेस के भीतर जनता के बीच जाकर उनकी समस्याएँ सुनने, सुलझाने और उन्हें रचनात्मक आन्दोलन की तरफ़ मोड़ने के काम में थोड़ी बहुत सहायता गाँधीजी को मिली भी तो बल्लभभाई पटेल से। काँग्रेस के बाक़ी बड़े नेता सभा सम्मेलनों वाले नेता थे। उधर स्वामी श्रद्धानन्द, लाला लाजपतराय और मदनमोहन मालवीय अवश्य सामाजिक और शैक्षिक कामों में जुटे रहते थे। जवाहरलाल उस समय तक ३८-३९ वर्ष के हो चुके थे, लेकिन काँग्रेस के किसी आन्दोलन में अब तक उनकी कोई बड़ी भूमिका नहीं रही थी।

काँग्रेस संगठन में पहुँचते ही जवाहरलाल नेहरू ने पूर्ण स्वराज्य का नारा दिया। वायसराय बाकनहेड की चुनौती स्वीकार करते हुए मोतीलाल नेहरू की समिति ने भारत के विधान के बारे में जो प्रारूप तैयार किया था उसमें ब्रिटेन के राजनैतिक ढाँचे की ही नक़ल की गयी थी। लेकिन ब्रिटिश उपनिवेश के भीतर स्वराज्य की माँग ही उसमें थी। मोतीलाल नेहरू का विचार था कि अभी इससे अधिक माँगने का समय नहीं आया है। गाँधीजी

विधान बनाने के इस काम से अलग चरखा, शराबबन्दी, अस्पृश्यता, हिन्दू-मुस्लिम एकता आदि पर अलख जगाते हुए अगली लड़ाई के लिए देश को तैयार कर रहे थे। जवाहरलाल नेहरू के पूर्ण स्वराज्य की माँग पर अड़ने से एक समस्या पैदा हो गयी थी क्योंकि मोतीलाल नेहरू अपने प्रारूप में कोई परिवर्तन करने के लिए तैयार नहीं थे। ऐन मौक़े पर उन्होंने गाँधीजी को संदेश भेजा कि काँग्रेस पर संकट है। उन्होंने कहा—

> आपने मुझे अध्यक्ष की कुर्सी पर काँटों का ताज पहनाकर बिठा तो दिया है, अब मेरी मुसीबत का तमाशा दूर से तो न देखिए।

गाँधीजी ने नेहरू रिपोर्ट पर केवल इतनी ही टिप्पणी की कि वह सबकी आकांक्षाओं को पूरी करने वाली रिपोर्ट है। जब जवाहरलाल नेहरू ने पूर्ण स्वराज्य पर अड़ने के बाद काँग्रेस के भीतर इण्डिपेंडेंस लीग बना ली और अपने से आठ वर्ष छोटे सुभाषचन्द्र बोस आदि युवा नेताओं को जोड़ लिया तो गाँधीजी ने यह कहते हुए पिता-पुत्र के बीच समझौता करवाने का प्रयास किया कि यह स्वराज पार्टी के दो गुटों का झगड़ा है। विनोद में उन्होंने यह भी कहा कि यह पढ़े-लिखे भारत के बीच का विवाद है। लेकिन एक गम्भीर टिप्पणी उन्होंने यह की कि केवल स्वतन्त्रता का राग अलापने से कुछ नहीं होगा, अगर उसके पीछे शक्ति न हो। गाँधीजी १९१५ में भारत लौटने के बाद से यह कहते आ रहे थे कि यहाँ के पढ़े-लिखे वर्ग को जबानी जमा ख़र्च के अलावा कुछ नहीं आता। वे जनता के बीच जाकर उनकी समस्याएँ सुलझाने, उनके दुख समझने और उन्हें संगठित करने की कोशिश नहीं करते। गाँधीजी ने वही सब करके काँग्रेस को कुछ हज़ार सभा सम्मेलनी नेताओं और उनके अनुयायियों से लाखों भारतीयों की सक्रिय साझेदारी वाली पार्टी बना दिया था।

गाँधीजी को १९२८ में बिना कुछ किये पूर्ण स्वराज्य का नारा लगा देने का जवाहरलाल नेहरू का तरीक़ा रुचा नहीं। उन्होंने ४ जनवरी, १९२८ को जवाहरलाल नेहरू को एक पत्र लिखा जिसमें कहा था—

> तुम बहुत तेज़ जा रहे हो। तुम्हें सोचने और परिस्थिति के अनुकूल बनने के लिए समय लेना चाहिए था। तुमने जो प्रस्ताव तैयार किये और पास कराये उनमें से अधिकांश के लिए एक साल की देर की जा सकती थी 'रिपब्लिकन आर्मी' में तुम्हारा कूद पड़ना जल्दबाजी का क़दम था। परन्तु मुझे तुम्हारे कामों की इतनी परवाह नहीं, जितनी तुम्हारे शरारतियों

> और हुल्लड़बाजों को प्रोत्साहन देने की है। पता नहीं तुम अब भी शुद्ध अहिंसा में विश्वास करते हो या नहीं। परन्तु तुमने अपने विचार बदल दिये हों तो भी तुम यह नहीं सोच सकते कि अनधिकृत और अनियन्त्रित हिंसा से देश का उद्धार होने वाला है।

गाँधीजी की यह चिट्ठी उलाहना देते हुए डाँटने-फटकारने वाली चिट्ठी थी। लेकिन जवाहरलाल नेहरू ने उसका जवाब और भी उद्धत होकर दिया। ११ जनवरी, १९२८ की अपनी लम्बी चिट्ठी में उन्होंने यह साफ़ कर दिया कि वे गाँधीजी के विचारों को नहीं मानते। उन्होंने लिखा—

> आपने कुछ पुरानी किताबों में—*हिन्द स्वराज* वग़ैरा में— जो लिखा है, उससे मैं सहमत नहीं हूँ। मैंने महसूस किया है और अब भी करता हूँ कि अपनी छोटी किताबों की बनिस्पत आप कहीं बड़े थे और अब भी हैं।... मैंने बहुत मर्तबा आपसे पूछा कि आप क्या करना चाहते हैं और आपके जवाबों से हमें तसल्ली नहीं हुई। आपने जो कुछ कहा वह यह था कि एक साल या अठारह महीने के भीतर आप उम्मीद करते हैं कि खादी का आन्दोलन तेज़ी से और रेखागणित के अनुपात में फैल जायेगा और फिर राजनैतिक क्षेत्र में कुछ सीधी कार्रवाई की जा सकेगी। तब से कई साल और अठारह महीने गुज़र चुके हैं, पर करिश्मा नहीं हुआ। करिश्मा होगा, इसमें यक़ीन करना मुश्किल था। लेकिन आपकी असम्भव को भी सम्भव बना देने वाली हैरतअंगेज़ ताक़त में हमारी श्रद्धा के कारण हम आपकी ओर आँखें लगाये रहे। लेकिन मुझ जैसे धर्म में श्रद्धा न रखने वाले आदमी के लिए ऐसी श्रद्धा टिकाऊ नहीं होती और मैं यह सोचने लगा हूँ कि अगर आज़ादी के लिए उस वक़्त तक इन्तज़ार करना पड़ा जब तक कि खादी सारे भारत में नहीं फैल जाती तो हमें अनन्तकाल तक इन्तज़ार ही करना पड़ेगा।... मैं सोचता हूँ कि आप पश्चिम की सभ्यता को बहुत ग़लत आंकते हैं और बहुत सी कमियों को ज़रूरत से ज़्यादा महत्त्व देते हैं। आपने कहीं कहा है कि भारत को पश्चिम से कुछ नहीं सीखना है और भूतकाल में यह सभ्यता के चरम शिखर पर पहुँच गया था। मैं इस दृष्टिकोण से एकदम असहमत हूँ और यह नहीं सोचता कि तथाकथित रामराज्य पुराने ज़माने में बहुत अच्छा था और न मैं उसे फिर वापिस लाना चाहता हूँ। मेरे ख़्याल से पश्चिमी सभ्यता की भारत में अवश्य विजय होगी।

गाँधीजी ने इसके उत्तर में १७ जनवरी, १९२८ को जो पत्र लिखा उसमें

साफ़ कहा गया था कि अगर नेहरू अपने इन्हीं विचारों पर दृढ़ हैं तो वे अपना अलग रास्ता लें। उन्होंने लिखा—

> तुम्हारे और मेरे बीच मतभेद इतने विशाल और मौलिक हैं कि हमारे लिए समान मत रखने की कोई जगह दिखायी नहीं देती। मैं तुमसे अपना यह दुख नहीं छिपा सकता कि मैं तुम्हारे जैसा बहादुर, वफ़ादार, योग्य और ईमानदार साथी खोऊँगा, परन्तु कार्य की सिद्धि के लिए साथीपन को भी क़ुर्बान करना पड़ता है।

गाँधीजी ने नेहरू से यह भी कहा कि वे चाहें तो उनकी चिट्ठी को *यंग इण्डिया* में छाप दिया जा सकता है। लेकिन नेहरू ने अपने अगले पत्र में इन दोनों बातों में से किसी का उत्तर नहीं दिया। दोनों के बीच चिट्ठियों का सिलसिला कुछ लम्बा चला। अपनी एक चिट्ठी में जवाहरलाल नेहरू ने भारत के निहित स्वार्थी वर्गों जैसे राजाओं महाराजाओं के विशेषाधिकार छीनने की बात की और महात्मा गाँधी पर यह आरोप भी जड़ दिया कि वे ज़मींदारों के ख़िलाफ़ कुछ नहीं कहते। उनकी चिट्ठियों में जिस तरह की अधकचरी वामपन्थी धारणाएँ प्रस्तुत की गयी थी वे किसी बीस-बाईस वर्ष के नवयुवक को तो शोभा दे सकती थीं पर उनतालीस साल के परिपक्व व्यक्ति को नहीं।

दरअसल, यह वह समय था जब काँग्रेस में पढ़ लिखकर आने वाली एक नयी पीढ़ी उदित हो रही थी, जो अधीर थी और जिसका अपने समाज से अधिक सम्बन्ध नहीं बचा था। वह उन शहरी मध्यवर्गीय परिवारों से आयी थी जो अँग्रेज़ी राज में पनपे आर्थिक और प्रशासनिक तन्त्र का लाभ उठाकर सम्पन्न हुए थे और अपने आप को यूरोपीय नागरिकों के बराबर करने के लिए जल्दी से जल्दी उन जैसा हो जाना चाहते थे। यह युवा नेता पिछली पीढ़ी की तरह के राष्ट्रवादी और उदारवादी नहीं थे, उनसे अधिक विचारधारात्मक होने के कारण अधिक आक्रामक और अधिकांशत: वामपन्थ की ओर झुके हुए थे। इनमें जवाहरलाल नेहरू को अपने कुलीन होने का सबसे अधिक लाभ मिला और वे बिना कुछ किये ही एक छलांग में, १९२९ में काँग्रेस के अध्यक्ष हो गये। स्वयं जवाहरलाल नेहरू ने अपने अध्यक्ष बना दिये जाने पर टिप्पणी करते हुए कहा था—

> मुख्य द्वार से, यहाँ तक कि बगल के दरवाज़े से भी नहीं, बल्कि चोर दरवाज़े से पहुँच कर मैं इस उच्च पद पर आसीन हुआ हूँ।

गाँधीजी की अनुपस्थिति के कारण उस समय काँग्रेस जिस छोटे दायरे में सिमट गयी थी उसका अनुमान इसी बात से लगाया जा सकता है कि १९२८ में काँग्रेस की अध्यक्षता मोतीलाल नेहरू ने की और १९२९ में जवाहरलाल नेहरू ने। तब तक चितरंजनदास दिवंगत हो चुके थे और पुरानी पीढ़ी के नेताओं में मदनमोहन मालवीय ही बचे थे जिन्हें यह नयी पीढ़ी बहुत आदर नहीं देती थी।

उस दौर में गाँधी के बताये रास्ते पर चलने वाले नेताओं में अग्रणी बल्लभभाई पटेल थे। वे भी नेहरू परिवार की तरह अपनी बड़ी वकालत छोड़कर असहयोग आन्दोलन में कूदे थे। लेकिन वे सभा सम्मेलनों वाले नेताओं के वर्ग से अलग थे और चुनावों में भी सीमित रुचि ही लेते थे। उन्होंने खेड़ा के किसान आन्दोलन में गाँधीजी के साथ कन्धे से कन्धा मिलाकर काम किया था और बारडोली सत्याग्रह को उन्होंने केवल अपने दम पर चलाया था। किसानों के बीच वे गाँधीजी की ही तरह की जीवनशैली में धूल मिट्टी फांकते घूमे थे। उनका उत्कर्ष भी १९२८ के बारडोली सत्याग्रह से ही हुआ। बल्लभभाई गुजरात के एक मामूली किसान परिवार में पैदा हुए थे। बचपन में उन्हें खेती में अपने पिता का हाथ बँटाना पड़ता था। अपनी पढ़ाई-लिखाई के ख़र्च का इन्तज़ाम भी उन्हें स्वयं ही करना पड़ा, इसलिए वे बाईस साल की आयु में मैट्रिक पास कर पाये। लेकिन वे एक प्रतिभावान छात्र थे और उनकी इच्छा भी विलायत जाकर क़ानून पढ़ने की थी।

उन्होंने निचली अदालत में फ़ौज़दारी मुक़दमें लेकर वकालत शुरू की क्योंकि फ़ौज़दारी मुक़दमों में आमदनी अधिक थी। परिवार का ख़र्च चलाते हुए उन्होंने लन्दन जाने लायक पैसे इकट्ठे किये और बम्बई के एक एजेंट को पानी के जहाज़ का टिकट और पासपोर्ट भेजने के लिए कहा। वी.बी. पटेल के नाम से टिकट और पासपोर्ट आया जो कि विट्ठल भाई पटेल का भी नाम कहा जा सकता था। विट्ठलभाई पटेल ने उन्हें कहा कि बड़ा भाई होने के नाते विलायत जाने का पहला हक़ उनका बनता है। वल्लभ भाई ने अपनी यात्रा का इन्तज़ाम उन्हें सौंप दिया और फिर से पैसे जोड़े। १९१० में वे लन्दन गये और छत्तीस महीने की पढ़ाई तीस महीने में पूरी करके १९१३ में भारत वापिस आ गये। ब्रिटिश सरकार ने उन्हें अच्छी नौकरियों के कई प्रलोभन दिये, पर उन्होंने स्वीकार नहीं किये और

अपनी वकालत शुरू की। जब वे पहली बार गाँधीजी से मिले थे तो बिल्कुल साहबी ठाटबाट में थे जो उस समय किसी बड़े वकील के लिए स्वाभाविक बात थी। लेकिन गाँधीजी के सम्पर्क में आकर उन्होंने वह वकालत और ठाटबाट का जीवन दोनों छोड़ दिये और किसान आन्दोलनों में रमने लगे।

बारडोली के किसानों के लगान में अचानक पैंतीस प्रतिशत की वृद्धि कर दी गयी थी। इस अनुचित वृद्धि को वापिस लेने के लिए अधिकारियों से कहा गया, बम्बई में गवर्नर को प्रार्थना पत्र भेजे गये। जब कोई सुनवाई नहीं हुई तो बारडोली के किसान अहमदाबाद के मेयर बल्लभभाई पटेल के पास गये। बल्लभभाई ने कहा कि अगर किसान सत्याग्रह करने के लिए तैयार हों तो वे उनकी मदद के लिए आ सकते हैं। लेकिन उन्होंने उन्हें इसके परिणाम भुगतने के लिए भी चेता दिया। उन पर सरकार अत्याचार कर सकती है, उनके खेत कुर्क किये जा सकते हैं, घर का सामान नीलाम किया जा सकता है, जेल भेजा जा सकता है और मनोबल तोड़ने के लिए यातनायें दी जा सकती हैं। फिर भी उन्हें अहिंसक रहते हुए यह सब सहना होगा और तब तक सत्याग्रह जारी रखना होगा जब तक लगान वापस नहीं लिया जाता और कुर्क सम्पत्तियों को लौटाते हुए क़ैदियों को रिहा नहीं किया जाता। किसानों के वचन देने पर वल्लभभाई ने बारडोली आकर डेरा डाल दिया। बारडोली के अट्ठासी हज़ार किसानों ने बड़ी बहादुरी से सरकार के दमनचक्र का मुक़ाबला किया। उनके खेत और सम्पत्ति कुर्क की जाने लगी, पर कोई बोली लगाने को तैयार नहीं था। पश्चिमोत्तर के पठानों को लाया गया। बाद में बम्बई के कुछ सेठ भी वहाँ ले जाये गये। लेकिन किसान डिगे नहीं। सरकार ने हज़ारों किसानों को जेल में ठूँस दिया। वायसराय ने घोषणा की थी कि सत्याग्रह को दबाने के लिए साम्राज्य के सभी साधनों का इस्तेमाल किया जायेगा। लेकिन वे किसानों के मनोबल को तोड़ नहीं सके।

वल्लभ भाई ने गाँधीजी को बारडोली आने से मना कर दिया था क्योंकि वे उन्हें इस झंझट में नहीं डालना चाहते थे। यह पहला अवसर था जब काँग्रेस के किसी नेता ने ठीक गाँधीजी के रास्ते पर सफलतापूर्वक सत्याग्रह चलाया हो और उनकी मदद न माँगी हो। सरकार के दमनचक्र की व्यापक प्रतिक्रिया हुई। अख़बारों में सरकार की नीति की आलोचना हुई।

केन्द्रीय और प्रान्तीय परिषदों में भारतीय प्रतिनिधियों ने सरकार के कठोर तरीक़ों की निन्दा की। ब्रिटेन के हाउस ऑफ़ कामन्स में भी सवाल पूछे गये। कुछ सरकारी अधिकारियों ने भी सरकार के व्यवहार को उचित नहीं माना। वल्लभभाई पटेल की गिरफ़्तारी आसन्न देख महात्मा गाँधी भी वहाँ पहुँचे लेकिन चार दिन बाद ही सरकार झुक गयी। एक जाँच समिति बैठाई गयी जिसने लगान में सिर्फ़ पाँच प्रतिशत वृद्धि उचित मानी। वल्लभभाई कुर्क सम्पत्ति के वापिस किये जाने और क़ैदियों की रिहाई तक वहीं बने रहे। किसानों ने उन्हें सरदार की उपाधि दी। बारडोली की विजय के बाद हुए काँग्रेस अधिवेशन के दौरान कार्यसमिति की बैठक में उन्हें सरदार वल्लभभाई पटेल कहते हुए उनके अभिनन्दन का प्रस्ताव रखा गया। लेकिन बैठक में जवाहरलाल नेहरू और सुभाषचन्द्र बोस ने यह कहते हुए इस प्रस्ताव का विरोध किया कि सरदार एक सामन्ती विशेषण है और वह काँग्रेस को मंजूर नहीं होना चाहिए। काँग्रेस के वरिष्ठ नेताओं को उन्हें यह समझाना पड़ा कि बारडोली के किसानों ने उन्हें सरदार कहा है, किसी सरकार या राजा ने उन्हें यह पद नहीं दिया। अधिवेशन में सरदार प्रतिनिधियों के बीच जाकर बैठे और अभिनन्दन के लिए पुकारे जाने पर मंच से हाथ जोड़कर उन्होंने इतना ही कहा कि इस अभिनन्दन के वास्तविक अधिकारी तो बारडोली के किसान हैं। फिर वे अपने स्थान पर जाकर बैठ गये।

गाँधीजी ने कलकत्ता अधिवेशन में रचनात्मक कार्यक्रम का प्रस्ताव रखा था। अधिवेशन के मुख्य प्रस्ताव के द्वारा, जिसमें ३१ दिसम्बर, १९२९ तक औपनिवेशिक राज्य न दिया गया तो सत्याग्रह छेड़ने की बात थी, गाँधीजी भी राजनीति में लौटने के लिए वचनबद्ध हो गये थे। उन्हें वर्ष के अन्त में सम्भावित संघर्ष के लिए पूरे राष्ट्र को कटिबद्ध करना था। उन्होंने अपने खादी के कार्यक्रम में एक नयी बात जोड़ी। उन्होंने काँग्रेस को सुझाव दिया कि सभी विदेशी वस्तुओं की होली जलाई जाय और विदेशी कपड़ा बेचने वाली दुकानों पर धरना दिया जाय। काँग्रेस कार्यसमिति की १५ फ़रवरी, १९२९ की बैठक में उनका यह प्रस्ताव स्वीकार कर लिया गया। काँग्रेस समितियों को प्रस्ताव पारित करके सरकार से यह माँग करने के लिए कहा गया कि वे कपड़े की सारी ज़रूरत खद्दर से पूरी करें और विदेशी कपड़े पर निषेधात्मक चुंगी लगाई जाय। यह भी निर्णय लिया गया

कि सभी खादी वस्त्रों पर अखिल भारतीय कत्तिन संघ की मोहर हो, खादी के दाम तय करने के समान आधार हों। विदेशी वस्त्रों का बहिष्कार करने के लिए समिति बनायी गयी जिसके अध्यक्ष गाँधीजी थे और सदस्य मोतीलाल नेहरू, जवाहरलाल नेहरू, मदनमोहन मालवीय, मुख्तार अहमद अंसारी और अब्दुल कलाम आज़ाद। कलकत्ता के श्रद्धानन्द पार्क में चार मार्च को एक सभा हुई जहाँ जनता ने होली जलाने के लिए विदेशी कपड़ों के ढेर लगा दिये। आने वाले संघर्ष के लिए गाँधीजी ने देश भर का दौरा शुरू किया। कलकत्ता अधिवेशन के बाद जब गाँधीजी पन्द्रह दिन के लिए बर्मा गये थे तो सरकार ने आसन्न आन्दोलन से निपटने के लिए नेताओं की धरपकड़ तेज़ कर दी थी। विशेषकर मज़दूर नेताओं की जिनमें से कुछ साम्यवादी भी थे। गाँधीजी ने इसे आने वाले त्रास के युग की पूर्व सूचना बताया और कहा कि सरकार का उद्देश्य साम्यवाद को ख़त्म करना नहीं, लोगों के भीतर त्रास पैदा करना है। उन्होंने लोगों का आह्वान किया कि वे क़ानून के नाम पर चलाये जाने वाले इस क़ानूनविहीन राज्य को सदा के लिए समाप्त कर दें।

इस बीच १७ दिसम्बर, १९२८ को पंजाब में एक सहायक पुलिस अधीक्षक साण्डर्स की हत्या कर दी गयी। आतंकवाद की बढ़ती हुई गतिविधियों से निपटने के लिए और मज़दूर आन्दोलन को कुचलने के लिए सरकार ने केन्द्रीय विधान परिषद् में सार्वजनिक सुरक्षा विधेयक और श्रमिक विवाद विधेयक प्रस्तुत किये। उस समय विट्ठलभाई पटेल केन्द्रीय विधान परिषद् के अध्यक्ष थे। वे ८ अप्रैल, १९२९ को जैसे ही सार्वजनिक सुरक्षा विधेयक अस्वीकृत करने के लिए उठे, दर्शक दीर्घा से भगतसिंह और बटुकेश्वर दत्त ने विधान परिषद् में दो बम फेंके। उन्हें केवल धमाका करने के लिए फेंका गया था, इसलिए कोई हताहत नहीं हुआ। भगतसिंह ने अपना उद्देश्य स्पष्ट करते हुए कहा कि बहरी सरकार को सुनाने के लिए धमाकों की आवश्यकता होती है। बम फेंककर दोनों ने अपने आपको पुलिस के हवाले कर दिया और अपनी पिस्तौलें भी पुलिस को सौंप दीं। उन पिस्तोलों की जाँच करते हुए पुलिस ने लाहौर बम फैक्टरी पर छापा मारा और हिन्दुस्तान रिपब्लिकन एसोसिएसन के अन्य क्रान्तिकारियों को भी पकड़ लिया जिनमें से सात सरकारी मुख़बिर हो गये। इसी जाँच से भेद खुला कि साण्डर्स की हत्या में भगतसिंह भी शामिल थे। भगतसिंह पर विधान

परिषद् में बम फेंकने और साण्डर्स की हत्या के लिए अलग-अलग मुक़दमे चले। बम फेंकने के लिए उन्हें आजीवन कारावास दिया गया था, लेकिन बाद में साण्डर्स की हत्या के लिए उन्हें मृत्युदण्ड दिया गया। जेल में उन्होंने ११६ दिन का उपवास किया और उन पर मुक़दमे का नाटक रचाकर जिस तरह फाँसी पर लटकाया गया उससे वे भारतीय स्मृति में अमर हो गये। उन्हें शहीद कहा गया और महात्मा गाँधी के बाद जिन दो लोगों का देश के जनमानस पर सबसे अधिक प्रभाव पड़ा वे सुभाषचन्द्र बोस और भगतसिंह ही हैं।

भगतसिंह पंजाब के देशभक्त जाट सिख परिवार में पैदा हुए थे। उनके दादा स्वामी दयानन्द सरस्वती के भक्त थे। उनके पिता और दो चाचा लाला हरदयाल की गदर पार्टी में सक्रिय रहे। भगतसिंह के पिता ने शिक्षा के लिए उन्हें अन्य सिख परिवारों की तरह लाहौर में खालसा हाई स्कूल में भर्ती नहीं करवाया क्योंकि उसका प्रबन्धन अँग्रेज़ सरकार का समर्थन करता था, उन्हें डीएवी हाई स्कूल में भर्ती करवाया गया। तेरह साल की आयु में ही वे गाँधी जी के असहयोग आन्दोलन से प्रभावित हो गये थे और सरकारी स्कूल की किताबें और दूसरे अँग्रेज़ी सामान की होली जलवाने में आगे रहते थे। लेकिन चौरी चौरा की घटना के बाद आन्दोलन स्थगित करने का उन पर बहुत बुरा असर पड़ा और वे क्रान्तिकारी संगठनों की ओर आकृष्ट हुए। उन्होंने अराजकतावादी और मार्क्सवादी साहित्य पढ़ा और क्रान्तिकारियों के संगठन हिन्दुस्तान रिपब्लिकन एसोसिएशन में सम्मिलित हो गये जिसे १९२४ में कानपुर में रामप्रसाद बिस्मिल ने बनाया था और जिसमें चन्द्रशेखर आज़ाद मुख्य थे। २९ मई, १९२७ को वे लाहौर के दशहरा मैदान में किये गये विस्फोट के सिलसिले में गिरफ़्तार हुए, पर पाँच सप्ताह बाद साठ हज़ार रुपये के मुचलके पर छोड़ दिये गये। चन्द्रशेखर आज़ाद, शिवराम राजगुरु, सुखदेव थापर और जय गोयल ने लाला लाजपत राय पर लाठीचार्ज के दोषी पुलिस अधीक्षक जेम्स ए स्कॉट को सज़ा देने के लिए उनकी हत्या का निर्णय किया। हत्या के दिन जयगोयल को स्कॉट की पहचान करनी थी और भगतसिंह व राजगुरु को गोली चलानी थी। जय गोयल ने ग़लती से साण्डर्स को स्कॉट मान लिया और उस पर भगतसिंह और राजगुरु ने गोली चला दी जिससे उसकी मृत्यु हो गयी। हत्या करके जब वे भाग रहे थे हैडकांस्टेबल

चरणसिंह ने उनका पीछा किया पर वह सहायता के लिए खड़े चन्द्रशेखर आज़ाद की गोली का शिकार हुआ और भगतसिंह बच निकलने में सफल हो गये। साण्डर्स की हत्या और कुछ दूसरी आतंकवादी घटनाओं के बाद ही सरकार ने सार्वजनिक सुरक्षा अधिनियम लाने का निर्णय किया था और हिन्दुस्तान रिपब्लिकन एसोसिएशन द्वारा केन्द्रीय विधान परिषद् में बम फेंककर सरकार के इस फ़ैसले का विरोध करने का निर्णय लिया गया था।

भगतसिंह ने विधान परिषद् में बम फेंककर स्वेच्छा से अपने आप को पुलिस के हवाले किया था। फिर भी उन पर हत्या के इरादे से बम फेंकने का अभियोग लगाया गया। उसमें तो उन्हें आजीवन कारावास की सज़ा हुई। लेकिन साण्डर्स की हत्या के आरोप में जब उन पर मुक़दमा चला तो भगतसिंह की ओर से पैरवी करने के लिए काँग्रेस के आसिफ अली आये। भगतसिंह यह सोचकर अपनी पैरवी करवाने के लिए राजी हुए कि इससे उनके उद्देश्य का प्रचार होगा और देश में स्वतन्त्रता प्राप्ति की चेतना बढ़ेगी। पर ऐसा होते देख लॉर्ड इरविन ने आपात स्थिति लगाकर मुक़दमा एक ट्रिब्यूनल को सौंप दिया। जिसने उन्हें और सुखदेव तथा राजगुरु को मृत्युदण्ड सुनाया। इस बीच अँग्रेज़ क़ैदियों और भारतीय क़ैदियों के साथ किये जा रहे भेदभाव को समाप्त करवाने और क़ैदियों को सुविधाएँ दिलवाने के लिए उन्होंने और उनके साथियों ने मियांवाली जेल में उपवास आरम्भ किया। यतीन्द्रनाथ की ६३ दिन के उपवास के बाद मृत्यु हो गयी। लेकिन भगतसिंह का उपवास ११६ दिन तक जारी रहा, उनका और उनके साथियों का उपवास तोड़ने के लिए जेल अधिकारियों ने अनेक घृणित तरीक़े इस्तेमाल किये। क़ैदियों पर किये जा रहे अत्याचार की देशभर में प्रतिक्रिया हुई। कई लोगों ने परिषदों से इस्तीफ़े दिये। जवाहरलाल नेहरू भगतसिंह से मिलने जेल गये। काँग्रेस ने उनके समर्थन में एक प्रस्ताव पास किया। अन्त में उनके पिता काँग्रेस का प्रस्ताव लेकर उनके पास गये और उनका उपवास तुड़वाया। भगतसिंह, सुखदेव और राजगुरु को मृत्युदण्ड दिये जाने की देशभर में निन्दा हुई थी। उनकी सज़ा कम करवाने के लिए देशभर में प्रयास हुए। गाँधीजी लॉर्ड इरविन से मिले। उन्होंने सार्वजनिक बयान देकर कहा कि वे भगतसिंह, राजगुरु और सुखदेव को मृत्युदण्ड दिये जाने के विरुद्ध हैं। किसी को मृत्युदण्ड देने का अधिकार केवल

ईश्वर को है जो सबको जन्म देता है, किसी और को नहीं। इसके बावजूद यह भावना व्यापक थी कि अहिंसा में अपनी निष्ठा के कारण गाँधीजी ने भगतसिंह की मृत्युदण्ड की सज़ा को कम करवाने के लिए कोई विशेष प्रयास नहीं किया। भगतसिंह को मृत्युदण्ड सुनाये जाने के कुछ ही समय बाद कराची में काँग्रेस का अधिवेशन होना था। अधिवेशन के बाद एक युवक ने गाँधीजी पर यह कहते हुए आक्रमण किया कि उन्होंने भगतसिंह को बचाने के लिए कुछ नहीं किया।

भारत के आम लोगों की स्मृति में बहुत से क्रान्तिकारियों का नाम खुदा हुआ है। श्रीअरविन्द, लाला हरदयाल, रामप्रसाद बिस्मिल, चन्द्रशेखर आज़ाद आदि की तस्वीरें अब भी भारतीय घरों की दीवारों पर टँगी देखी जा सकती है। लेकिन इनमें भी जो लोकप्रियता भगतसिंह को मिली वह विलक्षण थी। गाँधी महात्मा माने गये थे तो सभी क्रान्तिकारियों को वीर माना गया जिनके बलिदान ने देशवासियों के सीने में स्वतन्त्रता की ज्वाला धधकाई थी। शायद आम लोगों में उनकी तुलना न की जाती हो। आम लोगों में जिस तरह त्याग और तपस्या का महत्त्व है उसी तरह वीरता और बलिदान का महत्त्व है। लेकिन राजनीति में रुचि रखने वाले एक बहुत बड़े समुदाय में यह भावना फैली रही है कि स्वतन्त्रता का सारा श्रेय गाँधीजी को दे दिया गया है, जबकि क्रान्तिकारियों का उसमें कम योगदान नहीं था। कुछ लोग तो यह भी मानते हैं कि गाँधीजी के अहिंसक आन्दोलन के बजाय अगर हिंसक क्रान्ति से देश स्वतन्त्र हुआ होता तो उसमें अधिक जान होती। लेकिन यह आकलन एक भावुक प्रतिक्रिया से अधिक कुछ नहीं है। देश में हिंसा की छिटपुट घटनायें होती रहीं, देश ने निडर होकर हँसते-हँसते प्राण देने वाले वीर भी पैदा किये, लेकिन क्रान्तिकारी आन्दोलन की कुल शक्ति बहुत कम थी। दरअसल, १८५७ की क्रान्ति के असफल हो जाने के बाद और ब्रिटिश राज द्वारा भारतीयों को निशस्त्र कर देने के बाद किसी सशस्त्र प्रतिरोध की गुंजाइश ही नहीं बची थी।

क्रान्तिकारी आन्दोलन का इतिहास स्वतन्त्रता आन्दोलन के इतिहास का परिशिष्ट ही हो सकता है, इससे अधिक नहीं। १९०२ में गठित अनुशीलन समिति ने बंगाल को काफ़ी प्रभावित किया। उसके भीतर जुगान्तर के नाम से क्रान्तिकारियों का एक गुट बना। श्रीअरविन्द और अन्य अनेक क्रान्तिकारी सक्रिय हुए। उनके व्यक्तित्व और विचारों का लोगों पर प्रभाव पड़ा।

लेकिन उनकी चुनौती कभी बहुत गम्भीर नहीं हो पायी। ३० अप्रैल, १९०८ को मुज़फ़्फ़रपुर के ज़िला जज किंग्सफोर्ड की ख़ुदीराम बोस और प्रफुल्ल चाकी द्वारा हत्या की गयी। लाला हरदयाल तो विदेश में ही अधिक रहे। पर उनकी गदर पार्टी ने पंजाब के बहुत से स्वतन्त्रता प्रेमियों को हिंसक क्रान्ति का सपना दिखाया। लेकिन गदर पार्टी कभी अँग्रेज़ अधिकारियों को भयभीत नहीं कर पायी। उसके अलावा हिन्दुस्तान रिपब्लिकन एसोसिएशन ने एक छोटे से समूह को क्रान्तिकारी गतिविधियों में लगाया। १९२४ में कानपुर में गठित इस संगठन में रामप्रसाद बिस्मिल, जोगेश चटर्जी, चन्द्रशेखर आज़ाद, योगेन्द्र शुक्ल और सच्चिदानन्द सान्याल मुख्य थे। तमिलनाडु, उड़ीसा आदि देश के अन्य कई भागों में भी क्रान्तिकारी सक्रिय रहे पर उनकी शक्ति कभी इतनी नहीं हो पायी कि वे ब्रिटिश सरकार के सामने कोई चुनौती खड़ी कर सकें। लोगों को क्रान्तिकारियों के बलिदान के कारण उनकी शक्ति उनकी वास्तविक ताक़त से बहुत अधिक दिखायी देती थी। यह भी सही है कि भारतीय समाज में शस्त्रों का कभी निषेध नहीं रहा। गाँधीजी अगर हिंसा और सशस्त्र क्रान्ति के विरुद्ध थे तो उसका मुख्य कारण उनका यह विश्वास था कि हिंसक क्रान्ति की सम्भावना और सफलता दोनों सन्दिग्ध हैं और भारत की वर्तमान परिस्थितियों में भारतीय सभ्यता के और ऊँचे साधनों की आवश्यकता है। क्रान्तिकारी आन्दोलन की एक और बड़ी कमज़ोरी यह थी कि अधिकांश क्रान्तिकारी विदेशी अराजकतावादी चिन्तकों से प्रेरित और प्रभावित थे, उनकी प्रेरणाएँ देशज नहीं थीं। इसलिए कभी वे समाज के अधिक लोगों को अपने दायरे में खींच नहीं पाये। हिंसक क्रान्ति का विरोध करने के बावजूद गाँधीजी ने सदा भारत के लोगों को शस्त्र रखने का अधिकार लौटाने, आतंकवाद को नियन्त्रित करने के लिए बनाये गये काले क़ानूनों का विरोध करने और आत्मरक्षा के लिए अगर अत्यन्त आवश्यक हो तो बेहिचक हिंसा का उपयोग करने का पक्ष लिया था।

सरकार को औपनिवेशिक राज्य की घोषणा के लिए दिये गये एक वर्ष की अवधि समाप्त हो रही थी। काँग्रेस का १९२९ का अधिवेशन लाहौर में आयोजित हुआ। ३१ दिसम्बर, १९२९ को अर्धरात्रि के समय रावी के तट पर संगीत और नृत्य के बीच बड़े उत्साहपूर्ण वातावरण में स्वराज का तिरंगा झण्डा फहराया गया। काँग्रेस ने भारत को स्वतन्त्र घोषित कर दिया।

काँग्रेस ने अपने सदस्यों को केन्द्रीय और प्रान्तीय विधान परिषदों से इस्तीफ़ा देने के लिए कहा और महासमिति को सविनय अवज्ञा आन्दोलन आरम्भ करने के अधिकार दे दिये गये। अधिवेशन में एक प्रस्ताव पारित करके २६ जनवरी, १९३० को पूर्ण स्वाधीनता दिवस मनाने का आग्रह किया गया। उस दिन देश भर में हाथ में स्वराज का झण्डा थामे जुलूस निकाले गये, सभाएँ की गयीं। गाँधीजी ने कहा कि वह व्यक्ति लोक और परलोक दोनों में पाप का भागी होगा जो अब से ब्रिटिश शासन को स्वीकार करेगा। ३० जनवरी, १९३० को वायसराय को चिट्ठी लिखकर उन्होंने अपनी ग्यारह सूत्री माँगें रखीं और फिर उन्हें प्रकाशित कर दिया। गाँधीजी के लिए ये माँगें स्वतन्त्रता का सार थीं। यह माँगें थीं : मद्य व्यापार की समाप्ति, रुपये का पुनर्मूल्यीकरण, सैनिक ख़र्च और सरकारी नौकरों के वेतन में कमी, लगान में पचास प्रतिशत की कमी, विदेशी वस्त्रों पर चुंगी में पचास प्रतिशत की वृद्धि, नमक कर समाप्त करना, भारतीय तटों पर व्यापार और यातायात के लिए भारतीय जहाज़ों को सुरक्षित रखना, सीआईडी विभाग समाप्त करना, राजबन्दियों की मुक्ति और भारतीयों को बन्दूक, पिस्तौल आदि लेकर चलने का अधिकार देना। उन्हें वायसराय की ओर से इसका कोई उत्तर नहीं मिला। गाँधीजी सविनय अवज्ञा आन्दोलन के स्वरूप के बारे में सोच रहे थे। वे अब सत्याग्रह आरम्भ करने में देर नहीं चाहते थे। उन्होंने कहा,

> १९२० का संघर्ष देश की तैयारी के लिए था, १९३० का संघर्ष अन्तिम मुठभेड़ के लिए है।

गाँधीजी अपने हर आन्दोलन को एक प्रतीकात्मकता दिये रहते थे। ऐसी प्रतीकात्मकता जो उनका संदेश घर-घर पहुँचा दे। चरखे का भी उन्होंने यही उपयोग किया था। किसी को विश्वास नहीं था कि चरखा स्वाधीनता आन्दोलन को घर-घर पहुँचाने का माध्यम हो सकता है। लेकिन गाँधीजी ने ऐसा कर दिखाया। १९३० में भी उन्होंने अपने आन्दोलन के लिए एक ऐसा ही प्रतीक चुना। उन्होंने घोषणा की कि वे बिना सरकारी अनुमति के नमक बनाकर नमक कर क़ानून को तोड़ेंगे और देशवासियों से भी ऐसा ही करने को कहेंगे। स्वयं जवाहरलाल नेहरू को भी इस घोषणा की गम्भीरता पर विश्वास नहीं हुआ। उन्हें समझ में नहीं आया कि नमक कर क़ानून तोड़ने से ब्रिटिश सरकार को कैसे हिलाया जा सकता है। फिर भी

काँग्रेस ने गाँधीजी की बात मानकर नमक कर क़ानून का विरोध करने का निर्णय लिया। असल में १८३६ में सरकार ने एक नमक कमीशन बैठाया था। उसे इंग्लैण्ड के चेशायर से आने वाले नमक की भारत में बिक्री का रास्ता सुझाना था। उसने देश के भीतर बनने वाले नमक पर कर लगाने का सुझाव दिया। तभी से भारत में नमक कर लगा हुआ था। गाँधीजी जानते थे कि नमक भारत के ग़रीब से ग़रीब आदमी के उपयोग की वस्तु है। उस पर लगे कर के विरुद्ध आन्दोलन सहज ही सत्याग्रह के संदेश को घर-घर पहुँचा देगा। असल में गाँधीजी का ध्यान जन जागरण और जन संगठन पर था जबकि जवाहरलाल नेहरू आदि नेता आन्दोलन से ब्रिटिश सरकार पर कितना दबाव बनेगा इसी की चिन्ता करते थे। वैसे नमक कर से मिलने वाला राजस्व भारत सरकार के कुल राजस्व का ८.२ प्रतिशत था, जो कि मामूली नहीं था।

गाँधीजी ने १२ मार्च को साबरमती के चुने हुए ७८ सत्याग्रहियों को लेकर ३८५ क़िलोमीटर दूर दाण्डी के समुद्र तट की ओर पैदल कूच कर दिया। १२ मार्च से ५ अप्रैल तक वे इस लम्बे रास्ते के सभी गाँवों से होते हुए पच्चीस दिन में दाण्डी पहुँचे। उनकी यात्रा जैसे-जैसे आगे बढ़ी उसमें हज़ारों लोग जुड़ते गये। गाँधीजी की प्रात: और सायं की प्रार्थना सभाओं में और ग्राम सभाओं में अपार भीड़ होती थी। स्थानीय प्रशासन डगमगाने लगा। लगभग चार सौ गाँवों के मुखियाओं ने अपने पद से इस्तीफ़ा दे दिया। देशभर में स्फूर्ति पैदा हो गयी। लोग दाण्डी में गाँधीजी के नमक बनाने की अधीरता से प्रतीक्षा करने लगे क्योंकि उसके बाद ही उन्हें नमक बनाकर क़ानून तोड़ना था। जब गाँधीजी के सत्याग्रहियों का जत्था दाण्डी पहुँचा तो उसमें पचास हज़ार लोग थे और वह दो मील लम्बा था। दाण्डी पहुँचकर ६ अप्रैल की सुबह वे समुद्र तट की ओर गये और नमक को मुट्ठियों में उठाकर कुछ देर हाथ में लिए रहे। इस तरह नमक कर क़ानून टूट गया। देशभर में जहाँ जो जिस तरह नमक बना सकता था, बनाने लगा। गाँधीजी समुद्र तट पर ही धरसाणा के नमक गोदाम की ओर चलते गये जहाँ उन्हें सत्याग्रह करना था। लेकिन वहाँ पहुँचने से पहले ४ मई को आधी रात में उन्हें गिरफ़्तार कर लिया गया। लेकिन उनके साथ के सत्याग्रही बढ़ते रहे और धरसाणा पहुँचकर वे नमक के गोदाम की ओर बढ़े। सशस्त्र पुलिस उन्हें रोकने के लिए उपस्थित थी। उन्हें निर्दयतापूर्वक

पीटा गया। पहले दिन ३२० सत्याग्रही बुरी तरह घायल हुए। वायसराय लॉर्ड इरविन ने, जो अब तक के वायसरायों में सबसे अधिक ईसाई माने जाते थे, इस घटना को मनोरंजक बताया। लेकिन इस अनोखे आन्दोलन की ख़बर देशभर में ही नहीं दुनियाभर में गम्भीर चर्चा का विषय बनी। लोगों ने सत्याग्रहियों के साहस की प्रशंसा की जो पुलिस की निर्दयी लाठियों के सामने भी अहिंसक बने रहे और तकलीफ़ सहते रहे। गाँधीजी को गिरफ़्तार करके यरवदा जेल ले जाया गया था। उनकी गिरफ़्तारी ने आग भड़का दी। बम्बई की कपड़ा मिलें और रेल वर्कशाप बन्द हो गये। शोलापुर में मज़दूरों ने अधिकारियों की अवज्ञा की तो फ़ौज़ी क़ानून लगा दिया गया। पच्चीस मज़दूरों को निर्दयतापूर्वक गोली से उड़ा दिया गया। इससे आग और भड़की। हज़ारों लोग सत्याग्रह करते हुए गिरफ़्तारी देने लगे। विधान परिषदों से इस्तीफ़े दिये जाने लगे।

सरकारी दमनचक्र भी तेज़ हुआ। पश्चिमोत्तर सीमा प्रान्त में तो अब्दुल गफ़्फ़ार खान के ख़ुदाई खिदमतगारों पर बर्बरता की सभी सीमाएँ लाँघ ली गयीं। खान अब्दुल गफ़्फ़ार खान को कमिश्नर द्वारा आयोजित दरबार में जाने से इनकार करने और पूर्ण स्वराज्य के लिए शान्तिपूर्ण सत्याग्रह की घोषणा करने के बाद बड़े भाई खान साहिब सहित बन्दी बना लिया गया। बादशाह खान की गिरफ़्तारी के बाद पेशावर में अहिंसक सत्याग्रहियों के दल के दल, जिनमें स्त्रियाँ और बच्चे भी थे, सत्याग्रह के लिए आगे बढ़े। उन पर गोलियों की बौछार की जाने लगी। लेकिन लोग छाती खोलकर गोली अपने सीने पर खाने के लिए तैयार थे। उन पर घण्टों गोली चलाई जाती रही और काफ़ी लोग मारे गये। आख़िर निहत्थे लोगों पर इस तरह निर्दयतापूर्वक गोली चलाने से गढ़वाली रेजीमेंट ने इनकार कर दिया। उन पर फ़ौज़ी अदालत में मुक़दमा चलाकर दस से पन्द्रह वर्ष की सज़ा दे दी गयी। गुजरात में दमनचक्र का एक और रूप प्रकट हुआ। बोरसद में ग्रामीणों ने कर न देने का आन्दोलन चला रखा था। पुलिस ने उनको प्रताड़ित करने का एक बहुत बर्बर तरीक़ा अपनाया। लाठीचार्ज और गिरफ़्तारियों के अतिरिक्त आन्दोलनकारियों के नेताओं को बिना किसी अभियोग के और उन पर बिना कोई मुक़दमा चलाये उन्हें लोहे के पिंजड़ों में बन्द कर दिया गया। ऐसा अपमानजनक व्यवहार पहले कभी किसी ने देखा नहीं था। इसलिए वे गाँव छोड़कर जाने लगे।

गाँव के गाँव वीरान हो गये। जून में काँग्रेस ग़ैरक़ानूनी घोषित कर दी गयी। मोतीलाल नेहरू बीमार थे और बीमारी की हालत में ही उन्होंने घर में नमक बनाकर सत्याग्रह किया था। उन्हें गिरफ़्तार कर लिया गया। सत्याग्रह आरम्भ होने के कुछ ही दिन में लगभग एक लाख लोग जेल जा चुके थे। वायसराय लॉर्ड इरविन का कार्यकाल समाप्त होने वाला था। इसलिए वे गाँधीजी से समझौता करने को उत्सुक हुए। उन्होंने दैनिक हेरल्ड के प्रतिनिधि जार्ज स्लोकम्ब को गाँधीजी की राय जानने के लिए जेल भेजा। गाँधीजी ने कहा कि वे कार्यसमिति से बात किये बिना कुछ नहीं कह सकते। उसके बाद कार्यसमिति के जो सदस्य उस जेल में नहीं थे उन्हें वहाँ लाया गया। कार्यसमिति ने वायसराय को उत्तर भेजा कि अगर सत्ता के हस्तान्तरण की उनकी शर्त नहीं मानी जाती तो उन्हें समझौता करने में कोई रुचि नहीं है।

इस बीच इंग्लैण्ड में प्रथम गोलमेज़ सम्मेलन हुआ। उसमें तेज़बहादुर सप्रू, जयकर और मोहम्मद अली जिन्ना को भारत का प्रतिनिधि मान लिया गया था। लेकिन उस सम्मेलन में संविधान बनाने की दिशा में कोई प्रगति नहीं हो सकी। प्रधानमन्त्री रैमजे मैक्डोनल्ड ने आशा प्रकट की कि अगले गोलमेज़ सम्मेलन में काँग्रेस भी भाग ले सकेगी। इसके परिणामस्वरूप गाँधीजी २६ जनवरी, १९३१ को रिहा कर दिये गये। अन्य नेता भी जल्दी ही रिहा कर दिये गये। मोतीलाल नेहरू भी बीमारी के कारण ११ सितम्बर, १९३० को रिहा कर दिये गये थे लेकिन ६ फ़रवरी, १९३१ को उनका देहान्त हो गया। बिना आन्दोलन स्थगित किये गाँधीजी और लॉर्ड इरविन के बीच बातचीत होती रही और ५ मार्च, १९३१ को गाँधी-इरविन समझौता हुआ। संघीय संविधान पर सहमति बनी थी। सभी क़ैदियों को छोड़ने और कुर्क सम्पत्ति लौटाने का वचन दिया गया था। समुद्र तट के पास के इलाक़ों में नमक बनाने की भी छूट दी गयी। शान्तिपूर्ण धरने आदि पर प्रतिबन्ध उठा लिया गया। इरविन ने गाँधीजी से आन्दोलन के दौरान हुई पुलिस और सेना की ज़्यादतियों की अदालती जाँच की माँग न करने का आग्रह किया था क्योंकि इससे उनकी बदनामी होती। अपने विरोधी के प्रति उदार रहने के गाँधीजी के स्वभाव के कारण यह अनुरोध भी मान लिया गया।

इस समझौते के लिए गाँधीजी को काफ़ी झुकना पड़ा था। पर वे जानते

थे कि आन्दोलन अनन्तकाल तक नहीं चलाया जा सकता, जबकि सरकार अपनी पुलिस और सेना के बल पर लम्बे समय तक टिकी रह सकती है। इसलिए वे सदा ही बीच का रास्ता निकालकर समझौते के लिए उत्सुक रहते थे, ताकि अगली बार और विशाल आन्दोलन किया जा सके। गाँधी-इरविन समझौते के बाद आन्दोलन स्थगित किया गया था, समाप्त नहीं। मार्च १९३१ में काँग्रेस का राष्ट्रीय सम्मेलन हुआ। उसमें समझौते की पुष्टि की जानी थी। काँग्रेस के युवा नेताओं ने समझौते की तीख़ी आलोचना की थी, लेकिन अधिवेशन में उसका अनुमोदन कर दिया गया। गाँधीजी के आग्रह पर अकेले उन्हें दूसरे गोलमेज़ सम्मेलन में काँग्रेस के प्रतिनिधि के तौर पर भेजने का निर्णय हुआ। १२ सितम्बर को गाँधीजी लन्दन पहुँचे। अँग्रेज़ नौकरशाहों ने गाँधीजी की छवि एक कुटिल, षड्यन्त्रकारी और पाखण्डी नेता के रूप में बना रखी थी जो कि भारतीयों को बेवकूफ़ बनाने के लिए सन्त बना हुआ है। इसी आधार पर चर्चिल ने कहा था,

> मिस्टर गाँधी को देखकर डर लगता है और मिचली आती हैं। मिडल टैम्पल से वकालत पास यह देशद्रोही अब ऐसे फ़क़ीर के वेश में है जिससे पूर्व वाले अच्छी तरह परिचित हैं, जो सम्राट के प्रतिनिधि से बराबर के दर्जे पर वार्ता करने के लिए अधनंगा वायसराय प्रासाद की सीढ़ियाँ चढ़ता है, जबकि वह सविनय अवज्ञा आन्दोलन का संगठन और संचालन कर रहा है।

राजनेताओं और नौकरशाहों में इस छवि के बावजूद लन्दन में गाँधीजी का ज़ोरदार स्वागत हुआ। वे लन्दन के पूर्वी भाग में, जहाँ ग़रीब मज़दूर रहते हैं, कुमारी म्यूरिल लेस्टर के किंग्स्ले हाल सेटिलमेंट में ठहरे। वहीं गाँधीजी से मिलने वालों की भीड़ जुटती गयी, जिसमें पत्रकार, पादरी, क्वेकर, सामाजिक, राजनीतिक कार्यकर्ता और मज़दूर नेता होते थे। रेडियो और समाचार-पत्रों ने उनका ख़ूब प्रचार किया था। उन्होंने हाउस ऑफ़ कामन्स के सदस्यों को सम्बोधित किया। लंकाशायर गये जहाँ विदेशी वस्त्रों के बहिष्कार के कारण बहुत से मज़दूर बेरोज़गार हो गये थे। लेकिन उनका मज़दूरों ने ख़ूब स्वागत किया। विंस्टन चर्चिल ने तो उनसे मिलने से इनकार कर दिया था। लेकिन वे लायड जार्ज और हेराल्ड लास्की से मिले। वे बर्नार्ड शा से भी मिले। आक्सफोर्ड में वे प्रोफ़ेसर लिंडसे के यहाँ

ठहरे। चार्ली चैप्लिन उनसे मिलने आये, हालाँकि गाँधीजी ने उनका नाम नहीं सुना था। राजा और रानी द्वारा दी गयी पार्टी में भी वे सम्मिलित हुए, जहाँ वे अपनी रोज़ की पोशाक पहनकर गये थे। जब पत्रकारों ने उनसे पूछा कि इस अधनंगी हालत में पार्टी में जाने में उन्हें संकोच नहीं हुआ तो उन्होंने जवाब दिया कि नहीं, क्योंकि राजा ने दोनों की आवश्यकता से अधिक कपड़े पहन रखे थे।

ब्रिटेन अभी भारत को स्वतन्त्रता देने के लिए तैयार नहीं हो पाया था। इंग्लैण्ड में आर्थिक संकट के कारण ब्रिटिश सरकार भारत की समस्या पर गम्भीरता से विचार करने की स्थिति में नहीं थी। भारत उपमन्त्री अर्ल रसल ने काँग्रेस की पूर्ण स्वतन्त्रता की माँग पर टिप्पणी करते हुए कहा था—

> भारतीय स्वयं भी इस बात को अच्छी तरह जानते हैं कि पूर्ण स्वाधीनता की माँग कितनी मूर्खतापूर्ण है। अभी तो औपनिवेशिक स्वराज्य ही सम्भव नहीं है और काफ़ी समय तक सम्भव नहीं होगा।

लेकिन बाँटो और राज करो के अभ्यस्त अँग्रेज़ प्रशासकों ने एक नयी चाल चली थी। गोलमेज़ सम्मेलन को उन्होंने अपने चुने हुए अल्पसंख्यक प्रतिनिधियों से भर दिया था। उनमें सबसे उग्र मोहम्मद अली जिन्ना और भीमराव अम्बेडकर थे। गाँधीजी को 'सवर्ण हिन्दुओं' की श्रेणी में डाल दिया गया था। अँग्रेज़ों ने तर्क दिया कि भारत को स्वशासन देने से पहले सभी अल्पसंख्यकों, मुसलमानों, अछूतों, सिखों, पारसियों और एंग्लो इण्डियन आदि के हित की सुरक्षा करनी होगी। वे चाहते थे कि अल्पसंख्यकों को पृथक् निर्वाचन की सुविधा दे दी जाय। गाँधीजी ने अपने भाषण में अधिकारियों पर साम्प्रदायिक समस्या को अनावश्यक गम्भीर बनाने का अभियोग लगाया। उन्होंने कहा कि मुख्य प्रश्न संविधान बनाने का है न कि अल्पसंख्यकों की समस्या हल करने का। उन्होंने कहा कि उनकी नौकरशाही के साथ सत्ता बाँटने में कोई रुचि नहीं है, वे तो उत्तरदायी शासन प्राप्त करने के लिए कटिबद्ध हैं। केवल काँग्रेस ही सबके हितों की रक्षा करती है, इसलिए गुट विशेष के प्रतिनिधियों से बात करने का कोई अर्थ नहीं है। उन्होंने चेतावनी दी कि अगर मुसलमानों की तरह अछूतों को भी पृथक् निर्वाचन का दर्जा दिया गया तो वे अपनी जान देकर भी इसका विरोध करेंगे। काँग्रेस तो मुसलमानों के पृथक् निर्वाचन को भी समाप्त

करवाना चाहती है। दूसरी ओर अल्पसंख्यकों के प्रतिनिधि पृथक् निर्वाचन के आधार पर अँग्रेज़ों से समझौता करने को तैयार थे। गाँधीजी के कड़े रुख़ के कारण गोलमेज़ सम्मेलन का कोई परिणाम नहीं निकला। लौटते हुए वे कुछ दिन रोमा रोलां के साथ रहे। रोम में उन्होंने मुसोलिनी का अतिथि होना स्वीकार नहीं किया लेकिन वे उनसे मिलने गये। पोप ने उनसे मिलने से इनकार कर दिया।

सेवाग्राम आश्रम

भारत लौटने पर गाँधीजी ने पाया कि लॉर्ड इरविन और उनके बीच हुआ समझौता सरकार ने तोड़ दिया है। सरकार का दमनचक्र फिर तेज़ी से चल पड़ा था। वे २८ दिसम्बर, १९३१ को भारत लौटे थे और एक सप्ताह में ही उन्हें गिरफ़्तार कर लिया गया। लॉर्ड इरविन की जगह लॉर्ड विलिंगडन वायसराय बन चुके थे। उन्होंने काँग्रेस के आन्दोलन की आशंका में उसे कुचलने की पूरी तैयारियाँ कर ली थीं। उनके रुख़ को भाँपकर ही बम्बई की एक सभा में गाँधीजी ने कहा था,

> पिछली लड़ाई में जनता को लाठियों के वार सहने पड़े थे, इस बार गोलियाँ खानी होंगी।

कार्यकारिणी ने परिस्थिति पर विचार करने के बाद यह निर्णय लिया कि सरकार बलप्रयोग का फ़ैसला कर चुकी है, इसलिए सविनय अवज्ञा आन्दोलन को फिर से आरम्भ करके ही इसका उत्तर दिया जा सकता है। ४ जनवरी, १९३२ को गाँधीजी और कार्यकारिणी के आम सदस्यों को गिरफ़्तार कर लिया गया। काँग्रेस की कार्यसमिति ही नहीं, सभी प्रान्तीय समितियाँ और बहुत-सी स्थानीय समितियाँ भी ग़ैर-क़ानूनी घोषित कर दी गयीं। काँग्रेस से जुड़ी या सहानुभूति रखने वाली संस्थाओं जैसे राष्ट्रीय विद्यापीठ, काँग्रेस पुस्तकालय या अस्पताल आदि को भी ग़ैर-क़ानूनी घोषित कर दिया गया। काँग्रेस का सारा पैसा और उसकी सारी सम्पत्ति ज़ब्त कर ली गयी। काँग्रेस के भवनों और दफ़्तरों पर सरकार ने कब्ज़ा कर लिया। ताबड़तोड़ अनेक अध्यादेश लागू किये गये, जिनमें अफ़सरों को व्यापक अधिकार दे दिये गये थे। जेल क़ानूनों में इतनी सख़्ती की गयी कि महिला सत्याग्रहियों की मुसीबतें बहुत बढ़ गयीं। एक अँग्रेज़

नौसेनाध्यक्ष की पुत्री मीरा बहन को भी, जो गाँधीजी की शिष्या हो गयी थीं, आर्थर रोड जेल में काफ़ी दुर्व्यवहार झेलना पड़ा। गाँधीजी के प्रभाव से ग्रामीण इलाक़ों में भी आन्दोलन फैला था और किसानों ने कई जगह लगान देना बन्द कर दिया था। उन पर अकथनीय अत्याचार किये गये। प्रेस पर पाबन्दियाँ लगाई गयीं। भारतमन्त्री ने ब्रिटिश संसद में माना कि नये प्रेस क़ानूनों के अन्तर्गत छः महीने में ही १०९ सम्पादकों-संवाददाताओं और ९८ छापाखानों के विरुद्ध कार्रवाई की जा चुकी है।

गाँधीजी को पूना के यरवदा केन्द्रीय कारागार में रखा गया था। वहाँ की स्थिति का अन्दाज़ गाँधीजी से मिलने आये गृह सचिव तोमस के इस वक्तव्य से पाया जा सकता है, "आधी रोटी मिल रही है तो आप आधी रोटी को ही क्यों नहीं स्वीकार कर लेते?" उस पर गाँधीजी ने जवाब दिया, "मगर वह रोटी हो, पत्थर नहीं।" लॉर्ड विलिंगडन ने फ़ैसला कर लिया था कि इस बार लड़ाई को अधबीच में नहीं छोड़ा जायेगा। काँग्रेस के आन्दोलन को इस तरह कुचल दिया जायेगा कि वह अनेक वर्षों तक अपना सिर न उठा सके और जब तक गाँधीजी और काँग्रेस बिना शर्त समर्पण नहीं करते थे, गाँधीजी को नज़रबन्द करके रखा जायेगा। लन्दन से संवैधानिक चर्चाएँ करके लौटने पर जब तेज बहादुर सप्रू और एम.आर. जयकर ने गाँधीजी से जेल में मिलने की अनुमति माँगी और उपनिवेश मन्त्री ने वायसराय को यह अनुमति देने के लिए कहा तो वायसराय ने जवाब में कहा कि गाँधीजी के प्रति उदारता दिखाने की ग़लती नहीं करनी चाहिए। विलिंगडन कठोर प्रशासक माने जाते थे मगर अपने व्यवहार से उन्होंने सिद्ध कर दिया कि वे अदूरदर्शी और अव्यावहारिक भी हैं और राजनीतिक समस्याओं को भी केवल प्रशासनिक मानकर चलते हैं। इसी बीच सरकार ने १७ अगस्त, १९३२ को अछूतों के लिए पृथक् निर्वाचन की घोषणा कर दी। गाँधीजी ने तुरन्त निर्णय किया और १३ सितम्बर, १९३२ को अख़बारों से देशभर को पता चल गया कि अछूत जातियों को पृथक् निर्वाचन दिये जाने के विरोध में गाँधीजी ने २० सितम्बर से जेल में ही आमरण अनशन का निर्णय कर लिया है। इस ख़बर से जैसे देश पर एक बिजली सी गिरी और पूरा देश हिल गया।

अस्पृश्य जातियों के लिए पृथक् निर्वाचन की माँग भीमराव अम्बेडकर ने की थी। अम्बेडकर एक कबीरपन्थी महार परिवार में १८९१ में पैदा हुए

थे। उनके पुरखे ईस्ट इण्डिया कम्पनी की फ़ौज़ में भर्ती हो गये थे। उनके पिता ब्रिटिश फ़ौज़ में काम करते थे। स्कूली शिक्षा के दौरान अछूत जाति का होने के कारण उन्हें क्लास के बाहर बैठने और सवर्ण चपरासी से माँगकर पानी पीने जैसे अपमान झेलने पड़े। पर वे अपने स्कूल के ब्राह्मण अध्यापक महादेव अम्बेडकर को प्रिय थे और उन्होंने उनके नाम से अम्बावडे हटाकर, जो कि उनके गाँव का नाम था, अपना उपनाम अम्बेडकर जोड़ दिया और यही नाम स्कूल के प्रमाण पत्रों में आने के कारण भविष्य में उनका नाम हो गया। उन्होंने बम्बई के हाई स्कूल से मैट्रिक किया। उत्तीर्ण होने पर उनके मराठा अध्यापक कृष्णा जी अर्जुन केलुस्कर ने उन्हें भगवान बुद्ध की जीवनी भेंट की। एल्फिंस्टन कॉलेज पहुँचने पर बड़ौदा के महाराजा गायकवाड़ से उन्हें छात्रवृत्ति मिली। १९१३ में उन्हें विदेश जाकर पढ़ने के लिए बड़ौदा राज्य से साढ़े ग्यारह पाउण्ड की प्रतिमास की छात्रवृत्ति मिली। १९१६ में वे छात्रवृत्ति पर लन्दन स्कूल ऑफ़ इकानामिक्स में पढ़ने के लिए गये जहाँ से छात्रवृत्ति की अवधि समाप्त होने के कारण उन्हें १९१७ में लौटना पड़ा। कुछ महीने बड़ौदा राज्य के सेनासचिव के पद पर रहने के बाद वे बम्बई आये और एक कॉलेज में प्रोफ़ेसर हो गये। भारत सरकार अधिनियम १९१९ की सुनवाई के दौरान उन्होंने धार्मिक अल्पसंख्यकों और अछूतों के अलग निर्वाचन का सुझाव दिया। ब्रिटिश सरकार ने उन्हें बम्बई प्रेजीडेंसी से साइमन कमीशन की सहायता के लिए नियुक्त किया। उन्होंने दलितों के सार्वजनिक स्थानों से पानी लेने के अधिकार और मन्दिर प्रवेश की आवाज़ उठानी शुरू की। कोल्हापुर के साहूजी चतुर्थ ने उनके विचारों से प्रभावित होकर उनकी काफ़ी सहायता की और कहा कि एक दिन वे राष्ट्रीय स्तर के नेता होंगे। दूसरी गोलमेज़ कान्फ्रेंस में ब्रिटिश सरकार ने जिन्ना को और उन्हें गाँधीजी को नीचा दिखाने के लिए इस्तेमाल किया और १९३२ में अछूतों को भी अलग निर्वाचन दे दिया। गाँधीजी के उपवास के बाद बड़ी मुश्किल से पूना समझौता हुआ और उन्होंने अलग निर्वाचन की माँग छोड़कर दलित जातियों के लिए विधान परिषदों के कुछ निश्चित् स्थान सुरक्षित कर दिये जाने की बात मान ली। फिर वे बौद्ध हो गये और उन्होंने हिन्दू धर्म त्यागने की घोषणा की। १९३६ में उन्होंने इण्डिपेंडेंट लेबर पार्टी बनायी जिसे उस समय तो सफलता मिली पर १९४६ के संविधान सभा के चुनाव में विशेष सफलता नहीं मिली। फिर भी भारत के स्वतन्त्र होने पर जवाहरलाल नेहरू

ने उन्हें क़ानून मन्त्री बनने के लिए निमन्त्रित किया और संविधान निर्माण का काम उन्हें सौंप दिया। इस तरह अम्बेडकर को निम्न जाति का होने के कारण जितनी प्रताड़ना सहनी पड़ी, उससे ज़्यादा हिन्दू समाज के भीतर से उन्हें उच्च जाति के लोगों का सहयोग मिला।

गाँधीजी लन्दन के गोलमेज़ सम्मेलन में ही घोषित कर चुके थे कि अगर अछूतों को पृथक् निर्वाचन का अधिकार दिया गया तो वे अपने प्राणों की बलि देकर भी इसका विरोध करेंगे। उनके लिए यह धार्मिक सिद्धान्त का प्रश्न था। इससे छुआछूत स्थायी हो जाती क्योंकि अछूतों की यह स्थिति संविधान में लिख जाती। उन्होंने तर्क दिया कि हालाँकि वे धार्मिक आधार पर भी अलग निर्वाचन के विरुद्ध हैं, पर अलग निर्वाचन के आधार पर मुसलमान हमेशा के लिए मुसलमान रह सकते हैं, सिख हमेशा के लिए सिख रह सकते हैं, तो क्या अछूत भी हमेशा के लिए अछूत रहेंगे? उन्होंने कहा कि उनका उपवास हिन्दुओं की आत्मा झकझोरने के लिए है, ताकि वे अस्पृश्यता के इस कलंक को मिटा डालें। गाँधीजी ने गोलमेज़ सम्मेलन के समय अल्पसंख्यक समिति की बैठक में दावा किया था कि वे भारत के बहुसंख्यक अछूतों के भी प्रतिनिधि हैं और यदि अछूतों के मत लिए जायें तो सबसे ज़्यादा मत गाँधीजी को ही मिलेंगे। इस दावे में जरा भी अतिशयोक्ति नहीं थी। गाँधीजी के उपवास के कारण देशभर में दलित जातियों के प्रति स्नेह और सहानुभूति का जो ज्वार आया उसकी कोई कल्पना भी नहीं कर सकता था। अछूतों के लिए मन्दिर, कुएँ और अन्य सार्वजनिक स्थान धड़ाधड़ खोले जाने लगे। अछूतों के एक नेता एम.सी. राजा ने अम्बेडकर के नेतृत्व को अस्वीकार कर दिया और अलग निर्वाचन की निन्दा की। छुआछूत मिटाने का जो काम अम्बेडकर सौ साल में नहीं कर पाते, उसे गाँधीजी के उपवास ने थोड़े ही समय में कर दिया। चाहे पूरे देश से छुआछूत मिटा न हो, पर वह सार्वजनिक रूप से अस्वीकार्य हो गया। जवाहरलाल नेहरू ने गाँधीजी के उपवास को राजनीति में धार्मिक तरीक़े इस्तेमाल करने की कोशिश बताते हुए उसकी आलोचना की थी। पर उसके परिणाम देखने के बाद उन्होंने कहा,

> कैसा जादूगर है! उसे जेल में बैठे हुए भी इस बात की कितनी कुशल जानकारी थी कि लोगों की हृदयतन्त्री के तार किस तरह बजाये जा सकते हैं।

गाँधीजी के बिगड़ते स्वास्थ्य को देखते हुए सवर्ण और अछूत नेताओं का एक सम्मेलन बम्बई में हुआ। उसमें भाग लेने के लिए मदनमोहन मालवीय, तेजबहादुर सप्रू, एम.आर. जयकर, राजगोपालाचार्य, एन.सी. केलकर, राजेन्द्र प्रसाद, भीमराव अम्बेडकर और मुंजे आदि नेता थे। लेकिन सबकुछ दलित जाति के नेताओं पर विशेषकर अम्बेडकर पर निर्भर था। वे हर क़दम पर अड़ रहे थे और पूरी सौदेबाजी पर तुले हुए थे। आख़िर बहुत खींचतान के बाद समझौता हुआ। इसे पूना पैक्ट के नाम से जाना जाता है। केन्द्रीय परिषद और प्रान्तीय परिषदों में दलितों के लिए जनसंख्या में उनके अनुपात से भी अधिक स्थान आरक्षित कर दिये गये। २५ सितम्बर को समझौते का अनुमोदन हुआ और २६ सितम्बर को एक साथ दिल्ली और लन्दन में इसकी घोषणा कर दी गयी। गाँधीजी ने अपना उपवास तोड़ दिया। गाँधीजी के लिए यह प्रश्न मात्र राजनीतिक प्रश्न नहीं था। उन्होंने कहा कि छुआछूत हिन्दू समाज के माथे पर कलंक तो है ही, अछूत, अस्पृश्य और अन्त्यज जैसे शब्द चार करोड़ देशवासियों के आत्म-सम्मान को नष्ट करने वाले हैं। यह कहते हुए उन्होंने उनके लिए हरिजन शब्द का व्यवहार करना आरम्भ किया। उन्होंने कहा,

> दुनिया के सभी धर्मों में ईश्वर को मित्रविहीन का मित्र, बेसहारों का सहारा और दुर्बलों का रक्षक कहा गया है। भारत के अछूत कहे जाने वाले चार करोड़ से अधिक निवासियों से अधिक मित्रविहीन, बेसहारा और दुर्बल और कौन होगा?''

गाँधीजी ने *यंग इण्डिया* के स्थान पर *हरिजन* निकालना आरम्भ किया और उसके हिन्दी संस्करण को *हरिजन सेवक* नाम दिया।

यहाँ यह बात स्मरण रखी जानी चाहिए कि उस समय अम्बेडकर और जवाहरलाल नेहरू समेत सभी नेता हरिजन समस्या के केवल राजनैतिक पहलू तक सीमित थे। वे हरिजन समस्या के समाधान की बात अवश्य करते थे। पर उनके पास ऐसा कोई कार्यक्रम नहीं था जिससे इस समस्या के समाधान की दिशा में कुछ आगे बढ़ा जा सके। अम्बेडकर दलितों में आक्रोश पैदा करना चाहते थे। उन्होंने दलितों से अस्पृश्यता को मानने वाले हिन्दू समाज को त्याग देने और बौद्ध बन जाने का आह्वान किया। उनकी शक्ति और उनके मार्ग का आकलन इसी बात से किया जा सकता है कि एक नगण्य संख्या ही हिन्दू धर्म छोड़कर बौद्ध धर्म में गयी।

जवाहरलाल नेहरू तो केवल राज्य की शक्ति के भरोसे ही रहे। राज्य की क्षमता का अनुमान इसी बात से लगाया जा सकता है कि प्रधानमन्त्री के रूप में वे बाल्मिकी समाज के काम की परिस्थितियों को सुधारने के लिए निगम अधिकारियों को झिड़कते रहे, पर कोई विशेष सुधार नहीं करवा पाये। गाँधीजी ने जेल में अपना उपवास तोड़ते हुए ही कह दिया था कि यदि उचित समय सीमा तक अस्पृश्यता सम्बन्धी सुधार नेकनीयती से नहीं किये गये तो वे नये सिरे से उपवास करेंगे। जेल में रहते हुए ही उन्होंने हरिजनों के उद्धार के लिए एक अखिल भारतीय संगठन बनाया था, जिसके सभापति घनश्याम दास बिड़ला थे और मन्त्री ठक्कर बापा। बाद में इसी संगठन को अखिल भारतीय हरिजन सेवक संघ का स्वरूप दिया गया था।

गाँधीजी अपने बचपन से ही अस्पृश्यता की समस्या से परिचित थे और दक्षिण अफ्रीका से ही उन्होंने इस समस्या के समाधान की दिशा में सोचना आरम्भ कर दिया था। सबसे पहले तो उन्होंने अपने को और अपने आश्रमवासियों को भंगी बनाया और स्वयं मल साफ़ करने की आदत डाली। इस सिलसिले में उन्हें कस्तूरबा तक को बदलने में परेशानी हुई थी, पर वे डटे रहे। कुम्भ के समय भी उन्होंने अपने साथियों को सबसे पहले इसी काम में लगाया था। जेल से बाहर आने पर उन्होंने अनुभव किया कि अस्पृश्यता के पाप का प्रायश्चित्त करने और देश को फिर से झकझोरने के लिए उन्हें एक बार और उपवास करना चाहिए। अपने पहले से ही दुर्बल शरीर की परवाह किये बिना उन्होंने ८ मई, १९३३ को २१ दिन के उपवास की घोषणा की। सितम्बर १९३३ में उन्होंने साबरमती आश्रम हरिजन सेवक संघ को सौंप दिया और देश का मध्यबिन्दु तलाशते हुए वर्धा के पास सेवाग्राम आश्रम की नींव डाली। इससे पहले ७ सितम्बर, १९३३ से उन्होंने हरिजनोद्धार को एक आन्दोलन का रूप देने के लिए पूरे देश का दौरा किया था। अपने इस सघन दौरे में उन्होंने नौ महीने में साढ़े बारह हज़ार मील की यात्रा की। इस दौरे में वे देश के कुछ बहुत भीतरी और अगम्य भागों में भी गये। अपनी यात्रा में उन्होंने साधारण लोगों से अठन्नी, चवन्नी तक का चन्दा वसूल कर आठ लाख रुपये जमा किये और हरिजन कोष खड़ा कर दिया। उस समय यह मामूली रक़म नहीं थी। मालाबार में, जहाँ अस्पृश्यता की समस्या सबसे विकट थी, एक कन्या ने

उन्हें हरिजन कोष के लिए अपनी सोने की चूड़ियाँ दान दीं तो उन्होंने कहा कि उसका आभूषण तो त्याग है, गहने नहीं। कुछ उत्तेजित सवर्णों ने उनकी सभाओं में विघ्न डाले। मई १९३४ में वे पुरी पहुँचे और वहाँ से अपना शेष दौरा पैदल ही करने का निश्चय किया। जब लोगों ने कहा कि इससे तो वे उड़ीसा के बहुत थोड़े से गाँवों में जा पायेंगे तो उन्होंने कहा कि वे उन्हें ठीक से देख और समझ तो सकेंगे। २५ जून, १९३४ को पूना म्यूनिसपैलिटी का मानपत्र ग्रहण करने जाते हुए उन पर एक बम फेंका गया, पर वे बाल-बाल बच गये।

गाँधीजी ने अस्पृश्यता की समस्या को समाज सुधार की तरह नहीं बल्कि एक धार्मिक-सामाजिक क्रान्ति की तरह देखा था। उन्होंने पण्डितों से शास्त्रीय तर्क-वितर्क किया। शास्त्र की परिभाषा करते हुए उन्होंने कहा कि शास्त्र का अर्थ है उचित-अनुचित का निर्धारण। हिन्दू धर्म की मूल मान्यताओं से अस्पृश्यता असंगत बैठती है इसलिए इसे शास्त्र का समर्थन हो ही नहीं सकता। अगर कोई कहे कि अस्पृश्यता हिन्दू धर्म का अभिन्न अंग है तो वे कहेंगे कि फिर हिन्दू धर्म नष्ट हो जाय तो भी उन्हें दुख नहीं होगा। लेकिन वे नहीं मानते थे कि हिन्दू धर्म अस्पृश्यता की अनुमति देता है। इस पर पण्डितों के बीच काफ़ी बहस चली। मदनमोहन मालवीय ने इस बहस में सकारात्मक योगदान दिया। गाँधीजी ने अपने लिए यह नियम बना लिया कि वे सामान्यत: भंगी बस्तियों में ठहरेंगे। इससे भंगी बस्तियों को साफ़-सुथरा रखने की भी प्रेरणा मिलेगी और भेदभाव भी दूर होगा। वे नहीं मानते थे कि यह समस्या हमेशा से चली आयी है। डोम जाति को छोड़कर किसी और जाति को अस्पृश्य नहीं माना गया है। यह समस्या विदेशी शासन के दौरान समाज में आयी जड़ता से प्रकट हुई। अँग्रेज़ी राज ने इसे और बद्धमूल किया। यह भी याद रखा जाना चाहिए कि काँग्रेस ने १९३७ में अपनी सरकारें बनते ही अस्पृश्यता को समाप्त करने वाले क़ानून बना दिये थे। जबकि अमेरिका को कालों की अस्पृश्यता दूर करने वाले क़ानून बनाने में पचास और वर्ष लगे।

गाँधीजी ने खादी और हिन्दू मुस्लिम एकता की तरह अस्पृश्यता निवारण को भी काँग्रेस के कार्यक्रम का अभिन्न अंग बना दिया था। कार्यकर्ताओं के सामने एक व्यावहारिक कार्यक्रम रखा गया था। अस्पृश्यता निवारण के लिए जन-जागरण के अलावा उन्हें अछूत बस्तियों में जाकर साफ़-सफ़ाई

करने और स्वच्छता के प्रति उनमें जागरुकता पैदा करने का काम करना था। इसके अलावा मल हटाने और निपटाने के उन्नत तरीक़ों का विकास करना था। इस आन्दोलन का एक अंग भंगीमुक्ति था। लेकिन आन्दोलन को आरम्भ किया गया था हरिजन मन्दिर प्रवेश से। गाँधीजी को विश्वास था कि अगर देश के सभी मन्दिर हरिजनों के लिए खुल गये तो लोगों के मन से छुआछूत अपने आप समाप्त हो जायेगी। उन्हें धार्मिक स्तर पर समानता दिलवाना, सामाजिक स्तर पर समानता दिलवाने से अधिक महत्त्वपूर्ण और प्रभावी लगता था। हरिजन मन्दिर प्रवेश को इतना महत्त्व देने और अस्पृश्यों के लिए अलग निर्वाचन मण्डल के राजनीतिक प्रश्न को उपवास के द्वारा हल करवाने का विरोध अनेक लोगों ने किया था, जवाहरलाल नेहरू उनमें से सिर्फ़ एक थे। गाँधीजी ने जवाहरलाल नेहरू से कहा कि वे अपनी आपत्ति लिखकर दे दें तो वे उसका लिखित उत्तर देंगे। लेकिन नेहरू ऐसा करने से बचे। गाँधीजी के उपवास की इंग्लैण्ड में भी बहुत आलोचना हुई थी। अँग्रेज़ तो राजनीति को कभी धार्मिक या नैतिक दृष्टि से देखने की बात समझ ही नहीं पाते थे, इसलिए उन्हें उपवास अनुचित रूप से दबाव डालना लगा। सरकार का रुख़ तो इसी से समझा जा सकता है कि उनके २१ दिन के उपवास के शुरू होने के एक सप्ताह बाद १५ मई, १९३३ को अपने एक गश्ती पत्र में तत्कालीन गृह सचिव हैलेट ने लिखा था,

> यदि मिस्टर गाँधी का देहान्त हो जाय तो सरकारी तौर पर इस पर ध्यान न दिया जाय और सरकारी कार्यालय, न्यायालय या संस्थाएँ बन्द न की जायें।

गृह सचिव को भान नहीं था कि अगर गाँधीजी उपवास करते हुए मर गये होते तो कितना बवण्डर उठ खड़ा होता।

गाँधीजी जब अस्पृश्यता निवारण के लिए दक्षिण अफ़्रीका के अपने धुआँधार दौरे पर थे, जनवरी, १९३४ में बिहार में एक भयानक भूकम्प आया। क़रीब अस्सी हज़ार क़िलोमीटर का क्षेत्रफल और डेढ़ करोड़ लोग उसकी चपेट में आ गये थे। उत्तर बिहार के नगर के नगर ढह गये। कुछ क्षेत्रों में तो एक भी घर नहीं बचा। कई जगह ज़मीन धँस गयी और साठ मीटर लम्बी और दस मीटर गहरी दरारें पड़ गयीं। खेती की हज़ारों एकड़ भूमि बेकार हो गयी। सैकड़ों लोग मर गये, दस लाख मकान नष्ट

हो गये और लाखों आदमी बेघर हो गये। राजेन्द्र बाबू का तार मिलने पर गाँधीजी बिहार गये। असहाय लोगों के लिए धन संग्रह करते हुए एक जगह उन्होंने कहा,

> यह भूकम्प हमारे पाप का परिणाम है। वह अछूतों पर किये गये हमारे पापों का प्रतिशोध है।

उनके इस कथन की शिक्षित वर्गों में बहुत आलोचना हुई। रवीन्द्रनाथ ठाकुर ने उसकी तीख़ी आलोचना करते हुए कहा कि इससे प्राकृतिक घटनाओं का कार्य-कारण सम्बन्ध देखने की वैज्ञानिक दृष्टि की जगह अविवेक बढ़ेगा। गाँधीजी ने इन सब आलोचनाओं का यह कहते हुए जवाब दिया कि वे मानते हैं कि जड़ और चेतन में अभिन्न सम्बन्ध है

> मेरा विश्वास है कि भूकम्प का कारण ईश्वर का मनमौज़ी होना नहीं है और न केवल जड़ तत्त्वों की प्रतिक्रिया। हम लोग न ईश्वरीय नियमों को जानते हैं और न उनकी कार्यविधि। बड़े से बड़े वैज्ञानिक या दार्शनिक का ज्ञान धूल के कण के समान है। यदि ईश्वर मेरे लिए मेरे भौतिक पिता की तरह नहीं है, तो निःसन्देह वह उससे अनन्त महान है। वह मेरे जीवन की क्षुद्रतम क्रियाओं का संचालक है। मैं इस बात में अक्षरशः विश्वास करता हूँ कि उसकी इच्छा के बिना एक पत्ता भी नहीं हिलता। मैं जो एक साँस भी लेता हूँ तो उसी की कृपा के फलस्वरूप।

सत्याग्रह आन्दोलन २३ जुलाई, १९३३ को स्थगित कर दिया गया था। कुछ दिन तक व्यक्तिगत सत्याग्रह की छूट रही। फिर गाँधीजी ने उसे भी स्थगित कर दिया और केवल अपने व्यक्तिगत सत्याग्रह की छूट रखी। इससे काँग्रेस के कई नेता विधानसभाओं में फिर से प्रवेश की माँग उठाने लगे। इस सिलसिले में ४ अगस्त, १९३४ को डॉ. अंसारी, भूलाभाई देसाई और डॉ. विधानचन्द्र राय उनसे मिलने आये। उनका आग्रह था कि स्वराज पार्टी को पुनर्जीवित किया जाना चाहिए और विधान परिषदों के आगामी चुनावों में भाग लेकर विधान परिषदों के भीतर पहुँचना चाहिए। गाँधीजी ने उनसे कहा कि इस विषय में उनके अपने विचार तो यथावत् हैं, वे ब्रिटिश सरकार से कोई सहयोग करने के पक्षधर नहीं हैं। लेकिन जो लोग चुनाव लड़कर विधान परिषदों में पहुँचना चाहते हैं उनका वे विरोध नहीं करेंगे। लेकिन काँग्रेस में और बहुत से लोग इसके विरोध में थे। गाँधीजी की तरह उनकी रुचि रचनात्मक कामों में नहीं थी। वे केवल आन्दोलन

की उग्रता बनाये रखना चाहते थे और उनमें से अधिकांश वामपन्थी विचारधारा के प्रभाव में आक्रामक मुद्रा अपनाये हुए थे। गाँधीजी जानते थे कि असहयोग आन्दोलन की तीव्रता बहुत समय तक बनाकर नहीं रखी जा सकती। इसलिए आन्दोलन के उफान का दौर समाप्त होते ही वे किसी न किसी बहाने आन्दोलन को स्थगित कर देते थे। उन्हीं दिनों वामपन्थी विचारों वाले बहुत से युवा काँग्रेस में सम्मिलित हुए थे। १९३५ में काँग्रेस के भीतर काँग्रेस सोशलिस्ट पार्टी का गठन हो गया और आचार्य नरेन्द्रदेव इसके अध्यक्ष और जयप्रकाश नारायण इसके महामन्त्री बनाये गये। गाँधीजी को यह दिख रहा था कि जवाहरलाल नेहरू, सुभाषचन्द्र बोस और नये आये समाजवादियों की तरफ़ काफ़ी लोगों का रुझान है। वे विधान परिषदों में जाने के विरोधी हैं लेकिन उनके पास अपना कोई कार्यक्रम नहीं है जिससे काँग्रेस के कार्यकर्ताओं को कोई सकारात्मक दिशा मिल सके। ऐसी हालत में काँग्रेस के भीतर की दरारों को पाटने में अपना समय और ऊर्जा ख़र्च करना उन्हें अनावश्यक लगा और उन्होंने कुछ समय के लिए काँग्रेस छोड़ने का निर्णय कर लिया। पर इसके साथ ही उन्होंने विधान परिषद में पहुँचने के इच्छुक नेताओं को यह कहते हुए अपना समर्थन दिया कि विधान परिषदों का उपयोग रचनात्मक कामों को आगे बढ़ाने के लिए किया जा सकता है।

गाँधीजी के काँग्रेस छोड़ने के निर्णय से उन बहुत से नेताओं का निराश होना स्वाभाविक था जो उनके नेतृत्व में अटूट आस्था रखते थे। उन्होंने अक्टूबर १९३४ में काँग्रेस छोड़ते समय बल्लभभाई पटेल को लिखा,

> मैं नाराज़ होकर, तैश में आकर या निराशा के कारण पृथक् नहीं हो रहा हूँ।

उनका तर्क था कि काँग्रेस उनके व्यक्तिव के नीचे दबी रहती है और अपना स्वाभाविक विकास नहीं कर पाती। एक लोकतान्त्रिक संगठन के लिए यह बात उचित नहीं है। इसलिए वे काँग्रेस को अपना स्वतन्त्र मार्ग ढूँढ़ने के लिए मुक्त कर रहे हैं और अपने लिए निश्चित किये मार्ग पर चलने के लिए स्वयं भी मुक्त हो रहे हैं। आरम्भ में यह अवधि एक साल ही होनी थी। लेकिन लगभग तीन वर्ष गाँधीजी ने मुड़कर राजनीति की ओर नहीं देखा और पूरी तरह से अपने रचनात्मक कामों में डूब गये। वे जिस ग्राम स्वराज्य की बात करते थे उसी को मूर्त रूप देकर भविष्य के

भारत का उनका जो सपना था उसकी दिशा वे निर्दिष्ट करना चाहते थे।

महात्मा गाँधी ने १२ मार्च, १९३० को साबरमती आश्रम से दाण्डी मार्च के लिए निकलते समय यह घोषणा की थी कि अब वे अपने इस आश्रम में तभी आयेंगे जब देश स्वतन्त्र हो जायेगा। नमक सत्याग्रह के दौरान न केवल गाँधीजी को बन्दी बना लिया गया था, बल्कि काँग्रेस की सभी संस्थाओं को ग़ैर-क़ानूनी घोषित करके उनकी सम्पत्ति ज़ब्त कर ली गयी थी। गाँधीजी ने सरकार से साबरमती आश्रम को अपने नियन्त्रण में ले लेने का आग्रह भी किया, लेकिन सरकार ने उसमें कोई रुचि नहीं ली। आख़िर २२ जुलाई, १९३३ को गाँधीजी ने उसे बन्द करने का निर्णय ले लिया। बाद में जब गाँधी-इरविन समझौते के बाद ज़ब्त की गयी सम्पत्तियाँ लौटाई गयीं तो गाँधीजी ने साबरमती आश्रम हरिजन सेवक संघ को दे दिया। गाँधीजी स्वयं किसी गाँव में जाकर रहना चाहते थे ताकि गाँव के जीवन का उन्हें प्रत्यक्ष अनुभव हो सके और वे ग्राम स्वराज्य की अपनी धारणा को व्यावहारिक रूप में स्पष्ट कर सकें। जमनालाल बजाज ने उन्हें वर्धा आमन्त्रित किया और उनके ग्रामोद्योग सम्बन्धी प्रयोगों के लिए अपना एक भवन उन्हें सौंप दिया। यही मगनबाड़ी के नाम से प्रसिद्ध हुआ जहाँ ग्रामोद्योग से सम्बन्धित शोध, प्रयोग और प्रचार के काम होते रहे।

वर्धा से लगभग आठ मील दूर सेगाँव के निकट बजाज परिवार की तीन सौ एकड़ ज़मीन थी। जमनालाल बजाज ने वह ज़मीन अपना आश्रम बनाने के लिए गाँधीजी को सौंप दी। यह जगह एक तरह से देश के बिल्कुल मध्य में पड़ती थी इसलिए गाँधीजी को अपने काम के लिए वह उपयुक्त लगी। सेगाँव में गाँधीजी की शिष्या मीरा बहन पहले से रह रही थीं। गाँधीजी जमनालाल बजाज द्वारा दी गयी ज़मीन पर ३० अप्रैल, १९३० को गये और वहाँ पाँच-छः दिन रुके। सेगाँव जाकर उन्होंने गाँववासियों को एकत्रित किया। उसमें लगभग एक हज़ार लोगों की आबादी थी। उन्होंने गाँव वालों को अपना उद्देश्य समझाया और बजाज द्वारा दी भूमि पर आश्रम बनाने की अनुमति माँगी। सेगाँव के लोगों से बात करने के बाद उन्होंने आश्रम की जगह पर अपनी कुटिया बनाने की अनुमति देते हुए कहा कि उस पर पाँच सौ रुपये से अधिक व्यय नहीं होना चाहिए और वह स्थानीय सामग्री से ही तैयार की जानी चाहिए। सेगाँव का

नाम बदलकर इसे सेवाग्राम कर दिया गया और गाँधीजी का आश्रम सेवाग्राम आश्रम कहलाया।

सेगाँव एक अत्यन्त पिछड़ा हुआ गाँव था। न वहाँ तक पहुँचने के लिए पक्की सड़क थी, न कोई दुकान और न ही कोई डाकखाना। टेलीफ़ोन होने का तो सवाल ही नहीं था। वर्षाकाल में जो लोग उनसे मिलने वहाँ जाते थे उन्हें कीचड़ से होकर गुज़रना पड़ता था। वहाँ की आबोहवा भी कुछ अच्छी नहीं थी। पेचिश और जूड़ी-बुखार आम बीमारी थी। गाँधीजी ख़ुद भी बीमार पड़ गये लेकिन उन्होंने सेगाँव न छोड़ने का प्रण कर रखा था। एक बार वायसराय उनसे बात करना चाहते थे, लेकिन गाँधीजी की कुटिया में तब कोई फ़ोन नहीं था। पर गाँधीजी अविचलित थे। उन्होंने कहा कि यह उनकी चिन्ता का विषय नहीं है, सरकार की चिन्ता का विषय है। १९३४ में जब जॉन माट सेगाँव गये तो वहाँ अकेली गाँधीजी की कुटिया थी। थोड़े ही दिनों में वहाँ गारे मिट्टी की कई झोंपड़ियाँ बन गयीं। उस बस्ती के निवासियों में संस्कृत के एक प्रकाण्ड पण्डित थे, जिन्हें कुष्ठ रोग हो गया था और गाँधीजी ने स्वयं उनकी परिचर्या करने के लिए उनकी कुटी अपनी कुटी के पास ही बनवायी थी। एक जापानी साधु था जिसके बारे में महादेव देसाई ने कहा था कि वह घोड़े की तरह काम करते हैं और तपस्वी की तरह रहते हैं। प्रोफ़ेसर भंसाली थे जिन्होंने अपने होंठ सी लिए थे और जंगलों में नंगे घूमा करते थे तथा नीम की पत्तियाँ खाकर गुज़ारा करते थे। मारिस फ्राइटमैंने नामक एक पोलैण्ड निवासी था जो हस्तशिल्प और ग्रामोद्योग पर आधारित अहिंसात्मक समाज के आदर्श से प्रभावित होकर वहाँ आया था और गाँधीजी का शिष्य हो गया था। मीरा बहन तो थीं ही। कस्तूरबा के अलावा और भी लोग थे। धीरे-धीरे सेवाग्राम आश्रम एक भरा-पूरा आश्रम बन गया था। गाँधीजी ने शुरू में ही वहाँ रसोई का दायित्व एक हरिजन परिवार को सौंप दिया था ताकि अस्पृश्यता का दोष लेकर कोई वहाँ न रहे।

सेवाग्राम शीघ्र ही गाँधीजी की ग्राम-कल्याण योजनाओं का केन्द्र बन गया था। गाँधीजी ने आश्रम के आसपास के गाँवों में ग्राम सुधार का प्रयोग करने के लिए अनेक संस्थाओं को जन्म दिया था। अखिल भारतीय ग्रामोद्योग संघ का प्रधान कार्यालय तो वर्धा की मगनबाड़ी में ही था। लेकिन गौ-सेवा संघ, हिन्दुस्तानी तालीमी संघ, महिला आश्रम और तेल

घानी केन्द्र जैसी कई संस्थाएँ वहीं से गाँव के पुनर्निर्माण में लगी थीं। गाँधीजी ने एक बार लिखा था,

> सेगाँव के ये चार सौ वयस्क अगर मेरे कहने के अनुसार काम करें तो आसानी से साल में दस हज़ार रुपया कमा सकते हैं। लेकिन वे काम करेंगे ही नहीं, सहयोग करना वे जानते ही नहीं। बुद्धिपूर्वक श्रम करने का उन्हें ज्ञान नहीं। मेरी बात वे सीखना नहीं चाहते।

इसका तात्पर्य यह नहीं है कि गाँधीजी की चिन्ता मात्र उनकी आर्थिक स्थिति सुधारने तक सीमित थी। निःसन्देह वे भारत के ग्रामों को भौतिक रूप से समृद्ध देखना चाहते थे, जबकि वे त्रासदायक ग़रीबी में डूबे हुए थे। लेकिन वे उन्हें सभी दिशाओं में उन्नत और आत्मनिर्भर देखना चाहते थे, जैसे कि भारतीय गाँव सदा रहे हैं। भारत के गाँव सदा से नैतिक आचरण, सामाजिक मर्यादा, स्वाभिमान, सुरुचिपूर्ण जीवन, अपने शौर्य के साथ-साथ सभी तरह की कला और कौशल की प्रतिमूर्ति थे। ग्रामीण जीवन को इस रूप में पुनर्व्यवस्थित करने के लिए सबसे पहले यह आवश्यक था कि लोगों की दरिद्रता दूर हो और वे उस स्वनिर्भरता और आत्मविश्वास से परिपूरित हों जिसके बिना कोई भी व्यवस्था खड़ी करना सम्भव नहीं होता। जब वे ग्रामीण लोगों को इतना निष्क्रिय पाते थे कि उनके उन्नयन के सभी प्रयत्न निष्फल हों तो उन्हें क्लेश होता था और सेगाँव के ग्रामीणों के सन्दर्भ में उनका यही क्लेश उजागर हुआ था।

महात्मा गाँधी की दृष्टि में भारत के गाँवों का जो महत्त्व था उसे बहुत अपूर्ण रूप में समझा गया है। गाँधीजी के जिन सहयोगियों ने उनके रचनात्मक कामों को आगे बढ़ाने में अपना पूरा जीवन ही होम कर दिया वे भी उनके उद्देश्य को पूरी तरह समझ नहीं पाये। उनके लिए भी गाँधीजी का उद्देश्य गाँवों के लोगों की ग़रीबी दूर करना, उन्हें कुरीतियों से अलग करना, उनके व्यसन समाप्त करना और विभिन्न समुदायों में शान्ति और भाईचारे की स्थापना करना था। अगर आज की भाषा में कहें तो उनके अनुसार गाँधीजी के यह कार्यक्रम समाज सुधार के कार्यक्रम थे। लेकिन गाँधीजी के लिए उनके रचनात्मक कार्यों का मात्र इतना महत्त्व नहीं था। गाँधीजी का रचनात्मक कार्यक्रम समाज के अन्तर्विवेक को जगाने का कार्यक्रम था। वे ग्रामीणों को अज्ञान या नैतिक दुरवस्था में पड़े लोगों का समूह नहीं मानते थे जैसा कि उन्हें यूरोप के इतिहास में माना जाता रहा

और उन्हें एक बाहरी राजतन्त्र और धर्मतन्त्र द्वारा अनिवार्य रूप से शासित किये जाने के योग्य समझा गया। भारतीय गाँवों को गाँधीजी अन्त:प्रज्ञा से सम्पन्न ऐसे लोगों का समूह मानते थे जो अपनी व्यवस्थाएँ स्वयं बनाने में समर्थ है और कालक्रम में पैदा होने वाली कुरीतियों और अक्षमताओं को दूर करने का सामर्थ्य भी रखता है। वे भारतीय समाज के अंगभूत होने के कारण ही भारतीय समाज में कालक्रम से आयी कुछ कुरीतियों और अक्षमताओं को दूर करने में लगे थे। इस विश्वास के साथ कि इन कुरीतियों को समझकर हमारे लोग स्वयं उन्हें छोड़ देंगे और अपनी क्षमताएँ दूर करके फिर से अपनी व्यवस्थाएँ स्वयं बनाने और सँभालने लगेंगे। इसी उद्देश्य से उन्होंने अपने आप को उनमें पूरी तरह मिला लिया था और वे उन सभी काँग्रेसजनों से भी यही अपेक्षा रखते थे जो अँग्रेज़ी पढ़-लिखकर अपने आपको अपने समाज से अलग और ऊपर समझने लगे थे।

इसी तरह भारतीय गाँव गाँधीजी के लिए कृषि करने वाले लोगों के शक्तिहीन समूह नहीं थे। *हिन्द स्वराज* में वे लिख चुके थे कि किसानों को वे समाज में सबसे ऊँचा स्थान देते हैं जैसा कि उन्हें भारत में सदा दिया जाता रहा है। भारत के किसान सदा अपनी स्वतन्त्रता और निर्भयता के लिए प्रसिद्ध रहे हैं। लेकिन खेती गाँवों का मूलभूत व्यवसाय था, एकमात्र व्यवसाय नहीं। भारत के गाँव स्वतन्त्र और आत्मनिर्भर समुदायों की इकाइयाँ रहे हैं जो अपनी मूलभूत आवश्यकताओं को यथासम्भव स्वयं पूरी करते थे और आनुषंगिक आवश्यकताओं के लिए एक न्यायपूर्ण व्यवस्था के द्वारा दूसरे ग्रामों या समुदायों पर निर्भर रहते थे। यूरोप में ज्ञान-विज्ञान और कला-कौशल का केन्द्र सदा नगरों को माना गया है। लेकिन भारत में तो सभी तरह के ज्ञान-विज्ञान और कला-कौशल का केन्द्र गाँव रहे हैं। या यह कहना अधिक सही होगा कि ज्ञान-विज्ञान और कला-कौशल के लिहाज़ से गाँवों और नगरों में कोई अन्तर नहीं था। भारत के गाँव सदा से विश्व के सबसे उन्नत गाँव रहे हैं। विदेशी शासन से उनका भौतिक ढाँचा नष्ट न हुआ होता तो वे भारत की बहुत समर्थ आधारशिला रहे होते। हमें याद रखना चाहिए कि हमारे गाँवों में विश्व की सबसे उन्नत खेती और कारीगरी ही नहीं थी, बल्कि अच्छी और ऊँची शिक्षा, अच्छे और ऊँचे चिकित्सक, तालाब और बाग़ों से घिरा हुआ

सन्तुलित पर्यावरण, हर दस-पाँच गाँवों के बीच एक भव्य मन्दिर, कथावाचक, नाट्य मण्डलियाँ, अखाड़े, शस्त्र और शास्त्र की शिक्षा देने वाले गुरुकुल और समाज को न्याय और भाईचारे में समेटे रहने वाली पंचायतें रही हैं। दुनिया का कोई और देश इतने सम्पन्न गाँवों के अपने यहाँ रहे होने का दावा नहीं कर सकता। ग्रामीण लोगों के जीवन में सादगी थी, लेकिन श्रेष्ठ जीवन की समझ और सामर्थ्य का भी अभाव नहीं था। संगीत और नृत्य जैसी ऊँची कलाएँ गाँवों में ही पनपी थीं। बड़े-बड़े पण्डित और आचार्य गाँवों में ही पैदा हुए थे। अच्छे से अच्छा भोजन और वस्त्र गाँवों के गुणी परिवारों को सुलभ थे। बड़े से बड़े योद्धा गाँवों से ही निकलते थे।

अपने इस सामर्थ्य और सम्पन्नता के कारण भारत के गाँव सदा ही स्वराज्य का आधार रहे हैं। भारतीय समाज सदा से पंचायतों द्वारा शासित और अनुशासित रहा है। यह पंचायतें सामाजिक संगठन के हर स्तर पर रही हैं। इसी तरह समाज की सभी भौगोलिक इकाइयाँ पंचायतों के द्वारा ही अपनी सब व्यवस्थाएँ करती रही हैं। जिस तरह जातीय पंचायतें न्याय और बन्धुत्व की भावना का आधार रही हैं, उसी तरह ग्राम और उससे ऊपर की पंचायतें अपने भौतिक जीवन की व्यवस्था के अलावा देश के राजनीतिक जीवन का आधार रही हैं। किसी भी राजनीतिक संकट के समय ग्राम प्रमुखों की राय और अनुमति से ही कोई नया राजनीतिक ढाँचा खड़ा होता था। बाणभट्ट ने अपने हर्षचरित में लिखा है कि एक लाख ग्रामणियों ने महाराजा हर्ष के राज्यारोहण का अनुमोदन किया था। यह बात सदा ध्यान में रखी जानी चाहिए कि भारत में राज्यसत्ता गाँवों से अनुमोदित रही है, गाँव राज्यसत्ता की इच्छा के अधीन नहीं थे। जिस तरह यूरोप में धर्मतन्त्र के रूप में चर्च और राज्यसत्ता के रूप में राजा लोगों के नैतिक और भौतिक जीवन के स्वामी बन बैठे थे वैसा भारत में कभी नहीं होने दिया गया था। आचार्य और राजा लोगों के नैतिक और भौतिक जीवन के संरक्षक थे, स्वामी नहीं। सामान्यतया लोग विभिन्न सामाजिक और भौगोलिक इकाइयों में अपनी पंचायतों के द्वारा नियम बनाते थे, उन्हें लागू करते थे और उनका उल्लंघन करने वालों को दण्ड देते थे। सामाजिक और भौगोलिक दोनों स्तरों पर किसी निचली पंचायत की चूक को सुधारने के लिए ऊपरी स्तर की पंचायतें थीं। किसी अस्पष्टता या अन्याय

के उपस्थित होने पर आचार्य या राजा की सहायता ली जा सकती थी। लेकिन यह सब परस्पर विश्वास और स्वीकृति पर ही निर्भर था। भारतीय सभ्यता की यह मूलभूत मान्यता रही है कि अच्छे शासन का आधार बाहरी नियन्त्रण नहीं, आन्तरिक अनुशासन ही हो सकता है। हर मनुष्य में नैतिक रूप से निर्णय करने की शक्ति होती है, जो लोभ या मोह आदि वृत्तियों के कारण सुप्त या उपेक्षित पड़ी हो सकती है। उसे जागृत रखने का माध्यम लोक है और लोक का सबसे सरल, व्यावहारिक और प्रभावशाली उपकरण पंचायतें हैं। इस तरह पंचायतें लोकतान्त्रिक जीवन की सबसे बुनियादी और सबसे समर्थ संस्था है। समाज के भौगोलिक संगठन में ग्राम पंचायतें ही ग्राम स्वराज्य का आधार होती हैं। इसलिए पंचायतों द्वारा अनुशासित गाँव ही स्वराज्य की मूलभूत इकाई हो सकते हैं। उनकी यह भूमिका लौटाना ही गाँधीजी के जीवन का सबसे महत्त्वपूर्ण लक्ष्य बन गया था।

यह भी ध्यान रखना आवश्यक है कि गाँधीजी के लिए सभ्यता का वही अर्थ नहीं था जो यूरोपीय परम्परा में प्राप्त रहा है और जिसे भारत के अँग्रेज़ी पढ़े-लिखे लोगों ने बिना विचारे हृदयंगम कर रखा था। यूरोप में सभ्यता का स्वरूप उस समाज की भौतिक उन्नति से निश्चित किया जाता है। सामान्यतः भौतिक उन्नति प्रभुवर्गों के वैभव से ही नापी जाती रही है। आधुनिक काल में ज्ञान-विज्ञान और उससे उत्पन्न होने वाली रहन-सहन की ऊँची सुविधाएँ भी सभ्यता की गणना का अंग हो गयी हैं। भारत में सभ्यता का अर्थ नैतिक जीवन रहा है और जिस सीमा तक समाज नैतिक आदर्शों पर खरा उतरता है उसी अनुपात में उसे उन्नत माना जाता है। नैतिक जीवन का आधार सामुदायिक जीवन में ही मिल सकता है। सामुदायिक जीवन की मूल भौगोलिक इकाई गाँव है। इसलिए गाँधीजी के लिए *हिन्द स्वराज* और ग्राम-स्वराज समानार्थी पद ही हो गये थे। गाँधीजी के लिए भारत का ब्रिटिश-राज से स्वाधीन होना सीमित और तात्कालिक लक्ष्य था। उनका दूरगामी और वास्तविक लक्ष्य तो ग्राम-स्वराज्य ही था। वे जानते थे कि समर्थ गाँवों के अभाव में इंग्लैण्ड के प्राचीन निवासी नार्मन विजय के बाद अपने आप को बचा नहीं पाये और तीन-चार शताब्दियों में उनकी समूची आबादी ही नष्ट हो गयी। यही बाद में उत्तरी और दक्षिण अमेरिका की मूल आबादी के साथ हुआ। भारत में

लम्बे मुस्लिम और ब्रिटिश शासन के बाद भी गाँव बचे रहे, भले ही उनका भौतिक ताना-बाना और उनकी संस्थाएँ काफ़ी कमज़ोर कर दी गयी थीं, यह ग्राम-स्वराज्य के कारण ही हो पाया। गाँधीजी जानते थे कि केवल ग्राम-स्वराज्य से ही भारतीय सभ्यता की पुनर्प्रतिष्ठा हो सकती है।

काँग्रेस के दूसरे सभी नेता अँग्रेज़ी पढ़े-लिखे वर्ग की राजनीतिक चेतना पर निर्भर थे। गाँधीजी का सारा ध्यान आरम्भ से ही भारत के गाँवों पर केन्द्रित था। उनका विश्वास था कि स्वाधीनता का तात्कालिक लक्ष्य और भारतीय सभ्यता की पुनर्प्रतिष्ठा का दूरगामी लक्ष्य सात लाख गाँवों को जगाकर ही पाया जा सकता है। गिने-चुने अपवादों को छोड़कर काँग्रेस के दूसरे नेता सीमित अधिकारों वाली राजकीय परिषदों में अपनी भूमिका निभाकर सन्तुष्ट थे, गाँधी चम्पारण और खेड़ा के ग़रीब किसानों को उनके साथ होने वाले अन्याय के विरुद्ध संगठित कर रहे थे। दाण्डी यात्रा आरम्भ करने से पहले गाँधीजी ने जब साबरमती आश्रम छोड़ने की घोषणा की थी तभी यह निर्णय कर लिया था कि अब वे अपना अधिक समय गाँवों को देंगे। नमक कर भी ग्रामीण लोगों के लिए ही बड़ा मुद्दा था और उस समय कोई काँग्रेसी नेता यह सोच नहीं सकता था कि समुद्र तट पर नमक बनाकर भी गाँधीजी पूरे देश को हिला सकते हैं। उस समय भारतीय राजनीति में जो परिवर्तन हो रहे थे उन्होंने भी गाँधीजी का ग्रामोन्मुख होना आवश्यक बना दिया था। १९२८ के काँग्रेस सम्मेलन में नेहरू और सुभाष ने बिना किसी राजनीतिक कार्यक्रम के जिस तरह पूर्ण स्वराज्य की घोषणा करवाई थी उससे गाँधीजी को यह दिख गया था कि काँग्रेस अब और अधिक ऐसे लोगों के प्रभाव में आ गयी है जो भारतीय सभ्यता के स्वरूप को नहीं जानते और केवल राजनीतिक विचारों के आवेश से परिचालित होते हैं। गाँधीजी ने अपने आन्दोलन की जो मर्यादाएँ तय की थीं उनमें भी इन लोगों की किंचित आस्था नहीं थी। भारतीय समाज की दशा से भी वे अपरिचित थे और उनका लक्ष्य केवल राजनीतिक सत्ता का परिवर्तन था। उसके लिए भी उनके पास कोई रणनीति नहीं थी। अपने वैचारिक आवेश में वे यह मान बैठे थे कि पूर्ण स्वराज्य का नारा लगा देने भर से वह मिल जायेगा।

काँग्रेस के पुराने नेताओं को भी गाँधीजी के विचारों में बहुत भरोसा नहीं था। फिर भी गाँधीजी की नैतिक शक्ति में उन्हें विश्वास था और उन्होंने

कभी गाँधीजी की नेतृत्व-शक्ति को चुनौती नहीं दी थी। नये युवा नेता न केवल गाँधीजी से वैचारिक मतभेद रखते थे, बल्कि उन्हें गाँधीजी के नेतृत्व को चुनौती देने में भी कोई संकोच नहीं होता था। एक सेनापति के रूप में गाँधीजी जानते थे कि इस तरह के लोग अपनी असहमति को आपसी टकराव ही नहीं, काँग्रेस के विभाजन तक भी ले जा सकते हैं। गाँधीजी काँग्रेस में कोई विभाजन नहीं चाहते थे। पहले ही अँग्रेज़ मुसलमानों को काफ़ी हद तक और दलित नेताओं को कुछ हद तक भारतीय समाज की मुख्यधारा से अलग करने में सफल हो गये थे। काँग्रेस का विभाजन स्वाधीनता आन्दोलन को बहुत कमज़ोर कर देता। जब १९३४ में नयी विधायी परिषदों के चुनाव लड़ने का विषय आया और अँग्रेज़ सरकार से पूर्ण असहयोग का पक्षधर होने के बावजूद गाँधीजी ने काँग्रेस की पुरानी पीढ़ी का यह कहते हुए समर्थन किया कि चुनाव के बाद बनी काँग्रेस सरकारों का उपयोग रचनात्मक आन्दोलन के लक्ष्य प्राप्त करने के लिए किया जा सकता है तो युवा पीढ़ी उनसे और भी नाराज़ हो गयी। काँग्रेस सोशलिस्ट पार्टी के महासचिव जयप्रकाश नारायण ने उन पर आक्षेप करते हुए एक पुस्तिका ही लिख डाली। फिर भी इस युवा पीढ़ी में गाँधीजी से सबसे अधिक असहमति रखने वाले जवाहरलाल सबसे चतुर नेता निकले। वे वैचारिक बहस के समय गाँधीजी से असहमति दिखाते थे, पर आन्दोलन के समय ठीक गाँधीजी के पीछे खड़े हो जाते थे। जयप्रकाश नारायण या राममनोहर लोहिया मार्क्सवाद से प्रभावित होने के कारण गाँधीजी से असहमत दिखते थे, पर उन्हें यूरोपीय सभ्यता से कोई मोह नहीं था। जवाहरलाल नेहरू न केवल समाजवादी विचारों से प्रभावित थे, बल्कि यूरोपीय सभ्यता के प्रति मोहग्रस्त भी थे। इसलिए उनका गाँधीजी से मतभेद अधिक गहरा था। पर वे इतने चतुर थे कि उन्होंने इस मतभेद को कभी गाँधीजी से सीधे टकराव की स्थिति में नहीं पहुँचने दिया।

गाँधीजी यह सब समझते थे। वे १९२८ में जवाहरलाल नेहरू से यह कह भी चुके थे कि अगर नेहरू उनके विचारों से इतने असहमत हैं तो अपना अलग रास्ता चुन लें। गाँधीजी जानते थे कि ये सभी युवा नेता वैचारिक आवेश में रहते हैं और संसार की उन्हें बहुत कम समझ है। वे चाहते थे कि उन्हें उनकी सीमाएँ अनुभव करवाई जायें। इसलिए १९३४ में उन्होंने

काँग्रेस से अवकाश लेने का निर्णय लिया था और अपने पूर्व निश्चित उद्देश्य ग्राम-स्वराज्य को साकार करने के लिए पूरा समय गाँवों को देने का फ़ैसला किया था।

काँग्रेस के दूसरे नेता ग्राम स्वराज्य को कभी समझ नहीं पाये और न ही गाँधीजी को कभी उन्हें ठीक से समझाने की ही फुर्सत मिली। इसका सबसे बड़ा कारण तो अँग्रेज़ी शिक्षा थी जिसने अँग्रेज़ी पढ़े-लिखे लोगों को अपने समाज से काट दिया था। अँग्रेज़ी शिक्षा ने उनमें विकासवाद की धारणा भर दी थी। यूरोप के इतिहास के आधार पर पनपी इस धारणा को सभी समाजों पर लागू करना एक शैक्षिक अन्धविश्वास से कम नहीं है। लेकिन यह शैक्षिक अन्धविश्वास आज भी भारतीय विश्वविद्यालयों में जस का तस है। इस विकासवाद के आधार पर उन्होंने दो भ्रान्तियाँ पाल ली थीं—एक यह कि यूरोप विकास के अगले चरण में पहुँच गया है और हमें उसका अनुकरण करना है। दूसरी यह कि यूरोप के लोग प्रतिभा और कौशल में हमसे ऊँचे हैं, इसलिए हमसे पहले विकास के अगले चरण में पहुँच गये हैं। यहाँ यह याद रखना आवश्यक है कि इस तरह का अन्धविश्वास केवल अँग्रेज़ी पढ़े-लिखे लोगों में ही था। भारतीय पण्डित और साधारण लोग इससे ठीक विपरीत धारणा रखते थे। उन्हें न केवल अँग्रेज़ नैतिक दृष्टि से पतित दिखायी देते थे, बल्कि उन्हें औद्योगिक सामग्री रहन-सहन की गुणवत्ता को घटाने वाली दिखायी देती थी। अँग्रेज़ी पढ़े-लिखे लोगों द्वारा ग्राम स्वराज्य की उपेक्षा का एक और बड़ा कारण उस समय भारतीय गाँवों की हीन दशा थी जो विदेशी शासन के दौरान बना दी गयी थी। विदेशी शासन के दौरान गाँवों के ऊपर जो बोझ पड़ा था उसने न केवल उनके आन्तरिक साधन सुखा दिये थे, बल्कि उनके उस सांस्थानिक ढाँचे को भी नष्ट कर दिया था जो उनमें गतिशीलता बनाये रखता था।

फिर भी ऐसा नहीं है कि हमारे गाँवों की शक्ति और क्षमता को देखना सम्भव ही नहीं था। जवाहरलाल नेहरू या सुभाषचन्द्र बोस नागर परिवारों से आये थे। लेकिन वल्लभभाई पटेल और राजेन्द्र बाबू जैसे बहुत से नेता थे जिनके लालन-पालन और संस्कारों में भारत के ग्रामीण समाज का अनुभव था। पर इस अनुभव को वे ग्राम स्वराज से जोड़ने में असफल रहे। उसका कारण उस समय की यह आम धारणा थी कि हम एक औद्योगिक युग में प्रवेश कर गये हैं। इस युग में गाँवों की वह केन्द्रीय

स्थिति नहीं हो सकती जो इससे पहले के कृषि युग में थी। उन्हें यह समझने का अवकाश नहीं था कि यूरोप में जो हुआ है वह यूरोपीय लोगों के स्वभाव और वहाँ की परिस्थितियों के कारण हुआ है। अन्य समाजों में भी ठीक वैसा हो यह आवश्यक नहीं है। जब यूरोपीय सभ्यता अवसान पर होगी, इस औद्योगिक जीवन की चमक-दमक फीकी पड़ जायेगी। उत्पादन की विधि का मशीनीकरण उसी सीमा तक दूसरे समाजों में स्वीकार किया जायेगा जिस सीमा तक वह रहन-सहन की गुणवत्ता का क्षरण नहीं करता। भारत के लोग तो विशेष रूप से एक समृद्ध जीवन जीने के आदी रहे हैं। वे खाने, पहनने, आवास और धार्मिक जीवन के मामले में अत्यन्त समृद्ध रुचि वाले हैं और प्राकृतिक जीवन से दूर होना पसन्द नहीं करते। इसलिए भारत में गाँवों का केन्द्रीय महत्त्व सदा रहने वाला है। जैसे ही भारत के अग्रणी लोग यूरोपीय सभ्यता के मोहपाश से छूटेंगे, वे अपने लोगों के स्वभाव और परिस्थितियों के अनुरूप अपनी सभ्यता का नवीनीकरण कर लेंगे।

महात्मा गाँधी यूरोपीय सभ्यता के फैलाये इन व्यामोहों से परे थे, इसलिए उनके सामने अपना रास्ता स्पष्ट था। वे सबसे पहले उस अक्षमता और दरिद्रता को दूर करना चाहते थे जो अँग्रेज़ी राज ने भारत के बहुसंख्यक समाज में, भारत के गाँवों में पैदा कर दी थी। वे चाहते थे कि सबसे पहले भारत के लोग विदेशी शासन के दुष्प्रभाव को दूर कर दें, विदेशी शासन अपने आप चला जायेगा। विदेशी शासन तभी तक है जब तक लोग शक्तिहीन हैं। देश के साधारण लोगों को शक्तिवान बनाने से विदेशी शासन का आधार ही खिसक जायेगा। भारत के लोगों की शक्तिहीनता का जैसा ज्ञान उन्हें था वैसा किसी दूसरे को नहीं था। ग़रीबी और बेरोज़गारी इस शक्तिहीनता का एक पहलू था। उसकी दुहाई देते हुए तो ब्रिटिश शासक भी यही दावा करते थे कि जैसे औद्योगिक प्रगति से ब्रिटेन सम्पन्न हुआ है वैसे ही वे भारत को उन्नत कर देंगे। गाँधीजी भारत का अपना ताना-बाना पुनर्जीवित करके अपने देशवासियों की ग़रीबी दूर करना चाहते थे। यह रास्ता जाना-पहचाना और थोड़े ही समय में परिणाम देने वाला था। जबकि अँग्रेज़ी शिक्षा जो रास्ता सुझा रही थी वह अपरिचित और दीर्घसूत्री था। गाँधीजी पहले रास्ते के हामी थे और जवाहरलाल दूसरे रास्ते के। जवाहरलाल को भारत के गाँव अज्ञान और अँधेरे से भरे हुए

कोने दिखायी देते थे। यह देश का दुर्भाग्य था कि वे ही महात्मा गाँधी के उत्तराधिकारी बनते जा रहे थे।

महात्मा गाँधी ने भारत का ताना-बाना पुनर्जीवित करने की कुंजी चरखे में देखी। काँग्रेस का कोई बड़ा नेता चरखे का महत्त्व या उसकी प्रतीकात्मकता को नहीं समझता था। लेकिन गाँधीजी के प्रभाव के कारण वे परवश चरखा कातते चले जाते थे। जवाहरलाल तो चरखे के आलोचक थे ही, वल्लभभाई भी उसका मज़ाक़ बनाने से नहीं चूकते थे। लेकिन गाँधीजी जानते थे कि चरखा किस तरह भारत के बुझे हुए घरों में प्राण फूँक सकता है। जिस बात को वे आरम्भ से जानते थे उसकी पुष्टि करने वाला एक पत्र उन्हें बंगाली अख़बार समाचार दर्पण में मिला था जो वहाँ १९२५ में छापा गया था। गाँधीजी ने इसे १९३१ में *यंग इण्डिया* में प्रकाशित किया। यह पत्र बहुत मार्मिक है जिसमें एक महिला अपनी आपबीती बताते हुए भारत के उद्योग-धन्धों के उजड़ने और लोगों के दरिद्र हो जाने का इतिहास सुनाती है। उसकी कहानी यह थी—

> मैं एक बुनकर हूँ। काफ़ी दुख सहने के बाद मैं यह चिट्ठी आपको लिख रही हूँ। कृपया इसे अपने पत्र में छाप दीजियेगा। मैंने सुना है कि अगर यह आपके पत्र में छप गयी तो इसकी आवाज़ उन लोगों तक पहुँच जायेगी जो मेरी तकलीफ़ कुछ कम कर सकते हैं। मेरी इच्छा पूरी कर सकते हैं। मेहरबानी करके मुसीबत में पड़ी एक स्त्री की इस चिट्ठी की उपेक्षा मत कीजियेगा।
>
> मैं बड़ी बदक़िस्मत हूँ। अगर मैं अपनी सब तकलीफ़ों को गिनाने लगूँ तो एक लम्बी कहानी हो जायेगी। फिर भी मैं संक्षेप में कुछ कहने की कोशिश करूँगी। जब मैं २२ साल की थी और मुझे तीन लड़कियाँ हो चुकी थीं, तब मैं विधवा हो गयी। मरते समय मेरे पति सास-ससुर और तीनों बेटियों को पालने-पोसने के लिए कुछ नहीं छोड़ गये थे। मैंने श्राद्ध करने के लिए अपने गहने बेचे। उस समय जब हम भुखमरी की हालत में थे ईश्वर ने मुझे रास्ता दिखाया और मैंने तकली और चरखे पर कातना शुरू किया।
>
> सवेरे मैं घर का कामकाज निपटाकर चरखे पर कातने बैठ जाती थी और दोपहर को उठती थी। सास-ससुर और बच्चियों को खिलाकर और ख़ुद खाकर मैं फिर तकली कातने बैठ जाती। इस तरह रोज़ सूत कात लेती

थी। बुनकर हमारे यहाँ आकर सूत ले जाते थे। कभी मुझे अग्रिम पैसे की ज़रूरत पड़ती तो मैं उनसे माँग लेती थी। इससे हमारे भोजन व कपड़े की चिन्ताएँ मिट गयीं।...कुछ सालों में मेरे पास २८ रुपये जुड़ गये और मैंने अपनी एक लड़की की शादी कर दी। इसी तरह मैंने अपनी तीनों लड़कियों की शादी कर दी। मैंने अपने बिरादरी की सभी रस्में पूरी कीं। कोई मेरी लड़कियों को नीची निगाह से नहीं देखता, क्योंकि मैंने जाति-बिरादरी के लोगों और घटकों का जो भी पावना था वह सब उन्हें चुका दिया। जब मेरे ससुर मरे तो मैंने ४४ रुपये उनके श्राद्ध पर ख़र्च किये।

यह पैसा मुझे बुनकरों से कर्ज़ मिला था। जिसे मैंने साल-डेढ़ साल में चुका दिया। यह सब चरखे की कृपा थी। लेकिन अब तीन साल से मैं और मेरी सास भूखों मरने की हालत में हैं। हमारे यहाँ कता सूत चौथाई दाम पर नहीं बिकता। मुझे नहीं मालूम ऐसा कैसे हुआ। मैंने बहुत से लोगों से इसके बारे में पूछा। वे कहते हैं कि विलायती सूत मँगाया जाने लगा है। बुनकर वही ख़रीदते हैं और उसी से बुनते हैं। मुझे यह अभिमान था कि वह मेरे सूत से बढ़िया नहीं हो सकता। लेकिन मैंने देखा तो पाया कि वह मेरे सूत से बढ़िया है। मैंने सुना है कि इसकी क़ीमत तीन से चार रुपये सेर है। इस पर मैंने अपनी भौंहें ऊँची कीं और कहा कि हे भगवान् मुझसे भी ज़्यादा दुखी बहनें इस दुनिया में हैं। मैं तो सोचती थी कि विलायत में सब अमीर लोग ही रहते हैं, पर अब मुझे समझ में आता है कि वहाँ मुझ जैसी ग़रीब स्त्रियाँ भी हैं।

मैं उनकी ग़रीबी को अच्छी तरह समझती हूँ जिस वजह से उन्हें कातने को मजबूर होना पड़ा है। उन्होंने यह सामान हमारे यहाँ इसलिए बेचा है कि उनके अपने यहाँ बेचने की गुंजाइश नहीं होगी। अगर उनके सूत के यहाँ अच्छे दाम मिलते तो कोई बात होती। लेकिन इसने तो हमें ही मुसीबत में और बर्बादी में डाल दिया है। हमारे यहाँ के लोग इसके कपड़े दो महीने भी नहीं पहन सकते। यह सड़ जाता है। इसलिए मैं विलायत में कातने वाले लोगों से यह आग्रह करना चाहती हूँ कि वे सोचें कि क्या उनका यह काम उचित है?''

ब्रिटेन के वस्त्र उद्योग के मशीनीकरण का भारत पर क्या प्रभाव पड़ा था, इसका अनुमान इसी बात से लगाया जा सकता है कि १८२४ से १८३७ के बीच हथकरघा के केन्द्र ढाका की आबादी डेढ़ लाख से घटकर बीस हज़ार रह गयी थी।

युवा पीढ़ी

काँग्रेस से गाँधीजी की अनुपस्थिति का सबसे अधिक लाभ युवा नेताओं को हुआ। पिछली पीढ़ी के नेताओं—राजाजी, राजेन्द्र बाबू, वल्लभभाई पटेल—आदि के स्वभाव में जो संकोच और त्यागवृत्ति थी वह युवा नेताओं में नहीं थी। पुरानी पीढ़ी के नेता पद और सत्ता का आग्रह दिखाने में जो संकोच करते थे वह नयी पीढ़ी में नदारद था। नयी पीढ़ी आग्रही और काँग्रेस पर नियन्त्रण करने के लिए उतावली थी। काँग्रेस सोशलिस्ट पार्टी के नेता तो मुखर रूप से वामपन्थी थे और जवाहरलाल नेहरू को अपना नेता और प्रतिनिधि समझते थे। जवाहरलाल नेहरू बहुत सावधान और चतुर थे। वे वामपन्थी भाषा बोलते थे लेकिन गाँधीजी और पुराने नेतृत्व के साथ तालमेल बैठाकर रहने की कोशिश करते हुए बहुत कुशलता से काँग्रेस में अपना प्रभाव बढ़ा रहे थे। जवाहरलाल नेहरू, जो आन्दोलन के बाद का समय अक्सर लन्दन में बिताते रहे थे, १९३६ के काँग्रेस के लखनऊ अधिवेशन से ठीक पहले यूरोप से लौटे थे। इस बार वे वहाँ अपनी पत्नी कमला नेहरू के इलाज के लिए गये थे जिनकी स्विट्ज़रलैण्ड में २८ फ़रवरी, १९३६ को मृत्यु हो गयी थी। लखनऊ काँग्रेस में उनका नाम अध्यक्ष पद के लिए प्रस्तावित किया गया, हालाँकि काँग्रेस की यह परम्परा थी कि जिस प्रान्त में काँग्रेस का सम्मेलन हो रहा हो वहाँ का अध्यक्ष नहीं होगा। महात्मा गाँधी ने यह सोचकर इसके लिए अपनी सहमति दे दी थी कि इससे जवाहरलाल नेहरू में दायित्व-बोध बढ़ेगा।

अध्यक्ष बनने के बाद जवाहरलाल नेहरू कार्यसमिति के गठन के बारे में सलाह लेने के लिए गाँधीजी के पास गये। गाँधीजी ने उन्हें वल्लभभाई पटेल और राजेन्द्र बाबू से बात करने के लिए कहा। जवाहरलाल नेहरू ने

काँग्रेस में अपने मुखर आलोचक जीवतराम भगवानदास कृपलानी को मन्त्री पद पर बनाये रखने और पिछली पीढ़ी के गाँधी समर्थक नेताओं को कार्यसमिति में लिए रहने की इच्छा प्रकट की। लेकिन उनका यह क़दम रणनीतिक ही था। जल्दी ही यह स्पष्ट हो गया कि जवाहरलाल और उनके साथी गाँधीजी का समर्थन करने वाले नेताओं को किनारे कर देना चाहते हैं। उन्हें लगता है कि गाँधीजी और उनके अनुयायी पुरानी और असंगत विचारधारा का प्रतिनिधित्व करते हैं और काँग्रेस को अपने रचनात्मक आन्दोलन के द्वारा अपने राजनैतिक उद्देश्य से भटका रहे हैं। उनकी दृष्टि में समाजवाद ही वह समयानुकूल आदर्श था जिस पर काँग्रेस को चलना चाहिए। जवाहरलाल नेहरू अपने इन विचारों को अध्यक्ष के नाते खुलेआम प्रकट कर रहे थे। इससे अप्रसन्न होकर कार्यसमिति से राजेन्द्र प्रसाद, राजगोपालाचारी, वल्लभभाई पटेल, जयरामदास दौलतराम, जे.बी. कृपलानी, जमनालाल बजाज और एस.डी. देव ने संयुक्त रूप से कार्यसमिति से अपना इस्तीफ़ा दे दिया।

अपने त्यागपत्र में उन्होंने लिखा,

> लखनऊ काँग्रेस के बाद जब आपने मतभेदों तथा दृष्टिकोण के भेदों के बावजूद हमें वर्किंग कमेटी का सदस्य चुना तो हमें आशा थी कि कार्य का एक सामान्य रास्ता निकालना तथा मतभेदों को अलग हटाकर संयुक्त रूप से काम करना और समझौते के बिन्दु पर एकाग्र होना सम्भव हो पायेगा। हम अपने आप को इसके अनुकूल बनाने का भरसक प्रयत्न करते रहे। परन्तु दुर्भाग्य से हम पाते हैं कि ऐसे समझौते पर आ सकना सम्भव नहीं हुआ है जो दो विरोधी तत्त्वों को इस योग्य बना सकता कि जिससे वे शान्तिपूर्वक काम कर सकते या एक स्वर में बोल सकते। हम अनुमान करते हैं कि विशेषतया इस स्थिति में, अध्यक्ष तथा वर्किंग कमेटी के समाजवादी सदस्यों द्वारा समाजवाद का प्रचार करना तथा उस पर ज़ोर देना, जबकि काँग्रेस ने उसे मंजूर नहीं किया है, देश के हित और राष्ट्रीय संघर्ष की सफलता के लिए, जिसे हम सब देश का सबसे महत्त्वपूर्ण काम मानते हैं, हानिकर है।

जवाहरलाल नेहरू के यह कहने पर कि वे इस त्यागपत्र की भाषा से और अपने वरिष्ठ सहयोगियों द्वारा कार्यसमिति से त्यागपत्र दिये जाने से आहत हुए हैं और गाँधीजी के हस्तक्षेप के बाद सब नेताओं ने अपना इस्तीफ़ा तो वापस ले लिया। लेकिन सबकी ओर से राजेन्द्र प्रसाद ने जवाहरलाल

नेहरू को एक पत्र लिखकर उन परिस्थितियों का खुलासा किया जिनमें जवाहरलाल नेहरू और उनके सहयोगियों ने उन्हें डाल दिया था।

अपने १ जुलाई, १९३६ के पत्र में राजेन्द्र प्रसाद ने लिखा,

> हमारे ख़िलाफ़ एक नियमित आन्दोलन हो रहा है कि हम वे लोग हैं जिनका ज़माना लद गया है, जो ऐसे विचारों का प्रतिनिधित्व करते हैं जो कि घिसपिट कर पुराने पड़ गये हैं और जिनका कोई मूल्य नहीं रहा है, साथ ही जो देश की प्रगति में बाधक हैं और जिन्हें उन पदों से हटाकर अलग फेंक दिया जाना चाहिए जिन पर कि वे अपात्र होते हुए भी बैठे हैं। गाँधीजी के साथ रहकर हमने जिन आदर्शों, काम करने के जिन तरीक़ों और पद्धतियों को सीखा है वे ही हमें किसी संगठन में सत्ता और पदों की लालसा करने से रोकते हैं। हमने अनुभव किया है कि हमारे साथ बहुत भारी अन्याय हुआ है और हो रहा है तथा अपने एक साथी और अध्यक्ष के नाते हमें आपसे वह संरक्षण नहीं मिल रहा है जो हमें मिलना चाहिए था। जब हमें निकालने की तैयारियाँ हो रही हैं और इसकी घोषणाएँ आपकी उपस्थिति में की जाती हैं और जैसा कि ट्रेड यूनियन काँग्रेस में कहा गया था, ऐसे गुटों के साथ आपकी सहानुभूति है, तो हमें ऐसा लगता है कि जो कुछ कहा जाता है वह केवल उन्हीं की भावनाओं का प्रतिनिधित्व नहीं करता जो ऐसी भाषा बोलते हैं बल्कि कुछ हद तक आपकी राय का भी। इससे हमें दुख होता है, क्योंकि पदों पर चिपके रहने की हमारी तनिक भी इच्छा नहीं है। इस तरह हम इस निष्कर्ष पर पहुँच रहे हैं कि बतौर साथियों के हमें उस हद तक आपका विश्वास प्राप्त नहीं है जिस हद तक होना चाहिए और आपमें हमारे या हमारे विचारों के लिए कोई इज़्ज़त नहीं है। हमें स्वभावतः ऐसा लगता है कि आप हमें केवल एक बोझ मानते हैं और इस तरह पदों पर बने रहने से कोई भी उपयोगी उद्देश्य सिद्ध नहीं होता है।

राजेन्द्र प्रसाद ने अपना यह पत्र गाँधीजी को दिखाकर ही जवाहरलाल नेहरू के पास भेजा था। इस पत्र से अनुमान लगाया जा सकता है कि काँग्रेस किस तरह के आन्तरिक संघर्ष में फँसी थी। समाजवादी नेता कुछ अपने युवा उत्साह में और कुछ अपनी विचारधारा में निहित असहिष्णुता के कारण अत्यन्त आग्रही और आक्रामक थे और काँग्रेस पर नियन्त्रण चाहते थे।

इस पत्र की जवाहरलाल नेहरू पर तीख़ी प्रतिक्रिया हुई। जवाब में उन्होंने

सीधे गाँधीजी को पत्र लिखा। उन्होंने कहा कि वे देश के लोगों में उत्साह देखते हैं, लेकिन जब कार्यसमिति की बैठकों में जाते हैं तो अपने आप को पस्त और बुझा हुआ अनुभव करते हैं। कारण यह है कि कार्यसमिति के दूसरे गुट से वे अपना मेल नहीं बैठा पाते और अपनी इच्छा के अनुसार निर्णय नहीं करवा पाते। फिर उन्होंने उलटकर आक्षेप करते हुए लिखा,

> इस बार जब मैं बम्बई पहुँचा तो बहुत लोग मेरे मुँह की ओर निहारते रहे, क्योंकि उनके लिए यह मानना कठिन हो गया था कि मैं बच कैसे गया। वहाँ सबको मालूम था (जैसा टाइम्स ऑफ़ इण्डिया में पहले समाचार आया था) कि मेरा शान्तिपूर्ण अन्त होने वाला है—अलबत्ता राजनीतिक अन्त। दाहक्रिया के सिवा सब कुछ तय हो चुका था, इसलिए उन्हें अचरज था। मुझे यह अजीब सी बात मालूम हुई कि जब बाज़ार में बहुत लोगों को यह सब अफ़वाहें मालूम थीं तब मुझे इसका कुछ भी पता नहीं था। लेकिन हालाँकि मुझे उसकी जानकारी नहीं थी, तो भी अफ़वाहों का होना बिल्कुल वाजिब था, इसी से मेरी वर्तमान अलहदगी का अनुमान लगाया जा सकता है।

गाँधीजी को यह पत्र अच्छा नहीं लगा। फिर भी उन्होंने जवाहरलाल नेहरू को संयत रहने की सलाह देते हुए एक पत्र लिखा जिसके अन्त में उन्होंने कहा था,

> यदि वे असहिष्णुता के अपराधी हैं तो तुम्हारा हिस्सा कुछ अधिक ही है। तुम्हारी आपसी असहिष्णुता के कारण देश की हानि नहीं होनी चाहिए।

यह विचित्र बात लगती है कि अचानक और इतनी जल्दी काँग्रेस के भीतर जवाहरलाल नेहरू और समाजवादी गुट ने इतना प्रभाव कैसे प्राप्त कर लिया कि वल्लभभाई पटेल, राजेन्द्र प्रसाद और राजगोपालाचारी जैसे नेताओं को काँग्रेस कार्यसमिति से त्यागपत्र देते हुए यह कहना पड़ा कि जवाहरलाल नेहरू अगर उन्हें अनुपयोगी समझते हैं तो वे जैसा चाहें काँग्रेस को चलायें। इसकी एक व्याख्या तो वही हो सकती है जो जवाहरलाल नेहरू ने गाँधीजी को लिखे अपने पत्र में की कि यह त्यागपत्र सोच-समझकर उन्हें अलग-थलग करने और राजनैतिक रूप से समाप्त करने के लिए दिया गया था। पर इन सभी नेताओं की त्यागवृत्ति और राष्ट्रीय आन्दोलन में उनकी निष्ठा को देखते हुए यह आरोप कुछ ओछा लगता है। फिर अगर ऐसा ही होता तो वे इतनी आसानी से अपना त्यागपत्र वापस

लेने के लिए तैयार न हुए होते। वास्तव में सत्ता की आकांक्षा अगर किसी एक व्यक्ति में थी तो वह जवाहरलाल नेहरू में ही थी। उस समय तक काँग्रेस के दूसरे बड़े नेताओं के मुक़ाबले जवाहरलाल नेहरू का राष्ट्रीय स्वाधीनता संग्राम में योगदान शायद सबसे कम था। उनका कार्यक्षेत्र इलाहाबाद ही अधिक रहा और मौक़ा पाते ही वे अधिकतर लन्दन पहुँच जाते थे। फिर भी उनका आत्मविश्वास उस समय गाँधीजी के बाद सबसे बड़े नेता जैसा था। यह आत्मविश्वास सम्भवत: उन्हें एक कुलीन और महत्त्वाकांक्षी परिवार का सदस्य होने के नाते मिला था। कहा जाता है कि मोतीलाल नेहरू आरम्भ से ही जवाहरलाल नेहरू को स्वतन्त्र भारत का प्रधानमन्त्री बनाने का सपना देखते थे। १९२९ में जब पहली बार जवाहरलाल नेहरू अपेक्षया युवावस्था में ही काँग्रेस के अध्यक्ष बनाये गये थे तो मोतीलाल नेहरू ने रुचिपूर्वक बनवाया गया अपना निवास स्थान आनन्द भवन पार्टी के काम के लिए काँग्रेस को सौंप दिया था और उसका नया नामकरण स्वराज भवन किया था। स्वयं वे उस परिसर में एक दूसरा भवन बनवाकर उसमें चले गये थे।

काँग्रेस समाजवादी दल का इस्तेमाल भी जवाहरलाल नेहरू ने अपनी इस महत्त्वाकांक्षा की पूर्ति भर के लिए किया। लेकिन उनका समर्थन समाजवादियों के उस छोटे से गुट के बाहर भी था और वह अँग्रेज़ी शिक्षा के विस्तार के साथ-साथ व्यापक हो रहा था। अँग्रेज़ी शिक्षा ने देश में एक उतावला और ऐसा महत्त्वाकांक्षी वर्ग पैदा किया था जो देश की स्वतन्त्रता में अपनी व्यक्तिगत आकांक्षाओं की पूर्ति देखता था और उसे स्वतन्त्रता संग्राम के लम्बे खिंचते चले जाने से बेचैनी होने लगी थी। गाँधीजी के दीर्घकालीन कार्यक्रम को वह शंकालु दृष्टि से देखने लगा था। जवाहरलाल नेहरू इसी वर्ग की महत्त्वाकांक्षाओं में स्वतन्त्रता की देशव्यापी अँगड़ाई देख रहे थे और गाँधीजी के रचनात्मक कार्यक्रम में उन्हें कोई आस्था नहीं रह गयी थी। गाँधीजी जहाँ देश के लोगों की स्वाधीनता में देश की स्वाधीनता देखते थे वहीं जवाहरलाल देश की राजनीतिक स्वाधीनता में लोगों की स्वाधीनता देखते थे। उनका विचार था कि गाँधीजी जिन रचनात्मक कामों में लगे हैं उन्हें स्वाधीन भारत की सरकार अधिक आसानी से और थोड़े ही समय में कर लेगी। उन्हें यह समझ में आने का तो कोई प्रश्न ही नहीं था कि गाँधीजी का रचनात्मक आन्दोलन केवल समाज सुधार आन्दोलन

नहीं है, वह भारतीय सभ्यता के पुनर्जीवन की दिशा में किया जा रहा अभियान है। क्योंकि भारतीय सभ्यता में उनकी कोई आस्था नहीं थी और वे स्वतन्त्र भारत को यूरोप के अनुकरण पर ही ढालना चाहते थे।

गाँधीजी यह समझ पा रहे थे। उन्हें आरम्भ से ज्ञान था कि ब्रिटिश सरकार का बल उसका औद्योगिक साम्राज्य ही नहीं है, उसका शिक्षातन्त्र भी है। अँग्रेज़ी शिक्षा के द्वारा उसने भारत के एक बड़े वर्ग में यूरोप की मानसिक दासता भर दी है जो देश के साधारण लोगों की स्वाधीनता को अधिकाधिक दुष्कर बनाती जा रही है। इसलिए उन्होंने अपने १९१९ के आन्दोलन में ही सरकारी शिक्षा संस्थानों को छोड़ने और राष्ट्रीय विद्यापीठ स्थापित किये जाने की माँग उठायी थी। यह काम आसान नहीं रह गया था और जो हुआ वह भी शिक्षा के भारतीय स्वरूप को पहचानकर उसे मूर्त रूप नहीं दे पाया। यूरोपीय शिक्षा का वह एक भारतीय संस्करण बनकर रह गया। यह देखकर आश्चर्य होता है कि क्यों जापान अपनी शिक्षा को देशज स्वरूप दिये रह पाया और भारतीय यह नहीं कर सके। जापान अपने सामाजिक चिन्तन और यूरोप के विज्ञान में मेल बैठा पाया क्योंकि दोनों को जापान में एक सीमा तक अलग अलग रखकर देखा जा सकता था। हमारे यह न कर पाने का एक बड़ा कारण यह है कि भारत के शास्त्रीय चिन्तन का यूरोप के शास्त्रीय चिन्तन से कहीं कोई मेल नहीं बैठ पाता। यूरोप का शास्त्रीय चिन्तन भारत के शास्त्रीय चिन्तन से ठीक उलट है। इसलिए जब तक हम यूरोप की पूर्ण उपेक्षा का जोख़िम नहीं उठाते और अपवादस्वरूप ही उसकी वैज्ञानिक उपलब्धियों को आत्मसात् करते हुए आनुषंगिक रूप से अपने शास्त्रीय चिन्तन में सम्मिलित नहीं करते, हम अपनी सभ्यता के अनुरूप अपना शिक्षातन्त्र विकसित नहीं कर सकते। गाँधीजी के पास यह जोख़िम उठाने का सामर्थ्य था, पर समय नहीं था। बाक़ी नेताओं के पास वह दृष्टि नहीं थी कि इस मूलभूत प्रश्न पर वे ठीक से सोच पाते। भारत की अपनी मनीषा राजकाज से अलग रखी गयी थी, इसलिए उसके द्वारा कोई बड़ी पहल सम्भव नहीं थी। सबसे बड़ी बात यह कि यूरोप के औद्योगिक साम्राज्य की सफलता ने उसका जो आकर्षण पैदा किया था उससे सभी लोग चमत्कृत थे और उनकी अपनी शास्त्रीय बुद्धि निष्क्रिय हो गयी थी। फिर भी अँग्रेज़ी शिक्षा के इस घातक राजनीतिक प्रभाव ने गाँधीजी को इतना चिन्तित कर रखा था कि १९३७ में काँग्रेस की

प्रान्तीय सरकारें बनने के बाद उन्होंने सबसे पहले सेवाग्राम में काँग्रेस के शिक्षामन्त्रियों का सम्मेलन बुलाकर नयी तालीम और भारतीय शिक्षा के स्वरूप को पहचानने और शिक्षा के ढाँचे को बदलने की पहल की थी। हालाँकि उसका कोई बहुत बड़ा परिणाम नहीं निकल पाया पर इस पूरे दौर में गाँधीजी की चिन्ताओं में शिक्षा काफ़ी प्रमुख हो गयी थी।

इस बीच ब्रिटिश संसद ने भारत में चुनी हुई प्रान्तीय सरकारों वाला नया विधान स्वीकृत कर दिया। १९१९ के सुधारों के अन्तर्गत केन्द्रीय और प्रान्तीय परिषदें बनाते समय यह घोषणा की गयी थी कि प्रति दस वर्ष राजनीतिक सुधारों की समीक्षा की जायेगी। १९२७ में तय अवधि से दो वर्ष पहले ही साइमन कमीशन का गठन किया गया जिसका काँग्रेस ने बहिष्कार किया था। उसकी रिपोर्ट पर बहस होने और अनेक कमेटियों में चर्चा किये जाने में कोई दस वर्ष खपाकर चुनी हुई प्रान्तीय सरकारों का रास्ता साफ़ किया गया था। पर वायसराय और गवर्नरों को विशेषाधिकार देकर प्रान्तीय सरकारों के हाथ बाँध दिये गये थे। इस नये विधान से न गाँधीजी को कोई आशा थी न काँग्रेस के दूसरे नेताओं को। जवाहरलाल नेहरू ने इसे ग़ुलामी का पट्टा कहा था। लखनऊ काँग्रेस में उन्होंने इस पर टिप्पणी करते हुए कहा था कि नये विधान में भारतीयों को जिम्मेदारियाँ तो सौंपी गयी हैं, पर अधिकार नहीं दिये गये। दरअसल, ब्रिटेन में भारतीयों को किसी भी तरह का स्वायत्त शासन देने का कड़ा विरोध हो रहा था। उसका नेतृत्व विंस्टन चर्चिल कर रहे थे। चर्चिल वायसराय लॉर्ड विलिंगडन के सख़्ती भरे रवैये के सबसे बड़े हिमायती थे और भारतीयों को कोई अधिकार दिया जाना उन्हें बर्दाश्त नहीं था। इंग्लैण्ड की प्रेस का भी यही रवैया था। प्रेस और राजनेताओं के इस हो-हल्ले के बीच जो नया विधान स्वीकृत किया गया उस पर टिप्पणी करते हुए मैनचेस्टर गार्जियन ने लिखा था कि अँग्रेज़ न तो भारत पर शासन कर सकते हैं, न उसे छोड़ सकते हैं। इसलिए ऐसा विधान बनाना आवश्यक हो गया, जो भारतीयों को स्वशासन मालूम हो और अँग्रेज़ों को ब्रिटिश राज। इस सबके बावजूद गाँधीजी ने प्रान्तीय विधानसभाओं के चुनाव लड़ने और सरकार बनाने की यह सोचकर सलाह दी कि अन्यथा वे सरकार के पिट्ठू और राष्ट्र विरोधी तत्त्वों के हाथ में चली जायेगी। इसके अलावा सरकारों का उपयोग जनता के हित के कुछ काम करवाने में भी हो सकेगा।

काँग्रेस ने अपने चुनाव घोषणापत्र में अलबत्ता नये विधान को रद्द करने और संविधान सभा गठित करके स्वतन्त्र शासन की माँग की थी। इसलिए जब फ़रवरी १९३७ में प्रान्तीय विधानसभाओं के चुनाव परिणाम आये और संयुक्त प्रान्त, बिहार, उड़ीसा, मध्यप्रदेश और मद्रास में काँग्रेस को स्पष्ट बहुमत मिल गया तथा बम्बई में उसे आधे स्थान प्राप्त हुए और पश्चिमोत्तर सीमाप्रान्त तथा असम में वह सबसे बड़ी पार्टी के रूप में उभरी तो यह प्रश्न उठा कि काँग्रेस को सरकार बनानी चाहिए या नहीं। काँग्रेस के भीतर इस प्रश्न पर काफ़ी द्वन्द्व छिड़ा। अन्ततः काँग्रेस ने निर्णय किया कि अगर ब्रिटिश शासन घोषित करे कि काँग्रेस सरकारों के संचालन में वायसराय या गवर्नरों की ओर से कोई हस्तक्षेप नहीं किया जायेगा तो काँग्रेस सरकार बना सकती है। सरकार ने घुमा-फिराकर आश्वासन दे दिया और काँग्रेस सरकारें बन गयी। बम्बई, संयुक्त प्रान्त, बिहार, मद्रास, उड़ीसा और मध्य प्रान्त में गठित काँग्रेस सरकारों ने महत्त्वपूर्ण काम किये। गाँधीजी ने काँग्रेस के मन्त्रियों को पाँच सौ रुपये वेतन लेने, मितव्ययता से शासन चलाने, ग़रीबों के कल्याण की योजनायें बनाने और रचनात्मक आन्दोलन को आगे बढ़ाने का निर्देश दिया था। इस सबके अलावा उन्होंने दो चीज़ों पर विशेष ज़ोर दिया था—शिक्षा पर और शराबबन्दी पर। गाँधीजी राजस्व जुटाने के लिए शराब का व्यापार बढ़ाने की ब्रिटिश नीति के घोर विरोधी थे। शिक्षा को बदलने पर तो उनका विशेष आग्रह था ही। उन्होंने वर्धा सम्मेलन में पुस्तकीय शिक्षा की जगह श्रममूलक शिक्षा का ख़ाका तैयार करने का आग्रह किया था। काँग्रेस के मन्त्रिमण्डलों ने बुनियादी शिक्षा का काम उत्साह से आरम्भ किया। लेकिन शिक्षा विभाग के लीक पकड़कर चलने वाले प्रशासकों ने उसमें कोई सहयोग नहीं दिया। बुनियादी शिक्षा के कार्यक्रम को लागू करते समय उन्होंने उसे ऐसा तोड़ा-मरोड़ा कि उसका स्वरूप ही बदल गया। बाद के वर्षों में इसका महत्त्व ख़त्म हो गया और इसलिए उसे काफ़ी आलोचना भी झेलनी पड़ी।

काँग्रेस सरकारों के बनने से शासन दायित्व पूर्ण हुआ था और लोगों की सरकार से रहने वाली आशंकाएँ तथा चिन्ताएँ भी घटी थीं। शासकों और जनता के बीच की दूरी कम होना कोई मामूली बात नहीं थी। गाँधीजी ने काँग्रेस सरकारों के पक्ष में टिप्पणी करते हुए ठीक ही कहा था कि उनके

बनने से तलवार का राज समाप्त होगा और विधान का राज आयेगा। महादेव देसाई ने घनश्याम दास बिड़ला को एक पत्र में नयी परिस्थिति का वर्णन करते हुए लिखा था,

> जरा सोचिए तो सही कि अहमदाबाद का कमिश्नर गैटेट मोरार जी भाई का स्वागत करने स्टेशन जाता है और उनके साथ रेल के तीसरे दर्जे में काफ़ी दूर तक सफ़र करता है।

प्रान्तों में आधे आई.सी.एस. अफ़सर यूरोपियन थे जिनकी नौकरियाँ सुरक्षित थीं और जिन्हें मोटा वेतन मिलता था। फिर भी अनेक नौकरशाहों ने अपने आप को काँग्रेस सरकार की रीति-नीति के अनुरूप ढालने का प्रयत्न किया था। एक आई.सी.एस. अफ़सर फिलिप मेसन ने उनका दर्द बताते हुए इतना ही कहा—

> जहाँ हुकूमत की हो, वहाँ मुलाज़मत करना बहुत मुश्किल होता है।

लेकिन काँग्रेस के नेता अपने सामाजिक और आर्थिक सुधार लागू करने के जोश में थे और ब्रिटिश सरकार अन्तर्राष्ट्रीय अस्थिरता के माहौल में काँग्रेस सरकारों को छेड़ना नहीं चाहती थी। इसलिए शुरू में दोनों एक-दूसरे को निबाहते रहे। काँग्रेस सरकारों ने भूमि सुधार और अस्पृश्यता समाप्त करने के काम में भी बड़ी तत्परता दिखायी थी। फिर भी काँग्रेस सरकारों की कई सीमाएँ थीं जिनके कारण वे अधिक कुछ नहीं कर सकती थीं। केन्द्रीय सरकार साम्राज्यवादी थी और उसके पास राजस्व सम्बन्धी नीतियाँ बनाने के अधिकार थे। काँग्रेस सरकारों का सुविधा से काम करना गवर्नरों के उनके काम के प्रति दृष्टिकोण पर भी निर्भर करता था। किसी प्रान्त का गवर्नर मित्र भाव रखता था तो किसी प्रान्त का खिंचा-खिंचा रहता था। बिहार और संयुक्त प्रान्त में राजनैतिक बन्दियों की रिहाई को लेकर खींचतान हुई, पर अन्ततः मामला सुलझ गया। असली समस्या तो केन्द्र की अँग्रेज़ सरकार थी। बहरहाल ३ सितम्बर, १९३९ को ब्रिटेन ने हिटलर के विरुद्ध युद्ध की घोषणा कर दी। भारत को उसकी सहमति लिए बिना इस दूसरे विश्वयुद्ध में घसीट लिया गया था। इसका विरोध करते हुए काँग्रेस ने अपनी प्रान्तीय सरकारों को इस्तीफ़ा दे देने का आदेश दिया और प्रान्तीय काँग्रेस सरकारों का यह प्रयोग समाप्त हुआ।

गाँधीजी ने १९३७ में काँग्रेस से अपना निर्वासन समाप्त कर लिया था।

उन्होंने काँग्रेस से कहा कि वह अपना वार्षिक अधिवेशन किसी शहर में करने की बजाय किसी ग्रामीण क्षेत्र में करना आरम्भ करे। इससे भारत के गाँवों को काँग्रेस से अपनापन अनुभव होगा और काँग्रेस के काम का भी विस्तार होगा। एक समय गाँधीजी ने यह इच्छा भी प्रकट की थी कि अगर देश के सभी सात लाख गाँवों में काँग्रेस का कम से कम एक कार्यकर्ता हो जाय तो स्वराज्य प्राप्ति का काम आसान हो जायेगा। गाँधीजी के इस आग्रह को मानकर काँग्रेस का पहला अधिवेशन फैजपुर में हुआ था। गाँधीजी के निर्देशानुसार इस अधिवेशन का पण्डाल और दूसरी व्यवस्थाएँ स्थानीय सामग्री से ही की गयी थीं और उसकी प्रदर्शनियाँ भी ग्रामोद्योगों पर केन्द्रित थी। ३०–३२ के आन्दोलन के दौरान ज़ब्त किया गया स्वराज भवन १९३५ में वापस मिल गया था और काँग्रेस, जिसका कार्यालय अध्यक्ष के साथ–साथ स्थानान्तरित होता रहता था, काम को अधिक व्यवस्थित रखने और सुचारू रूप से चलाने के लिए स्वराज्य भवन में स्थानान्तरित कर दिया गया। उस समय काँग्रेस के महामन्त्री जे.बी. कृपलानी थे। १९३६ में अध्यक्ष बनने के बाद जवाहरलाल नेहरू ने अपने समाजवादी समर्थकों को पार्टी के दफ़्तर का अंग बना लिया था। सादिक अली कार्यालय मन्त्री थे, विदेश विभाग राममनोहर लोहिया को सौंपा गया था, मज़दूर आन्दोलन का प्रभारी जयप्रकाश नारायण को बनाया गया था, पर वे इलाहाबाद रहने नहीं आये। इसके अलावा कुँवर मोहम्मद अशरफ और जेड.ए. अहमद को कार्यालय में लिया गया था।

महात्मा गाँधी ने अपने स्वभाव के अनुसार अपने विरोधियों को यह सोचकर आगे बढ़ाया था कि इसका उन पर सकारात्मक प्रभाव पड़ेगा। इस सिलसिले में जवाहरलाल नेहरू १९३६ और १९३७ में काँग्रेस के अध्यक्ष रहे। उनके बाद १९३८ में गाँधीजी के कहने पर सुभाषचन्द्र बोस को काँग्रेस का अध्यक्ष बनाया गया। सुभाषचन्द्र बोस प्रान्तों में काँग्रेस मन्त्रिमण्डल गठित किये जाने के आलोचक रहे थे और उनकी राय थी कि प्रान्तों में अपनी सरकारें बनवाने की बजाय सीधे केन्द्र की ब्रिटिश सरकार को ललकारा जाना चाहिए। जवाहरलाल नेहरू की सहानुभूति सुभाषचन्द्र बोस के साथ थी, लेकिन वे इस विषय को आगे नहीं बढ़ाना चाहते थे क्योंकि सरकार के विरुद्ध आन्दोलन छेड़ने का सामर्थ्य केवल गाँधीजी में था और जब तक उन्हें इसके लिए उचित समय नहीं सूझता आन्दोलन को

शुरू नहीं किया जा सकता था। सुभाषचन्द्र बोस को काँग्रेस का अध्यक्ष बनवाते हुए गाँधीजी ने सोचा था कि इससे उनके विचार अधिक सन्तुलित होंगे और वे काँग्रेस की रीति-नीति को अधिक अच्छी तरह से समझ पायेंगे, इसके साथ ही सबके साथ मिलकर काम करने की रीति सीखेंगे। लेकिन सुभाषचन्द्र बोस के वर्ष भर के कार्यकाल में उनकी कार्यशैली और विचारों में कोई परिवर्तन नहीं हुआ और अपने इस प्रयोग से गाँधीजी को पुराने और युवा नेताओं के बीच जिस समझदारी के पनपने की आशा थी वह पूरी नहीं हो पायी। गाँधीजी स्वाधीनता संग्राम के सेनापति थे, इसलिए काँग्रेस का अध्यक्ष सदा ही उनकी सहमति से और काँग्रेस के भीतर सर्वानुमति से चुना जाता था। जब १९३९ में काँग्रेस अध्यक्ष किसे बनाया जाय, इस प्रश्न पर विचार शुरू हुआ तो सुभाषचन्द्र बोस ने कहा कि वे फिर काँग्रेस का अध्यक्ष होना चाहते हैं। गाँधीजी ने उन्हें स्पष्ट बता दिया कि वे उनका समर्थन नहीं करेंगे। इसका सबसे बड़ा कारण यह था कि दूसरा विश्वयुद्ध आरम्भ होने की आशंका थी और काँग्रेस को उसके बारे में कोई निर्णय करना पड़ सकता था। गाँधीजी नहीं चाहते थे कि काँग्रेस के अध्यक्ष पद पर ऐसा व्यक्ति बैठा हो जो उनके विचारों से सहमति नहीं रखता हो और काँग्रेस की रणनीति को लेकर कोई विवाद खड़ा हो जाय। लेकिन सुभाषचन्द्र बोस अपनी ज़िद पर अड़े रहे।

बारडोली में हुई महासमिति की बैठक में सुभाष बाबू अनुपस्थित रहे थे। उस बैठक में अध्यक्ष पद के लिए जिन चार प्रत्याशियों के नाम विभिन्न प्रदेशों से सुझाये गये थे, वे थे सुभाषचन्द्र बोस, मौलाना अब्दुल कलाम आज़ाद, वल्लभभाई पटेल और डा. पट्टाभि सीतारामैया। इनमें से मौलाना आज़ाद और वल्लभभाई पटेल ने अपने नाम वापस ले लिए। बचे दोनों प्रत्याशियों में चुनाव हुआ, सब जानते थे कि सुभाषचन्द्र बोस के मुक़ाबले पट्टाभि सीतारमैया कमज़ोर उम्मीदवार हैं, फिर भी गाँधीजी ने उनके समर्थन का फ़ैसला किया। पर उनके समर्थन के बावजूद पट्टाभि सीतारमैया चुनाव हार गये।

आम तौर पर काँग्रेस के अध्यक्ष का चुनाव गाँधीजी की सहमति से और काँग्रेस में सर्वानुमति से होता आया था। सुभाषचन्द्र बोस की ज़िद के कारण यह चुनाव करना पड़ा जिससे काँग्रेस के भीतर काफ़ी तनाव पैदा हुआ। उसके बाद उन सभी नेताओं ने जिन्होंने पट्टाभि सीतारमैया का

समर्थन किया था यह कहते हुए कार्यसमिति से इस्तीफ़ा दे दिया कि सुभाष अपनी पसन्द की नयी कार्यसमिति चुन लें। इस्तीफ़ा देने वालों में जवाहरलाल नेहरू भी थे लेकिन उन्होंने बाक़ी सब लोगों के साथ अपना इस्तीफ़ा देना उचित नहीं समझा। अपने इस्तीफ़े का कारण भी उन्होंने यह बताया कि सुभाषचन्द्र बोस के पिछले कार्यकाल में पार्टी ठीक से काम नहीं कर पायी। गाँधीजी से बिना पूछे राजा जी ने कार्यसमिति में एक प्रस्ताव पारित करवा लिया कि नयी कार्यसमिति गाँधीजी से सलाह करके गठित की जाय। अब तक ऐसा ही होता आया था। लेकिन इस प्रस्ताव को बिना गाँधीजी से पूछे पास किया गया था, इसलिए गाँधीजी ने सार्वजनिक रूप से घोषित किया कि वे कार्यसमिति के बारे में सुभाषचन्द्र बोस को कोई सलाह नहीं देंगे। इस गतिरोध के बाद सुभाषचन्द्र बोस ने अध्यक्ष पद से त्यागपत्र दे दिया। बची अवधि के लिए राजेन्द्र प्रसाद अध्यक्ष चुन लिए गये। सुभाषचन्द्र बोस ने काँग्रेस छोड़कर फारवर्ड ब्लॉक के नाम से एक नयी पार्टी बना ली।

इस बीच फ़रवरी–मार्च १९३९ में गाँधीजी को राजकोट रियासत में अनशन करना पड़ा। देसी रियासतों से काँग्रेस ने अपने को अलग रखा था। लेकिन वहाँ भी अपने अधिकारों के लिये लोग संघर्षरत थे। मैसूर, त्रावणकोर, जयपुर और हैदराबाद में संघर्ष चल रहा था। काँग्रेस उन्हें अपना नैतिक समर्थन ही दे रही थी। इस बीच राजकोट के राजा ने संवैधानिक सुधारों पर विचार करने के लिए एक आयोग गठित करने की स्वीकृति दे दी। पर अपने षड्यन्त्रकारी दीवान के प्रभाव में बाद में वे उससे मुकर गये। गाँधीजी ने पहले कस्तूरबा को सत्याग्रह के लिए भेजा। फिर अपने ख़राब स्वास्थ्य की बिना परवाह किये अनशन की घोषणा कर दी। उन्होंने वायसराय से हस्तक्षेप की भी माँग की। अन्त में मुख्य न्यायाधीश ने प्रजा के पक्ष में पंचायती निर्णय दिया जिससे गाँधीजी और वल्लभभाई की माँग पूरी होती थी। गाँधीजी ने अनशन तोड़ दिया। लेकिन राजकोट के ठाकुर फिर अपने वचन से मुकर गये और उन्होंने कुछ रियायतें वापस ले लीं। इस पर गाँधीजी ने बाक़ी रियासतें छोड़ने का भी यह कहते हुए फ़ैसला किया कि वे रियासतें वायसराय के हस्तक्षेप से प्राप्त हुई थीं, जो सत्याग्रह के सिद्धान्त के विरुद्ध है। वास्तव में गाँधीजी देसी रियासतों के प्रश्न को ब्रिटिश शासित इलाक़ों से अलग रखना चाहते थे। उनका मानना था कि दोनों को

एक श्रेणी में नहीं रख जा सकता। जबकि काँग्रेस के कई युवा नेताओं का मानना था कि प्रश्न ब्रिटिश या देसी शासन का नहीं है, बल्कि प्रजा के अधिकारों का है। गाँधीजी के लिए मुख्य प्रश्न विदेशी सत्ता से मुक्त होना था। फिर भी काँग्रेस के प्रोत्साहन से देसी रियासतों में प्रजा परिषदें गठित की गयीं थीं जो वहाँ प्रजा के अधिकार के लिए लड़ रही थीं और काँग्रेस उन्हें अपना नैतिक समर्थन दे रही थीं।

इस बीच देश की राजनीति में एक और ख़तरनाक मोड़ आया जिसकी आशंका गाँधीजी को हमेशा रही थी, लेकिन जिसे टालने की कोशिश वे अन्त तक करते रहे थे। यह ख़तरनाक मोड़ था मुस्लिम लीग के द्वारा मोहम्मद अली जिन्ना के नेतृत्व में दो राष्ट्र के सिद्धान्त का स्वीकार किया जाना। यह बात सुविज्ञात है कि १८५७ के बाद से अँग्रेज़ हिन्दू और मुसलमानों को अलग करने में लगे रहे थे। १९३० तक इसके पीछे उनका लक्ष्य "बाँटों और राज करो" तक सीमित था। १९३० में महात्मा गाँधी के दूसरे बड़े सत्याग्रह के दौरान जो जनजागरण हुआ था उससे यह दिख गया था कि देर-सवेर भारत को स्वतन्त्र करना पड़ेगा। फिर भी अँग्रेज़ जब तक इसको टाला जा सके टाले रखना चाहते थे। १९३३ में जब लन्दन में गोलमेज़ सम्मेलन आयोजित किया गया तो मुसलमानों का प्रतिनिधित्व मोहम्मद अली जिन्ना ने किया था। उस सम्मेलन के बाद से अँग्रेज़ों ने यह रट लगाना आरम्भ कर दिया था कि भारत को स्वशासन देना तब तक सम्भव नहीं है जब तक कि मुसलमान, सिख और दलित आदि बड़े अल्पसंख्यक समुदायों के हितों की सुरक्षा का कोई पक्का इन्तज़ाम नहीं कर लिया जाता। यह इन सभी समुदायों को बहुसंख्यक हिन्दू समुदाय से अलग राजनैतिक शक्ति बनने का निमन्त्रण था।

इस बीच मुस्लिम लीग की राजनीति में भी गम्भीर परिवर्तन हो रहे थे। शुरू में सर आगा ख़ाँ के नेतृत्व में मुस्लिम लीग का उद्देश्य मुसलमानों के शैक्षिक और व्यावसायिक हितों की रक्षा करना ही था। बंग-भंग आन्दोलन के दौरान अँग्रेज़ों ने मुस्लिम लीग की पीठ पर हाथ रखकर बंगाल में कई जगह हिन्दू-मुस्लिम दंगे करवाये थे। लेकिन मुस्लिम नेता जल्दी ही अँग्रेज़ों से निराश हो गये थे। फिर अँग्रेज़ों ने मुसलमानों के लिए अलग निर्वाचन मण्डल का प्रस्ताव किया और हीले-हवाले के बाद तिलक समेत काँग्रेस के नेता इसके लिए तैयार हो गये तो मुस्लिम लीग राष्ट्रीय धारा में

आ गयी। उस समय मोहम्मद अली जिन्ना मुस्लिम लीग के सबसे बड़े नेता थे। १९१६ में हिन्दू-मुस्लिम एकता की दुहाई देते हुए काँग्रेस और लीग एक साथ आयी। लेकिन जब गाँधीजी ने काँग्रेस का नेतृत्व सँभाला तो उन्होंने मुसलमानों के अलग निर्वाचन मण्डल को पसन्द नहीं किया। वे इसे भारतीय समाज को बाँटने का षड्यन्त्र समझते थे। वे देख पा रहे थे कि इस तरह अँग्रेज़ पूरे भारतीय समाज को अनेक खण्डों में विभाजित कर देंगे। जब दूसरे गोलमेज़ सम्मेलन में दलितों और सिखों आदि को भी अलग निर्वाचन मण्डल देने का प्रस्ताव हुआ तो गाँधीजी की आशंका सही साबित हुई। उन्होंने दलितों को हिन्दू समाज से अलग करने के षड्यन्त्र का विरोध करते हुए अनशन किया और अँग्रेज़ों को अपने पैर पीछे मोड़ने पड़े।

मुस्लिम लीग का अँग्रेज़ों से मोहभंग सबसे पहले तब हुआ था जब उन्होंने संयुक्त प्रान्त में राजकाज की भाषा के रूप में देवनागरी में लिखी हिन्दी को स्वीकार कर लिया था। फिर ख़िलाफ़त के प्रश्न ने मुस्लिम लीग को पूरी तरह अँग्रेज़ों के ख़िलाफ़ कर दिया। ख़िलाफ़त के प्रश्न पर मुसलमानों का पक्ष लेकर गाँधीजी ने बहुत ऊँचा रणनीतिक कौशल दिखाया था। न केवल मुसलमान अँग्रेज़ों के विरुद्ध हुए बल्कि उन्होंने अपने आन्दोलन की कमान गाँधीजी के हाथ में सौंप दी जो हेमचन्द्र के बाद शायद पहली बार हुआ था। इस तरह रौलट बिल के विरुद्ध पहले बड़े सत्याग्रह में हिन्दू और मुसलमान एक साथ दिखे। इससे सबसे अधिक निराशा तो मोहम्मद अली जिन्ना को हुई और बीस का दशक उन्होंने अधिकांशतः लन्दन में ही बिताया। इससे मुस्लिम लीग का नेतृत्व पहले मोहम्मद अली या अली भाइयों के हाथ में आया। मोहम्मद अली ने ही इस दौर में मुस्लिम लीग का संविधान लिखते हुए इसका लक्ष्य मुसलमानों के अधिकार और स्वतन्त्रता की रक्षा, भारत के अन्य समुदायों से मुसलमानों का सद्भाव बढ़ाना, मुसलमानों की शिक्षा के लिए प्रयत्न करना और हिंसा का विरोध करना रखा था। लेकिन तुर्की में ख़िलाफ़त समाप्त कर दिये जाने के बाद भारत में भी यह निरर्थक हो गया और अली भाइयों के साथ-साथ मुसलमानों की भाषा भी बदल गयी। अलगाववादी शक्तियाँ फिर सक्रिय हो गयीं। यह अलगाव धार्मिक मुसलमानों से भी अधिक पढ़े-लिखे मुसलमानों में था, क्योंकि उनकी महत्त्वाकांक्षा उन्हें

बहुसंख्यक हिन्दुओं से अलग रास्ता ढूँढ़ने के लिए प्रेरित कर रही थी। इसलिए मोहम्मद अली के बाद जब मुस्लिम लीग का नेतृत्व मोहम्मद इक़बाल के हाथ में आया तो पहली बार दो राष्ट्र के सिद्धान्त का प्रतिपादन किया गया।

साइमन कमीशन का विरोध करने के बाद काँग्रेस ने नेहरू रिपोर्ट के रूप में भारत के संविधान का जो प्रारूप अँग्रेज़ों को सौंपा था, उससे मुस्लिम लीग के नेता सन्तुष्ट नहीं थे। नेहरू रिपोर्ट में संघीय संविधान की बात कही गयी थी, लेकिन देश की एकता को बनाये रखने के उद्देश्य से केन्द्र के पास पर्याप्त अधिकार थे। उसमें मुसलमानों के लिए एक-चौथाई स्थान आरक्षित करने की व्यवस्था की गयी थी और हिन्दी को राष्ट्रभाषा स्वीकार किया गया था। मुस्लिम लीग इन सभी मुद्दों पर असहमत थी और इसने नेहरू रिपोर्ट को रद्द कर दिया। मुस्लिम लीग एक-तिहाई स्थान मुसलमानों के लिए आरक्षित करवाना चाहती थी और मुस्लिम बहुल पंजाब, उत्तर-पश्चिमी सीमान्त प्रान्त, सिंध और बलूचिस्तान को मिलाकर एक प्रान्त बनाते हुए उसे स्वायत्त शासन दिलाना चाहती थी। वह हिन्दी को राष्ट्रभाषा स्वीकार करने के भी विरुद्ध थी। इस असन्तोष और असहमति की परिणति मोहम्मद इक़बाल के दो राष्ट्र के सिद्धान्त में हुई। मुस्लिम लीग के वार्षिक अधिवेशन में २९ दिसम्बर, १९३० को मोहम्मद इक़बाल ने अपने इस सिद्धान्त का पहली बार प्रतिपादन किया था। उस समय तक मुस्लिम नेताओं का ध्यान उत्तर-पश्चिमी भारत के मुस्लिम बहुल इलाक़ों पर ही था।

इसके कुछ समय बाद चौधरी रहमत अली ने २८ जनवरी, १९३३ को अपनी एक पुस्तिका प्रकाशित की जिसका शीर्षक था—अभी या कभी नहीं। इस पुस्तिका में पहली बार अलग मुस्लिम राज्य के लिए पाकिस्तान शब्द का उपयोग किया गया था। अपनी पुस्तिका में रहमत अली ने भारत के मुस्लिम बहुल इलाक़ों में एक नहीं कई मुस्लिम राज्य बनाये जाने की बात कही थी। लेकिन पंजाब, अफ़गानिया जो उत्तर-पश्चिमी सीमान्त प्रान्त के लिए मुसलमानों में प्रचलित नाम था, कश्मीर, सिंध और बलूचिस्तान को उन्होंने पाकिस्तान के रूप में चित्रित किया था। उन्होंने पंजाब, अफ़गानिया, कश्मीर और सिंध का पहला अक्षर लेकर और बलूचिस्तान का तान लेकर यह पाकिस्तान शब्द बनाया था। इसके अलावा

असम और बंगाल को मिलाकर बंगिस्तान की कल्पना की गयी थी और दक्षिण में उस्मानिया राज्य की। इसके अलावा उत्तर प्रदेश और गुजरात के मुस्लिम बहुल इलाक़ों के लिए भी अलग मुस्लिम राज्य बनाने की बात कही गयी थी। इस कल्पना का मुसलमान नेताओं ने भी मज़ाक़ ही उड़ाया क्योंकि भारत के भीतरी इलाक़ों में अलग मुस्लिम राज्य की कल्पना किसी को व्यावहारिक नहीं लग सकती थी। लेकिन उत्तर-पश्चिमी भारत के मुस्लिम बहुल इलाक़ों में पहली बार कश्मीर भी जुड़ गया और बंगाल को भी मुस्लिम नेता अपनी योजना में शामिल करने लगे। अँग्रेज़ों ने और अख़बारों ने पाकिस्तान शब्द को ख़ूब प्रचार दिया। इसका परिणाम यह हुआ कि शुरू में रहमत अली की जिस पुस्तिका की ख़ूब खिल्ली उड़ाई गयी थी उसी का दिया हुआ पाकिस्तान शब्द मुसलमानों में लोकप्रिय हो गया। बाद में इसका उल्लेख २४ अप्रैल, १९४३ को मुस्लिम लीग के दिल्ली के वार्षिक अधिवेशन में करते हुए मोहम्मद अली जिन्ना ने कहा कि लन्दन के कुछ नौजवानों ने पाकिस्तान का नाम ईजाद किया था। लेकिन मुसलमानों में किसी ने उसे गम्भीरता से नहीं लिया। पर हिन्दू सम्प्रदायवादियों ने और उनके प्रभाव में रहने वाली प्रेस ने पाकिस्तान शब्द को लेकर इतना हो-हल्ला मचाया कि यह नाम मुसलमानों में लोकप्रिय हो गया। हमें इस नाम के लिए हिन्दुओं का और प्रेस का आभारी होना चाहिए।

लन्दन में दूसरी गोलमेज़ कान्फ्रेंस का कोई निष्कर्ष न निकल पाने के कारण मोहम्मद अली जिन्ना फिर निराश हो गये थे और वे एक बार फिर लन्दन में ही ठहर गये थे। जब १९३५ के क़ानून के अन्तर्गत भारत में प्रान्तीय सरकारों के चुनावों की घोषणा की गयी तो वे फिर भारत लौट आये। मुस्लिम लीग ने मुसलमानों के लिए आरक्षित सभी स्थानों पर चुनाव लड़ा, लेकिन उसे केवल पाँच प्रतिशत स्थानों पर ही विजय प्राप्त हुई। काँग्रेस ने मुसलमानों के लिए आरक्षित प्रान्तीय कौंसिलों के चार सौ पचास स्थानों में सिर्फ़ ५८ पर चुनाव लड़ा था और वह २६ पर विजयी हो गयी। इस तरह उसका जीत का प्रतिशत मुस्लिम लीग से बेहतर ही था। पर कुल मिलाकर मुसलमानों को नुकसान ही हुआ क्योंकि काँग्रेस की अकेले सरकार बनाने की नीति के अन्तर्गत प्रान्तीय सरकारों में मुसलमानों को अपेक्षित प्रतिनिधित्व नहीं मिल पाया। काँग्रेस ने गाँधीजी के एतराज के बावजूद अकेले सरकार बनाने का निर्णय लिया था, क्योंकि काँग्रेस

नहीं चाहती थी कि संयुक्त सरकारों के झगड़ों से होने वाला अपवाद उसे झेलना पड़े और पहली बार बनी उसकी सरकारों की बदनामी हो। मुसलमानों के इस अहित का दोष अपने ऊपर आने से बचाने के लिए मोहम्मद अली जिन्ना ने बहुत आक्रामक मुद्रा अपना ली और काँग्रेस पर यह आरोप लगाना शुरू कर दिया कि वह मुसलमानों का विनाश चाहती है।

मोहम्मद अली जिन्ना ने काँग्रेस की प्रान्तीय सरकारों पर मुसलमानों से भेदभाव करने और उन पर घोर अत्याचार करने का आरोप मढ़ा और उनके विरुद्ध एक अभियान ही छेड़ दिया। उन्होंने ब्रिटिश सरकार के वायसराय और गवर्नरों पर आक्षेप लगाया कि वे अल्पसंख्यकों के ख़िलाफ़ किये जा रहे अत्याचारों को देखते हुए चुप हैं और हस्तक्षेप करने के अपने संवैधानिक दायित्व का भी निर्वाह नहीं कर रहे। मुस्लिम लीग की ओर से एक रिपोर्ट प्रकाशित की गयी जिसमें छोटी-छोटी घटनाओं की अतिरंजित और ग़लत तस्वीर प्रस्तुत करते हुए यह सिद्ध किया गया था कि काँग्रेस की प्रान्तीय सरकारें मुसलमानों को नष्ट करने पर तुली हुई हैं। बाद में राजेन्द्र प्रसाद ने जो १९४० में काँग्रेस के अध्यक्ष थे ब्रिटिश सरकार से एक आयोग बैठाकर इन आरोपों की जाँच करवा लेने के लिए कहा मोहम्मद अली जिन्ना जानते थे कि यह आरोप झूठे हैं इसलिए उन्होंने जाँच के लिए एक रायल कमीशन की माँग की। उन्हें मालूम था कि युद्ध की परिस्थितियों में ब्रिटिश सरकार रायल कमीशन बैठाने की बात सोच भी नहीं सकती। दरअसल, यह सारा द्रविड़ प्राणायाम अँग्रेज़ों पर दबाव बनाने के लिए था कि वे मुसलमानों को अलग राष्ट्र देने के लिए तैयार हो जायें।

अन्ततः २३ मार्च, १९४० को लाहौर में हुए मुस्लिम लीग के वार्षिक अधिवेशन में मोहम्मद अली जिन्ना ने दो राष्ट्र का सिद्धान्त पास करवाकर पाकिस्तान की नींव डाल दी। यह सही है कि लाहौर प्रस्ताव में पाकिस्तान शब्द नहीं आया था। क्योंकि तब तक भी बहुत से ऐसे मुस्लिम नेता थे जो तय नहीं कर पाये थे कि मुसलमानों का हित भारत के भीतर एक स्वायत्तशासी प्रान्त की तरह रहने में है या भारत से अलग एक स्वतन्त्र राष्ट्र के रूप में रहने में। असल में मुसलमानों का धार्मिक नेतृत्व अलग मुस्लिम राष्ट्र के विचार के प्रति अधिक उत्साहित नहीं था। इसलिए नहीं कि उन्हें हिन्दुओं से कोई शिकायत नहीं थी। बल्कि इसलिए कि वे पूरे भारत को ही इस्लाम के रंग में रँग देना चाहते थे। उनका धार्मिक आवेश

उन्हें इससे कम से सन्तुष्ट होने नहीं देता था। पाकिस्तान के पक्ष में सबसे अधिक पढ़े-लिखे लोग थे जो पाकिस्तान में अपनी व्यावसायिक सफलता के प्रति अधिक आशावान थे या फिर वे ज़मींदार थे जो काँग्रेस के नेताओं की ज़मींदारी उन्मूलन की घोषणाओं से आशंकित थे। मुस्लिम बहुल इलाक़ों के आम मुसलमानों को यह समझाया गया था कि वे हिन्दुओं के जीवन और सम्पत्ति के स्वामी होंगे। चौधरी रहमत अली की पुस्तिका ने मुसलमानों को पाकिस्तान शब्द ही नहीं दिया था, उन्हें उत्तर-पश्चिम भारत के मुस्लिम बहुल क्षेत्र से अधिक विस्तृत क्षेत्र की माँग करना सिखा दिया था। अब वे कश्मीर, बंगाल और दूसरे मुस्लिम बहुल इलाक़ों की भी माँग करने लगे थे।

यह उल्लेखनीय है कि पाकिस्तान की यह माँग स्वाधीनता आन्दोलन के अन्तिम दौर अर्थात् १९४० में उठी और सात साल के भीतर देश का विभाजन करके पाकिस्तान बनवा दिया गया। इतिहासकारों ने इसके लिए सबसे अधिक मोहम्मद अली जिन्ना को दोषी ठहराया है। लेकिन यह बात आंशिक तौर पर ही सही है। मुस्लिम लीग के गठन के एक दशक के भीतर ही मोहम्मद अली जिन्ना उसके सबसे महत्त्वपूर्ण नेता हो गये थे। जिन्ना गाँधीजी से छः साल बाद पैदा हुए थे। उन्होंने भी लन्दन जाकर क़ानून की डिग्री हासिल की थी। शुरू में वे दादा भाई नौरोजी से प्रभावित थे। उनकी गोपालकृष्ण गोखले से मित्रता थी। उन्होंने बम्बई आकर वकालत आरम्भ की और वहीं मुस्लिम राजनीति में उतर गये। जल्दी ही उनकी गिनती मुसलमानों के राष्ट्रीय नेताओं में होने लगी थी। १९१६ की लखनऊ काँग्रेस में लीग और काँग्रेस के बीच जो समझौता हुआ था उसमें उनकी बड़ी भूमिका थी। उन्हें राष्ट्रवादी विचारों का माना जाता था। उनकी इस्लाम में विशेष रुचि नहीं थी। उन्होंने तुर्की के मामले में ब्रिटिश नीति का विरोध ज़रूर किया था, पर वे ख़िलाफ़त आन्दोलन के समर्थक नहीं थे। वे होमरूल आन्दोलन में भी शामिल हुए थे और उन्होंने रौलट बिलों का भी विरोध किया था।

वे काँग्रेस को गोखले की तरह सम्पन्न और सुशिक्षित भारतीय बुद्धिजीवियों की संस्था बनाये रखने के पक्षधर थे। इसलिए जब काँग्रेस की कमान महात्मा गाँधी के हाथ में गयी तो वे राजनीति से निराश होकर लन्दन चले गये। कुछ दिन में वे लौटे और केन्द्रीय असेंबली में चुन लिए गये। यहीं

से अँग्रेज़ प्रशासकों ने उनमें गम्भीर रुचि दिखानी आरम्भ की। वे काफ़ी चतुर राजनेता थे और अपने समर्थन की पूरी क़ीमत वसूलते थे। काँग्रेस से उनका पहला बड़ा टकराव नेहरू रिपोर्ट को लेकर हुआ और उसे उन्होंने मुस्लिम हितों की दृष्टि से अपर्याप्त बताते हुए उसका विरोध किया। इससे उस रिपोर्ट का महत्त्व ही समाप्त हो गया। गोलमेज़ सम्मेलन से उन्होंने मुसलमानों के लिए जो उपलब्ध होने की आशा की थी, जब वह न मिला तो वे निराश होकर फिर लन्दन में रह गये। १९३५ के क़ानून के अन्तर्गत प्रान्तीय चुनावों की घोषणा होने के बाद वे लौटे और १९३७ के चुनावों में उन्होंने मुस्लिम लीग की कमान सँभाली। पर संगठन की कमी के कारण मुस्लिम लीग को केवल पाँच प्रतिशत वोट मिले। यहीं से उनकी हताशा ने आक्रामकता का रूप लिया और काँग्रेस सरकारों को बदनाम करने की उन्होंने मुहिम छेड़ दी। अक्सर यह कहा गया है कि उन्हें महात्मा गाँधी के धार्मिक विचारों से चिढ़ थी और महात्मा गाँधी से द्वेष भाव ही उन्हें पाकिस्तान की माँग करने और अँग्रेज़ों को भारत का बँटवारा करने के लिए विवश करने की ओर ले गया।

महात्मा गाँधी से मोहम्मद अली जिन्ना की चिढ़ तो किसी तरह छिपी नहीं थी। इसमें कुछ उनके राजनीतिक अहंकार की भूमिका रही होगी और कुछ उनकी अधार्मिकता की। लेकिन १९३७ के चुनावों में मुसलमानों के लिए आरक्षित सीटों में से केवल पाँच प्रतिशत सीट जीतने वाली मुस्लिम लीग को जिन्ना १९४६ के संविधान सभा के चुनावों में आरक्षित ४९६ सीटों में से ४२५ पर विजयी बना लाये, यह विलक्षण बात है। मोहम्मद अली जिन्ना को संगठन कौशल के लिए नहीं जाना जाता था। इसलिए मुस्लिम लीग की यह सफलता केवल उनके कारण नहीं थी। इसमें काफ़ी कुछ योगदान पाकिस्तान के नारे का था, जिसकी मुस्लिम नेताओं में ही नहीं आम मुसलमानों में भी स्वीकृति हो गयी थी। इसका श्रेय मोहम्मद अली जिन्ना से अधिक अँग्रेज़ प्रशासकों को जाता है जो शुरू से मुसलमानों में असुरक्षा की भावना भरते रहे थे, और पाकिस्तान के रूप में उन्हें इस असुरक्षा से निकलने का उन्होंने एक रास्ता भी सुझा दिया था। भारत के बँटवारे का कुछ दोष काँग्रेस के थके-हारे नेतृत्व को भी जाता है जो स्वाधीनता प्राप्त करने की उतावली में गाँधीजी को किनारे करके अँग्रेज़ों की बँटवारे की योजना के सामने झुक गया था। असल में मुसलमानों को

अलग निर्वाचन मण्डल देने से लगाकर उनका अलग राष्ट्र बनवाने तक पहल हमेशा अँग्रेज़ों की रही। अपनी इस नीति को सफल बनाने के लिए उन्होंने मोहम्मद अली जिन्ना का भी इस्तेमाल किया और जवाहरलाल नेहरू व सरदार पटेल का भी।

लेकिन देश के बँटवारे की यह व्याख्या भी अधूरी है। यूरोप जिन आधुनिक विचारों का पोषण कर रहा था उन्होंने व्यक्ति के अपनी मातृभूमि से सम्बन्ध को मात्र राजनीतिक बना दिया था। इस सम्बन्ध की पवित्रता नष्ट कर दी गयी थी और उसे राष्ट्रवाद का राजनीतिक स्वरूप देते हुए व्यावहारिक परिस्थितियों पर निर्भर कर दिया गया था। महात्मा गाँधी के लिए भारत का अर्थ केवल एक राजनीतिक इकाई नहीं था, बल्कि वह सनातन भारतीय सभ्यता को अंगीकार किये रहने वाला क्षेत्र था जिसे हमारे शास्त्रीय चिन्तन में कर्मभूमि बताया गया है। इसलिए गाँधीजी के लिए भारत के बँटवारे की कल्पना भी असह्य थी। मुसलमानों का भारत से यह आत्मीय भाव नहीं बचा था। उनके लिए इस्लाम अधिक महत्त्वपूर्ण था और जैसा कि चौधरी रहमत अली ने कहा था, वे इसे दीनिया बनाकर ही इससे आत्मीय भाव रख सकते थे। इसलिए भारत के बँटवारे के प्रस्ताव पर जिन्ना, नेहरू और पटेल की प्रतिक्रिया बहुत कुछ उनकी आधुनिक शिक्षा का परिणाम थी। दूसरी बात यह कि मुसलमानों का हिन्दुओं से अलगाव बहुत गहरा था। महात्मा गाँधी जीवन-भर हिन्दुओं से हिन्दू-मुस्लिम एकता के लिए त्याग करवाते रहे, लेकिन इस अलगाव को कम नहीं कर पाये। इस अलगाव के साथ-साथ मुसलमानों में एक आवेशमयी आक्रामकता भी थी जो उन्हें कुछ तो इस्लाम से प्राप्त हुई थी और कुछ एक अल्पसंख्यक समुदाय का होने से जो असुरक्षा की भावना पैदा होती है, उससे मिली थी।

हिन्दुओं के अनाक्रामक स्वभाव ने भी मुसलमानों की इस आक्रामकता को बढ़ावा दिया था। अपने धर्म की संकीर्ण मान्यताओं के लिए भी मुसलमानों में जैसा आग्रह दिखता था वैसा हिन्दुओं में अपने धर्म की उदात्त मान्यताओं के लिए भी नहीं दिखता था। स्वयं महात्मा गाँधी ने एक बार दुखी होते हुए कहा था कि हिन्दू कायर हैं और मुसलमान आक्रामक। अधिकांश हिन्दू मुस्लिम दंगों में पहल मुसलमान ही करते थे और दंगों से जानमाल का अधिक नुकसान हिन्दुओं को उठाना पड़ता था। अपने इस अलगाव और आक्रामकता ने मुसलमानों को हिन्दुओं से अलग होकर

अपना एक राज्य बनाने के लिए प्रेरित किया। भारत स्वतन्त्र होकर भी कमज़ोर बना रहे, इस कूटनीति के लिए अँग्रेज़ों ने मुसलमानों की इस प्रवृत्ति को बढ़ावा दिया और नेहरू तथा पटेल अँग्रेज़ों की इस कूटनीति के सामने लाचार दिखते रहे। अकेले गाँधीजी बँटवारे से बुरी तरह आहत हुए थे। उन्होंने अपनी तीख़ी प्रतिक्रिया व्यक्त करते हुए कहा था कि भारत का बँटवारा उनकी लाश पर होगा। लेकिन इस बँटवारे को तभी रोका जा सकता था जब काँग्रेस के नेता हिन्दू और मुसलमानों के बीच किसी भी भीषण लड़ाई के लिए तैयार रहते। भारत विभाजन के समय दंगे फिर भी हुए और बहुत लोग मारे गये। विभाजन स्वीकार न किया गया होता तो शायद और अधिक ख़ून ख़राबा हुआ होता। लेकिन गाँधीजी ऐसी किसी भी परिस्थिति के लिए तैयार थे। उन्होंने कहा कि अँग्रेज़ों को बिना यह सोचे विदा हो जाना चाहिए कि उनके बाद हिन्दू और मुसलमान लड़ मरेंगे। अगर हिन्दू मुसलमान लड़ेंगे तो एक बार आपस में लड़ मरकर वे इस बैर-भाव को त्याग सकेंगे। वरना यह बैर-भाव स्थायी हो जायेगा। यह तर्क अँग्रेज़ तो क्यों स्वीकार करते, काँग्रेस के नेताओं को भी समझ में नहीं आया।

इस बीच दूसरा विश्वयुद्ध आरम्भ हो गया और ३ सितम्बर, १९३९ को एक राजपत्रित घोषणा के द्वारा भारत के लोगों की राय जाने बिना भारत को भी उस युद्ध में घसीट लिया। पूरे देश में इससे क्रोध की लहर दौड़ गयी कि एक विदेशी सरकार ने ४० करोड़ लोगों को बिना उनकी राय जाने एक विनाशक युद्ध में झोंक दिया है। यह विचित्र विरोधाभास था कि भारत तो ग़ुलामी की जंजीरों में जकड़ा रहे और भारत की फ़ौज़ चेकोस्लोवाकिया या पोलैण्ड की रक्षा के लिए हज़ारों मील दूर यूरोप की भूमि पर युद्ध करने के लिए ले जायी जाय। काँग्रेस के भीतर यह राय बनी कि ब्रिटेन को इस युद्ध के समय तभी सहयोग दिया जा सकता है जब वह अपने इस युद्ध के लक्ष्य स्पष्ट करे और बताये कि भारत की स्वतन्त्रता के बारे में उसकी क्या योजना है। काँग्रेस की कार्यसमिति में १४ सितम्बर, १९३९ को एक प्रस्ताव पारित करके इन दोनों मुद्दों पर स्पष्टीकरण माँगा गया। २६ सितम्बर, १९३९ को वायसराय के बुलाने पर गाँधीजी शिमला में उनसे मिले और काँग्रेस के प्रस्ताव का उल्लेख किया। वायसराय लिनलिथगो ने कहा कि ब्रिटेन अभी इस स्थिति में नहीं है कि अपने युद्ध

सम्बन्धी लक्ष्य बता सके। जहाँ तक स्वतन्त्रता सम्बन्धी आश्वासन देने का प्रश्न है केवल यह कहा जा सकता है कि औपनिवेशिक स्वराज्य को लक्ष्य मानकर भविष्य में इस पर विचार किया जायेगा। काँग्रेस के नेताओं का इससे सन्तुष्ट होने का प्रश्न ही नहीं उठता था। इसलिए कार्यसमिति की बैठक में निर्णय लिया गया कि युद्ध सम्बन्धी किसी काम में सहयोग न दिया जाय। इसी आधार पर काँग्रेस ने अपनी सभी प्रान्तीय सरकारों से इस्तीफ़ा दिलवा दिया। मार्च १९४० में काँग्रेस का वार्षिक अधिवेशन बिहार के रामगढ़ में हुआ। वहाँ यह निर्णय लिया गया कि काँग्रेस की उचित माँगें अस्वीकार कर दिये जाने के बाद अब उसके पास सविनय अवज्ञा आन्दोलन छेड़ने के अतिरिक्त और कोई मार्ग नहीं बचा है। अधिवेशन में यह भी स्वीकार किया गया कि यह संघर्ष अनिवार्यत: गाँधीजी के नेतृत्व में लड़ा जायेगा। गाँधीजी ने संघर्ष का नेतृत्व करने की स्वीकृति देते हुए कहा,

> सैनिकों के रूप में हमें अपने सेनापति से आज्ञा लेनी होती है और उसका पूरी तरह पालन करना होता है। उसकी वाणी क़ानून मानी जायेगी। मैं तुम्हारा सेनापति हूँ।

इससे पहले के सत्याग्रहों में भी गाँधीजी सेनापति के नाते अपनी अनुल्लंघनीयता की बात कहते आये थे। लेकिन इस बार उनका यह कहने के पीछे एक और भी प्रयोजन था। जवाहरलाल नेहरू और उनके समाजवादी मित्रों की सहानुभूति मित्र राष्ट्रों के साथ थी और इसलिए वे ब्रिटिश सरकार के लिए कोई परेशानी पैदा करना नहीं चाहते थे। गाँधीजी विचारधारा के आधार पर इस तरह के निर्णयों को उचित नहीं समझते थे। उन्हें मित्र राष्ट्रों या धुरी राष्ट्रों में से कोई पक्ष वरण करने के योग्य नहीं दिखायी देता था। युद्ध के दौरान ही एक बार तल्ख़ी के साथ उन्होंने कहा था कि हिटलर या चर्चिल में कोई पक्ष लेने योग्य नहीं है। काँग्रेस के समाजवादी उनके यह तर्क सुनने के लिए तैयार नहीं थे। युद्ध में जैसे-जैसे मित्र राष्ट्रों की या ब्रिटेन की स्थिति कमज़ोर पड़ी काँग्रेस के नेताओं का स्वर बदलना आरम्भ हो गया। सविनय अवज्ञा आन्दोलन की बात तो पहले ही छोड़ी जा चुकी थी। १८ जून, १९४० को कार्यसमिति की बैठक में अँग्रेज़ों से युद्ध के लक्ष्य स्पष्ट करने का आग्रह न करने का फ़ैसला हुआ और केवल यह माँग की गयी कि फ़ौरन एक राष्ट्रीय सरकार बनायी जाय तथा युद्ध

के बाद पूर्ण स्वतन्त्रता का आश्वासन दिया जाय। ब्रिटिश सरकार इसके लिए तैयार नहीं थी। गाँधीजी तो पहले ही इस विनाशक युद्ध में ब्रिटेन को किसी भी तरह का सहयोग देने का विरोध कर चुके थे। इसलिए उन्होंने काँग्रेस से कहा कि भविष्य में वह सरकार से सहयोग का कोई कार्यक्रम बनाये तो उन्हें इससे अलग समझे।

इतिहासकारों ने अक्सर गाँधीजी को धार्मिक विचारों से प्रेरित होकर अहिंसा के सिद्धान्त को दोहराते रहने वाले व्यक्ति के रूप में चित्रित किया है। द्वितीय विश्वयुद्ध के समय तो अहिंसा पर उनका आग्रह और भी अधिक बढ़ गया था। अहिंसा को एक सक्षम राजनैतिक सिद्धान्त के रूप में चित्रित करते हुए वे कई बार ऐसी बातें भी कह जाते थे जो विचित्र लगती थी। उन दिनों गाँधीजी *हरिजन* में इस विषय पर निरन्तर कुछ न कुछ लिख रहे थे। अहिंसा की वकालत करते हुए एक बार उन्होंने लिखा कि युद्ध की योजना बनाने वालों का सदा एक ही प्रयोजन रहा है कि विजित देशों की जनता का और उसके साधनों का शोषण किया जाय। आक्रमणकारी आतंक का सहारा लेते हैं और जब तक वे अपने विरोधी को झुका नहीं लेते अपने आतंक की मात्रा बढ़ाते चले जाते हैं। फिर उन्होंने लिखा,

> लेकिन मान लीजिए कि एक देश की जनता यह फ़ैसला कर ले कि वह आततायी की इच्छा को कभी पूरा नहीं करेगी और न वह आततायी के तरीक़े से अपने ऊपर किये जा रहे अत्याचारों का जवाब ही देगी, तब तो आततायी को अपना आतंक और अत्याचार बन्द करना ही होगा। अगर दुनिया के तमाम चूहे मिलकर यह फ़ैसला कर लें कि वे बिल्ली से नहीं डरेंगे और ख़ुशी-ख़ुशी उसके मुँह में चले जायेंगे, तब तो चूहे जी जायेंगे।

निःसन्देह इस तरह की व्याख्या करते हुए वे अहिंसा के सिद्धान्त को जीवन और मृत्यु से ऊपर ले गये थे। आध्यात्मिक लोगों को भले ही अहिंसा की यह व्याख्या समझ आ जाय लेकिन सांसारिक मनुष्यों के एक राजनैतिक सिद्धान्त के रूप में गाँधीजी की यह व्याख्या कम ही लोगों को आश्वस्त कर सकती थी।

लेकिन सांसारिक गति और सांसारिक मनुष्यों की रीति भी कोई कम चकरा देने वाली नहीं है। जो यूरोपीय समाज अपनी आधुनिक सभ्यता के

मानव इतिहास में अन्यतम होने का दावा कर रहा था वह अपने उत्कर्ष काल के सौ–डेढ़ सौ वर्ष के भीतर ही दो विश्वयुद्धों को जन्म दे बैठा। दूसरे विश्वयुद्ध की विभीषिका तो और भी अधिक थी। दूसरे विश्वयुद्ध में दोनों पक्षों के कोई दस करोड़ सैनिक युद्ध में झोंक दिये गये थे और केवल सेनाओं तक ही यह युद्ध सीमित नहीं रहा था। युद्धरत देशों की सारी वैज्ञानिक, औद्योगिक और सामाजिक शक्ति इस युद्ध में झोंक दी गयी थी। १९३९ से १९४५ तक चले इस युद्ध में मोटे तौर पर कोई पाँच से सात करोड़ सैनिक और असैनिक लोग मारे गये। मानव इतिहास में पहली बार परमाणु बम का उपयोग हुआ। युद्ध के दौरान वीरता के कम और नृशंसता के अधिक क़िस्से सुने गये। पूरा यूरोप एक–दूसरे पक्ष की सेनाओं द्वारा रौंद डाला गया था। इस युद्धोन्माद को देखते हुए गाँधीजी की अहिंसा की कितनी भी अतिवादी वकालत संगत ही लगती। लेकिन गाँधीजी कोई दूसरे विश्वयुद्ध की विभीषिका को देखकर ही अहिंसा की इतनी वकालत नहीं कर रहे थे। उन्हें यूरोपीय जाति के स्वभाव का और यूरोपीय जाति के अब तक के इतिहास का अनुभव था और उस अनुभव के आधार पर ही वे यह कह रहे थे कि अगर हिंसा को नहीं छोड़ा गया तो यूरोप का यह उत्कर्ष ही उसे विनाश की ओर भी ले जायेगा।

लेकिन इस विश्वयुद्ध के समय गाँधीजी को एक और समस्या का सामना करना पड़ रहा था। काँग्रेस के युवा नेताओं में यूरोपीय जाति के स्वभाव और उसके इतिहास की बहुत कम समझ थी। इसलिए वे अँग्रेज़ी प्रचार के प्रभाव में आकर इस विश्वयुद्ध में पक्षधर हो गये थे। धुरी राष्ट्रों को फासीवादी बताते हुए वे न केवल मित्र राष्ट्रों का समर्थन कर रहे थे और उनकी विजय की कामना कर रहे थे, बल्कि युद्ध की अवधि तक स्वाधीनता के संघर्ष को भी स्थगित रखना चाहते थे। रामगढ़ अधिवेशन में सविनय अवज्ञा आन्दोलन आरम्भ करने का जो निर्णय लिया गया था वह तो स्थगित रखा ही जा चुका था। मई १९४० में जब जर्मन सेना की विजय आसन्न दिख रही थी, हिटलर ने नार्वे, डेनमार्क, हालैण्ड और बेल्जियम को रौंद डाला था, फ्रांस ने हथियार डाल दिये थे और इंग्लैण्ड संकट में दिखायी दे रहा था तो काँग्रेस के नेता घोर दुविधा में पड़ गये थे। जवाहरलाल नेहरू और उनके साथियों की ब्रिटेन के प्रति हमदर्दी जाग उठी। गाँधीजी ने काँग्रेस के इन नेताओं के दबाव में कहा कि उनकी सहानुभूति मित्र

राष्ट्रों के साथ है और वे ब्रिटेन के विनाश की क़ीमत पर भारतीय स्वतन्त्रता नहीं चाहते। पर कुल मिलाकर वे विश्वयुद्ध में किसी का पक्ष लेने और युद्ध के दौरान ब्रिटिश सरकार से सहयोग करने के विरुद्ध थे। उस समय इस विषय पर सार्वजनिक बहस का माहौल नहीं था। इसलिए गाँधीजी ने अपने अहिंसा के सिद्धान्त की दुहाई दी और सरकार से सहयोग की किसी भी कार्यवाही में पड़ने से इनकार कर दिया। यह पहला अवसर था जब युद्ध के समय ब्रिटिश शासन को कोई सहयोग न देने की नीति उन्होंने अपनायी थी। इस पूरी अवधि में गाँधीजी अहिंसा की रट लगाये रहे और वे सेवाग्राम में जाकर बैठ गये।

इतिहासकारों ने कुछ ऐसा चित्रित करने का प्रयत्न किया है कि अन्तर्राष्ट्रीय मामलों की जवाहरलाल नेहरू को अधिक समझ थी और उन्हीं की सलाह से गाँधीजी ने मित्र राष्ट्रों के प्रति अपनी सहानुभूति दिखायी थी। वास्तविकता यह है कि गाँधीजी जवाहरलाल नेहरू और उनके समाजवादी सहयोगियों की विश्व राजनीति सम्बन्धी दृष्टि को अपरिपक्व मानते थे और मित्र राष्ट्रों व धुरी राष्ट्रों के बीच अन्तर करने के विरुद्ध थे। गाँधीजी की मूल दृष्टि यह थी कि भारत के लिए ब्रिटिश साम्राज्य और नाजियों में कोई भेद देखना व्यर्थ है। भारत को अपनी स्वतन्त्रता और अपनी सभ्यता से सरोकार रखना चाहिए। उस समय अन्तर्राष्ट्रीय बिरादरी के भौगोलिक और वैचारिक सभी तरह के विभाजनों को वे सन्देह की दृष्टि से देखते थे। उन्हें पूँजीवादी और साम्यवादी विश्व का वर्गीकरण जितना निरर्थक लगता था उतना ही यूरोप और एशिया का। उनका मानना था कि भारत को न पूँजीवादी आदर्शों से कोई मतलब है, न साम्यवादी आदर्शों से। उसे अपना रास्ता अपने स्वभाव और सभ्यता के अनुरूप स्वतन्त्र रूप से तय करना है। वे मानते थे कि एशिया के सभी देशों में सभ्यता सम्बन्धी कोई एकरूपता नहीं है। भारत का न चीन से साम्य हो सकता है और न मिश्र से। इसलिए यूरोप बनाम एशिया की बात करना उचित नहीं है, जैसा कि जवाहरलाल नेहरू और दूसरे समाजवादी नेता अपनी भावुकता में करते रहते थे। गाँधीजी का विश्वास था कि भारतीय सभ्यता इन सबसे भिन्न और विलक्षण है और भारत को यूरोप अथवा दूसरी किसी भी शक्ति से बराबरी के आधार पर ही व्यवहार करना चाहिए।

दूसरे विश्वयुद्ध के बारे में गाँधीजी की दृष्टि १९३९ और १९४० में

एडोल्फ हिटलर को लिखे गये उनके दो पत्रों से स्पष्ट हो जाती है। गाँधीजी ने पहला पत्र २३ जुलाई, १९३९ को लिखा था। अपने इस संक्षिप्त पत्र में उन्होंने हिटलर को मित्र कहकर सम्बोधित किया था जिसकी अपने दूसरे पत्र में उन्होंने यह कहते हुए व्याख्या की थी कि वे संसार में सबको मित्रवत् ही समझते हैं। अपने पहले पत्र में उन्होंने हिटलर से कहा था कि वे अकेले व्यक्ति हैं जो इस समय पूरे विश्व को पशुता में धकेले जाने से बचा सकते हैं। उन्हें अपना लक्ष्य चाहे जितना महत्त्वपूर्ण दिखता हो, लेकिन उसके लिए इतनी बड़ी क़ीमत उचित नहीं होगी। इसके बाद उन्होंने अहिंसा के सिद्धान्त की वकालत की थी और उन्हें युद्ध से विरत रहने की सलाह दी थी। इस पत्र को ब्रिटिश सरकार ने रोक लिया था। गाँधीजी ने हिटलर को दूसरा पत्र २४ दिसम्बर, १९४० को लिखा जो अधिक विस्तृत था और जिसमें गाँधीजी की विश्वयुद्ध के प्रति और लोकतन्त्रवादियों और नाजियों के बीच भेद के प्रति उनकी अपनी दृष्टि स्पष्ट होती है।

उन्होंने शुरू में हिटलर को सम्बोधित करते हुए लिखा,

> हमें आपकी बहादुरी और अपने देश के प्रति आपकी निष्ठा में कोई सन्देह नहीं है। न ही हम आपको वैसा दुष्टात्मा मानते हैं जैसा कि आपके विरोधी आपको चित्रित करते हैं।

लेकिन पत्र में आगे उन्होंने हिटलर के बारे में कुछ सख़्त टिप्पणियाँ करते हुए लिखा,

> आपके कुछ अपने लेखों और आपके प्रशंसकों तथा अनुयायियों के कथनों से स्पष्ट है कि आपके बहुत से काम दुष्टता से भरे हुए हैं और मानव गरिमा के विरुद्ध हैं, विशेषकर मेरे जैसे व्यक्ति की दृष्टि में, जो सभी मनुष्यों को बन्धुत्व की दृष्टि से देखते हैं।

फिर चेकोस्लोवाकिया, पोलैण्ड और डेनमार्क में जर्मन फ़ौज़ों के कुकर्मों की ओर इंगित करते हुए उन्होंने लिखा कि हिटलर इसे अपनी वीरता भले मानें पर उन्हें बचपन से यह सिखाया गया है कि ये मानवता को कलंकित करने वाले काम हैं। इसके बाद गाँधीजी ने ब्रिटिश साम्राज्यवाद और नाजीवाद की तुलना करते हुए कहा,

> हम ब्रिटिश साम्राज्यवाद को नाजीवाद से कम बुरा नहीं समझते। अगर

> इनमें कोई अन्तर है तो वह केवल मात्रा का है। हमें ज्ञात है कि मानव जाति के पाँचवें हिस्से को ब्रिटिश साम्राज्य ने किन अनुचित तरीक़ों से अपने नियन्त्रण में किया है।

इसके बाद अपने अहिंसा के सिद्धान्त की व्याख्या करते हुए उन्होंने कहा कि उनका आन्दोलन ब्रिटिश जनता को हानि पहुँचाने के लिए नहीं है, उन्हें लड़ाई के मैदान में हराने के लिए नहीं, बल्कि उनके स्वभाव और नीति में परिवर्तन करने के लिए है। गाँधीजी की इस चिट्ठी को लेकर उनकी बहुत आलोचना हुई थी। उनके वामपन्थी आलोचक उन्हें हिटलर से हमदर्दी रखने वाला कहने से भी नहीं चूके थे। कम ही लोगों ने नोट किया था कि इस चिट्ठी को लिखने का एक उद्देश्य अपने सहयोगी कांग्रेसियों को यह समझाना भी था कि उन्हें ब्रिटिश साम्राज्यवाद और नाजीवाद में कोई अन्तर करने की आवश्यकता नहीं है, दोनों एक ही स्वभाव और दृष्टि से परिचालित हैं।

गाँधीजी ने यह सुनिश्चित कर लिया था कि काँग्रेस अपनी शर्तों पर ही युद्ध के समय ब्रिटिश सरकार से सहयोग कर सकती है। उसकी सबसे बड़ी शर्त यही थी कि युद्ध के बाद भारत को पूर्ण स्वतन्त्रता दिये जाने की स्पष्ट घोषणा की जाय। ब्रिटिश सरकार यह शर्त मानने के लिए तैयार नहीं थी और इसलिए उससे सहयोग का कोई प्रश्न ही नहीं उठता था। काँग्रेस के समाजवादी नेता इस नीति से प्रसन्न नहीं थे। ७ मार्च, १९४२ को जब जापानियों ने रंगून पर कब्ज़ा कर लिया और युद्ध का ख़तरा भारत की सीमाओं तक पहुँच गया तो फिर समाजवादी नेताओं ने ही नहीं राजाजी और दूसरे काँग्रेसी नेताओं ने भी गाँधीजी पर दबाव डालना शुरू किया। गाँधीजी ने उस समय भी दृढ़ शब्दों में यही कहा कि अगर जापान ने ब्रिटिश सेना को हराकर भारत पर कब्ज़ा कर लिया तो हम जैसे ब्रिटिश साम्राज्यवाद से लड़ रहे हैं ऐसे ही जापानी साम्राज्यवाद से लड़ेंगे। लेकिन दोनों के बीच भले-बुरे का अन्तर करते हुए हम जापान के डर से ब्रिटिश शासन की मदद नहीं करेंगे। पहले की तरह इस बार भी उनकी टेक यही थी कि काँग्रेस अहिंसा के लिए वचनबद्ध है और हम इस हिंसक युद्ध में किसी तरह का सहयोग नहीं दे सकते।

भारत छोड़ो

दूसरे युद्ध ने यूरोपीय देशों का इतना विनाश कर दिया था कि वे अपने पुनर्निर्माण के अलावा कुछ सोचने की स्थिति में नहीं थे। इसने औपनिवेशिक दौर के अन्त का रास्ता प्रशस्त किया था। एशिया और अफ्रीका के उपनिवेशों की मुक्ति का समय आ चला था। लेकिन यूरोपीय सरकारें इतनी आसानी से अपने उपनिवेशों को छोड़ने के लिए तैयार नहीं हो पा रही थी। गाँधीजी को यह स्पष्ट दिखायी दे रहा था कि भारत की स्वाधीनता के लिए दबाव बनाने का यही समय है। इसलिए उन्होंने ब्रिटिश सरकार से बातचीत की कमान भी अपने हाथ में ले ली। २९ जून, १९४० को वायसराय ने गाँधीजी से बातचीत के दौरान प्रस्ताव किया कि वायसराय युद्ध के समय बनायी गयी कौंसिल का विस्तार करके काँग्रेस को प्रतिनिधित्व दे सकते हैं और युद्ध के बाद भारत को औपनिवेशिक स्वराज्य दिया जा सकता है। काँग्रेस की कार्यसमिति ने इस प्रस्ताव पर विचार किया और यह कहते हुए उसे रद्द कर दिया कि पूर्ण स्वराज्य से कम कुछ स्वीकार नहीं किया जा सकता। काँग्रेस महासमिति की १२ सितम्बर, १९४० को बम्बई में बैठक बुलायी गयी। ब्रिटेन और दूसरे मित्र राष्ट्रों के लिए युद्ध के समय कोई बड़ी बाधा उपस्थित न करने की इच्छा व्यक्त करते हुए बैठक में व्यक्तिगत सत्याग्रह आरम्भ करने का निर्णय लिया गया। ऐसा भारत की राय लिए बिना उसे युद्ध में घसीटने का विरोध करने के लिए किया गया था। गाँधीजी ने विनोबा भावे को प्रथम सत्याग्रही के रूप में चुना। उसके बाद प्रान्तीय काँग्रेस कमेटियों द्वारा भेजी गयी सूची में से गाँधीजी सत्याग्रहियों का चुनाव करते थे। धीरे-धीरे जेलें भरने लगीं और ऐसी नौबत आ गयी कि सरकार ने उन सत्याग्रहियों को गिरफ़्तार करने से मना कर दिया जो

भारत को ज़बरन युद्ध में घसीटे जाने के विरोध में भाषण करते हुए सत्याग्रह कर रहे थे। इस बीच युद्ध ने भीषण रूप ले लिया। सत्याग्रह करके जेल गये अधिकांश लोग रिहा कर दिये गये। वायसराय ने फिर अपनी युद्ध कौंसिल का विस्तार करके काँग्रेस के नेताओं को शामिल करने का प्रस्ताव किया। काँग्रेस में नेता एक बार फिर सरकार से सहयोग करने का मन बनाने लगे। यह देखकर गाँधीजी ने काँग्रेस की कार्यसमिति से अनुरोध किया कि उन्हें सविनय अवज्ञा आन्दोलन के संचालक के दायित्व से मुक्त कर दिया जाय। २३ दिसम्बर, १९४१ को बारडोली की अपनी बैठक में कार्यसमिति ने गाँधीजी को इस दायित्व से मुक्त करने का निर्णय ले लिया।

महात्मा गाँधी यह देख रहे थे कि ब्रिटिश सरकार काँग्रेस के नेताओं को फँसाती जा रही है। जुलाई १९४० में ही वायसराय यह स्पष्ट कर चुके थे कि ब्रिटेन सत्ता का हस्तान्तरण ऐसी किसी भारतीय सरकार को नहीं करेगा जो भारत की जनसंख्या के बड़े, शक्तिशाली अल्पसंख्यक समूहों को अमान्य हो। इसका अर्थ स्पष्ट था कि ब्रिटेन अल्पसंख्यकों को मोहरा बना रहा है। गाँधीजी को डर था कि अब स्वाधीनता की माँग जितनी लम्बी खिचेंगी अँग्रेज़ उतना ही काँग्रेस को कमज़ोर करने में सफल होंगे और अगर ब्रिटेन भारत को स्वाधीनता देने के लिये तैयार हुआ तो वह अल्पसंख्यकों को आगे करके भारत का विभाजन कर सकता है। इसलिए वे स्वाधीनता आन्दोलन को अधिक नहीं टालना चाहते थे। काँग्रेस के नेता अपने वैचारिक आग्रहों में फँसे थे और मित्र राष्ट्रों से सहानुभूति रखते थे, इसलिए तत्काल कोई बड़ा आन्दोलन छेड़ने के पक्षधर नहीं थे। गाँधीजी की सरकार को सहयोग न देने की एक ही रट थी—अहिंसा। वह काँग्रेस के नेताओं के गले नहीं उतर रही थी। १५ जनवरी, १९४२ की बैठक में काँग्रेस अध्यक्ष मौलाना आज़ाद ने अपनी यह दुविधा साफ़ कह दी। इस प्रस्ताव के पक्ष में बोलते हुए कि अगर ब्रिटिश सरकार फ़ौरन भारत में एक राष्ट्रीय सरकार बनाने की बात स्वीकार कर ले तो काँग्रेस उससे सहयोग करेगी, मौलाना आज़ाद ने अपने भाषण के अन्त में कहा,

> काँग्रेस विशुद्ध अहिंसा की शर्तों को, जो शायद किसी महात्मा के लिए ही सम्भव है, पूरा न कर सकी।

गाँधीजी ने तुरन्त मौलाना आज़ाद की इस बात का विरोध करते हुए अपने भाषण में कहा,

> मुझे कुछ कम परेशानी नहीं हुई जब मौलाना ने मुझे आसमान पर चढ़ा दिया। मैं हवा में नहीं रहता। धरती से बना, मैं धरती का साधारण आदमी हूँ। मैं कभी हवाई जहाज़ पर नहीं चढ़ा। मैं आप लोगों जैसा ही मिट्टी का बना एक साधारण मरणशील व्यक्ति हूँ। यदि बात ऐसी न होती तो हम सब लोग इन बीस वर्षों से एक साथ काम नहीं कर पाते। अहिंसा मेरे लिए धर्म और मेरे जीवन का प्राणवायु है। परन्तु अनौपचारिक तथा आकस्मिक बातचीत को छोड़कर मैंने कभी इसे किसी के सामने धर्म के रूप में उपस्थित नहीं किया। मैंने काँग्रेस के सामने इसे एक राजनीतिक पद्धति के रूप में रखा, परन्तु इतने से ही राजनीतिक सिद्धान्त के रूप में उसका अन्त नहीं हो जाता। पहली बार दक्षिण अफ्रीका में मैंने इसकी परीक्षा की। जब मैंने यह देख लिया कि वे सभी तथाकथित संवैधानिक उपाय, जिनसे काँग्रेस कार्य के सिलसिले में मैं भारत में परिचित हुआ, व्यर्थ सिद्ध हो चुके थे। वहाँ भारतीयों के विशुद्ध राजनीतिक अस्तिव का सवाल था जो दक्षिण अफ्रीका में व्यापारी, छोटे फेरीवालों आदि के रूप में बस गये थे। उनके लिए जीवन–मरण का प्रश्न था। वे एक शुद्ध व्यावहारिक मनुष्य के थे, जो ठोस राजनीतिक समस्याओं से निपट रहा था। एक राजनीतिक पद्धति के रूप में इसमें हमेशा परिवर्तन अथवा संशोधन हो सकता है, या इसे किसी अन्य पद्धति को अपनाने के लिए छोड़ा भी जा सकता है। इसलिए, यदि मैं आप लोगों से यह आग्रह करता हूँ कि हमें अपनी नीति आज नहीं छोड़नी चाहिए, तो मैं राजनीतिक बुद्धिमानी की बात कहता हूँ। यह राजनीतिक अन्तर्दृष्टि है। भूतकाल में इससे हमें लाभ हुआ है, इसने हमें स्वतन्त्रता के कई सोपान लाँघने में सहायता दी है और मैं एक राजनीतिज्ञ की हैसियत से आपको सुझाव देता हूँ कि इसे त्यागने का विचार करना गम्भीर भूल होगी। राजनीतिज्ञ की हैसियत से ही मैं काँग्रेस को इन वर्षों में अपने साथ रख सका हूँ। नयी होने के कारण ही मेरी प्रणाली को धार्मिक बताना मेरे प्रति अन्याय होगा।

इसी बैठक में गाँधीजी ने जवाहरलाल नेहरू के अपना राजनीतिक उत्तराधिकारी होने की बात कही थी। गाँधीजी के इस कथन का यह अर्थ लगाया जाता रहा है कि उन्होंने स्वतन्त्र भारत की सरकार का नेतृत्व करने के लिए जवाहरलाल को चुना था। लेकिन जिस बैठक में यह बात कही

गयी थी उसमें ऐसा कोई प्रसंग ही नहीं था। अपने इसी भाषण में गाँधीजी ने यह भी कहा था कि मेरे जीवनकाल में जवाहरलाल सदा मेरा विरोध करते रहे हैं लेकिन मेरी मृत्यु के बाद वे मेरी ही भाषा बोलेंगे। दूसरे विश्वयुद्ध के दौरान भी गाँधीजी ब्रिटिश सरकार के विरुद्ध आन्दोलन छेड़ना चाहते थे जबकि जवाहरलाल अपने वैचारिक कारणों से मित्र राष्ट्रों से सहयोग करने के पक्षधर थे और ब्रिटिश सरकार के विरुद्ध कोई आन्दोलन छेड़ना उन्हें ठीक नहीं लगता था। इन परिस्थितियों में अपने स्वभाव के अनुरूप गाँधीजी ने अपने विरोधी को जिम्मेदारी देकर उसका सहयोग सुनिश्चित करने की कोशिश की थी। उनके राजनीतिक उत्तराधिकार का अर्थ उनकी अनुपस्थिति में ब्रिटिश सरकार के विरुद्ध आन्दोलन का नेतृत्व करना ही हो सकता था। गाँधीजी स्वतन्त्र भारत की सरकार के बारे में कोई निर्णय लेने की उतावली में नहीं थे और न ही इस तरह की घोषणाएँ करना उनके स्वभाव में था। जवाहरलाल नेहरू ने भी गाँधीजी के इस कथन का यही अर्थ लिया था कि उनकी अनुपस्थिति में वे आन्दोलन की कमान सँभालेंगे। गाँधीजी के उत्तराधिकारी के रूप में स्वतन्त्र भारत का प्रधानमन्त्री बनने की बात तब होती जब स्वयं गाँधीजी की सत्ता में कोई रुचि होती और उसके लिए वे अपना उत्तराधिकारी घोषित करते।

बहरहाल, ब्रिटिश सरकार संकट में घिरती जा रही थी। ७ दिसम्बर, १९४१, को जापान ने पर्ल हार्बर पर आक्रमण किया। उसने हाँगकाँग जीत लिया था। जावा, सुमात्रा तथा डच साम्राज्य के अन्य द्वीपों पर उसका नियन्त्रण हो गया था। मलयद्वीप रौंद डाले गये थे और रंगून भी उसके नियन्त्रण में चला गया था। सब जगह मित्र राष्ट्रों की सेनाओं को पीछे हटना पड़ रहा था। ऐसी सैनिक पराजयों के बीच भी उस समय ब्रिटेन के प्रधानमन्त्री विंस्टन चर्चिल ने कहा था कि वे सम्राट के प्रथम मन्त्री इसलिए नहीं बने हैं कि अँग्रेज़ साम्राज्य को ही मिटा दें। लेकिन अमेरिकी दबाव में चर्चिल ने भारतीय नेताओं से बातचीत करके कोई हल सुझाने के लिए स्टेफर्ड क्रिप्स के नेतृत्व में एक मिशन भारत भेजने का निर्णय किया। क्रिप्स भारतीय मामलों के जानकार थे और भारत से सहानुभूति रखने वाले माने जाते थे। लेकिन वे चर्चिल की भारतीय नेताओं, विशेषकर महात्मा गाँधी से चिढ़ को भी समझते थे। इसलिए भारत आकर उन्होंने यह प्रस्ताव किया कि युद्ध की समाप्ति के फ़ौरन बाद प्रान्तीय कौंसिलों के

चुनाव करवाये जायेंगे। उन कौंसिलों के निम्न सदन एक विधान निर्मात्री परिषद का चुनाव करेंगे। रियासतें उनमें अपने प्रतिनिधि नामजद करेंगी। यह परिषद भारतीय संघ का संविधान बनायेगी जो दूसरे उपनिवेशों की तरह स्वतन्त्र उपनिवेश होगा। वह अगर चाहे तो उसे ब्रिटिश राष्ट्रमण्डल से अलग होने का भी अधिकार होगा। लेकिन ब्रिटिश सरकार उस संविधान को तभी स्वीकार करेगी जब उसमें यह व्यवस्था होगी कि अगर कोई प्रान्त उस विधान को स्वीकार न करना चाहे तो उसे अपनी वर्तमान स्थिति में बने रहने का अधिकार होगा।

इस प्रस्ताव से सरकार से सहयोग करने की बात करने वाले काँग्रेस के सभी नेता ज़मीन पर आ गिरे। क्रिप्स ने गाँधीजी को तार भेजकर वर्धा से दिल्ली बुलाया था। उन्होंने यह प्रस्ताव देखते ही कहा,

> यदि आपके यही प्रस्ताव थे तो आपने यहाँ आने का कष्ट ही क्यों उठाया ?...मैं आपको सलाह दूँगा कि आप अगले ही हवाई जहाज़ से ब्रिटेन लौट जायें।

प्रस्तावों पर टिप्पणी करते हुए बाद में जवाहरलाल नेहरू ने लिखा,

> जब मैंने प्रस्तावों को पहली बार पढ़ा तो मेरा दिल बुरी तरह बैठ सा गया।...और ज्यों-ज्यों मैंने उनको पढ़ा मेरी निराशा बढ़ती गयी।

इन प्रस्तावों के द्वारा ब्रिटिश सरकार ने भारतीयों के आत्मनिर्णय के अधिकार को स्वीकार तो कर लिया था और उसके कार्यान्वियन की विधि और उसका समय भी साफ़ शब्दों में अंकित कर दिया था। लेकिन साथ ही साथ प्रान्तों और रजवाड़ों को अलग होने का अधिकार देकर देश को अनेक स्वतन्त्र राज्यों में विभाजित करने का षड्यन्त्र भी रच दिया था। यह तो मुस्लिम लीग की पाकिस्तान की माँग स्वीकार करने से भी बुरा था। इन वैधानिक प्रस्तावों पर तो काँग्रेस के नेता सहमत हो ही नहीं सकते थे। लेकिन उन्होंने भारत की रक्षा को लेकर क्या उपाय किये जा सकते हैं, इस प्रश्न पर वायसराय से वार्ता जारी रखी। इन वार्ताओं में अमेरिका के राष्ट्रपति रुजवेल्ट के निजी दूत कर्नल लुई जानसन भी शामिल हुए। लेकिन ये वार्ताएँ बहुत आगे नहीं बढ़ पायीं क्योंकि अन्तरिम सरकार के स्वरूप और अधिकारों के बारे में क्रिप्स के पास कोई स्पष्ट प्रस्ताव नहीं था। २४ अप्रैल, १९४२ को लखनऊ के नेशनल हेरल्ड ने लिखा कि

क्रिप्स मिशन अमेरिकी दबाव में भेजा गया था। वह विश्व जनमत को अपने अनुकूल बनाने और उसकी असफलता का ठीकरा भारतीयों के सिर फोड़ने का ब्रिटेन का निरा तमाशा था। इंग्लैण्ड पहुँचकर क्रिप्स ने वार्ता असफल होने का सारा दोष गाँधीजी के सिर मढ़ा। गाँधीजी पहले तो दिल्ली आने के लिए ही तैयार नहीं थे। क्रिप्स के आग्रह पर दिल्ली आये भी तो उसके सुझावों पर सन्देह प्रकट करके समझौता वार्ता को बीच में ही छोड़कर वर्धा लौट गये।

गाँधीजी का सन्देह अकारण नहीं था। मार्च १९४२ में चर्चिल क्रिप्स मिशन के लिए तैयार तो हो गये थे लेकिन गाँधीजी और काँग्रेस के प्रति उनकी चिढ़ नहीं गयी थी। वे पहले ही यह कह चुके थे कि काँग्रेस के हाथ में सत्ता सौंप देने से युद्ध के प्रयत्नों में कुछ अधिक सहायता मिलने की आशा दुराशा ही सिद्ध होगी। परस्पर विरोधी दलों के हाथ में देश की सुरक्षा का भार देने से तो सब कुछ चौपट ही हो जायेगा। क्रिप्स मिशन की असफलता के बाद फिर से समझौता वार्ता आरम्भ करने के राष्ट्रपति रुजवेल्ट के सुझाव को उन्होंने अस्वीकार कर दिया था। लेकिन ब्रिटेन पर जैसे-जैसे संकट बढ़ रहा था, वह भारत को और अधिक युद्ध में झोंकता जा रहा था।

भारतीय सेना का काफ़ी विस्तार कर दिया गया था। उसके सैनिक दस्तों की संख्या बढ़ा दी गयी थी और उसे ब्रिटिश तथा अमेरिकी अस्त्र-शस्त्रों से लैस कर दिया गया था। पर भारत की सीमा पर जापानी आक्रमण के ख़तरे को देखते हुए यह काफ़ी नहीं था। आक्रमणकारियों का सामना करने के लिए सरकार और जनता के उद्देश्यों में जो एकरूपता होनी चाहिए वह नहीं थी। सरकार का सम्पर्क केवल युद्ध की तैयारी में सम्पर्क में आने वाले ठेकेदारों से था जिन्हें केवल अपने मुनाफ़ों से मतलब था। भारत की जनता पर गाँधीजी की पकड़ थी। गाँधीजी का कहना था कि जब तक ब्रिटिश सरकार भारत की स्वाधीनता की घोषणा नहीं करती, भारत के लोगों को देश रक्षा के लिए संगठित नहीं किया जा सकता। राजा जी जैसे वरिष्ठ नेता भी जापानी ख़तरे से विचलित होकर सरकार से सहयोग करने के पक्षधर हो गये थे। अब सरकार से सहयोग करने की माँग केवल समाजवादियों तक सीमित नहीं रह गयी थी। नये, पुराने सभी नेता भारत पर जापान के नियन्त्रण की आशंका से चिन्तित थे। लेकिन

गाँधीजी अविचलित थे। उन्होंने ब्रिटेन की आसन्न हार की ख़बरों पर विश्वास न करने की सलाह दी और कहा कि लड़ाई में कई बार मोर्चे से पीछे हटना पड़ता है। लेकिन इसका मतलब पराजय नहीं होता। उनकी एक ही टेक थी कि अगर ब्रिटिश सरकार को काँग्रेस का सहयोग चाहिए तो उसे भारत को पूर्ण स्वतन्त्रता देने के लिए तैयार होना होगा। आख़िर काँग्रेस उनकी स्थिति पर लौट आयी। सितम्बर १९३९ के सविनय अवज्ञा आन्दोलन के निर्णय के बाद दो बार वे अहिंसा की टेक लेकर सरकार को सहयोग न देने के अपने फ़ैसले के कारण काँग्रेस से अलग हो चुके थे। आख़िर काँग्रेस को ही उनकी बात माननी पड़ी।

उस समय अकेले गाँधीजी थे जिन्हें जापान के आक्रमण की आशंका निराशा में नहीं धकेले हुए थी। गाँधीजी देख रहे थे क्रिप्स मिशन के ऊलजुलूल प्रस्तावों ने लोगों को क्रोधित कर दिया है। बहुत सम्भव है कि भारत की जनता जापानियों का मुक्तिदाताओं के रूप में स्वागत करे, जैसा कि मलय आदि द्वीपों में हो चुका था। इस दशा में अँग्रेज़ों के पास केवल एक ही सम्मानजनक रास्ता था कि वे शान्तिपूर्वक भारत को उसकी जनता के भरोसे या फिर "अराजकता या भगवान के भरोसे" छोड़ दें। एक स्वतन्त्र भारत जापानियों के विरुद्ध अपनी शक्ति का संगठन कर उनसे मोर्चा ले सकता था। गाँधीजी ने काँग्रेस और जनता के सामने पूर्ण असहयोग द्वारा जापानी ख़तरे का मुक़ाबला करने की योजना की एक रूपरेखा रखी। काँग्रेस ने प्रस्तुत संकट का विचार करने के लिए २७ अप्रैल, १९४२ को इलाहाबाद में कार्यसमिति की एक बैठक बुलायी थी। इस बैठक में विचार के लिए गाँधीजी ने मीरा बहन के मार्फ़त हिन्दुस्तानी में एक प्रस्ताव का मसौदा भेजा था जिसके आधार पर काँग्रेस महासमिति की बैठक में एक प्रस्ताव रखा जा सकता था। प्रस्ताव का मसौदा यह था :

> चूँकि ब्रिटिश युद्ध मन्त्रिमण्डल के प्रस्तावों से, जो सर स्टाफोर्ड क्रिप्स लाये, ब्रिटिश साम्राज्यवाद का अभूतपूर्व नग्न रूप सामने आया, काँग्रेस महासमिति निम्नलिखित निर्णय पर पहुँची है :
>
> काँग्रेस महासमिति का मत है कि ब्रिटेन भारत की रक्षा करने में असमर्थ है। यह स्वाभाविक है कि वह जो कुछ कहता है केवल अपनी रक्षा के लिए। भारतीय और ब्रिटिश हितों का संघर्ष सनातन है। इससे यह भी निष्कर्ष निकलता है कि रक्षा के सम्बन्ध में इनकी मान्यताएँ भिन्न हों।

> ब्रिटिश सरकार का भारत की राजनीतिक पार्टियों में विश्वास नहीं है। भारतीय सेना अब तक ख़ासतौर पर इसीलिए रखी गयी है कि भारत को ग़ुलाम बनाकर रखा जा सके। यह साधारण जनता से पूरी तरह अलग रखी गयी है जिससे जनता किसी भी रूप में इसे अपना नहीं समझ सकती। अविश्वास की यह नीति अभी भी जारी है और यही कारण है कि राष्ट्र की रक्षा भारत के निर्वाचित प्रतिनिधियों को नहीं सौंपी जाती।
>
> जापान का भारत से कोई झगड़ा नहीं है। वह ब्रिटिश साम्राज्य के विरुद्ध लड़ रहा है। भारत युद्ध में शामिल किया गया, किन्तु भारत की जनता के निर्वाचित प्रतिनिधियों की सहमति से नहीं। यह कार्य तो ब्रिटेन ने अपनी ओर से किया है। यदि भारत स्वतन्त्र होता तो शायद इसका पहला काम जापान से समझौते की बातचीत करना होता। काँग्रेस का यह मत है कि यदि ब्रिटिश भारत से चले जायें तो जापानी या किसी दूसरे आक्रमण की स्थिति में भारत अपनी रक्षा कर सकेगा।
>
> इसलिए, काँग्रेस महासमिति का मत है कि अँग्रेज़ भारत छोड़ दें। यह दलील बिल्कुल व्यर्थ है कि उन्हें भारत में देशी रजवाड़ों की रक्षा के लिए रहना चाहिए। यह एक और प्रमाण है भारत पर अपना शिकंजा बनाये रखने के निश्चय का। रजवाड़ों को नि:शस्त्र भारत से भयभीत होने की ज़रूरत नहीं है।
>
> बहुमत और अल्पमत की समस्या ब्रिटिश सरकार द्वारा पैदा की गयी है और उसके यहाँ से चले जाने पर यह समाप्त हो जायेगी।

इन सब कारणों से समिति ब्रिटेन से अनुरोध करती है कि वह अपनी सुरक्षा के लिए, भारत की सुरक्षा के लिए और विश्व शान्ति के लिए भारत पर अपना शासन ख़त्म कर दे, यदि वह अपने सारे एशियाई और अफ्रीकी उपनिवेशों पर से शासन नहीं भी ख़त्म करता है।

> समिति जापान सरकार को और जापान की जनता को आश्वासन देना चाहती है कि भारत, जापान के प्रति या किसी और राष्ट्र के प्रति कोई शत्रु भाव नहीं रखता। भारत केवल विदेशी शासन से मुक्ति की कामना करता है। परन्तु अपनी स्वतन्त्रता के इस संघर्ष में, सभी की सहानुभूति का स्वागत करते हुए भी, समिति का यह मत है कि इसे किसी विदेशी सैनिक सहायता की ज़रूरत नहीं है। भारत अपनी स्वतन्त्रता अहिंसात्मक तरीक़ों से प्राप्त करेगा और उन्हीं से इसे बनाये भी रखेगा। इसलिए भारत यह आशा करता है कि जापान इस देश पर कोई बुरी नीयत नहीं रखेगा।

परन्तु यदि, जापान भारत पर आक्रमण करता है और ब्रिटेन भारत के अनुरोध पर कोई कार्रवाई नहीं करता, तो समिति उन सब लोगों से, जो काँग्रेस से मार्गदर्शन की अपेक्षा करते हैं, यह आशा करती है कि वे आक्रमणकारी जापानियों से पूर्ण रूप से अहिंसात्मक असहयोग करेंगे और जापानी सेनाओं की किसी प्रकार की सहायता नहीं करेंगे। जिन पर आक्रमण किया जाता है उनका यह किसी प्रकार कर्तव्य नहीं है कि वे आक्रमणकारियों की सहायता करें। पूर्ण असहयोग करना ही उनका कर्तव्य है।

अहिंसात्मक असहयोग के साधारण सिद्धान्त को समझना किसी के लिए मुश्किल नहीं है :

१. हम आक्रमणकारी के सामने न घुटने टेकें और न उसके हुक्म मानें।

२. न उससे हम कोई लाभ उठाने की सोचें और न उसके द्वारा दिये जाने वाले प्रलोभनों का शिकार हों। परन्तु उससे न द्वेष करें और न उसका बुरा चाहें।

३. यदि वह हमारे खेतों पर कब्ज़ा करना चाहें, तो हम मरते दम तक उसका प्रतिरोध करते रहें—चाहे इसमें हम मर भी जायें।

४. यदि वह बीमारी में फँस जाय या प्यास से मर रहा हो और हमारी सहायता चाहे तो हम इससे इनकार न करें।

५. जहाँ ब्रिटिश और जापानी सेनायें लड़ रही होंगी वहाँ हमारा असहयोग व्यर्थ और अनावश्यक होगा।

इस समय ब्रिटिश सरकार से हमारा असहयोग सीमित है। उनके युद्धरत होने पर उनसे सम्पूर्ण असहयोग करने का अर्थ जानबूझकर देश को जापानियों को सौंपना होगा। इसलिए ब्रिटिश सेनाओं के मार्ग में कोई रुकावट न डालना ही बहुधा हमारा जापानियों से असहयोग करने का प्रदर्शन होगा। किसी सक्रिय रूप में हमें अँग्रेज़ों की सहायता भी नहीं करनी है। अगर हम उसके हाल के रुख़ को देखें तो यह स्पष्ट नज़र आयेगा कि ब्रिटिश सरकार हमारी कोई सहायता न चाहकर केवल यही चाहती है कि हम कोई रुकावट न डालें। वह हमें ग़ुलाम बनाये रखकर ही हमारी सहायता चाहती है—जो स्थिति हम कभी स्वीकार नहीं कर सकते।

समिति के लिए यह ज़रूरी है कि सबकुछ नष्ट करने की नीति के सम्बन्ध में स्पष्ट घोषणा करे। यदि, हमारे अहिंसक प्रतिरोध के बाद भी,

देश का कोई भाग जापानियों के कब्ज़े में आता है तो हम अपनी फसलें और पानी के साधन नष्ट नहीं करेंगे, कारण कि हमें फिर इन पर कब्ज़ा करना है। सैनिक सामग्री नष्ट करने की और बात है। एक ख़ास स्थिति में सैनिक दृष्टि से यह आवश्यक हो सकता है परन्तु काँग्रेस की कभी यह नीति नहीं हो सकती कि जो कुछ जनता का है या जिसका वे उपयोग कर सकते हैं, वह नष्ट कर दिया जाय।

जबकि जापानी सेनाओं के विरुद्ध एक सीमित संख्या में ही लोग सत्याग्रह करेंगे और यदि वह पूर्ण और सच्चा हुआ तो सफल होगा, स्वराज्य के लिए तो करोड़ों भारतीयों को हृदय से रचनात्मक काम में लग जाना होगा। इसके अभाव में सारा राष्ट्र दीर्घकालीन निद्रा से उठ नहीं सकता। अँग्रेज़ यहाँ रहें या न रहें, यह हमारा कर्तव्य है कि हम बेकारी का खात्मा कर डालें, धनी और ग़रीब के बीच की खाई को कम करने का मार्ग ढूँढ़ें, साम्प्रदायिक झगड़े समाप्त करें, छुआछूत के दानव को दफ़न करें, डाकुओं का सुधार कर जनता की उनसे रक्षा करें। यदि करोड़ों लोग राष्ट्र निर्माण के इस कार्य में पूरी रुचि नहीं लेते तो स्वतन्त्रता एक स्वप्न मात्र रहेगा, जो न अहिंसा से और न हिंसा से साकार हो सकेगा।

कार्यसमिति ने गाँधीजी के प्रारूप के आधार पर सर्वसम्मति से एक प्रस्ताव स्वीकार कर लिया। लेकिन बैठक के अगले दिन मौलाना आज़ाद ने प्रस्ताव के क्रियात्मक भाग, जिसमें अँग्रेज़ों को भारत से चले जाने के लिए कहा गया था, को प्रस्ताव से निकालने की माँग की और कहा कि ऐसा नहीं किया गया तो वे कार्यसमिति से इस्तीफ़ा दे देंगे। उन्हीं की तरह जवाहरलाल नेहरू और गोविन्द वल्लभ पन्त ने भी अपने विचार बदल दिये। इस्तीफ़ों से होने वाली फजीहत बचाने के लिए बाक़ी सदस्यों ने परिवर्तन के लिए सहमति दे दी और प्रस्ताव संशोधित कर दिया गया। उसे २९ अप्रैल से २ मई तक हुई काँग्रेस महासमिति की बैठक में स्वीकार कर लिया गया। गाँधीजी को पता चला तो उन्होंने पत्र लिखकर मौलाना आज़ाद और जवाहरलाल नेहरू से इस्तीफ़ा दे देने की बात कही। महासमिति की इसी बैठक में राजाजी का यह प्रस्ताव तिरस्कृत कर दिया गया था कि भारत के विभाजन को सिद्धान्त रूप में स्वीकार करके मुस्लिम लीग से समझौता कर लिया जाय।

गाँधीजी से चर्चा के लिए कार्यसमिति की एक बैठक ७ जुलाई, १९४२ को वर्धा में बुलायी गयी। इस बैठक में गाँधीजी ने अपने प्रस्ताव में

उल्लिखित इस माँग की व्याख्या की कि ब्रिटिश सरकार को शान्तिपूर्वक तरीक़े से इस देश से चले जाना चाहिए। स्वतन्त्र भारत जापान से अपनी रक्षा अपने शान्तिपूर्ण तरीक़ों से स्वयं कर लेगा। मौलाना आज़ाद, जवाहरलाल नेहरू, गोविन्द वल्लभ पन्त, सैयद महमूद और आसफ अली ने अपनी असहमति व्यक्त करते हुए कहा कि ब्रिटिश सरकार भारत से चले जाने पर सहमत नहीं होगी और सत्याग्रह आन्दोलन का मित्र राष्ट्रों विशेषकर चीन, अमेरिका और रूस पर ग़लत असर पड़ेगा। ब्रिटिश सरकार प्रचारित करेगी कि काँग्रेस जापानियों से सहानुभूति रखती है। इस पर गाँधीजी ने उन्हीं से पूछा कि परिस्थिति का सामना करने के लिए उनके पास क्या उपाय है? ब्रिटिश सरकार काँग्रेस से समझौता करने के लिए तैयार नहीं थी और देश की आन्तरिक स्थिति दिनोंदिन बिगड़ती जा रही थी। काँग्रेस मुसीबत में पड़े लोगों की कोई मदद नहीं कर सकती थी। इसका असहमति जताने वाले नेताओं के पास कोई जवाब नहीं था। गाँधीजी ने उलाहना देते हुए कहा कि अगर वे अपने सम्भ्रान्त संगठन को उनके द्वारा प्रस्तावित जोख़िम भरे कार्यक्रम में नहीं लगाना चाहते तो गाँधीजी अकेले ही सविनय अवज्ञा आन्दोलन चलायेंगे। तब काँग्रेस यह प्रस्ताव पारित कर सकती है कि जो काँग्रेसजन उनके विचारों से सहमत हों वे उनके सत्याग्रह में सम्मिलित हो सकते हैं।

गाँधीजी के इस सुझाव पर लम्बी बहस हुई। गाँधीजी के तर्क अकाट्य थे। अन्ततः गाँधीजी जवाहरलाल नेहरू को यह समझाने में सफल हुए कि ब्रिटेन की साम्राज्यवादी सरकार की हठधर्मी का जवाब आन्दोलन छेड़कर ही दिया जा सकता है। ब्रिटिश सरकार तो देश को स्वतन्त्र करने की बजाय उसे जापानियों के हवाले करने को तैयार है। अन्ततः वह प्रस्ताव पारित हुआ जिसे इतिहास 'भारत छोड़ो' के प्रस्ताव के रूप में जानता है। प्रस्ताव में देश की तेज़ी से बिगड़ती स्थिति पर चिन्ता प्रकट की गयी थी। उसमें यह भय प्रकट किया गया था कि ब्रिटिश सरकार के निष्ठुर, अत्याचारपूर्ण और प्रतिरोधात्मक व्यवहार ने देश की जनता को इस हद तक नाराज़ कर दिया है कि वह आक्रमणकारी सेना को मुक्तिदाता समझकर उसका स्वागत कर सकती है। क्रिप्स मिशन के असफल हो जाने के बाद काँग्रेस के पास एक ही रास्ता रह गया है कि वह ब्रिटिश शासन से देश छोड़ने की माँग करे। इससे देश की जनता को जापानी आक्रमण के संकट

का मुक़ाबला करने के लिए संगठित किया जा सकेगा। ब्रिटिश सरकार को काँग्रेस की यह विवेकपूर्ण माँग स्वीकार कर लेनी चाहिए जो केवल भारत के ही हित में नहीं बल्कि ब्रिटेन और उन उद्देश्यों के भी हित में है जिनको मानने की घोषणा संयुक्त राष्ट्र संघ ने की है। इस प्रस्ताव के पीछे काँग्रेस की यह इच्छा नहीं है कि ग्रेट ब्रिटेन या उसके मित्र राष्ट्रों को युद्ध करने के समय परेशान किया जाय। या भारत पर आक्रमण करने या चीन पर दबाव बनाने वाली किसी शक्ति को प्रोत्साहित किया जाय। न काँग्रेस की यह इच्छा है कि ब्रिटेन और मित्र राष्ट्रों की रक्षात्मक व्यवस्था ख़तरे में पड़े। इसलिए काँग्रेस अँग्रेज़ों और उसके मित्र राष्ट्रों की सेनाओं के भारत में तैनात किये जाने पर सहमत है। यदि ब्रिटिश सरकार ने भारत से अपना शासन समाप्त करने की माँग स्वीकार नहीं की तो काँग्रेस व्यापक पैमाने पर गाँधीजी के नेतृत्व में अहिंसात्मक आन्दोलन शुरू करेगी।

कार्यसमिति में सहमति के बाद प्रस्ताव की पुष्टि के लिए ७ अगस्त, १९४२ को बम्बई में काँग्रेस महासमिति की बैठक बुलायी गयी। ८ अगस्त को जवाहरलाल नेहरू ने भारत छोड़ो प्रस्ताव प्रस्तुत किया और सरदार पटेल ने उसका अनुमोदन किया। अपने भाषण में गाँधीजी ने कहा :

> भगवान ने मुझको अहिंसा के रूप में एक अमूल्य उपहार दिया है...यदि आज मैं निष्क्रिय हो चुप बैठ जाऊँ, जबकि समस्त विश्व ज्वाला की लपेट में है...भगवान मुझे क्षमा नहीं करेगा।...यदि विश्व के सारे राष्ट्र मेरा विरोध करें, यदि सारा भारत मुझे यह मनवाने की कोशिश करे कि मैं भूल कर रहा हूँ, फिर भी मैं आगे बढ़ता ही जाऊँगा, केवल भारत के हित में ही नहीं, बल्कि समस्त विश्व के हित में।

आन्दोलन की तैयारी के बारे में बताते हुए उन्होंने कहा,

> आन्दोलन आरम्भ होने में दो या तीन सप्ताह लग सकते हैं। आपके सामने चौदहसूत्रीय रचनात्मक कार्यक्रम है। एक चरखा तो है ही। मौलाना साहब को यह समझाने में मुझे काफ़ी प्रयत्न करना पड़ा कि किसी भी अहिंसात्मक आन्दोलन में चरखे का एक निश्चित स्थान है। परन्तु इससे भी अधिक कुछ आपको करना है, जो आपके कार्यक्रम में जान डाल देगा। इसी क्षण से आप सब लोगों को अपने को स्वतन्त्र पुरुष या स्त्री समझना और इस तरह काम करना आरम्भ कर देना चाहिए जैसे कि

> आप स्वतन्त्र हैं और अब आप पर किसी साम्राज्यवाद का अंकुश नहीं है। यह कोई कपोल-कल्पना नहीं है। भौतिक रूप में इसकी प्राप्ति से पहले आपको स्वतन्त्रता की भावना पैदा करनी पड़ेगी। एक दास की जंजीरें तभी टूट जाती हैं, जैसे ही वह अपने को स्वतन्त्र व्यक्ति समझने लगता है। नेताओं की गिरफ़्तारी के बाद हर व्यक्ति स्वयं अपना सेनापति होगा और उससे यह आशा की जायेगी कि भारत छोड़ो प्रस्ताव को कार्यरूप देने के लिए अहिंसा की सीमा के अन्दर करूँगा या मरूँगा का व्रत ले।

काँग्रेस महासमिति की इस बैठक की कार्यवाही मध्यरात्रि तक चली थी। उसके कुछ घण्टों के भीतर ही महात्मा गाँधी और काँग्रेस के अन्य अधिकांश नेताओं को गिरफ़्तार कर लिया गया। इससे पूरे देश में विद्रोह की आग भड़क उठी। एक सप्ताह तक बम्बई, कलकत्ता, अहमदाबाद, दिल्ली और बंगलौर आदि अनेक स्थानों पर कारोबार ठप्प रहा। जमशेदपुर के टाटा इस्पात कारखाने में एक पखवाड़े तक काम बन्द रहा विश्वविद्यालयों के अस्सी प्रतिशत छात्रों ने पढ़ाई बन्द कर दी। बनारस हिन्दू विश्वविद्यालय के दरवाज़े पर ताला लगा दिया गया। देश भर में विद्रोह की स्थिति पैदा हो गयी। लोगों ने डाकघर, थाने, अदालतों, रेल के स्टेशनों आदि में आग लगानी आरम्भ कर दी। रेल की पटरियाँ उखाड़ी गयीं, रेल के डिब्बों को तोड़ा गया। टेलीफ़ोन और टेलीग्राफ़ के तार काट दिये गये।

सरकार ने आन्दोलन के क्रूरतापूर्वक दमन का पहले ही निर्णय कर रखा था। इस सिलसिले में प्रधानमन्त्री चर्चिल और वायसराय लिनलिथगो की एक राय थी। अधिकारियों ने क्रूरता की सारी सीमाएँ लाँघ लीं। दिल्ली में पुलिस ने ११ से १२ अगस्त को ४७ अवसरों पर गोली चलाई। उत्तर प्रदेश में ९ से २१ अगस्त के बीच २९ बार गोली चली और ७६ लोग मारे गये। मध्य प्रदेश में पुलिस की गोली से ६४ लोग मारे गये। मैसूर राज्य में पुलिस की गोली से मरने वालों की संख्या ६०० तक पहुँच गयी। पटियाला में एक सार्वजनिक भवन पर राष्ट्रीय झण्डा फहराने की कोशिश में ८ विद्यार्थी मारे गये। कलकत्ते में भी ख़ूब लहू-लुहान हुआ। मेदिनीपुर और महाराष्ट्र के कुछ इलाक़ों में समानान्तर सरकारें स्थापित की गयीं। बलिया को ब्रिटिश शासन से मुक्त कर लिया गया। नेताओं की गिरफ़्तारी के बाद यह सारा आन्दोलन स्वतःस्फूर्त था। अरुणा आसफ अली, राममनोहर

लोहिया और अच्युत पटवर्धन ने एक गुप्त रेडियो स्टेशन स्थापित किया और आन्दोलन के समाचार प्रसारित किये जाने लगे। सरकार ने अपना दमनचक्र चलाकर कुछ दिन में आन्दोलन को तो दबा दिया, लेकिन इस आन्दोलन ने आज़ादी की जो लहर पैदा की उसे दबाना सम्भव नहीं था। जैसी गाँधीजी ने अपेक्षा की थी देश के अधिकांश लोग अपने आप को स्वतन्त्र समझने लगे थे। इस आन्दोलन में भी कोई एक लाख से ऊपर लोग जेल गये थे।

बंगाल के मुख्य सचिव ने २१ सितम्बर, १९४२ को लिखी अपनी एक रिपोर्ट में कहा,

> भारत के सभी वर्गों के लोग इस माँग पर एकमत हैं कि सत्ता का फ़ौरन हस्तान्तरण और राष्ट्रीय सरकार की स्थापना हो।

ऐसा राष्ट्र जो अँग्रेज़ों और उसके मित्र राष्ट्रों की सेनाओं के अपनी भूमि पर होने के बावजूद युद्ध के समय भारत छोड़ो का जयघोष कर सकता हो, अब और ग़ुलामी की जंजीरों में बाँधकर नहीं रखा जा सकता था। गाँधीजी जो अब तक के हर आन्दोलन में टकराव बीच में ही स्थगित करते रहे थे, इस बार कृत संकल्प थे। उन्हें अन्तिम टकराव के उचित समय का ज्ञान था। वे अद्भुत सेनापति थे और उनकी बुद्धि को समझ पाना ब्रिटिश राज्य के लिए तो क्या उनके अपने निकट सहयोगियों के लिए भी सम्भव नहीं था। जवाहरलाल नेहरू के लिए तो और भी कम क्योंकि उन्होंने गाँधीजी को हमेशा प्रतिकूल बुद्धि से ही देखा था। उस समय अँग्रेज़ों की दशा दयनीय होती जा रही थी। वे भारतीय सेना पर भी अब बहुत भरोसा नहीं कर सकते थे। उन्हें यह भी ज्ञात था कि भारतीय सेना के कई अफ़सर निरन्तर गाँधीजी के सम्पर्क में थे। उनमें से कई सेना से इस्तीफ़ा देना चाहते थे, लेकिन गाँधीजी के परामर्श से ही वे वहाँ बने हुए थे। ब्रिटिश फ़ौज़ के चुने हुए नौजवान विश्वयुद्ध में मारे जा रहे थे। ब्रिटेन पर युद्ध के कारण विदेशी ऋण बढ़ता जा रहा था। गाँधीजी जानते थे कि अपने घमण्ड के बावजूद चर्चिल भारत की स्वाधीनता को रोक नहीं पायेंगे।

जेल में शुरू में गाँधीजी को भारत छोड़ो आन्दोलन की व्यापकता की कोई जानकारी नहीं होने दी गयी। सरकारी दमन के हृदय कँपा देने वाले

समाचार भी जेल में बन्द काँग्रेसी नेताओं के पास १७ दिन बाद पहुँचने दिये गये। इस बार गाँधीजी आन्दोलनकारियों की हिंसा से व्यथित नहीं, सरकारी दमन के समाचारों से क्रोधित नज़र आ रहे थे। वायसराय लिनलिथगो ने इस स्थिति का सारा दोष गाँधीजी और उनके आन्दोलन पर डाल दिया था और कहा था कि सरकार तो बड़े धैर्य से यह आशा लगाये बैठी थी कि शायद काँग्रेसजन बुद्धिमानी से काम लें। गाँधीजी को जब सरकारी दमन का पता चला और यह ज्ञात हुआ कि वायसराय ने इसका सारा दोष काँग्रेस के सिर मढ़ दिया है तो नाराज़ होकर उन्होंने वायसराय को पत्र लिखा। गाँधीजी ने काफ़ी नाराज़गी दिखाते हुए यह प्रश्न उठाया कि बुद्धिमानी से काम लेने से वायसराय का क्या तात्पर्य है? सरकार को यह आशा करने का क्या अधिकार है कि लोग अपनी उचित माँग त्याग देंगे। जबकि सरकार ने स्वयं भारत को स्वतन्त्र करने का वचन दिया है। सरकार ने धीरज से बातचीत करने की बजाय दमन का सहारा लिया और यह नौबत आयी। पत्र-व्यवहार लम्बा चला लेकिन वायसराय लिनलिथगो के कठोर रवैये में कोई अन्तर नहीं आया। अन्ततः गाँधीजी ने १० फ़रवरी, १९४३ को जेल में ही अनशन करने का निर्णय किया। अनशन से उनकी हालत बिगड़ने लगी और उनके जीवन पर संकट आ गया। इस बीच यह ख़बर आयी कि सरकार ने उनके देहान्त की स्थिति में आगा ख़ाँ महल के भीतर ही उनकी अन्त्येष्टि की व्यवस्था कर ली है। वायसराय ने अपने अन्तिम पत्र में गाँधीजी को लिखा था कि वे उनके अनशन को जिस कठिन परिस्थिति में उन्होंने अपने को डाल लिया है उससे निकलने का एक सरल उपाय अपनाने और दबाव डालकर राजनीतिक लाभ ऐंठने के रूप में ही देखेंगे। गाँधीजी के अनशन पर सरकार के इस व्यवहार ने पूरे देश को व्यथित और उत्तेजित कर दिया।

उनकी अन्त्येष्टि के गुपचुप इन्तज़ाम की अफ़वाहों ने आग में घी का काम किया और आन्दोलन की एक नयी लहर उठी। वायसराय की कार्यकारिणी परिषद के सदस्य एच.पी. मोदी, नलिनी रंजन सरकार और माधव श्रीहरि अणे ने १७ फ़रवरी को ही इस्तीफ़ा दे दिया था। गाँधीजी को जेल से छुड़ाने का देशव्यापी आन्दोलन चला। १९ फ़रवरी को उनकी रिहाई का दबाव बनाने के लिए निर्दलीय नेताओं का एक सम्मेलन हुआ। इस सम्मेलन में मोहम्मद अली जिन्ना ने आने से इनकार कर दिया था। अनशन के दूसरे

सप्ताह ही सरकार द्वारा उनके अन्तिम संस्कार की सारी तैयारी कर लेने के बाद काँग्रेस को बदनाम करने के लिए एक पुस्तिका प्रकाशित की गयी थी जिसका शीर्षक था उपद्रवों के लिए काँग्रेस की जिम्मेदारी। लेकिन सबकी आशंकाओं को दरकिनार करते हुए गाँधीजी के स्वास्थ्य में अचानक सुधार हुआ। उनकी चिकित्सा में लगे विधानचन्द्र राय, जो उसी जेल में थे, ने कहा,

> वे मृत्यु के बहुत निकट थे। उन्होंने हम सबको बेवक़ूफ़ बना दिया।

२१ दिन के बाद गाँधीजी ने अपना अनशन तोड़ा।

जेल में पहुँचने के कुछ समय बाद ही गाँधीजी को अपने सचिव और सहयोगी महादेव भाई देसाई के निधन का समाचार मिला था। ९ अगस्त की शाम को कस्तूरबा भी एक सभा में भाषण कर क़ानून भंग करने पर अड़ गयी थीं। उन्हें गिरफ़्तार करके नज़रबन्दी के लिए आगा ख़ाँ महल में ले जाया गया था। बाद में सुशीला नैयर और प्यारेलाल भी गिरफ़्तार करके वहीं भेज दिये गये। कस्तूरबा का स्वास्थ्य अच्छा नहीं था। गाँधीजी के अनशन ने उनका तनाव बढ़ा दिया। उनकी बिगड़ती हुई हालत पर सरकार ने दिसम्बर में एक विज्ञप्ति के द्वारा कहा कि बीमारी के बावजूद उनकी रिहाई इसलिए नहीं की जा रही कि इससे उन्हें गाँधीजी से अलग होना पड़ेगा। बीस फ़रवरी को जब उनकी हालत गम्भीर घोषित की गयी तो उनके पुत्र देवदास गाँधी ने इंग्लैण्ड से पेनिसिलिन का इंजेक्शन मँगवाने की इच्छा व्यक्त की। गाँधीजी ने उन्हें ऐसा करने से रोक दिया और कहा,

> अब तुम अपनी माँ को निरोग नहीं कर सकते, चाहे दुनिया भर से कितनी भी चमत्कारिक दवाएँ क्यों न मँगा लो। तुम यदि ज़ोर दोगे तो मैं मान जाऊँगा। पर तुम सरासर ग़लती पर हो। उसने कोई दवा खाने से इनकार कर दिया है और इन दो दिनों में पानी तक नहीं पिया है। वह अब भगवान के हाथों में है। यदि तुम चाहो तो इसमें दख़ल दे सकते हो, परन्तु मेरी यह सलाह है कि तुम जो करना चाहते हो वह न करो। और साथ ही यह भी याद रखो कि तुम एक मरणासन्न माता को हर छठे या चौथे घण्टे इंजेक्शन लगाने से होने वाली शारीरिक पीड़ा पहुँचाओगे।

देवदास को गाँधीजी की सलाह के आगे झुकना पड़ा। कस्तूरबा ने २२ फ़रवरी, १९४३ को गाँधीजी की गोद में अपने प्राण त्याग दिये। मित्र और सम्बन्धी कस्तूरबा के शरीर को अन्त्येष्टि के लिए आगा ख़ाँ महल के

बाहर ले जाना चाहते थे। लेकिन सरकार ने ऐसी सार्वजनिक अन्त्येष्टि की अनुमति नहीं दी और महादेव देसाई की तरह उनकी अन्त्येष्टि भी आगा ख़ाँ महल में ही कर दी गयी।

अपनी इसी नज़रबन्दी के दौरान गाँधीजी ने काँग्रेस के कुछ नेताओं के आग्रह पर कार्ल मार्क्स का प्रसिद्ध ग्रन्थ दास कैपिटल और कुछ दूसरा मार्क्सवादी साहित्य पढ़ा था। इसे पढ़ने के बाद उनकी टिप्पणी थी कि कार्ल मार्क्स को मानव स्वभाव की बहुत कम समझ थी। अगर उनके पास भी अध्ययन के लिए उतना समय होता जितना कार्ल मार्क्स के पास था तो वे इससे बहुत ऊँचा ग्रन्थ लिखते। अप्रैल १९४४ में गाँधीजी को मलेरिया का प्रकोप हुआ। मलेरिया के कारण उनके शरीर में ख़ून की काफ़ी कमी हो गयी और उनका रक्तचाप भी कम हो गया। जब उनकी दशा बिगड़ने लगी तो सरकार ने ६ मई, १९४४ को उन्हें और उनके साथ के लोगों को रिहा कर दिया। तीन दिन पुणे में विश्राम करने के बाद वे बम्बई चले गये। शक्तिअर्जन के लिए १४ मई से उन्होंने चौदह दिन का मौन लिया। १५ जून को वे पुणे लौट आये और २९ जून को महाराष्ट्र के काँग्रेस कार्यकर्त्ताओं से मिले। यहाँ भारत छोड़ो आन्दोलन में हुई हिंसा को लेकर कुछ लोगों ने सवाल उठाये। लेकिन गाँधीजी वायसराय को लिखे अपने पत्रों में कह चुके थे कि सरकार की सिंहवत हिंसा ने लोगों को पागल कर दिया था। इसलिए अहिंसा के प्रति अपने पूर्ण समर्पण को दोहराते हुए भी उन्होंने अन्य लोगों के कार्यों की आलोचना करने और उसके बारे में उचित-अनुचित का निर्णय देने से इनकार कर दिया।

इस बीच देश की निगाह सुभाषचन्द्र बोस पर टिकी रही थी। वे गाँधी-इरविन समझौते के बाद गाँधीजी की देशव्यापी यात्रा के दौरान उनके साथ रहे थे और गाँधीजी को मिले व्यापक जनसमर्थन से बहुत प्रभावित हुए थे। लेकिन धीरे-धीरे वे आम बंगालियों की इस धारणा पर लौट गये कि शान्तिपूर्ण तरीक़ों से देश को आज़ादी नहीं मिल सकती। जवाहरलाल नेहरू की तरह वे भी पूर्ण स्वराज्य की माँग किये जाने के लिए अधीर थे। उन्होंने गाँधीजी की अहिंसा और अन्तर्राष्ट्रीय नीतियों से मुखर असहमति व्यक्त की थी। १९३९ में जब विश्वयुद्ध की आशंका के समय गाँधीजी महत्त्वपूर्ण निर्णयों के लिए काँग्रेस के अध्यक्ष पद पर किसी ऐसे व्यक्ति को ही देखना चाहते थे जो उन्हें समझता हो और उनके मार्गदर्शन में चले

तो सुभाषचन्द्र बोस के ज़िदपूर्वक दोबारा अध्यक्ष पद पर खड़े होने और चुनाव जीतने से गाँधीजी के साथ उनका टकराव हुआ, और उन्होंने अध्यक्ष पद के साथ-साथ काँग्रेस से भी इस्तीफ़ा दे दिया। उन्हें अँग्रेज़ सरकार द्वारा ग्यारह बार गिरफ़्तार किया गया था। अन्तिम बार घर में नज़रबन्दी के दौरान वे छुपकर विदेश चले गये और २ अप्रैल, १९४० को बर्लिन पहुँचे। उन्होंने हिटलर से मिलकर उन्हें भारत की स्वाधीनता में सहायता देने के लिए मनाने की कोशिश की।

दूसरा विश्वयुद्ध आरम्भ होने से पहले ही जापान ने मेज़र आई फुजीवारा के नेतृत्व में एक गुप्तचर दल मलय द्वीपों के सुलतानों, प्रवासी चीनियों, बर्मा की स्वतन्त्रता के लिए संघर्षरत राष्ट्रवादियों और निर्वासित भारतीय स्वाधीनता सेनानियों से मिलने के लिए दक्षिण-पूर्व एशिया भेजा था। दक्षिण-पूर्व एशिया में न केवल भारतीयों की बड़ी आबादी थी, बल्कि वहाँ तैनात ब्रिटिश सेनाओं में भी बड़ी संख्या में भारतीय थे। सिर्फ़ मलय द्वीपों पर ही ७० हज़ार भारतीय सैनिक तैनात थे। जापान के सिंगापुर पर कब्ज़े के बाद बड़ी संख्या में युद्धबन्दी उनके हाथ लगे। निर्वासित भारतीयों को लेकर मोहनसिंह के नेतृत्व में जापानियों ने इण्डिया इण्डिपेंडेंस लीग बनवायी थी और भारतीय युद्धबन्दियों से इण्डियन नेशनल आर्मी गठित की गयी थी। लेकिन इससे बहुत अधिक सफलता नहीं मिली। उन्हीं दिनों सुभाषचन्द्र बोस अपनी रणनीति सफल बनाने के लिए दक्षिण-पूर्व एशिया की ओर देख रहे थे। जापान ने जनवरी १९४३ में उन्हें टोक्यो आने का निमन्त्रण दिया। जर्मनी की सहायता से एक पनडुब्बी में सवार होकर वे तीन महीने में ११ मई, १९४३ को टोक्यो पहुँचे। जापान ने उनसे इण्डियन इण्डिपेंडेंस लीग और इण्डियन नेशनल आर्मी का नेतृत्व करने के लिए कहा। इण्डियन नेशनल आर्मी के लोग पहले ही स्पष्ट कर चुके थे कि वे सुभाषचन्द्र बोस के नेतृत्व में ही फिर से संगठित हो सकते हैं। ४ जुलाई को सिंगापुर पहुँचकर उन्होंने इण्डियन इण्डिपेंडेंस लीग की कमान सँभाली और इण्डियन नेशनल आर्मी को आज़ाद हिन्द फ़ौज़ नाम दिया। शुरू में उसमें ४० हज़ार भारतीय युद्धबन्दी शामिल हुए थे जिनमें से १६ हज़ार को ही जापानी शस्त्र देने के लिए तैयार हुए थे। आरम्भिक असफलता के बाद काफ़ी लोग उसे छोड़ गये थे। सुभाषचन्द्र बोस के कमान सँभालते समय उसमें १२ हज़ार सैनिक थे। आठ दस हज़ार सैनिक राष्ट्रभक्ति जगाकर

और भर्ती किये गये। १८ हज़ार सैनिक दक्षिण–पूर्व एशिया में बसे हुए भारतीयों के बीच से भर्ती हुए। आज़ाद हिन्द फ़ौज़ की पहली डिवीजन की गुरिल्ला रेजीमेंटों को क्रमशः सुभाष रेजीमेंट, गाँधी रेजीमेंट, आज़ाद रेजीमेंट और नेहरू रेजीमेंट का नाम दिया गया था। आज़ाद हिन्द फ़ौज़ का उद्देश्य जापानी फ़ौज़ के साथ भारत की उत्तर–पूर्वी पहाड़ियों से भारत में प्रवेश करना था। उन्हें उम्मीद थी कि मैदान की तरफ़ उनके बढ़ने पर भारतीय फ़ौज़ में विद्रोह पनपेगा और भारत की जनता भी विद्रोह करेगी। इस तरह जैसा कि मलय द्वीपों में हुआ था, यहाँ भी वे ब्रिटिश सत्ता को उखाड़ने में सफल हो जायेंगे। सुभाषचन्द्र बोस इसे देश के भीतर गाँधीजी और काँग्रेस की कोशिशों का पूरक ही समझते थे, उसका विकल्प नहीं। ४ जुलाई, १९४४ को उन्होंने आज़ाद हिन्द फ़ौज़ के प्रधान सेनापति और निर्वासित सरकार के अध्यक्ष की हैसियत से रंगून में तिरंगा फहराते हुए अपने भाषण में कहा था, ''राष्ट्रपिता! हिन्दुस्तान की आज़ादी की इस लड़ाई में हम आपसे आशीर्वाद माँगते हैं।'' अपने इसी भाषण में उन्होंने ''तुम मुझे ख़ून दो मैं तुम्हें आज़ादी दूँगा'' का नारा लगाया था।

पर जापानी अफ़सरों के अहंकार के कारण आज़ाद हिन्द फ़ौज़ और जापानी सेना में बहुत तालमेल नहीं हो पाया। जापानी कमाण्डरों को आज़ाद हिन्द फ़ौज़ की क्षमता पर अधिक विश्वास नहीं था और वे उसे समुचित हथियार तथा युद्ध की योजना में बराबर की भूमिका देने के लिए तैयार नहीं हुए। इसके बावजूद आज़ाद हिन्द फ़ौज़ की टुकड़ी कोहिमा के निकट तक पहुँचने में सफल हो गयी थी। पर रंगून के फिर से ब्रिटिश हाथों में चले जाने, मानसून से रास्तों के अगम हो जाने, बर्मी राष्ट्रवादियों और प्रवासी चीनियों के विरोध ने बर्मा में जापानियों की उपस्थिति कठिन बना दी थी। आज़ाद हिन्द फ़ौज़, जिसे इरावदी नदी तक के क्षेत्र की रक्षा का भार सौंपा गया था, भी मुश्किल में पड़ी। अन्ततः अगस्त १९४५ को हिरोशिमा और नागासाकी पर परमाणु बम डाले जाने के बाद जापान ने आत्मसमर्पण कर दिया और आज़ाद हिन्द फ़ौज़ की चुनौती भी समाप्त हो गयी। उसके १६ हज़ार सैनिक पकड़े गये। जब लाल क़िले में कर्नल प्रेम सहगल, कर्नल गुरबख्श सिंह ढिल्लों और मेजर जनरल शहनवाज ख़ाँ पर देशद्रोह का मुक़दमा चलाया गया तो उनकी ओर से पैरवी करने के लिए जवाहरलाल नेहरू, भूलाभाई देसाई और कैलाशनाथ काटजू खड़े

हुए। उनके पक्ष में देश में ऐसा तूफ़ान उठा कि उन्हें निर्वासित किये जाने की सज़ा सुनाये जाने के बावजूद सरकार को उन्हें तथा आज़ाद हिन्द फ़ौज़ के ११ हज़ार सिपाहियों को रिहा करने के लिए विवश होना पड़ा।

देश की स्वाधीनता में महात्मा गाँधी के बाद जिन कुछ लोगों का योगदान उल्लेख करने योग्य है उनमें सरदार पटेल और सुभाषचन्द्र बोस सबसे ऊपर हैं। सुभाषचन्द्र बोस को भगवद् गीता में आस्था थी और वे विवेकानन्द से प्रभावित रहे थे। वे अपने आप को समाजवादी मानते थे लेकिन मार्क्सवादी धारा का नहीं बल्कि जिस सामाजिक समानता की बात विवेकानन्द ने कही थी, उस धारा का। वे कट्टर राष्ट्रभक्त थे और भारत के पुनर्निर्माण के लिए उन्हें सेना जैसा अनुशासन आवश्यक लगता था। इसी लिए उन्हें सोवियत रूस ने ही नहीं, आरम्भ के नाजीवादी शासन ने भी प्रभावित किया था। वे दूसरे विश्वयुद्ध के समय रूस की मदद चाहते थे, लेकिन रूस से सम्पर्क न हो पाने के कारण उन्होंने जर्मनी और इटली से सहायता पाने की कोशिश की। अन्त में उन्हें जापान से निमन्त्रण मिला जो पहले ही भारतीयों की एक सेना खड़ी करवाने की पहल कर चुका था। लेकिन जापानी कमाण्डरों से उन्हें अपेक्षित सहयोग नहीं मिला। फिर भी ४० हज़ार युद्धबन्दी तथा अप्रशिक्षित भारतीयों की फ़ौज़ से कोई विशेष अपेक्षा नहीं की जा सकती थी। उनकी आशा आज़ाद हिन्द फ़ौज़ की युद्ध करने की क्षमता पर नहीं, उसकी उपस्थिति से भारतीय सेना और देश की जनता पर पड़ने वाले मनोवैज्ञानिक प्रभाव पर अधिक टिकी थी। यह अपेक्षा भी परिस्थितियों के आकलन पर उतनी नहीं टिकी थी और वह एक भावुक आशा अधिक थी। जापान के समर्पण के बाद यह प्रयत्न बेकार हो गया। १८ अगस्त, १९४५ को एक हवाई दुर्घटना में उनकी मृत्यु हो गयी, हालाँकि इसकी सच्चाई पर अभी भी बहुत से लोगों को अविश्वास है।

दूसरे विश्वयुद्ध की समाप्ति के बाद यूरोप के सामने युद्धकालीन विध्वंस से उभरना ही सबसे बड़ी चुनौती थी। ब्रिटेन में लेबर पार्टी सरकार से बाहर आ गयी और चर्चिल को संसद भंग करके नये चुनाव की घोषणा करनी पड़ी। वैसे भी चर्चिल ब्रिटेन के युद्धकालीन हीरो थे और उन्हें नये चुनाव में अपनी कंजर्वेटिव पार्टी के और अधिक मजबूत होकर सरकार बनाने की उम्मीद थी। अपनी चुनाव सम्बन्धी स्थिति और मजबूत करने के लिए चर्चिल ने वायसराय वेवैल को भारतीय नेताओं से बात करके

कोई हल निकालने के लिए कहा। वायसराय ने शिमला में भारतीय नेताओं का एक सम्मेलन बुलाया। गाँधीजी उसके लिए आमन्त्रित थे, लेकिन उन्होंने लिखा कि ऐसे औपचारिक सम्मेलन में अध्यक्ष के नाते मौलाना आज़ाद को ही बुलाया जाना चाहिए। वायसराय ने उस सम्मेलन में मुस्लिम लीग की भाषा बोलते हुए काँग्रेस को सवर्ण हिन्दुओं के प्रतिनिधि के तौर पर आमन्त्रित किया था जिसे काँग्रेस कभी स्वीकार नहीं कर सकती थी। दूसरी तरफ़ मुस्लिम लीग की ओर से मोहम्मद अली जिन्ना ने प्रस्तावित अन्तरिम सरकार में मुसलमानों के लिए काँग्रेस के बराबर नहीं बल्कि शेष सभी दलों के प्रतिनिधियों की कुल संख्या के बराबर जगह चाहीं और यह शर्त रखी कि काँग्रेस किसी मुस्लिम नेता को मन्त्रिमण्डल में अपनी ओर से नहीं रख सकेगी, मुसलमानों का प्रतिनिधित्व करने का अधिकार केवल मुस्लिम लीग का होगा। इन अतिवादी माँगों के बाद सम्मेलन की असफलता तय थी। यही जिन्ना चाहते थे। वे काँग्रेस से समझौता करके नहीं बल्कि अँग्रेज़ों पर दबाव डालकर अपनी माँगें मनवाना चाहते थे।

इससे पहले ९ सितम्बर, १९४४ को महात्मा गाँधी अपनी पहल पर जिन्ना से मिलने गये थे। सबसे पहले तो जिन्ना ने यही जानना चाहा कि गाँधीजी किस की ओर से और किस अधिकार से उनसे मिलने आये हैं। वे इस बात पर अड़े रहे कि गाँधीजी अपने आप को केवल हिन्दुओं का नेता मानें और मुसलमानों के प्रतिनिधि के रूप में मुस्लिम लीग को मान्यता दी जाय। गाँधीजी ने राजाजी फार्मूले पर उनकी राय जाननी चाही। राजाजी फार्मूला यह था कि मुस्लिम लीग काँग्रेस की युद्धकाल में अस्थायी सरकार बनाने और युद्ध के बाद भारत की स्वाधीनता की माँग का समर्थन करे और बदले में काँग्रेस मुस्लिम लीग की उत्तर-पूर्व और उत्तर-पश्चिम के मुस्लिम बहुल ज़िलों के सीमांकन और बालिग़-मतसंग्रह द्वारा आत्मनिर्णय की माँग स्वीकार करे। अगर मतसंग्रह से बँटवारे की पुष्टि हो तो दोनों राज्य रक्षा, संचार और विदेश आदि से सम्बन्धित पारस्परिक समझौते करें। लेकिन बातचीत के बाद गाँधीजी ने राजाजी को कहा,

> यह मेरे धीरज की कसौटी थी।...मुझे अपने धीरज पर स्वयं महान आश्चर्य है।... उनकी तुम्हारे प्रति और तुम्हारे फार्मूले के प्रति तिरस्कार की भावना चौंका देने वाली थी।

दोनों में ९ सितम्बर, १९४४ से २७ सितम्बर, १९४४ तक बातचीत चली, पर उसका कोई परिणाम नहीं निकला। सिवाय इसके कि गाँधीजी ने जिन्ना से मिलने जाकर मुसलमानों में उनकी प्रतिष्ठा और बढ़ा दी। असल में गाँधीजी अपना सारा कौशल इस बात के लिए लगा रहे थे कि जिन्ना को शान्त करके वे मुस्लिम लीग को एक संयुक्त अस्थायी सरकार बनाने के लिए मना लें और देश के बँटवारे का प्रश्न स्वाधीनता मिलने के बाद के समय पर छोड़ दिया जाय। इस बात को हँसी मज़ाक़ में मौलाना आज़ाद पहले निकाह फिर तलाक कहा करते थे। महात्मा गाँधी की यह धारणा थी कि हिन्दू-मुस्लिम समस्या अँग्रेज़ों के कारण जटिल बनी हुई है। एक बार वे चले गये तो दोनों समुदाय साथ रहने का कोई तरीक़ा निकाल लेंगे और देश के बँटवारे की नौबत नहीं आयेगी।

गाँधीजी जानते थे कि अँग्रेज़ों की यह नीति रही है कि औपनिवेशिक शासन का एकमात्र तरीक़ा फूट डालो और राज करो है। इस नाते उन्होंने भारतीय समाज को अनेक वर्गों में बाँटने का प्रयत्न किया। उनकी हिन्दुओं से दलितों को अलग करने की कोशिश गाँधीजी ने सफल नहीं होने दी। वैसे भी तथाकथित दलित जातियों को हिन्दू समाज से अलग करना भीमराव अम्बेडकर के वश में नहीं था, क्योंकि वे सभी दलित जातियों के नेता नहीं बन सकते थे। मुसलमानों को हिन्दुओं से अलग करने में अँग्रेज़ इसलिए सफल हो गये कि दोनों में यह अलगाव पहले से था और काफ़ी गहरा था और उसके धार्मिक ही नहीं सामाजिक और राजनीतिक आधार भी थे। गाँधीजी ने मुसलमानों के हृदय परिवर्तन का बहुत प्रयत्न किया पर वे उसमें सफल नहीं हो सके। गाँधीजी यह भी जानते थे कि जब अँग्रेज़ किसी उपनिवेश में अपना नियन्त्रण समाप्त करने के लिए विवश होने लगते हैं तो वे उसका विभाजन करके उसे काफ़ी कमज़ोर बनाने का प्रयत्न करते हैं, ताकि किसी एक पक्ष को दुलराते हुए वे दूसरे पक्ष को सदा दबाव में बनाये रख सकें। गाँधीजी इस बँटवारे को बचाने की दो कारणों से भरपूर कोशिश कर रहे थे। एक तो इसलिए कि भारतभूमि के विभाजन को वे पाप समझते थे और दूसरे इसलिए कि उन्हें लगता था कि एक बार बँटवारा सफल हो गया तो दोनों देश सुदीर्घ काल तक एक-दूसरे के शत्रु बने रहेंगे और अपनी शक्ति और साधन एक-दूसरे के आशंकित आक्रमण से बचने में झोंकते रहेंगे।

विश्वयुद्ध के उपरान्त इंग्लैण्ड में संसद के चुनाव हुए, उसके परिणाम चर्चिल के अनुकूल नहीं रहे। लोग विश्वयुद्ध में ब्रिटेन की विजय से उत्साहित नहीं, युद्ध की विभीषिका से परेशान थे और युद्ध की मानसिकता से उबरने के लिए अधिक उत्सुक थे। अपनी इस मन:स्थिति में उन्होंने कंजर्वेटिव पार्टी की बजाय लेबर पार्टी अधिक अनुकूल समझी और ब्रिटेन में एटली प्रधानमन्त्री हो गये। युद्ध का भारत पर भी बहुत बुरा असर हुआ था। युद्ध के कारण आवश्यक वस्तुओं का अकाल हो गया था और युद्ध के समय मुनाफ़ाखोरों की पौ-बारह रहने के कारण महँगाई काफ़ी बढ़ गयी थी। युद्ध ने सेना की संख्या १,८९,००० से बढ़ाकर २२,५०,००० तक पहुँचा दी थी। इसमें फिर काट-छाँट करना आवश्यक था और वह टेढ़ी खीर थी। मोर्चे से लौटे भारतीय सैनिक अधिक निडर होकर व्यवहार करने लगे थे। भारत की गोरी नौकरशाही भले अभी लम्बे समय तक राज करने का सपना देख रही थी। ब्रिटेन के राजनेताओं को मालूम था कि भारत पर और अधिक राज नहीं किया जा सकता। ६ मार्च, १९४७ को लेबर मन्त्रिमण्डल के सदस्य अलेक्ज़ेण्डर ने संसद में भाषण देते हुए इस बात को स्वीकार किया था—

> उस समय भारत सरकार बारूद के ढेर पर बैठी हुई थी, जो युद्ध के बाद की परिस्थितियों के कारण कभी भी भभक सकता था।

स्वाधीनता

प्रधानमन्त्री बनने के बाद एटली ने घोषणा की थी कि भारत अपना संविधान स्वयं बनायेगा और वह इस बात के लिए भी स्वतन्त्र होगा कि वह राष्ट्रमण्डल में रहे या न रहे। ब्रिटिश सरकार अल्पसंख्यकों के हितों की रक्षा करना चाहती है, परन्तु वे उन्हें भारत की प्रगति में बाधा नहीं डालने देंगे। एटली की यह घोषणा अब तक की ब्रिटिश सरकार की नीति से भिन्न थी। लेकिन ब्रिटिश सरकार की उस समय सचमुच यह मंशा रही हो तो भी व्यवहार में उसके कहीं दर्शन नहीं हुए। इस घोषणा के बाद पेथिक लॉरेंस, स्टेफोर्ड क्रिप्स और एलबर्ट अलेक्ज़ेण्डर के तीन सदस्यीय दल को भारतीय नेताओं से समझौते की बातचीत करने के लिए भेजा गया। इस दल को कैबिनेट मिशन के नाम से जाना गया। यह दल २४ मार्च, १९४६ को दिल्ली पहुँचा। १ अप्रैल से १७ अप्रैल तक दल ने १८२ बैठकों में ४७२ भारतीयों से भेंट की। उनका घोषित उद्देश्य ऐसी बातों का पता लगाना था जिन पर सभी दल समान रूप से सहमत हों। ब्रिटेन की यह नीति ही उसकी मंशा स्पष्ट करने के लिए काफ़ी थी। सभी जानते थे कि भारत में काँग्रेस एकमात्र ऐसा दल है जो सभी वर्गों का प्रतिनिधित्व करता है और केवल वही भारत की स्वाधीनता के लिए संघर्षरत रहा है। लेकिन अँग्रेज़ों ने काँग्रेस का यह विशेषाधिकार कभी नहीं माना, बल्कि मुस्लिम लीग को १९३७ के प्रान्तीय चुनावों में मुसलमानों का विश्वास न जीत पाने के बावजूद यह अधिकार दे दिया कि वह अकेले मुसलमानों का प्रतिनिधित्व करती है और सत्ता का हस्तान्तरण उसकी सहमति के बाद होगा।

कैबिनेट मिशन के एक सदस्य पैथिक लॉरेंस ने २७ अप्रैल, १९४४ को

काँग्रेस और लीग के अध्यक्ष को पत्र लिखकर सुझाया कि दोनों फिर से समझौते का प्रयत्न करें। उन्होंने अपनी योजना रखी जिसके अनुसार भारत का संविधान संघीय होना था, पर संघीय सरकार केवल विदेश, रक्षा और संचार की जिम्मेदारी अपने पास रखेगी, शेष जिम्मेदारियाँ और अधिकार प्रान्तों के दो समूहों के पास होंगे। एक समूह हिन्दू बहुल प्रान्तों का होगा जिसमें मद्रास, बम्बई, संयुक्त प्रान्त, बिहार और उड़ीसा होंगे तथा दूसरा समूह मुस्लिम बहुल प्रान्तों का होगा, जिसमें पंजाब, सिंध, पश्चिमोत्तर सीमा प्रान्त असम व बंगाल होंगे। इस योजना पर अगर दोनों दल बात करने के लिए तैयार हों तो उन्हें कैबिनेट मिशन के पास चार-चार नाम भेजने थे। काँग्रेस की कार्यसमिति के इस प्रस्ताव पर बहस करने से पहले ही अध्यक्ष के रूप में मौलाना आज़ाद ने एक निजी पत्र कैबिनेट मिशन को भेजकर उनके प्रस्ताव पर काँग्रेस की सहमति दे दी। जब क्रिप्स ने गाँधीजी से सलाह करने की इच्छा प्रकट की तो मौलाना ने कहा कि इसकी कोई ज़रूरत नहीं है। लेकिन जब काँग्रेस की कार्यसमिति में इस प्रस्ताव पर बहस हुई तो उसने इस योजना का यह कहते हुए विरोध किया कि किसी प्रान्त को किसी समूह में रहने के लिए विवश कैसे किया जा सकता है?

कैबिनेट मिशन ने उनकी यह आपत्ति मानकर प्रान्तों को किसी समूह से अलग होने या किसी भी समूह में शामिल न होने की छूट दे दी। आरम्भिक बातचीत के बाद कैबिनेट मिशन ने संघीय संविधान को मुस्लिम लीग के लिए स्वीकार्य बनाने की खातिर सुझाया कि संविधान परिषद अपने को तीन भागों में बाँट दें। एक भाग में हिन्दू बहुल प्रान्तों के प्रतिनिधि, दूसरे में मुस्लिम बहुल प्रान्तों के प्रतिनिधि और तीसरे में रजवाड़ों के प्रतिनिधि हों। पहले दो समूह प्रान्तों और उनके समूहों के लिए संविधान बनायेंगे। संघीय विधान परिषद और संघीय सरकार में मुस्लिम बहुल और हिन्दू बहुल प्रान्तों के बराबर प्रतिनिधि होंगे। यह कहते हुए यह तथ्य आसानी से भुला दिया गया कि हिन्दू बहुल प्रान्तों की १९ करोड़ जनसंख्या को मुस्लिम बहुल प्रान्तों की ९ करोड़ जनसंख्या के बराबर कैसे रखा जा सकता है। गाँधीजी ने ८ मई को स्टेफोर्ड क्रिप्स को इन प्रस्तावों के सम्बन्ध में लिखा, ''यह पाकिस्तान के प्रस्ताव से भी निकृष्टतर है।'' काँग्रेस की कार्यसमिति ने भी कहा कि दोनों सम्प्रदायों को क़ानूनन

बराबरी का दर्जा देना लोकतन्त्र का उपहास है।

कैबिनेट मिशन के प्रस्तावों पर खींचतान चलती रही। मुस्लिम लीग अपनी सहमति के बदले अधिक से अधिक छूट वसूलती रही। वायसराय और कैबिनेट मिशन लगातार उसका पक्ष लेते रहे और उसके दुराग्रहों को मानने के लिये भी काँग्रेस नेताओं पर दबाव डालते रहे, काँग्रेस के नेता दबाव में आये और उन्होंने गाँधीजी की कई चेतावनियों को नज़रअन्दाज़ कर दिया। इस दौर में वल्लभभाई पटेल भी कैबिनेट मिशन की योजना को मानने के लिये उत्सुक दिखायी दे रहे थे और कई बार लगभग चिढ़ते हुए उन्होंने गाँधीजी की असहमति पर प्रतिक्रिया की। आख़िर काँग्रेस और मुस्लिम लीग ने उस प्रस्ताव पर अपनी सहमति दे दी जो मुस्लिम लीग के अधिक अनुकूल था। उसके बाद अन्तरिम सरकार का प्रश्न उठा। १६ जून, १९४६ को वायसराय और कैबिनेट मिशन ने एक वक्तव्य में अन्तरिम सरकार के सम्बन्ध में जो प्रस्ताव प्रकाशित किये उनके अनुसार उसमें चौदह सदस्य होने थे, जिनमें छः काँग्रेस के हिन्दू सदस्य (एक अनुसूचित जाति का), पाँच मुस्लिम लीग के सदस्य और एक-एक सिख, ईसाई और पारसी। गाँधीजी चाहते थे कि काँग्रेस की कार्यसमिति इन चार बातों पर ज़ोर दे : एक, मुस्लिम संस्था होने के कारण लीग किसी ग़ैर-मुस्लिम को अन्तरिम सरकार की सूची में सम्मिलित नहीं कर सकती, दो, एक राष्ट्रीय संस्था होने के कारण काँग्रेस अपनी सूची में एक काँग्रेसी मुसलमान को रख सकती है, तीन, लीग को अपने कोटे के पाँच मुस्लिम सदस्यों के अलावा किसी और नाम पर कुछ कहने का अधिकार नहीं होना चाहिए, चार, अन्तरिम सरकार को केन्द्रीय विधानसभा के निर्वाचित सदस्यों के प्रति उत्तरदायी होना चाहिए। लेकिन कार्यसमिति में गाँधीजी के इन सुझावों पर कभी विचार नहीं हुआ।

अन्तरिम सरकार के सदस्यों के सम्बन्ध में बातचीत के लिए जब वायसराय ने काँग्रेस और मुस्लिम लीग के अध्यक्षों को बुलाया तो जिन्ना ने मौलाना आज़ाद से यह कहते हुए बात करने से इनकार कर दिया कि हिन्दू अगर दुश्मन है तो ग़ैर-लीगी मुसलमान तो विश्वासघाती है और वह विश्वासघातियों से बात नहीं कर सकते। आख़िर जवाहरलाल नेहरू को मौलाना आज़ाद के प्रतिनिधि के रूप में भेजने का फ़ैसला हुआ। इस बीच अप्रैल १९४६ में काँग्रेस का राष्ट्रीय अधिवेशन होना था। अध्यक्ष के पद

के लिए तीन नाम आये—वल्लभभाई पटेल, पट्टाभि सीतारमैया और कृपलानी। लेकिन इस नाज़ुक घड़ी में बातचीत का नेतृत्व करने के लिए गाँधीजी जवाहरलाल नेहरू को अधिक उपयुक्त समझते थे, इसलिए उन्होंने उन्हें अध्यक्ष बनाये जाने की इच्छा जताई। उसके बाद जवाहरलाल नेहरू का नाम प्रस्तावित किया गया और अन्य तीनों लोगों ने अपने नाम वापिस ले लिए। जवाहरलाल नेहरू काँग्रेस के अध्यक्ष हो गये। दरअसल, गाँधीजी के इस निर्णय ने ही जवाहरलाल नेहरू को पहले अन्तरिम सरकार और फिर स्वतन्त्र भारत की सरकार का नेतृत्व करने का अवसर प्रदान किया था। गाँधीजी सम्भवत: जवाहरलाल नेहरू के वाक्‌चातुर्य और विश्लेषण क्षमता को उस महत्त्वपूर्ण घड़ी में अधिक उपयोगी मान रहे थे, इसीलिए उन्होंने यह निर्णय किया होगा, ऐसा अनुमान लगाया जा सकता है।

अन्तरिम सरकार के लिए लीग और काँग्रेस के बीच खींचतान जारी थी। कैबिनेट मिशन ने काँग्रेस की उचित आपत्तियों की ओर ध्यान दिया तो मुस्लिम लीग बिफर उठी। आख़िर अन्तरिम सरकार के गठन को स्थगित कर कैबिनेट मिशन लन्दन लौट गया। इसके बाद २७ जुलाई, १९४६ को मुस्लिम लीग की केन्द्रीय समिति ने कैबिनेट मिशन की योजना से अपना समर्थन वापस ले लिया और पाकिस्तान बनाने के लिये सीधी कार्रवाई की घोषणा कर दी। जिन्ना ने कहा कि अब उन्होंने वैधानिक उपायों को छोड़ दिया है। उन्होंने कहा,

> हमने पिस्तौल गढ़ ली है और हम उसका इस्तेमाल करना भी जानते हैं।

मुस्लिम लीग के इस रुख़ के बाद लन्दन से प्राप्त निर्देशों के आधार पर वायसराय बेवेल ने जवाहरलाल नेहरू को अन्तरिम सरकार बनाने के लिये आमन्त्रित किया। नेहरू ने जिन्ना से अन्तरिम सरकार में सम्मिलित होने का आग्रह किया तो उन्होंने कहा,

> सवर्ण हिन्दुओं की फासिस्ट काँग्रेस और उसके पिट्ठू अँग्रेज़ी संगीनों की मदद से मुसलमानों और अन्य अल्पसंख्यकों पर हावी होकर उन्हें दबाना और उन पर हुकूमत करना चाहते हैं।

आख़िर जवाहरलाल ने अन्तरिम सरकार बनाना स्वीकार किया और बारह नामों की सूची वायसराय को भेज दी। दो स्थान यह सोचकर रिक्त रखे

गये थे कि अगर मुस्लिम लीग बाद में शामिल होने को तैयार हुई तो वह स्थान भर दिये जायेंगे। लेकिन जवाहरलाल नेहरू को सरकार के गठन का पत्र भेजने के बाद वायसराय बेवेल को अपने किये पर खेद होने लगा। पर तीर हाथ से निकल चुका था। इसलिए गोरे प्रशासन ने अन्तरिम सरकार के सामने परेशानियाँ पैदा करने की कोशिश शुरू कर दी।

मुस्लिम लीग ने अपनी धमकी पर अमल करते हुए १६ अगस्त, १९४६ को सीधी कार्रवाई दिवस मनाया। कलकत्ता में मुस्लिम लीग की सरकार थी और उसकी कमान सुहरावर्दी के हाथ में थी। वह चालाक, सिद्धान्तहीन और निर्दयी व्यक्ति था। १६ अगस्त को कलकत्ता में सार्वजनिक छुट्टी की घोषणा कर दी गयी थी। सुहरावर्दी और उसके साथियों ने मुस्लिम गुण्डे इकट्ठा किये, उनमें बन्दूकें और दूसरे घातक हथियार बाँटे गये। बाहर से भी गुण्डों का प्रबन्ध किया गया। इस काम के लिए मन्त्रियों के नाम पर सैकड़ों गैलन पेट्रोल के कूपन जारी किये गये। कलकत्ते के चौबीस में से बाईस थानों में हिन्दू पुलिस अफ़सरों को हटाकर मुस्लिम अफ़सर तैनात किये गये। दो पुलिस थानों में एंग्लो इण्डियन अफ़सर थे। १६ तारीख़ को सवेरे हज़ारों हथियारबन्द लोगों का एक बड़ा जुलूस लीग के झण्डे लिए हुए 'लड़ के लेंगे पाकिस्तान' का नारा लगाता हुआ हावड़ा से कलकत्ता की ओर बढ़ा। मुख्यमन्त्री ने एक विराट रैली को सम्बोधित करते हुए हिन्दुओं के विरुद्ध ख़ूब विष वमन किया। सभा समाप्त होते ही हत्या, लूटमार, आगजनी, बलात्कार शुरू हो गया। दो दिन तक बिना किसी रुकावट के यह नृशंस हत्याकाण्ड चलता रहा। मुख्यमन्त्री ने स्वयं कंट्रोल रूम में बैठकर इन नृशंस घटनाओं का संचालन किया।

मुख्यमन्त्री के इस कलंकपूर्ण आचरण की शिकायत गवर्नर से की गयी। इंग्लैण्ड की लेबर पार्टी का सदस्य होने के बावजूद वे कुछ करने को तैयार नहीं हुए। लेकिन तीसरे दिन सरकार से कोई सहायता होती न देख हिन्दू संगठित हुए और उन्होंने अपने ऊपर हुई इस नृशंसता का चुन चुन कर बदला लिया। जब हिन्दुओं का पलड़ा भारी दिखायी देने लगा तो गवर्नर ने सेना बुलाने का विचार किया। इन दंगों में अनुमानतः कोई पाँच हज़ार स्त्री, पुरुष और बच्चे मारे गये थे और लगभग पन्द्रह हज़ार घायल हुए थे। मुस्लिम नेताओं ने कलकत्ते का बदला लेने का नारा दिया, बदले की कार्रवाई वहीं की जा सकती थी जहाँ हिन्दू अल्पसंख्यक हों। नोआखाली

में पहले ही दंगों की तैयारी चल रही थी। कलकत्ते की घटनाओं के बाद नोआखाली में दंगा भड़का। मुसलमानों ने हत्या, लूटपाट, स्त्रियों का शीलभंग, अपहरण, ज़बरदस्ती निकाह, धर्म परिवर्तन, बस्ती की बस्ती उजाड़ने आदि का दुष्चक्र शुरू किया। कलकत्ता की घटनायें भी पीछे छूट गयीं। हिन्दू अपने पुश्तैनी घर और गाँव छोड़कर भागने लगे। नोआखाली में उच्श्रृंखलता और अराजकता का नंगा नाच होने लगा। दूर होने के कारण वहाँ पर्याप्त संचार सुविधाएँ भी नहीं थीं। इसलिए उन अभागे हिन्दुओं को कोई मदद भी नहीं पहुँचायी जा सकती थी।

हिन्दू और मुसलमानों के बीच यह दंगे गाँधीजी को बहुत बड़ी चुनौती लगे। वे जानते थे कि अगर इन दंगों को शान्त न किया गया तो भारत के बँटवारे को रोकना असम्भव हो जायेगा। इसलिए दिल्ली की वार्त्ताओं को काँग्रेस के नेताओं के भरोसे छोड़कर वे कलकत्ता पहुँचे। उन्होंने वहाँ की स्थिति पर टिप्पणी करते हुए कहा है कि मनुष्य को पशु बना देने वाले पागलपन को देखकर उनकी छाती बैठ गयी थी। कलकत्ता में बदला लेने पर उतारू हिन्दुओं को शान्त करने के लिए नोआखली में शान्ति आवश्यक थी। लेकिन वहाँ का माहौल झूठ और अतिशयोक्ति से भरा हुआ था। नोआखली में सबसे अधिक प्रभावित श्रीरामपुर गाँव था, जहाँ के दो सौ हिन्दू परिवारों में से केवल तीन बचे थे। गाँधीजी स्वयं श्रीरामपुर में रहे और प्यारेलाल, सुशीला नैयर, आभा, कनु गाँधी और सुचेता कृपलानी को अलग अलग गाँवों में बसा दिया। गाँधीजी के साथ उनका स्टेनोग्राफ़र परशुराम, दुभाषिये का काम करने वाले बंगाली प्रोफ़ेसर निर्मल कुमार बोस और मनु गाँधी थे। गाँधीजी रोज़ सोलह-सोलह घण्टे काम कर रहे थे। कपड़े धोने से लगाकर खाना पकाने तक का अपना सारा काम वे स्वयं करते। मुसलमान परिवारों से मिलने-जुलने में तो उनका सबसे अधिक समय जाता ही था। उनके विरुद्ध लीगी नेता लगातार विष वमन कर रहे थे। परिणाम यह था कि जहाँ गाँधीजी होते थे वहाँ तो शान्ति हो जाती थी, लेकिन उनके दूर होते ही फिर तनाव बढ़ जाता था। बंगाल के मुख्यमन्त्री सुहरावर्दी को भी गाँधीजी की बंगाल में उपस्थिति अखर रही थी।

नोआखली की प्रतिक्रिया बिहार में हुई। बंगाल के पीड़ित हिन्दुओं से सहानुभूति दिखाने के लिए बिहार के हिन्दू दीवाली को शोक दिवस के रूप में मनाना चाहते थे और दीए नहीं जलाना चाहते थे। पर छपरा के एक

मुस्लिम नेता ने अपने अनुयायियों से कहा कि वे अपने-अपने घरों में रोशनी करें और काफिरों पर जीत की ख़ुशी मनायें। अगले दिन जब बंगाल की घटनाओं पर हिन्दू एक सभा कर रहे थे, लोग दंगे पर उतर आये और पाँच दिन तक उसी तरह की नृशंसता दिखायी दी जैसी कलकत्ता, नोआखली या उत्तर पंजाब में दिखायी दी थी। यहाँ हिन्दुओं का पलड़ा भारी था और दंगों में मरने वालों की संख्या नोआखली से भी ज़्यादा थी। काँग्रेसी नेताओं ने जल्दी ही पहुँचकर शान्ति स्थापित करने की कोशिश की। लेकिन बिहार के छः ज़िलों में गाँव के गाँव दंगे की चपेट में आते जा रहे थे। शीघ्र ही जवाहरलाल नेहरू, सरदार पटेल, राजेन्द्र बाबू और लियाकत अली वहाँ पहुँचे। सरकार ने भी सख़्ती की और बड़ी मुश्किल से कुछ शान्ति स्थापित हुई। गाँधीजी ७ मार्च को नोआखली से पटना पहुँचे और ३० तारीख़ तक वहाँ रहे। बिहार में बंगाल की तरह मुस्लिम लीग का शासन नहीं था। इसलिए सरकार दंगों को भड़काने की बजाय रोकने में लगी थी। बंगाल की अपेक्षा बिहार में गाँधीजी को अधिक सफलता मिली। बिहार और बंगाल में सबसे बड़ा अन्तर यह था कि बंगाल में जहाँ मुल्ला मौलवी ही आगे बढ़कर दंगा भड़का रहे थे, बिहार में कोई दंगा करने वाला उसके समर्थन में किसी साधु संन्यासी का हाथ नहीं दिखा सकता था। इन सब कारणों से गाँधीजी नोआखली के हिन्दुओं में यह विश्वास नहीं पैदा कर पाये थे कि वे अपने घरों को वापिस लौट जायें, लेकिन बिहार में मुसलमानों में यह विश्वास लौटने में अधिक देर नहीं लगी।

सबसे बुरा हाल पंजाब में था। मार्च १९४६ में सीमा प्रान्त में दंगे आरम्भ हुए और फिर वे सारे पंजाब में फैल गये। दंगों का सबसे अधिक माहौल मुस्लिम बहुल इलाक़ों में था। मुस्लिम नेता खुलेआम कह रहे थे कि लाहौर में ऐसी आग लगेगी कि दिल्ली तक उसकी लपटें दिखायी देंगी। रावलपिण्डी में बहुत विध्वंस हुआ था। सारे सार्वजनिक भवन हिन्दुओं और सिखों के शरण-स्थल बने हुए थे। लोग गाँवों से अपना घर-सम्पत्ति छोड़कर शहर भाग रहे थे, पर वहाँ भी सुरक्षा नहीं थी। थोआ खालसा नाम के एक गाँव में मुसलमानों द्वारा जब सारे हिन्दू और सिख पुरुष मार दिये गये तो ७४ स्त्रियाँ और बच्चे अपनी मान मर्यादा बचाने के लिए जिस मकान में शरण लिए हुए थे उसी के कुएँ में जपुजी का पाठ करते हुए कूद पड़े और

अपनी जान दे दी। सभी जगह यह दंगा सुनियोजित तरीक़े से हो रहा था। पहले कुछ नौजवान आकर उन हिन्दू घरों पर खड़िया से निशान लगा जाते थे जिन पर हमला किया जाना है। फिर दंगाई आकर मारकाट और लूटपाट मचाते, स्त्रियों का शीलभंग, अपहरण और धर्म परिवर्तन तो आम बात थी। सभी जगह मुस्लिम लीग के नेता यह कहते घूम रहे थे कि यह तो सिर्फ़ शुरुआत है। वे ऐसा ताण्डव मचायेंगे कि काँग्रेस के हिन्दू नेता ख़ुद उनका पाकिस्तान बनवा देंगे। मुस्लिम लीग की इस हिंसक रणनीति को कई गोरे नौकरशाहों का समर्थन था। वायसराय बेवेल ने दंगों की दुहाई देते हुए मुस्लिम लीग की शर्तों पर उन्हें अन्तरिम सरकार में ले लेने के लिए दबाव डाला।

जिन्ना ने सरकार में शामिल होने के लिए नौ शर्तें रखी थीं। यह शर्तें थीं कि वायसराय की कार्यकारी परिषद में चौदह से अधिक सदस्य नहीं होंगे, छः सदस्य हिन्दू काँग्रेस के होंगे जिनमें एक अनुसूचित जाति का होगा, पाँच लीगी मुसलमान और तीन सिख, ईसाई और पारसी अल्पसंख्यक समुदायों से। काँग्रेस कोई मुसलमान नियुक्त नहीं कर पायेगी, रिक्त स्थानों की पूर्ति वायसराय दोनों पक्षों की सलाह से करेंगे, लीग को सभी साम्प्रदायिक मामलों पर निषेधाधिकार होगा, मन्त्रिपरिषद का उपसभापति बारी-बारी से काँग्रेस और लीग का होगा, बड़े विभागों का वितरण दोनों में समान रूप से होगा और उनमें परिवर्तन दोनों की सलाह से होगा। यह शर्तें अतिवादी थी। किसी तरह बेवेल ने मुस्लिम लीग को अन्तरिम सरकार में घुसा दिया। अब वह सरकार में भी थी और विपक्ष में भी क्योंकि दंगे करवाने उसने बन्द नहीं किये थे। गाँधीजी ने ब्रिटिश सरकार को एक तार भेजकर माँग की कि बेवेल स्थिति को सँभालने में सक्षम नहीं हो रहे हैं, इसलिए उनकी जगह कोई और वायसराय नियुक्त किया जाय। अन्ततः ब्रिटिश सरकार ने माउंटबेटन को, जो राजपरिवार से सम्बन्धित थे, वायसराय के रूप में भारत भेजने का निर्णय किया।

माउंटबेटन एक अत्यन्त चतुर और कुशल प्रशासक सिद्ध हुए। उन्होंने अपनी पत्नी लेडी माउंटबेटन की सहायता से काँग्रेस के सभी प्रमुख नेताओं से आत्मीय सम्बन्ध बना लिए। गाँधीजी को छोड़कर अधिकांश नेता उनके प्रभामण्डल में आ गये। जवाहरलाल नेहरू से माउंटबेटन दम्पत्ति की निकटता तो चर्चा का विषय ही हो गयी थी। भारत में परिहास

में माउंटबेटन को पण्डित माउंटबेटन कहा जाने लगा था। जल्दी ही ऐसा समय भी आ गया जब साहसपूर्वक वे यह कह सके कि काँग्रेस गाँधीजी के नहीं उनके कहे में है। जहाँ काँग्रेस के नेता उन्हें एक सदाशय वायसराय के रूप में देख रहे थे जो भारत को स्वतन्त्रता देने की लेबर पार्टी की नीति को जल्दी से जल्दी कार्यरूप देना चाहता है और अब से पहले के वायसरायों की तरह जो मुस्लिम लीग को उकसाकर भारत को विभाजित रखने का खेल नहीं खेल रहा है, वहीं माउंटबेटन अपनी सरकार की कूटनीति के अनुरूप ही परिस्थितियों को ढालने में लगे थे। यह सही है कि एटली की सरकार जल्दी से जल्दी भारत को स्वाधीन करके अपनी सेनायें और अपना प्रशासन हटा लेना चाहती थी। पर उसकी जिस नीति का लन्दन की गोलमेज़ कांफ्रेंस के समय स्पष्ट रूप से खुलासा कर दिया गया था कि वह अल्पसंख्यकों के हितों की ढाल लेकर भारत को विभाजित किये रहना चाहती है, उसकी वह नीति दिन पर दिन मजबूत ही हुई थी। माउंटबेटन उस नीति के अनुरूप ही व्यवहार कर रहे थे।

इस महत्त्वपूर्ण समय में जब भारत के विभाजन की तैयारियाँ हो रही थीं, गाँधीजी हिन्दू और मुसलमानों के बीच शान्ति स्थापित करते हुए दंगाग्रस्त क्षेत्रों में भटक रहे थे। काँग्रेस के सभी बड़े नेता यह मानने लगे थे कि साम्प्रदायिक दंगों और मारकाट को देखते हुए भारत का विभाजन स्वीकार करने के अलावा कोई चारा नहीं है। स्वयं गाँधीजी कई बार यह कह चुके थे कि काँग्रेस के नेतृत्व को दंगों से पैदा हुई दुर्व्यवस्था ने जकड़ रखा है और यह उन्हें विभाजन के लिए लाचार कर रही है। काँग्रेस के सामने दो विकल्प थे। या तो वह पूरी लगन और जिम्मेदारी से हिन्दू-मुस्लिम भाईचारे के लिए काम करती जैसा कि गाँधीजी कर रहे थे। उसके लिए कोई बलिदान देने की आवश्यकता होती तो काँग्रेस उसके लिए भी तैयार रहती। या फिर हिन्दू और मुसलमानों को एक बार परस्पर द्वेष का विष बाहर निकालने देती और जो मारकाट हो रही थी उससे अविचलित रहती। गाँधीजी तो स्वयं अनेक बार कह चुके थे कि हिन्दू और मुसलमानों के बीच दंगों की आशंका को दोहराते हुए अँग्रेज़ अपने साम्राज्यवादी शासन का औचित्य सिद्ध नहीं कर सकते। उनके जाने पर हिन्दू और मुसलमान लड़ लेंगे तो यह विष बाहर निकल जायेगा, उनका मन कुछ साफ़ होगा और वे साथ रहने का कोई तरीक़ा ढूँढ़ लेंगे। लेकिन काँग्रेस न प्रेम का

रास्ता अपना पायी, न लड़ाई को एक बार होने देकर दोनों समुदायों को अपना रास्ता ख़ुद तलाशने देने के लिए तैयार हो पायी। जैसा कि विभाजन के समय हुए दंगों से स्पष्ट था, मुसलमानों के ऊपर से अँग्रेज़ों की छत्रछाया हट जाने के बाद दोनों पक्षों में एक जैसी आक्रामकता आ गयी थी। अगर लड़ाई कुछ और चली होती तो मुसलमानों में बनी हुई यह धारणा निराधार साबित होती कि हिन्दू कायर हैं और उन्हें डरा धमकाकर कुछ भी हासिल किया जा सकता है। इस धारणा ने ही कश्मीर समस्या को जन्म दिया। कुछ हद तक १९७१ के भारत–पाक युद्ध ने यह धारणा बदली। लेकिन आज भी पाकिस्तान को भारत की सभ्यतागत शान्तिप्रियता उसकी कमज़ोरी नज़र आती है और इस्लाम की आक्रामकता को वह शौर्य के रूप में देखता है। हालाँकि इस आत्मघाती आक्रामकता ने अब उसे ही संकट में डाल दिया है।

अगर अन्तरिम सरकार में शामिल होने के लिए जिन्ना की नौ सूत्रीय माँगें मान लिया जाना विभाजन की दिशा में पहला क़दम था, तो पंजाब का प्रशासनिक बँटवारा उसी दिशा में उठाया गया दूसरा क़दम था। गाँधीजी इन सब घटनाओं से निराश और अप्रसन्न थे। फिर भी वे इस संकट की घड़ी में अपनी पस्ती जाहिर नहीं होने देना चाहते थे। दंगाग्रस्त क्षेत्रों से वापिस दिल्ली लौटने पर जब चीनी राजदूत ने उनसे पूछा कि उनके पास भविष्य की क्या रूपरेखा है तो उन्होंने उत्तर दिया :

> मैं अदम्य आशावादी हूँ। हम लोग गत वर्षों में इसलिए नहीं जीए और मेहनत करते आये हैं कि हम बर्बर हो जायें, जैसा कि अब हम होते नज़र आ रहे हैं, बंगाल, बिहार और पंजाब में हुए मूर्खतापूर्ण रक्तपात से। परन्तु मैं समझता हूँ कि यह सब इस बात की भी निशानी है कि हम विदेशी जुआ उतार कर फेंक रहे हैं जिससे कि सारी गन्दगी और झाग उठकर पानी के ऊपर आ गया है। जब गंगा में बाढ़ आती है, पानी गन्दला हो जाता है। मैल ऊपर आ जाता है। बाढ़ का पानी उतर जाता है, तो आप निर्मल नीला जल देखते हैं जो नयनाभिराम होता है। इसी की मैं आशा करता और इसी के लिए जीता हूँ। मैं इसलिए जीने का इच्छुक नहीं हूँ कि भारतीय मानवता को बर्बर होते देखूँ।

भारत आने पर माउंटबेटन ने गाँधीजी और जिन्ना को बातचीत के लिए आमन्त्रित किया था। गाँधीजी विभाजन के विरुद्ध थे इसलिए उन्होंने

माउंटबेटन के सामने प्रस्ताव रखा था कि काँग्रेस और लीग की मिली-जुली सरकार को बर्खास्त करके वायसराय मुस्लिम लीग की ओर से जिन्ना को सरकार बनाने के लिए आमन्त्रित करें। यदि वे भारत के सभी लोगों के हित में काम करेंगे तो काँग्रेस उन्हें अपना समर्थन देगी। वैसा कर रही है या नहीं, इसके लिए पंच वायसराय ही रहें। अगर मुस्लिम लीग यह प्रस्ताव अस्वीकार करे तो फिर यही प्रस्ताव काँग्रेस से किया जाय। लेकिन इस प्रस्ताव पर गाँधीजी न सरदार पटेल को मना पाये न जवाहरलाल नेहरू को, माउंटबेटन के तो उसे मानने की बात बाद में आती।

अपने आने के एक महीने के अन्दर ही माउंटबेटन ने यह निर्णय कर लिया था कि भारत के विभाजन द्वारा ही सत्ता का हस्तान्तरण शान्ति से हो सकता है। इसलिए ब्रिटिश सरकार की सहमति से जून के आरम्भ में वायसराय द्वारा यह घोषणा की गयी कि एक, भारत दो क्षेत्रों में विभक्त होगा। एक में प्रधान रूप से हिन्दू और दूसरे में प्रधान रूप से मुस्लिम जनसंख्या होगी। दो, पश्चिमोत्तर सीमा प्रान्त में और असम के सिलहट ज़िले में जनमत संग्रह द्वारा निर्णय होगा। गाँधीजी इस प्रस्ताव के विरुद्ध थे यह बात सबको मालूम थी। गाँधीजी यह कह चुके थे कि देश का विभाजन स्वीकार करने के बदले वे और अगले दस वर्षों तक संघर्ष जारी रखने के लिए तैयार हैं। वे काँग्रेसी नेताओं से इतना ही चाहते थे कि वे जल्दबाजी न करें। भारत के विभाजन से बड़ा पाप कुछ नहीं है। यह भारतभूमि के खण्डित होने का ही प्रश्न नहीं है, मुसलमानों को अलग राष्ट्र देकर हम एक स्थायी शत्रुता पैदा कर देंगे। इसलिए वे चाहते थे कि काँग्रेस केवल अँग्रेज़ों की विदाई और उनकी सेना की वापसी पर ज़ोर दे। उनकी मान्यता थी कि अँग्रेज़ों के भारत पर शासन करते हुए हिन्दू और मुसलमानों के मिलजुल कर रहने की सम्भावना ही नहीं है। भारत की सीमाओं को बदलने की छूट अँग्रेज़ों को नहीं देनी चाहिए। उनका काम तो तय तिथि या उससे पहले भारत को, चाहे जिस हालत में वह हो, छोड़ जाना है। गाँधीजी मानते थे कि हिंसा और उत्पात तथा गृहयुद्ध के ख़तरे की वजह से भारत के विभाजन को मान लेना कायरता होगी। उससे तो यही साबित होगा कि हिंसा और उत्पात का सहारा लेकर भारत के लोगों से कुछ भी हासिल किया जा सकता है। गाँधीजी की यह बात कितनी सही थी इसे पाकिस्तान के निर्माण में ही नहीं, कश्मीर की घटनाओं में भी देखा जा

सकता है। कश्मीर में कबीलाइयों को यह सोचकर पाकिस्तानी नेताओं ने और सेना ने भेजा था कि वहाँ उपद्रव फैलाकर वे कश्मीर प्राप्त कर लेंगे। वे आज तक इस नीति पर ही चल रहे हैं। उस समय जब गाँधीजी से यह पूछा गया कि अपने अहिंसा के सिद्धान्तों को देखते हुए क्या वे कश्मीर की रक्षा के लिए भारतीय सेना के भेजे जाने की अनुमति देंगे? गाँधीजी ने तपाक से कहा था कि भारतीय सीमाओं की रक्षा करना भारतीय सेना का दायित्व है, इसलिए उसे वहाँ तुरन्त भेजा जाना चाहिए।

उस समय गाँधीजी की विवशता न ब्रिटिश सरकार थी, न माउंटबेटन, न मुस्लिम लीग। उनकी विवशता थी काँग्रेस का नेतृत्व। जिस नेतृत्व को स्वाधीनता के लम्बे संघर्ष में उन्होंने तैयार किया था वही मंज़िल पर पहुँचकर उन्हें निराश कर रहा था। एक दिन माउंटबेटन ने उनसे पूछा था कि क्या वे भारत के विभाजन के लिए उन्हें दोषी मानते हैं? उस दिन गाँधीजी का मौन था, इसलिए एक पर्ची पर लिखकर उन्होंने पूछा, क्या कभी उन्होंने ऐसा कहा है। क्योंकि जब उनके अपने साथी ही उन्हें निराश कर चुके थे तो वे किसी और को दोष क्यों देते। उनकी मनोदशा का वर्णन करते हुए प्यारेलाल ने लिखा है कि कार्यसमिति की बैठक में वायसराय का प्रस्ताव आने के तीन दिन पहले वे सवेरे जल्दी उठ गये थे और बिस्तर में पड़े-पड़े कह रहे थे—

> आज मैं अपने को अकेला पाता हूँ। यहाँ तक कि सरदार और जवाहरलाल भी समझते हैं कि मैं परिस्थिति को ग़लत समझता हूँ और हमारे विभाजन पर सहमत होते ही शान्ति फिर से स्थापित हो जायेगी।...उन्हें वायसराय से मेरा यह कहना भी पसन्द नहीं आया कि यदि विभाजन होना ही है तो यह न अँग्रेज़ों के हस्तक्षेप से हो और न अँग्रेज़ों के शासन में हो। वे सोचते हैं कि वृद्धावस्था के कारण कहीं मैं सठियाने तो नहीं लगा हूँ। चाहे जो हो, मुझे जो सही जँचता है, मैं वही कहूँगा, यदि मुझे अपना यह दावा सिद्ध करना है कि मैं काँग्रेस और ब्रिटिश जनता का सच्चा मित्र हूँ।...मैं साफ़ देख रहा हूँ कि हम लोग यह सारा काम ग़लत ढंग से कर रहे हैं। भले ही इसका पूरा प्रभाव अभी न मालूम पड़े, परन्तु मैं स्पष्ट देख सकता हूँ कि इस क़ीमत पर प्राप्त की गयी स्वतन्त्रता का भविष्य अन्धकारमय होगा।

कुछ देर बाद वे कहने लगे,

> हो सकता है कि वे लोग ही ठीक हों और मैं ही अँधेरे में भटक रहा होऊँ। मैं शायद यह देखने के लिए जीवित नहीं रहूँगा, परन्तु यदि कहीं उस बुराई में भारत फँसे, जिसकी मुझे आशंका है और इसकी स्वतन्त्रता संकट में पड़े, तो आने वाली सन्तानें यह जानें कि यह बुड्ढा इस सोच में कितने सन्ताप में पड़ा रहा कोई यह न कहे कि गाँधी ने भारत के टुकड़े करने में भाग लिया था। परन्तु हर एक आज भारत की स्वतन्त्रता के लिए उतावला है। इसलिए अब कोई उपाय नहीं है।

चार जून को दिल्ली की भंगी कॉलोनी में जहाँ गाँधीजी ठहरे हुए थे काँग्रेस कार्यसमिति की बैठक हुई। वायसराय का भारत के विभाजन का प्रस्ताव बिना किसी गम्भीर बहस के स्वीकार कर लिया गया। इसका कारण यह था कि इस प्रस्ताव को पारित करने के लिए सरदार पटेल और जवाहरलाल नेहरू पहले से ही वायसराय से वचनबद्ध थे। केवल खान अब्दुल गफ़्फ़ार ख़ाँ ने बैठक में प्रस्ताव का विरोध किया था। उन्होंने कहा,

> हम तो तबाह ही हो गये। इस तरह का विभाजन पठानों के विरुद्ध ही नहीं है, बल्कि वह उनकी बर्बादी का कारण हो जायेगा।

कार्यसमिति द्वारा पास कर दिये जाने के बाद यह प्रस्ताव १४ और १५ जून, १९४७ की काँग्रेस महासमिति की बैठक में रखा गया। वहाँ पुरुषोत्तम दास टण्डन के नेतृत्व में अनेक सदस्यों द्वारा इसका घोर विरोध किया गया। लेकिन स्वयं गाँधीजी ने सदस्यों को प्रस्ताव स्वीकार करने की सलाह दी। अपने भाषण के अन्त में उन्होंने कहा,

> यदि मेरे पास समय होता तो क्या मैं इसका विरोध नहीं करता? परन्तु मैं काँग्रेस के नेतृत्व को तभी चुनौती देता और इस पर से जनता का विश्वास भंग करवाता, जब मैं यह कहने की स्थिति में होता कि लो यह दूसरा नेतृत्व सामने है। मेरे पास अब इतना समय नहीं रह गया है कि मैं दूसरा नेतृत्व तैयार करूँ। ऐसी अवस्था में वर्तमान नेतृत्व को दुर्बल करना अनुचित होगा। इसलिए मुझे यह कड़वी दवा निगलनी ही पड़ेगी।

फिर भाषण का अन्त करते हुए उन्होंने कहा,

> मैंने विभाजन का विरोध किया होता, परन्तु उसका अर्थ विद्रोह होता। मैं आज अपने में उतनी शक्ति नहीं पाता, अन्यथा मैं अकेले ही विद्रोह की घोषणा कर देता।

यह स्वाभाविक ही था कि १५ अगस्त, १९४७ को सत्ता के हस्तान्तरण का उत्सव पूरे उत्साह और राजसी ठाट-बाट के साथ मनाया जाय। लेकिन गाँधीजी उस उत्सव से अलग थे। जिस दिन की वे आजीवन प्रतीक्षा करते रहे थे, उसके आने पर उनके मन में कोई उमंग नहीं थी। जिस स्वतन्त्रता के लिए उन्हें देश की एकता की बलि चढ़ानी पड़ी हो उसके लिए कोई उमंग उनमें हो भी कैसे सकती थी। फिर देश जिस अमानुषिक हिंसा में डूबा हुआ था और लाखों लोगों का जीवन संकट में पड़ा हुआ था उसे याद करके कौन प्रसन्न रह सकता था। गाँधीजी साम्प्रदायिकता की ज्वाला को शान्त करते हुए अकेले घूम रहे थे। १५ अगस्त के दिन वे कलकत्ता में थे। वहाँ की स्थिति विकट थी। मुस्लिम लीग की सरकार के सत्ता छोड़ देने और अधिकांश मुस्लिम पुलिस और नौकरशाही अफ़सरों के पाकिस्तान चले जाने के बाद मुस्लिम आबादी असुरक्षित अनुभव कर रही थी। हिन्दुओं ने अपने ऊपर मुस्लिम लीग के शासन के दौरान हुए अत्याचारों का बदला लेने का निर्णय कर रखा था। गाँधीजी नोआखली जाने के लिए कलकत्ता आये थे। लेकिन सुहरावर्दी ने उन्हें यह कहते हुए रोक लिया कि वे कलकत्ता में शान्ति स्थापित करके जायें। गाँधीजी इस शर्त पर राजी हुए कि सुहरावर्दी भी उनके साथ एक ही मकान में रहें। गाँधीजी ने अपने लिए बेलीघाट के एक मुसलमान मज़दूर का ख़ाली घर चुना था। यह मोहल्ला मुसलमानों के लिए काफ़ी असुरक्षित हो गया था। १३ अगस्त को गाँधीजी उस घर में रहने के लिए पहुँचे ही थे कि कुछ हिन्दू युवकों ने उनके ख़िलाफ़ प्रदर्शन शुरू कर दिया। अपनी शान्त, मधुर और प्रेम भरी वाणी से गाँधीजी उन युवकों को समझाने में सफल हुए। धीरे-धीरे महात्मा गाँधी की उपस्थिति ने कलकत्ता पर असर दिखाना आरम्भ किया। दंगा रुक गया। १५ अगस्त को दोनों समुदायों ने मिलजुल कर स्वाधीनता का स्वागत किया। धीरे-धीरे गाँधीजी की प्रार्थना सभाओं में भीड़ उमड़ने लगी और वह तीन-चार लाख तक जा पहुँची।

लेकिन यह वातावरण अधिक दिन तक नहीं रह पाया। जैसे ही पंजाब में मच रहे हाहाकार और हिन्दुओं के वहाँ से पलायन की ख़बरें कलकत्ता पहुँची, लोग क्रोध से पागल हो उठे। २१ की रात को उग्र हिन्दुओं की एक भीड़ डेली घाट में गाँधीजी के ठहरने के स्थान पर चढ़ आयी। उस क्रुद्ध भीड़ ने घर के खिड़की-दरवाज़े तोड़ डाले और उपद्रवी लोग भीतर घुस

आये। गाँधीजी के समझाने का उन पर कोई असर नहीं हुआ। भीड़ में से किसी ने उन पर पत्थर फेंका, किसी ने लाठी खींचकर मारी, दोनों ही बार वे बाल-बाल बचे। इसके बाद कलकत्ता दंगों की आग में झुलसने लगा। कोई और रास्ता न देख एक सितम्बर से गाँधीजी ने उपवास शुरू किया। महात्मा के उपवास की ख़बर ने पूरे कलकत्ता को हिला दिया। उनकी हालत अच्छी नहीं थी, इससे लोग इस आशंका से हिल गये कि उनका जीवन संकट में पड़ा तो इसका कलंक कलकत्ता पर आयेगा। हिन्दू और मुस्लिम नेताओं ने उनके सामने शान्ति बनाये रखने की प्रतिज्ञा की। लन्दन टाइम्स के एक संवाददाता ने लिखा कि जो काम सेना के कई डिवीजन भी न कर पाये होते वह अकेले गाँधी ने कर दिखाया। गाँधीजी ने इस शर्त पर अपना उपवास तोड़ा कि अगर दंगा फिर भड़का तो इस बार वे आमरण अनशन करेंगे।

उधर पंजाब की हालत बिगड़ती जा रही थी। मार्च १९४७ से ही वहाँ दंगों का जो सिलसिला शुरू हुआ था वह जरा सी चिंगारी पाते ही भड़क उठता था। पंजाब के शहर और गाँव सभी आशा और आशंका के बीच झूलते रहे थे। साम्प्रदायिक आधार पर प्रशासन की अदला-बदली के कारण शासन तन्त्र लगभग ठप्प हो गया था। पुलिस और सेना पर साम्प्रदायिक तत्त्व पूरी तरह हावी थे। इसलिए पश्चिमी पंजाब में हिन्दुओं का और पूर्वी पंजाब में मुसलमानों का रहना लगभग असम्भव हो गया था। लाहौर साम्प्रदायिक हिंसा का केन्द्र बना हुआ था। पूरे पंजाब में ऐसी मारकाट मची जिसका सादृश्य इतिहास में कम ही मिलेगा। पंजाब के मुस्लिम इलाक़ों से हिन्दू और सिखों के क़त्लेआम की ख़बरों ने पूर्वी पंजाब और दिल्ली में हिन्दुओं के मन में उबाल ला दिया। दोनों तरफ़ हिंसक घटनाओं और मारकाट का जो सिलसिला आरम्भ हुआ उसकी चपेट में लाखों परिवार आ गये। असल में पाकिस्तान बनने के उत्साह में उत्तर भारत से जो मुसलमान पाकिस्तान गये थे उन्होंने माहौल और बिगाड़ दिया था। सिंध में जहाँ हिन्दू और मुसलमान अपेक्षया सद्भाव से रहते आये थे, वहाँ भी असुरक्षा फैल गयी। इन दंगों में दोनों तरफ़ के मोटे तौर पर कोई पाँच लाख लोग मारे गये होंगे। भारत से कोई ७२ लाख मुसलमान पाकिस्तान गये तो लगभग इतने ही हिन्दू और सिख पाकिस्तान से उजड़कर भारत आये। भारत से पाकिस्तान जाने वाले मुसलमानों में से अधिकांश मजबूर

होकर नहीं बल्कि स्वेच्छा से गये थे जबकि पाकिस्तान से आने वाले हिन्दू परिवार अपना सब कुछ खोकर, यहाँ तक कि अपने निकट परिजनों को भी खोकर भारत आने के लिए विवश हुए थे। इसलिए उनमें असीम दुख और हताशा के साथ-साथ क्रोध भी था।

दिल्ली में हिंसा की लपटें फैलते ही गाँधीजी को दिल्ली पहुँचने का संदेश मिला। गाँधीजी दंगों और हिंसा के केन्द्र पंजाब जाना चाहते थे। लेकिन वहाँ की विकट परिस्थितियों को देखते हुए सरदार पटेल और जवाहरलाल नेहरू ने उन्हें दिल्ली में ही रोके रखा। दिल्ली की हालत कलकत्ता जैसी ही थी। पंजाब की मारकाट ने दिल्ली के हिन्दुओं को उत्तेजित कर दिया था। जब उन्होंने शरणार्थियों से मुसलमानों के अमानुषिक व्यवहार और स्त्रियों पर हुए अकथनीय अत्याचारों की बातें सुनी तो वे आपा खो बैठे। गाँधीजी ९ सितम्बर को दिल्ली आये थे। १० सितम्बर से उन्होंने दिल्ली के दंगाग्रस्त क्षेत्रों और विभिन्न हिन्दू और मुस्लिम शरणार्थी शिविरों का दौरा शुरू किया। वे जहाँ भी गये ग़ुस्से से भरे हुए लोगों ने उन्हें ख़ूब खरी-खोटी सुनायी। एक शरणार्थी कैम्प में तो बीस मिनट तक उन पर गालियों की बौछार होती रही। गाँधीजी ने नतमस्तक होकर सब कुछ सहन किया। फिर दर्द भरी हँसी के साथ कहा,

> इन्हें ग़ुस्सा होने का अधिकार है। यही तो असली दुख उठा रहे हैं। मुझे ख़ुशी है कि इन्होंने अपना ग़ुस्सा मेरे ऊपर उतारा।

गाँधीजी ने पाकिस्तान से उजड़कर आये लोगों से कहा कि कुछ समय बाद वे पाकिस्तान जायेंगे और उनके घर और सम्पत्ति उन्हें वापस दिलवाकर ही चैन की साँस लेंगे। उन्होंने यह भी कहा कि वे अपना शेष जीवन पाकिस्तान में बितायेंगे और इस विभाजन को ग़लत सिद्ध कर देंगे। लेकिन उनकी इन बातों का किसी पर कोई असर नहीं पड़ा। लोग अपना सब कुछ खोकर आशा भी खो बैठे थे। गाँधीजी ने उनके पुनर्वास के लिए सरकार को मुस्तैदी से क़दम उठाने को कहा। राजेन्द्र बाबू के नेतृत्व में इसके लिए एक समिति भी बनायी गयी। लेकिन हिंसा समाप्त होने का नाम ही नहीं ले रही थी। अन्त में उन्होंने अपने अन्तिम अस्त्र का सहारा लिया। उन्होंने १३ जनवरी से उपवास आरम्भ किया और कहा कि जब तक पूरी तरह शान्ति स्थापित नहीं हो जाती वे उपवास नहीं तोड़ेंगे। गाँधीजी के इस उपवास का पाकिस्तान पर भी प्रभाव पड़ा।

गाँधीजी के आग्रह पर भारत सरकार ने सद्भावना स्वरूप पाकिस्तान को वह ५५ करोड़ रुपया चुका दिया जो संयुक्त भारत की परिसम्पदा में उसका हिस्सा था। १८ जनवरी, १९४८ को विभिन्न सम्प्रदायों और दलों के नेताओं ने गाँधीजी के सामने शान्ति बनाये रखने की जिम्मेदारी ली और एक प्रतिज्ञा पत्र पर हस्ताक्षर किये। उसके बाद उन्होंने अपना अनशन तोड़ा।

गाँधीजी की पाकिस्तान जाने की इच्छा तो तब तक पूरी नहीं हो सकती थी, जब तक पाकिस्तान सरकार उन्हें इसकी अनुमति न देती। इसलिए उन्होंने शरणार्थियों को उनके जन्म के शहर या गाँव में फिर से बसा देने का जो वायदा किया था वह फ़िलहाल वे पूरा नहीं कर सकते थे। उन्होंने स्थिति के शान्त होते ही भविष्य की योजनाओं के बारे में सोचना आरम्भ किया। सबसे पहले उन्होंने काँग्रेस के भविष्य के बारे में विचार करना आरम्भ किया। काँग्रेस देश को स्वाधीनता दिलाने के लिए बनायी गयी थी। यह दायित्व अब पूरा हो गया था। इसलिए गाँधीजी चाहते थे कि अब काँग्रेस को भंग कर दिया जाना चाहिए। वे देश के जीवन में सरकार की केन्द्रीय भूमिका नहीं देखते थे। वे चाहते थे कि राज्य केन्द्रित राजनीति को वैचारिक दलों के लिए छोड़ दिया जाय। उन्होंने कुछ समय पहले काँग्रेस के अध्यक्ष पद के लिए समाजवादी नेता नरेन्द्र देव का नाम सुझाया था, लेकिन सरदार पटेल और जवाहरलाल नेहरू को वह स्वीकार नहीं हुआ और उन्होंने राजेन्द्र बाबू को मन्त्रिमण्डल से इस्तीफ़ा देकर काँग्रेस का अध्यक्ष पद सँभालने के लिए कहा था। अब गाँधीजी ने सरकार का नेतृत्व नरेन्द्रदेव को सौंपने की सलाह दी। उसे स्वीकार किया जाना और भी मुश्किल था। गाँधीजी चाहते थे कि काँग्रेस अपने आप को लोक सेवक संघ के रूप में परिवर्तित कर ले और ग्राम स्वराज्य के काम में लगे। भारत सदा से पंचायतों द्वारा शासित होता आया है। पंचायतों को गुणी लोगों का मार्गदर्शन मिलता रहा है। उसी के आधार पर उन्होंने दुनिया के सबसे उन्नत गाँवों की रचना की थी। काँग्रेस के नेताओं और कार्यकर्ताओं से वे भारत के गाँवों और उनकी पंचायतों को ऐसा ही मार्गदर्शन दिलाने की अपेक्षा करते थे। काँग्रेस के इस रूपान्तरण का एक प्रारूप उन्होंने २९ जनवरी, १९४८ को तैयार करके प्यारेलाल को सौंप दिया था। जवाहरलाल या सरदार पटेल किसी का काँग्रेस भंग करने की उनकी इस योजना से सहमत होना असम्भव था।

गाँधीजी को दिल्ली में बिड़ला भवन में ठहराया गया था, क्योंकि जिस भंगी बस्ती में वे आम तौर पर ठहरा करते थे वह पाकिस्तान से आये शरणार्थियों से भरी हुई थी। बिड़ला भवन में ही गाँधीजी की प्रार्थना सभाएँ आयोजित होती थीं। गाँधीजी के शान्ति प्रयत्नों ने हिन्दुओं के एक वर्ग को बहुत आहत किया था। यह वर्ग उनके शान्ति प्रयत्नों को हिन्दुओं के साथ अन्याय और मुसलमानों के साथ पक्षपात मानता था। इसी वर्ग के एक व्यक्ति मदनलाल ने २० जनवरी को, जब वे प्रार्थना सभा को सम्बोधित कर रहे थे, उनकी तरफ़ एक बम फेंका। उस बम से पास की एक दीवार तो क्षतिग्रस्त हुई, पर गाँधीजी को कोई चोट नहीं आयी। उनके प्राणों पर ख़तरा देख उनकी चौकसी कुछ बढ़ा दी गयी। लेकिन गाँधीजी अपनी प्रार्थना सभा में आने वाले लोगों की सुरक्षा जाँच किये जाने के लिए तैयार नहीं हुए। उनका यही तर्क था कि उनके प्राण भगवान के हाथ में हैं। इसलिए उन्हें सरकार द्वारा रक्षा किये जाने की आवश्यकता नहीं है। आख़िर तीस जनवरी को एक मराठी युवक नाथूराम गोडसे ने प्रार्थना-स्थल की ओर जाते हुए रास्ते में उन पर अपनी पिस्तौल से तीन गोलियाँ चलाईं और वे 'हे राम' कहते हुए वहीं गिर गये। इस एक हिंसा ने उस समय के हिंसक वातावरण पर पानी डाल दिया। गाँधीजी का जीवन शेष हो गया, भारतीय सभ्यता को पुनर्जीवित करने का काम अभी शेष था। उसका दायित्व आने वाली पीढ़ियों पर छोड़कर वे विदा हो गये। अगले दिन यमुना के किनारे उनके भौतिक शरीर को अग्नि में समर्पित कर दिया गया।

उपसंहार

महात्मा गाँधी जब पैदा हुए थे तो भारत पराधीन था। उसकी पराधीनता के पीछे केवल ब्रिटेन की राज्य शक्ति नहीं थी। अगर केवल वही होती तो भारत को स्वाधीन करना अपेक्षया सरल रहा होता। इस पराधीनता के पीछे यूरोप की एकजुट शक्ति, उसका जातीय अहंकार और दुर्दम्य हिंसा की भावना भी थी। जैसा कि १९३८ में एक भेंट के दौरान हिटलर ने लॉर्ड हालिफैक्स को कहा था कि वे ब्रिटिश साम्राज्य को बनाये रखने के हिमायती हैं और इसके लिए जो भी करना पड़े उसे करने की सलाह देंगे। उनकी सलाह बहुत सरल थी कि गाँधी को गोली से उड़ा दो, इतना काफ़ी न हो तो काँग्रेस के बाक़ी नेताओं को गोली से उड़ा दो। वह भी पर्याप्त न हो तो दो सौ या और अधिक कार्यकर्ताओं को गोली से उड़ा दो। या फिर उन्हें तब तक गोली से उड़ाते रहो जब तक कि भारत के लोग आज़ाद होने की आशा ही न छोड़ दें। यूरोपीय जाति के इस अहंकार की अभिव्यक्ति अवश्य नाजीवाद में हुई थी, लेकिन वह यूरोप के लोगों का सामान्य स्वभाव था और उसी की अनुगूँज चर्चिल की गाँधी और भारत से घृणा में देखी जा सकती थी। अपने साधारण लोगों के प्रति भी उसका दृष्टिकोण इससे भिन्न नहीं था। दूसरे विश्वयुद्ध के दौरान उसने एक बार ब्रिटिश लोगों के बारे में यह विचार व्यक्त किया था कि अगर ब्रिटिश जाति को शुद्ध रखना है तो उसके सभी विकलांग लोगों को नष्ट कर दिया जाना चाहिए।

यूरोपीय समाज की यही हिंसक मनोवृत्ति उसके औद्योगिक साम्राज्य के विकास और विस्तार में देखी जा सकती थी। दैहिक स्तर पर उसने ग़ुलामी को निरर्थक बनाकर उसके उन्मूलन का रास्ता अवश्य प्रशस्त किया था।

लेकिन मनुष्य को इन्द्रिय–भोग की ओर धकेलकर उसने मनुष्य मात्र को दास बना देने का प्रबन्ध कर लिया था। यूरोप का औद्योगिक साम्राज्य उसके स्वभाव को एक अतिवादी दिशा में अवश्य ले गया था, पर फिर भी वह उसकी मूल प्रवृत्तियों के अनुरूप ही था। पर यह दिशा भारत के लिए, जिसने सदा मनुष्य के आत्मोन्नयन के अनुरूप व्यवस्था खड़ी करने की कोशिश की, एक अभिशाप ही थी। गाँधीजी भारत को पराधीन करने वाली इन सभी शक्तियों और प्रवृत्तियों को देख रहे थे। इसलिए उन्होंने अपना लक्ष्य केवल राजनीतिक स्वाधीनता नहीं रखा था। राजनीतिक स्वाधीनता का लक्ष्य तो उनकी हर साँस में बसा था। पर भारतीय सभ्यता को क्षीण करने वाली इन दूसरी शक्तियों और प्रवृत्तियों को देखते हुए उन्होंने अपना लक्ष्य भारतीय सभ्यता का पुनरुद्धार बना लिया था। गाँधीजी यूरोपीय जाति के अहंकार को तोड़ने के लिए यह आवश्यक समझते थे कि उसकी सभ्यता के राक्षसी स्वरूप को उजागर किया जाय और वे निरन्तर यह दावा करते रहे कि अँग्रेज़ी राज का भारत को शिक्षित करने और सभ्य बनाने का दावा असत्य और बेतुका है, क्योंकि अँग्रेज़ों या आधुनिक यूरोप के पास तो ऐसा कुछ नहीं है जिसे सभ्यता कहा जा सके। इसके साथ ही वे भारतीयों में अपनी सभ्यता का गौरव लौटाने का प्रयत्न करते रहे और नैतिक आधारों पर खड़ी हुई भारतीय सभ्यता को आदर्श बताते रहे।

यह चुनौतियाँ तो बाहर ही थीं। भारत में अँग्रेज़ी राज की उपस्थिति अवश्य थी, लेकिन उसका वास्तविक बल बाहर ही था। लेकिन हमारी पराधीनता में सहायक होने वाली एक आन्तरिक शक्ति भी थी। वह थी इस्लाम के कारण देश की एक तिहाई आबादी का भारतीय सभ्यता से अलगाव। भारत के मुसलमानों की एक सीमित संख्या ही बाहर से आये अरब, तुर्क या अफ़गानों की वंशज थी। बाक़ी सभी लोग, अधिकांश बलात, इस्लाम स्वीकार करने वाले भारतीय वंश ही थे। लेकिन इस्लाम में उन्हें एक भिन्न धर्म को मानने वाली एक भिन्न बिरादरी होने की शिक्षा दी गयी थी। इस ओढ़ी हुई पहचान को दृढ़ता से बनाये रखने के लिए उन्होंने हिन्दुओं से अपनी शत्रुता की धारणा बना डाली थी। यह धारणा अपने जीवन संघर्ष में फँसे रहने वाले साधारण मुसलमानों में अधिक नहीं थी। लेकिन वह न केवल मुल्ला–मौलवियों में थी, बल्कि पढ़े–लिखे लोगों में और भी

ज़्यादा थी। वे अपनी आर्थिक और राजनीतिक सुरक्षा के प्रति सचेत होने के कारण ही यह धारणा नहीं रखते थे, बल्कि उन्हें अपना आत्म–गौरव भी संकट में पड़ा नज़र आता था क्योंकि भारत में इस्लाम का इतिहास उसके आक्रान्ताओं के बर्बर कृत्यों से ही भरा हुआ था। हिन्दुओं के एक छोटे वर्ग में इस कड़वे इतिहास की गहरी स्मृति थी। लेकिन बहुसंख्यक हिन्दू अपने स्वभाव और संस्कार के कारण किसी के भी प्रति लम्बे समय तक शत्रुता का भाव बनाये नहीं रख सकते थे। दोनों ओर के इन साधारण भारतीयों के स्वभाव के भरोसे गाँधीजी हिन्दू–मुस्लिम समस्या का अन्ततः हल निकालने के प्रति आश्वस्त थे। लेकिन अल्पावधि में और दोनों समुदायों को विभाजित रखकर लड़ाते रहने में अपना राजनैतिक स्वार्थ देखने वाले अँग्रेज़ों के रहते यह सम्भव नहीं था। गाँधीजी यह भी जानते थे कि इस्लाम ने अपने अनुयायियों में साधन और साध्य का विवेक नहीं डाला। अपने माने हुए ईश्वर में सबकी निष्ठा निश्चित करने के लिए वे सभी उचित–अनुचित साधनों को अपनाने के पक्षधर रहे हैं। इसलिए धर्मान्तरण के लिए बढ़ती गयी बर्बरता भी उन्हें नैतिक रूप से परेशान नहीं करती।

गाँधी जी ने अनुभव किया था कि यूरोपीय सभ्यता के तो केन्द्र में ही हिंसा है। यूरोपीय जाति सदा ही बल की साधक रही है। उसकी मान्यता है कि बल ही जीवन का आधार है और बलवान को निर्बलों पर शासन करने या उन पर अपना नियन्त्रण बनाये रखने का दैवी अधिकार है। यह बात नाजी विचारधारा के मूल में ही नहीं थी, वह समूचे यूरोपीय चिन्तन और सभ्यता का आधार भी रही है। अपनी दो–तिहाई आबादी को उसने सदा दास की स्थिति में रखा है। जब इस दासता का अपनी सीमाओं के बाहर विस्तार करने में उसे सफलता मिल गयी तो उसने अपने समाज पर अंकुश कुछ ढीला कर दिया। अब तक उसका यह नियन्त्रण उसके बौद्धिक और शारीरिक बल के भरोसे था, अब वह केवल उसके बौद्धिक बल पर आधारित है और इसका साधन उसका आधुनिक विज्ञान और प्रौद्योगिकी है। इस्लाम की मूलधारक अरब जाति के स्वभाव और संस्कार के मूल में हिंसा नहीं थी। लेकिन इस्लाम ने साधन के रूप में हिंसा को मान्यता देकर उसके अनुयायियों को कुछ क्रूरतम घटनायें रचने के लिए आज़ाद कर दिया। विशेष रूप से जब ग़ैर अरब जातियों ने अपनी सत्ता और साम्राज्य

का विस्तार करने के लिए इस्लाम को साधन बनाया तो उनके सबसे अधिक काम यह हिंसा की धार्मिक छूट ही आयी। तुर्क और मंगोलों ने अपना आतंक फैलाने के लिए जेहाद का ख़ूब इस्तेमाल किया। इनके विजेताओं ने विजित अनगिनत शहरों में क़त्लेआम मचाया और अमानुषिक क्रूरताएँ बरतीं।

भारतीय सभ्यता इन्हीं सब हिंसक शक्तियों और प्रवृत्तियों के दबाव में थी और उसे उनसे मुक्त करवाने के लिए एक ऐसे अस्त्र की आवश्यकता थी जो हिंसक शक्तियों का अनौचित्य सिद्ध करते हुए उनका शमन कर सके। उनका शमन वैसी ही हिंसक शक्तियाँ पैदा करके नहीं किया जा सकता था, क्योंकि यह यूरोपीय सभ्यता के उत्कर्ष का काल था। इसलिए उनसे अधिक हिंसक शक्ति पैदा करना किसी और समाज के लिए सम्भव नहीं था। यह बात १९४५ में जापान के हिरोशिमा और नागासाकी पर परमाणु बम डालकर अमेरिका ने सिद्ध भी कर दी थी। इन हिंसक शक्तियों का शमन तो किसी ऐसे अस्त्र से ही हो सकता था जिसकी मानव के मूल स्वभाव में स्वीकृति हो और उसका प्रभाव हिंसा को निष्क्रिय करने वाला हो। यही कारण है कि दैव प्रेरणा से गाँधीजी ने अहिंसा को भारत के स्वाधीनता संग्राम का अस्त्र बनाया। अहिंसा को स्वाधीनता संग्राम के साधन के रूप में अपनाकर गाँधीजी ने असहाय और असमर्थ हुए साधारण भारतीयों को समर्थ बना दिया। अहिंसा ने उन्हें आन्तरिक शक्ति दी, नैतिक बल दिया और ब्रिटिश बर्बरता के भय से मुक्त कर दिया।

गाँधी जी के अहिंसक आन्दोलन के कारण ब्रिटिश शासन वैसी क्रूरता और बर्बरता नहीं दिखा पाया जैसी उसने १८५७ के बाद दिखायी थी। गाँधीजी की तपस्या से उद्भूत अहिंसा के बावजूद ब्रिटिश शासकों की क्रूरता और निर्दयता बनी रही, पर वह भारतीयों को आतंकित किये रहने में असमर्थ हो गयी। गाँधीजी के १९१९ के पहले सत्याग्रह ने ही भारत के लोगों को इतना निर्भय बना दिया था और मन से वे अपने आप को स्वतन्त्र समझने लगे थे। अपने अतुलित शौर्य और पराक्रम के लिए जाने जाने वाले भारतीय इस कालखण्ड में निरन्तर पराजयों के कारण इतने पस्त हो गये थे कि १८५७ की व्यापक क्रान्ति के बावजूद वे अँग्रेज़ी सत्ता को सैनिक रूप से परास्त नहीं कर पाये। इस पस्ती से उन्हें निकालने का श्रेय गाँधीजी को ही है, जिनकी निर्भयता पूरे ब्रिटिश साम्राज्य पर हावी हो गयी

थी। यह भी याद रखना चाहिए कि गाँधीजी के लिए अहिंसा शस्त्रों का निषेध नहीं थी, भारतीयों के शस्त्र धारण करने के अधिकार के लिए तो वे ब्रिटिश सरकार से निरन्तर लड़ते रहे। अहिंसा स्वाधीनता संग्राम के अस्त्र के रूप में स्वीकार की गयी थी और इसके बाद इसी उद्देश्य के लिए शस्त्रों का उपयोग निरर्थक हो गया था। गाँधीजी अहिंसा को हिंसक तरीक़ों से ऊँचा और अधिक प्रभावी अस्त्र मानते थे। इसके अलावा वे छुटपुट हिंसा की छूट देकर स्वाधीनता आन्दोलन के अपने प्रधान अस्त्र को कमज़ोर नहीं कर सकते थे। यही कारण है कि उन्हें चौरी चौरा की घटना के बाद अपना आन्दोलन स्थगित करना पड़ा था। लेकिन उनकी अहिंसा का अर्थ हर हालत में शान्तिवादिता नहीं था। आत्मरक्षा तथा स्त्रियों के शील की रक्षा के लिए आवश्यक हो जाने पर वे हिंसक तरीक़ों के उपयोग की भी वकालत करते रहे। देश की सीमाओं की रक्षा के लिए सेना के उपयोग के बारे में कश्मीर पर आक्रमण के समय उन्होंने कोई दुविधा नहीं दिखायी थी।

यह कहा गया है कि गाँधीजी अहिंसा का उपयोग एक धार्मिक निष्ठा के रूप में करते थे। गाँधीजी ने स्वयं अनेक बार इस बात को स्पष्ट करते हुए कहा कि उनके लिए धार्मिक, सामाजिक और राजनीतिक विधियाँ अलग-अलग नहीं हैं। फिर भी अगर स्वाधीनता संग्राम की विधि के रूप में अहिंसा की व्याख्या करनी हो तो उन्होंने इसका उपयोग सदा एक राजनीतिक विधि के रूप में ही किया है। गाँधीजी के सहयोगी उनके अनुकरण पर, बिना उसका पूरा आशय समझे, अहिंसा का पालन करते रहे। यह स्वाभाविक ही था, क्योंकि किसी भी संग्राम में रणनीति का पूरा-पूरा ज्ञान तो सेनापति को ही होता है। गाँधीजी ने अहिंसा का उपयोग किस तरह एक प्रभावी अस्त्र के रूप में किया, यह बात इसी से स्पष्ट है कि बहुत से कठोर और निर्दय समझे जाने वाले अँग्रेज़ प्रशासक भी उनके और उनके आन्दोलन के प्रति उतने हिंसक नहीं हो पाते थे जितने कि वे होना चाहते थे। कई गोरे प्रशासकों ने स्वयं गाँधीजी से यह कहा कि वे चाहते हैं कि उनके आन्दोलन में किसी तरह हिंसा हो। क्योंकि हिंसा से वे निपटना जानते थे, अहिंसा से नहीं। एक अच्छा सेनापति वही होता है जो युद्ध में अपने अस्त्र के अनोखेपन से अपने विरोधी को चकित कर दे। यही गाँधीजी कर रहे थे। इसका एक और अद्‌भुत उदाहरण मुसलमानों के सन्दर्भ में है। गाँधीजी

अपने सत्याग्रह के प्रस्तावों में सत्याग्रह के साथ अहिंसक विशेषण नहीं लगाते थे, क्योंकि वे यह मानकर चलते थे कि सत्याग्रह तो अहिंसक ही होगा। लेकिन जब ख़िलाफ़त आन्दोलन का प्रस्ताव बनाने का दायित्व उनके पास आया तो उन्होंने सत्याग्रह के साथ विशेष रूप से अहिंसक जुड़वाया। उन्हें मालूम था कि मौलाना इसका विरोध करेंगे। यही हुआ भी, शौकत अली और दूसरे मौलानाओं ने उसका यह कहकर विरोध किया कि इस्लाम में उचित लक्ष्य की प्राप्ति के लिए हिंसा का उपयोग सही ठहराया गया है। गाँधीजी ने इतना ही कहा कि वे अहिंसा को एक धार्मिक निष्ठा के रूप में नहीं, समयानुकूल नीति के रूप में तो स्वीकार कर ही सकते हैं। अगर ख़िलाफ़त आन्दोलन के बाद भी गाँधीजी मुसलमानों के एक बड़े वर्ग को अपने अहिंसक सत्याग्रह का अंग बनाये रख पाये होते तो हिन्दुओं से उनके अलगाव और शत्रुता के पीछे जो हिंसक आग्रह है उसका कुछ हद तक शमन हुआ होता।

एक विधि के रूप में अहिंसा का उपयोग भी भारत में सदा से होता आया है और सत्याग्रह का भी। गाँधीजी ने उन्हें एक छोटे दायरे से निकालकर एक बड़े दायरे में पहुँचा दिया। अभी तक इस विधि का उपयोग व्यक्तिगत स्तर पर या किसी छोटे समूह के स्तर पर ही होता रहा था। उससे बड़े स्तर पर उसके उपयोग की पहले कभी आवश्यकता ही नहीं रही होगी। लेकिन अब राज्य की शक्ति इतनी बढ़ गयी है कि वह पूरे राष्ट्र के जीवन को प्रभावित कर सकता है। आधुनिक राज्य व्यवस्था में प्रजा पर नियन्त्रण की अनेक नयी विधियाँ आविष्कृत कर ली गयी हैं। इसलिए राज्य के अन्याय का विरोध करने के लिए भी इतनी ही प्रभावी विधि की आवश्यकता है। गाँधीजी के सत्याग्रह की यह विधि अन्यायी राज्य के विरुद्ध नागरिकों के एक प्रभावी प्रतिरोध के रूप में सदा के लिए उपलब्ध हो गयी है। गाँधीजी ने सत्याग्रह के द्वारा न केवल आम भारतीयों को अन्यायी ब्रिटिश शासन के विरुद्ध एक नैतिक ऊँचाई दे दी, बल्कि ब्रिटिश शासन के रहते हुए ही उसकी बेड़ियों को भी तोड़ दिया। सत्याग्रही अपने मन में स्वतन्त्र ही होता है। अगर वह सत्य के मार्ग पर है तो कोई भी सत्ता उसकी स्वतन्त्रता का अपहरण नहीं कर सकती। गाँधीजी के लिए सत्याग्रह केवल भारत के स्वाधीनता संग्राम का अस्त्र नहीं था, वह सभ्यताओं के संग्राम का भी अस्त्र था। यूरोप ने राज्य को एक सर्वसत्तावादी स्वरूप दे दिया है और

राज्य की इस सर्वग्रासी शक्ति से नागरिक को बचाने के लिए उतनी ही शक्तिशाली विधि की आवश्यकता है जो नागरिक या नागरिकों को राज्य का प्रतिकार करने में समर्थ बना सके। सत्य में निष्ठा किसी व्यक्ति या समाज में ऐसा ही सामर्थ्य और शक्ति जगा सकती है कि वह राज्य की बड़ी से बड़ी शक्ति पर भारी पड़े।

स्वाधीनता आन्दोलन की मुख्य विधि के रूप में सत्याग्रह का उपयोग सुनिश्चित कर लेने के बाद उन्होंने अपना सारा ध्यान भारतीयों की भौतिक असमर्थता दूर करने की ओर लगाया। उनका रचनात्मक आन्दोलन केवल आर्थिक और सामाजिक सुधार का ही आन्दोलन नहीं था। वे भारत को उस स्थिति पर लौटा देना चाहते थे जिस पर वह अँग्रेज़ों के भारत आते समय था। उस समय भारत की एक-चौथाई आबादी औद्योगिक काम धन्धों में लगी हुई थी और मुसलमान शासकों से निरन्तर युद्ध और उनके अन्यायपूर्ण करभार के बावजूद भारतीय समर्थ और सम्पन्न थे। उन्होंने विजयनगर, मराठा, जाट और सिख राज्य ही नहीं खड़े किये थे, मुग़ल शासन को व्यवहारतः १५० वर्षों में सीमित करके दिल्ली सल्तनत को हतबल कर दिया था। गाँधीजी चाहते थे कि भारत के लोग आर्थिक और सामाजिक रूप से फिर अपनी सभ्यता की परिधि में पहुँच जाय और वहाँ से वे देशकाल के अनुरूप जो भी आवश्यक हों वैसे निर्णय लें।

यह बात गाँधीजी भी देख सकते थे कि मात्र चरखा, जिसे उन्होंने स्वाधीनता आन्दोलन की धुरी बना दिया था, भारत के उत्कर्ष का आधार नहीं हो सकता। अपने भौतिक उत्कर्ष के लिए उसे मर्यादित मशीनीकरण की भी आवश्यकता होगी और अपनी भौतिक व्यवस्था की रक्षा के लिए सेना और आधुनिक अस्त्र शस्त्रों की भी आवश्यकता पड़ेगी। यह सब मशीनीकरण की विधियों को अपनाये बिना सम्भव नहीं है। पर मशीनें हमारी सभ्यता की धुरी नहीं हो सकती। वे हमारे आर्थिक जीवन के उपकरण ही हो सकती हैं। मशीनें सभ्यता की धुरी तभी होती हैं जब यूरोप की तरह यह मानकर चला जाय कि मनुष्य की इच्छाएँ अनन्त हैं, उसके सुखभोग की कामना भी अनन्त है और इसलिए उसके सुखभोग के साधनों की प्रचुरता जिन साधनों से हो सकती हो वे उसकी सभ्यता का आधार, उसकी सभ्यता की धुरी होंगे। अपने विज्ञान और प्रौद्योगिकी को यूरोप इसी रूप में श्रेष्ठ मानता है कि उससे प्रचुर भौतिक साधन प्राप्त किये जा सकते हैं।

लेकिन सुखभोग भी केवल वस्तुओं के भोग में सीमित नहीं होता। वह सत्ता के अनियन्त्रित भोग का रूप भी ले सकता है। बल्कि उसका यही रूप अधिक सामने आता रहा है। यही सैन्य सत्ता को अधिक से अधिक मारक शक्ति प्रदान करने की ओर ले जाता है। यही कारण है कि यूरोप अपनी भौतिक उन्नति का पहला सोपान पूरा करते ही दो विश्वयुद्धों की ओर बढ़ गया। उसके बाद भी यूरोपीय सभ्यता की अग्रणी शक्ति अमेरिका लगभग हर समय किसी न किसी युद्ध में फँसी रही है। युद्ध मानव इतिहास का अनिवार्य अंग रहे हैं। लेकिन अब तक वे सेनाओं के बीच ही निर्णीत हो जाते थे। अब विज्ञान और प्रौद्योगिकी के विकास ने राज्यों को यह शक्ति दे दी है कि वे पूरे समाज की ऊर्जा युद्ध तन्त्र का विकास करने और उसे सँभाले रखने में लगाते रहें।

पर गाँधीजी को आधुनिक मशीनों का सबसे बड़ा दोष यह दिखायी देता था कि वे मनुष्य का खिलौना नहीं है, मनुष्य उनका खिलौना हो गया है। औद्योगिक तन्त्र मनुष्य का उपयोग अपने एक पुर्जे के रूप में ही करता है। इससे मनुष्यों की अपनी बौद्धिक और नैतिक शक्ति के उपयोग की कोई सम्भावना नहीं रह जाती। मनुष्य की बौद्धिक शक्ति तो फिर भी उद्योग तन्त्र को टिकाये रखने में प्रयुक्त की जाती रहती है। पर उसकी नैतिक बुद्धि के उपयोग का तो अवसर ही नहीं निकलता। सारा तन्त्र तार्किक बुद्धि पर खड़ा है, नैतिक बुद्धि की कोई उपयोगिता नहीं छोड़ी गयी है। इसने फ़िलहाल तो केवल पर्यावरणीय असन्तुलन पैदा किया है। इस असन्तुलन को ठीक करने का कोई मार्ग तो स्वयं प्रकृति निकाल लेगी, जो निश्चय ही मनुष्य से अधिक समर्थ है। पर समाज में नैतिक बुद्धि का जो ह्रास हो रहा है, वह अभी तो केवल यूरोपीय मनुष्य की अनियन्त्रित प्रवृत्तियों में दिखायी देता है, जब कालान्तर में उसको मनुष्यत्व से गिराने का कारण बनेगा तब यूरोपीय समाज को अपनी महती भूल का ज्ञान होगा। गाँधीजी नहीं चाहते थे कि भारत इस विवेकहीनता की ओर क़दम बढ़ाये। भारत की सभ्यता का तो आधार ही उसकी नैतिक बुद्धि रही है। उसे खोने का अर्थ अपनी सभ्यता को खो देना है। इसलिए गाँधीजी यूरोप के जैसे औद्योगीकरण को राक्षसी बताते रहे और भारत के लोगों को इस पाप से दूर रहने की सीख देते रहे। मनुष्य के कौशल और मशीन के बीच सन्तुलन बैठाकर समृद्धि प्राप्त करना सदा भारत की सभ्यता का

लक्ष्य रहा है। लेकिन सम्यक् ऋद्धि ही हमारे लिए समृद्धि है, उत्पादन की अनियन्त्रित होड़ नहीं। गाँधीजी इस सभ्यतामूलक अर्थ में ही मशीनीकरण के विरुद्ध थे।

गाँधीजी को समयानुकूल तन्त्र बनाने में भारतीयों की क्षमता पर गहरा विश्वास था। इसलिए उन्हें लगता था कि यूरोप के औद्योगिक साम्राज्य द्वारा क्षीण किये जाने से पहले भारत जिस अवस्था में था, अगर उसे फिर उस अवस्था में पहुँचा दिया जाय, तो वह अपना रास्ता स्वयं निश्चित कर लेगा। यूरोप के औद्योगीकरण का आरम्भ वस्त्र उद्योग के मशीनीकरण से हुआ था और उसी ने भारत के उद्योग-धन्धों को चौपट कर डाला था क्योंकि वस्त्र उद्योग भारत के उद्योग तन्त्र की रीढ़ था। यह काम कोई खुली प्रतियोगिता के द्वारा नहीं हुआ था। ब्रिटिश राज ने नियन्त्रणकारी प्रावधानों और नयी वित्तीय संस्थाओं की सहायता से यह काम किया था। इसलिए गाँधीजी सबसे पहले भारत के वस्त्र उद्योग को फिर से खड़ा करने में लग गये और उन्होंने चरखे को अपने रचनात्मक कार्यों की ही नहीं स्वाधीनता आन्दोलन की भी धुरी बना दिया। इसके साथ ही साथ उन्होंने दूसरे ग्रामीण उद्योग-धन्धों की ओर ध्यान दिया और ग्रामोद्योग का एक ऐसा तन्त्र खड़ा हो गया जो आम भारतीयों की क्रियाशीलता बढ़ाने में आज भी बड़े उद्योगों पर भारी है।

अपने रचनात्मक आन्दोलन के द्वारा गाँधीजी ग्राम स्वराज्य स्थापित करना चाहते थे। भारत के अँग्रेज़ी पढ़े-लिखे लोगों में आज भी भारत के गाँवों का कार्ल मार्क्स द्वारा उकेरा हुआ चित्र अधिक लोकप्रिय है। कार्ल मार्क्स कभी भारत नहीं आये और वे यूरोप में बैठे-बैठे भारत की घटनाओं पर प्राप्त रिपोर्टों के आधार पर टिप्पणी करते रहे। भारतीयों गाँवों को उन्होंने आत्मनिर्भर गणराज्य कहते हुए उनके जीवन को ठहरा हुआ और अपरिवर्तनशील बताया था। इसी के आधार पर जवाहरलाल नेहरू ने भारत के गाँवों को अँधेरे और अज्ञान में पड़े हुए कोने बताया था। यूरोप जो उस समय इतिहास में पहली बार अपने भौतिक पिछड़ेपन से उभरकर अपने भौतिक जीवन में तेज़ परिवर्तन कर रहा था, भारतीय गाँवों की इस छवि को नकारात्मक दृष्टि से ही देख सकता था। यूरोप में भारतीय गाँवों जैसे कोई गाँव नहीं थे। वहाँ कुलीन तन्त्र की जागीरें थीं जिन पर ग्रामीण लोग अर्धदास की स्थिति में खेती और दूसरे धन्धे करते थे। इसलिए

कार्ल मार्क्स को यह समझ में नहीं आया कि भारत के आत्मनिर्भर गाँव बाक़ी दुनिया से कटे हुए गाँव नहीं हैं बल्कि अपनी मूल ज़रूरतों को स्वयं पूरा करने वाले सम्पन्न गाँव हैं और उसके साथ ही वे अपने आसपास के दूसरे गाँवों और उत्तरोत्तर पूरे भारत से सम्बन्ध जोड़े रहते हैं। अगर उनके जीवन में परिवर्तन धीमा दिखायी देता है तो उसका कारण उनका उन्नत स्वरूप रहा है। गाँधीजी जानते थे कि भारत के गाँव ही भारतीय सभ्यता का आधार हो सकते हैं क्योंकि उनका सामाजिक जीवन वंश आधारित जातीय व्यवस्था को केन्द्र बनाकर खड़ा किया गया है और इसलिए उसमें बन्धुत्व की, साझे जीवन की, न्याय और नैतिकता की भावना बनी रह सकती है। भारत के गाँव जिस पंचायती व्यवस्था से अपना शासन करते रहे वह लोकतन्त्रीय जीवन की पराकाष्ठा है। कार्ल मार्क्स को यह सब बातें समझ में नहीं आ सकती थीं। इसलिए उसने भारतीय गाँवों के आत्मनिर्भर होने, गणराज्य होने, अपरिवर्तनशील दिखने का नकारात्मक अर्थ ही लिया।

गाँधीजी को परम्परागत भारतीय गाँवों की स्मृति थी, इसलिए जब उन्होंने भारतीय गाँवों की तस्वीर उकेरी तो उसमें से जड़ या अँधेरे में पड़े हुए गाँव की छवि नहीं निकली बल्कि स्वराज्य के अनुशासन में रहने वाले समृद्ध गाँवों की छवि निकली। उन्होंने आत्मनिर्भरता का किताबी अर्थ नहीं लिया, उसका व्यावहारिक अर्थ ही लिया। उन्होंने बताया कि अपनी मूलभूत आवश्यकताओं को पूरा करने में आत्मनिर्भर होने के बावजूद वे अपनी और बहुत सी आवश्यकताओं के लिए अपने बाहर की दुनिया पर निर्भर रहे हैं। यह परस्पर निर्भरता है और उनकी आत्मनिर्भरता की सहायक है, उसकी विरोधी नहीं। गाँव से लगाकर राष्ट्र तक परस्पर निर्भरता का जो ढाँचा हमारे यहाँ सदा रहा है उसमें सभी इकाइयाँ एक सी गतिशीलता को प्रदर्शित करती रही है। इसलिए गाँव का जीवन ठहरा हुआ हो, इसका तो कोई प्रश्न ही नहीं उठता। उल्टे नृत्य, संगीत, चिकित्सा, विद्या और स्थापत्य आदि के क्षेत्र में कीर्तिमान स्थापित करने वाले लोग गाँवों में ही बसे दिखायी देते हैं। यूरोप में जिस तरह सभी तरह के कौशलों और शक्ति का केन्द्र केवल नगर रहे हैं, वैसा भारत में नहीं था। भारत ने दुनिया के सबसे वैभवशाली नगर बसाये लेकिन गाँवों से उनका सम्बन्ध शोषण और नियन्त्रण का नहीं था। भारत के परम्परागत गाँवों की पूरी समझ भले ही

नहीं रही हो, लेकिन भारतीय समाज की व्यवस्थाओं की मोटी जानकारी गाँधीजी को थी और अपने समय के किसी और नेता से कहीं अधिक थी। लेकिन इन व्यवस्थाओं की विस्तृत जानकारी से भी अधिक महत्त्वपूर्ण है, उनके श्रेष्ठ होने में गहरा विश्वास। वह जितना गाँधीजी में था, किसी दूसरे में नहीं।

गाँधीजी ने भारतीय समाज की शास्त्रीय व्यवस्थाओं को यथावत् स्वीकार किया था। वे जब स्वराज्य की बात करते थे तो यह स्पष्ट कर देते थे कि स्वराज्य एक वैदिक अवधारणा है और उसे उन्होंने उसी रूप में ग्रहण किया है। *यंग इण्डिया* में उन्होंने लिखा—

> स्वराज्य एक पवित्र शब्द है। वह एक वैदिक शब्द है, जिसका अर्थ आत्मशासन और आत्मसंयम है।

भारतीय सभ्यता में आत्मानुशासन को प्रधान माना गया है और बाहरी नियन्त्रण को गौण। यूरोप में मनुष्य की जो छवि ईसाई धर्म ने प्रचारित की वह स्वर्ग से पतित एक पापी व्यक्ति की छवि है जिसे ईश्वर की ओर ले जाने के लिए बाहरी नियन्त्रण की आवश्यकता होती है। राज्य और चर्च ने वहाँ सदा एक अनिवार्य नियन्त्रक संस्था की भूमिका निभायी है। भारत में मनुष्य की छवि एक विवेकशील व्यक्ति की छवि है जो उचित-अनुचित के बीच अन्तर करने में समर्थ है। जब तक वह विवेकपूर्ण आचरण करता है उसे किसी बाहरी नियन्त्रण की आवश्यकता नहीं है। यह बात व्यक्ति के बारे में ही नहीं सभी सामाजिक इकाइयों के बारे में भी उतनी ही सही है। विवेकपूर्वक नियम बनाने, उन्हें लागू करने, न्याय करने और सभी सार्वजनिक दायित्वों का निर्वाह करने का काम पंचायत का है। पंचायत आत्मानुशासन की सामाजिक इकाई है, जिसका दायरा भौगोलिक भी हो सकता है, जातिगत भी और व्यवसायगत भी। इस आधार पर भारत मुख्यत: पंचायतों द्वारा अनुशासित रहा है। यह पंचायतें विधायी, कार्यकारी और न्यायिक सभी कर्तव्यों का निर्वाह करती रही हैं। यह दुनिया की सबसे सस्ती, कार्यक्षम और न्यायशील शासन प्रणाली है क्योंकि सभी सार्वजनिक कामों को कर्तव्य मानकर धर्म भावना से करने का ही उनमें विधान रहा है।

भारतीय सभ्यता में इस भौतिक जगत् को ब्रह्म का ही अंश माना गया है।

ईशावास्यमिदम् सर्वं यत्किंच जगत्याम् जगत्। इस जगत् में जो कुछ भी दीख रहा है वह सब ईश से व्याप्त है। इस आधार पर जो भी मनुष्य के लिए उपादेय है, उसके भौतिक और पारमार्थिक उन्नयन का साधन है, उसे पवित्र मानकर पूज्य और रक्षणीय बना दिया गया है। इस तरह ज्ञान के वाहक ब्राह्मण ही पवित्र नहीं हैं, मनुष्य और कृषि का पोषण करने वाली गाय भी पवित्र है। अनेक जीव-जन्तु और पेड़-पौधों तथा वनस्पतियों को भी इसी श्रेणी में रख दिया गया है। सभी नदियाँ गंगा हैं और भागीरथी तो देवलोक से आयी पवित्र गंगा है ही। इस व्यवस्था में ही गोसेवा एक पवित्र कर्तव्य के रूप में विहित की गयी। चम्पारण में गाँधीजी ने देखा कि गौशालाओं को कितनी निष्ठा से चलाया जाता है। उनके रचनात्मक कार्यक्रमों में चरखे के बाद गौसेवा को बहुत ऊँचा स्थान दे दिया गया। लेकिन इससे भी महत्त्वपूर्ण बात यह है कि मनुष्य अपनी भौतिक व्यवस्था को बनाते हुए केवल अपनी सुख-सुविधा का ध्यान न रखे। सभी की रक्षा और पालन उसका लक्ष्य होना चाहिए। यह जगत् सभी के पुरुषार्थ से चल रहा है, इसलिए अन्य सब का भाग छोड़ते हुए ही अपना भाग ग्रहण करो। ईशावास्य उपनिषद् का यह आदेश गाँधीजी को इतना प्रिय था कि एक बार उन्होंने कहा कि अगर हिन्दू धर्म के सभी ग्रन्थ किसी कारण नष्ट हो जायें और अकेला यह मन्त्र बचा रहे तो इसी से भारतीय लोग अपनी सभ्यता फिर खड़ी कर लेंगे।

एक परम्परागत सनातनी की तरह गाँधीजी ने वर्णाश्रम धर्म पर ज़ोर दिया और उसे समाज के लिए आदर्श बताया। अँग्रेज़ी पढ़े-लिखे लोगों ने सामान्यत: वर्ण को समाज में शक्ति के स्तरीकरण के रूप में ही देखा है और उसे निम्न वर्ण के शोषण और उस पर नियन्त्रण का साधन बताया है। लेकिन पश्चिम के राजनीतिक पण्डित उसमें ठीक इससे उलटी विशेषता देखते रहे हैं। उन्होंने इंगित किया है कि वर्ण के रूप में समाज की व्यवस्था करके भारतीय मनीषियों ने ज्ञान, शौर्य और धन का तीन वर्गों में विभाजन कर दिया। अगर यह विभाजन न होता तो इन सभी से पैदा होने वाली शक्ति एक ही वर्ग के हाथ में होती और वह कहीं अधिक विपत्तिकर हो सका होता। वर्ण के रूप में की गयी इस व्यवस्था ने समाज को गतिशील रखने में भी सहायता की और विभिन्न कौशलों का परिमार्जन करने में महत्त्वपूर्ण भूमिका निभायी। जहाँ तक शूद्रों पर अत्याचार की बात है, इस

वर्ण में परिगणित की गयी ग़ैर-कृषक जातियाँ अपनी-अपनी पंचायतों द्वारा रक्षित और शासित रही हैं और जिस तरह के शोषण और नियन्त्रण की बात यूरोप के सन्दर्भ में की जाती है वैसा शोषण और नियन्त्रण भारत में सम्भव नहीं था। फिर भी एक सीमा में असमानता और कमज़ोर वर्गों पर यदा-कदा अन्याय की घटनायें भी होती ही रही हैं लेकिन उनका परिमाण दूसरे समाजों और सभ्यताओं की तुलना में न्यून ही बैठेगा। गाँधीजी वर्ण को सत्य, बल और भौतिक साधनों की पीढ़ी दर पीढ़ी ऊँची दक्षता पैदा करने और अपने ही कौशल की रक्षा और अभिवृद्धि में अपना गौरव देखने का साधन समझते थे। गाँधीजी जाति और वर्ण में आत्यन्तिक सम्बन्ध देखते थे और वर्ण को जाति का शास्त्रीय रूप बताते थे। क्योंकि जाति वंश आधारित एक ऐसा संगठन है जो समाज में बन्धुत्व की भावना बनाये रखने और नैतिक नियमों की रक्षा करने में अग्रणी रहा है। इसके अतिरिक्त भारतीय सभ्यता में वर्ण व्यवस्था की नहीं वर्ण धर्मों की बात ही कही गयी है जिसका अर्थ है कि अपने वर्ण के धर्म का पालन करने में गौरव देखना।

गाँधीजी स्वतन्त्र भारत के राजनैतिक ढाँचे के बारे में अधिक कुछ नहीं कह पाये थे। अधिकांश समय वे राम राज्य के आदर्श की बात करते हुए न्यायशील और मर्यादित व्यवस्था खड़ी करने का सपना देखते रहे। काँग्रेस के सभी नेता ब्रिटिश संसदीय व्यवस्था से अभिभूत थे जबकि गाँधीजी ने ब्रिटेन की संसद को वेश्या और बाँझ कहकर उसका तिरस्कार किया था। उसका कारण यह था कि ब्रिटेन की संसदीय व्यवस्था में धर्म बुद्धि से निर्णय करने की कोई गुंजाइश ही नहीं है। पर यह केवल ब्रिटेन की संसद का दोष नहीं है, यह तो यूरोपीय स्वभाव का दोष है जो राजनीति का आधार सत्ता हथियाने के लिए की जाने वाली प्रतिस्पर्धा को मानता है और राजनीति में धर्म बुद्धि का उपयोग करने की कल्पना भी नहीं कर पाता। राष्ट्रीय आन्दोलन के दौरान ऐसे बहुत से अँग्रेज़ प्रशासक थे जो गाँधीजी के जीवन से बहुत प्रभावित थे। लेकिन वे अपना यह आश्चर्य नहीं छिपा पाते थे कि राजनीति में धार्मिक विधियों का उपयोग कैसे किया जा सकता है। ब्रिटेन की संसद पर इतनी तीख़ी टिप्पणी गाँधीजी ने मुख्यतः दो कारणों से की थी। एक तो ब्रिटिश संसद को यूरोपीय सभ्यता के श्रेष्ठ होने का मानक बना दिया गया था। गाँधीजी सीधे उसके इस मानक पर

ही प्रहार करना चाहते थे ताकि यूरोपीय सभ्यता की श्रेष्ठता के दावे को निरस्त किया जा सके। दूसरे वे भारतीय नेताओं को जो ब्रिटेन की संसद में आदर्श राजनीतिक व्यवस्था देखते थे, उनके इस मोह से अलग करना चाहते थे। इसके बिना भारतीय नेता स्वराज्य की अवधारणा को समझ ही नहीं सकते थे। लेकिन काँग्रेस के नेताओं में यूरोपीय सभ्यता को लेकर जो मोह उत्पन्न हो गया था उसे गाँधीजी अपने जीवित रहते समाप्त नहीं कर पाये और स्वतन्त्र भारत के लिए काँग्रेस ने वही प्रणाली चुनी जिसका इतना तिरस्कार गाँधीजी ने *हिन्द स्वराज* में किया था।

गाँधीजी शासन की लोकतान्त्रिक पद्धति के विरुद्ध नहीं थे। जब उन्होंने काँग्रेस की कमान सँभाली तो सबसे पहले उन्होंने उसे एक लोकतान्त्रिक संस्था बनाया। सभी स्तरों पर उसके पदाधिकारियों और समितियों का चुनाव आवश्यक कर दिया गया। इसी तरह अपने पहले सत्याग्रह में ही अपना रचनात्मक कार्यक्रम बताते हुए उन्होंने पंचायतों की स्थापना को विशेष महत्त्व दिया था। भारत की पंचायतें तो लोकतन्त्रीय शासन की पराकाष्ठा ही रही हैं क्योंकि वे धर्मबुद्धि और लोकमत दोनों का समावेश करके चलती हैं। लेकिन गाँधीजी यह भी जानते थे कि यूरोप ने बड़े पैमाने के तन्त्र खड़े करने की विवशता पैदा कर दी है। आधुनिक उद्योग भी कुछ क्षेत्रों में अपरिहार्य हो गये हैं। गाँधीजी किसी भी बड़े तन्त्र को सार्वजनिक स्वामित्व में रखने के पक्षधर थे। पर इसका अर्थ यह हुआ कि राज्य को जितनी सीमित भूमिका वे देना चाहते थे, उससे बड़ी भूमिका उसे देना आवश्यक होगा। लेकिन यह सब व्यावहारिक प्रश्न हैं। गाँधीजी निश्चय ही भारत में राज्य को वैसी केन्द्रीय भूमिका देने पर सहमत नहीं हो सकते थे जैसी उसे यूरोपीय समाज में मिली हुई है। ऐसा करना भारत के लोगों के स्वभाव और संस्कार के विरुद्ध ही है।

गाँधीजी यह भी नहीं चाहते थे कि भारत के लोगों का वैसा राजनीतिकरण हो जाय जैसा यूरोपीय लोगों का हो गया है। यह स्वाभाविक ही है कि ऐसा होने पर लोगों के सामाजिक धर्म गौण हो जाते हैं। भारत के लोगों के सार्वजनिक जीवन को वे कर्तव्यों के आधार पर ही अनुशासित करना चाहते थे और उनकी मान्यता थी कि कर्तव्यों के द्वारा अधिकारों की प्राप्ति की जा सकती है न कि अधिकारों के आधार पर कर्तव्यों का निर्धारण। अधिकार प्रमुख तभी होते हैं जब सारी सत्ता राज्य के पास चली जाय और

फिर उससे अधिकार प्राप्त किये जायें। आधुनिक राज्य ने सारे दायित्व अपने ऊपर ले लिए हैं और लोगों की कर्तव्य भावना क्षीण कर दी गयी है। लोग अपने सुख के लिए ही जीते हैं और समाज एक ऐसे जनसमूह में बदल गया है जिसके आपसी सम्बन्ध गौण हो गये हैं और उनका जीवन राज्याश्रित या राज्यनियन्त्रित होता चला जा रहा है। गाँधीजी भारतीय समाज को कर्तव्यों की परिधि में ही बनाये रखना चाहते थे। अपने परिवार, जाति, ग्राम, जनपद, देश, पशु, वनस्पति, जल, वायु, भूगोल सबके प्रति हमारे कर्तव्य हैं। उन कर्तव्यों का भान हमें सदा बना रहे और इन कर्तव्यों के निर्वाह को ही हम अपने जीवन का लक्ष्य समझें, यही गाँधीजी का प्रेय था।

पिछले साठ वर्षों में बहुत से लोगों ने गाँधीजी के विचारों में से आर्थिक विकास की रणनीति तलाशने का प्रयत्न किया है और उनके रचनात्मक कार्यक्रम को ग्रामीण विकास की एक पद्धति के रूप में देखा है। गाँधीजी गाँवों के उत्थान के लिए जो भी प्रयत्न कर रहे थे वे केवल उनके आर्थिक विकास तक सीमित नहीं थे और वैसे भी उनका उद्देश्य ग्रामीण विकास नहीं ग्राम स्वराज्य था। ग्राम स्वराज्य गाँवों की ही नहीं पूरे देश के स्वराज्य की एक व्यवस्था है जिसके केन्द्र में गाँव हैं। कुछ लोगों ने गाँधीजी को एक नये वाद का जनक ही कह दिया है। इस तरह की व्याख्याएँ भक्त और प्रशंसक करते ही रहते हैं। लेकिन गाँधीजी ने एक भी ऐसी बात नहीं कही जो भारतीय सभ्यता में सदा से कही या की न जाती रही हो। वे भारतीय सभ्यता की पुनर्व्याख्या भी नहीं कर रहे थे। वे तो एक श्रद्धावान पुरुष की तरह भारतीय सभ्यता की सभी मान्यताओं का व्याख्यान ही कर रहे थे। उन्होंने अपने समय के दूसरे लोगों से अलग बहुत सी बातें कही हैं। पर वे अलग इसलिए लगती हैं कि अन्य लोग अपनी सभ्यता की विधियों को भूल गये थे। वे इसलिए अलग नहीं थीं कि वे गाँधीजी की कोई मौलिक स्थापनायें थीं। गाँधीजी ने ऐसा कुछ नहीं कहा है जो भारत में सदा से ज्ञात न रहा हो। लेकिन जो कुछ उन्होंने कहा उसके पीछे उनकी निष्ठा थी, उनकी तपस्या थी और उनका यह विश्वास था कि भारत के लोग चाहे अभी कितना ही भटक गये हों, वे अपने इस सिद्ध मार्ग की ओर लौटेंगे और फिर से विश्व की सबसे विलक्षण सभ्यता बनायेंगे जो धर्म-प्रसूत हो। इसलिए भारत के भविष्य को वे किस रूप में देखते थे, इसका उत्तर

हमें अपनी सभ्यता को समझकर देश को उस दिशा में आगे बढ़ाते हुए ही मिल सकता है।

गाँधीजी का महत्त्व यह है कि जब हमारे सार्वजनिक जीवन के अधिकांश अग्रणी नेता आत्मविस्मृत हुए पड़े थे, यूरोपीय विचारों और संस्थाओं से अभिभूत होकर अपने मार्ग से भटक गये थे, उन्होंने देश को उसके अपने धर्म का स्मरण करवाया। यह स्थिति आती रहती है, जब काल के प्रभाव में लोग सनातन धर्म का मार्ग भूल जाते हैं। ऐसे समय कोई न कोई महापुरुष पैदा होता है और वह धर्म-चक्र का प्रवर्तन करता है। यह आवश्यक नहीं कि उसके जीवन काल में ही उसके दिखाये मार्ग पर लोग चलने लगें। ऐसा शायद ही कभी हो पाया हो। लेकिन उसके जीवन और कर्म के प्रभाव से काल का चक्र घूमता है और भारत के लोग अपनी सभ्यता के दायरे में लौट आते हैं। गाँधीजी ने अपना काम कर दिया। हमें अपने उस मार्ग का स्मरण करवा दिया जो हमारा चिर परिचित मार्ग है, सिद्ध मार्ग है। गाँधीजी को पूरा विश्वास था कि अपने इस मार्ग पर भारत लौट आयेगा। देश-काल बदलता है। अभी भी बदल रहा है और आने वाले समय में और भी बदलेगा। देश-काल में परिवर्तन के साथ हमें अपनी सभ्यता की विधियों में कुछ परिवर्तन करने होते हैं। भारत के लोग इतने कुशल हैं कि वे देश-काल को समझकर अपनी विधियों को उसके अनुरूप ढाल लें। अगर आज हमें अपने वर्तमान से इसकी कोई झलक नहीं मिलती तो बहुत निराश होने की आवश्यकता नहीं है। काल की अवधि लम्बी होती है। हमारे वर्तमान का दायरा छोटा है। हमें इस लम्बी अवधि के अनुरूप पुरुषार्थ में लगे रहना है। ठीक उसी तरह जैसे गाँधीजी अपने पुरुषार्थ में लगे रहे थे। भले वे वह सब कुछ प्राप्त न कर पाये हों जिसे लक्ष्य बनाकर वे चले थे। पर उनके छूटे हुए काम हमारा दाय हैं। उन्हें पूरा करना हमारा दायित्व है।